3/89

Universitäts-Sportclub München
Häfen und Ankerplätze Jugoslawische Adria

Universitäts-Sportclub München

Häfen und Ankerplätze Jugoslawische Adria

Ein praktischer Begleiter für Segler und Motorbootfahrer

8. überarbeitete und erweiterte Auflage

Delius Klasing Verlag

Autor, Bearbeiter und Verlag übernehmen für Irrtümer, Fehler und Weglassungen keinerlei Gewährleistung oder Haftung. Die Pläne dienen zur Orientierung und nicht zur Navigation; sie ersetzen also keineswegs Seekarten und Seehandbücher.

Bearbeitung der 8. Auflage:
Robert und Gerda Schenk

Titelbild: Hafen von Dubrovnik

ISBN 3-7688-0048-2

Printed in Germany 1988
Druck: Kunst- und Werbedruck, Bad Oeynhausen

Gewidmet
unserem verstorbenen langjährigen Vorsitzenden
und väterlichen Clubkameraden
Herrn Oberstudienrat Georg Brunner,
Direktor des Hochschulinstituts
für Leibesübungen München

Inhalt

Vorwort

In den frühen sechziger Jahren begann die Segelabteilung des Universitäts-Sportclubs München (USC München), Törns entlang der jugoslawischen Adriaküste durchzuführen. Sie dienten vor allem der Ausbildung für das Segeln in Küstengewässern. Dabei wurden zuerst teils eigene, später meist gecharterte Schiffe eingesetzt.
Da damals keine neueren Beschreibungen der Häfen und Buchten dieses Gebietes existierten, wurde von Anfang an entsprechendes Material gesammelt. Daraus ist dann im Laufe der Jahre das vorliegende Buch entstanden. Bei jeder neuen Auflage konnten Erweiterungen, Verbesserungen und Aktualisierungen eingearbeitet werden.
Die Segelabteilung des USC München dankt allen, die bei dieser Arbeit mitgeholfen haben, und verbindet damit die Bitte an die Benutzer dieses Buches, auch weiterhin durch ihre Informationen dazu beizutragen, daß dieser Führer eine aktuelle und nützliche Hilfe für den Sportschiffer in der jugoslawischen Adria sein kann.

Universitäts-Sportclub München
Segelabteilung

Walter Heigl

Einführung

Die jugoslawischen Gewässer sind bei Wassersportlern zunehmend beliebter geworden. Dort, wo man in den frühen sechziger Jahren noch selten ein Segel- oder Motorboot antraf, wird man heute, zumal in der Hauptsaison und an den attraktiven Plätzen, nur mit Mühe überhaupt einen Liegeplatz finden. Begünstigt wurde diese Entwicklung dadurch, daß sich in Jugoslawien insgesamt ein starker Aufschwung vollzogen hat.
Wer indessen eine einsame Bucht, einen ruhigen Hafen sucht, der wird sie nach wie vor finden, insbesondere außerhalb der Sommerferienzeit oder in den weiter südlich gelegenen Gewässern oder auch schon dann, wenn er sich etwas außerhalb der üblichen Routen bewegt.
Die Gewässer Jugoslawiens sind kein eigentliches Hochsee-Segelrevier, bedingt durch die zahlreichen Inseln, zwischen denen man in weiten Bereichen eher Binnengewässer-Charakter antrifft. Deshalb kann man dieses Revier auch mit kleinen Yachten befahren, die hier ohnehin in der Mehrzahl sind. Zwischen den Inseln und ihren vielen Buchten findet man rasch Deckung, wenn es sein muß. Hoher Seegang kann nur an wenigen Stellen aufkommen. Dennoch: Die gelegentlich auftretende kurze harte See erfordert Umsicht und Vorsicht.
Etliche Buchten haben bis an die Ufer eine große Wassertiefe, sind also zum freien Ankern ungeeignet. Vielfach ist es jedoch ausreichend, wenn man, vor Anker liegend, zusätzlich mit einer Leine an Land festmacht.
Die Versorgungsmöglichkeiten auf den Inseln, auch auf den größeren, sind sehr beschränkt und werden um so geringer, je weiter die Insel vom Festland entfernt liegt. Brot, Getränke und etwas Obst oder Gemüse bekommt man eher als Trinkwasser: Es ist rar, denn nahezu sämtliche Inseln werden aus Zisternen oder mit Wassertankschiffen versorgt. Freilich, einen Kanister voll erhält man meistens auch in kleineren Ansiedlungen, Wasser bunkern können größere Yachten jedoch nur in den Städten und den Marinas.
Die Windhäufigkeit ist im Adriatischen Meer in den Sommermonaten nicht so groß wie beispielsweise an Ost- und Nordsee. Luft- und Wassertemperatur dagegen sind recht angenehm. Das sollte jedoch nicht dazu verleiten, dieses Revier unbesorgt und ohne die entsprechende Ausrüstung zu befahren, denn äußerst schnell kann man beispielsweise von heftigen Fallwinden (Bora) und starken Gewittern überrascht werden.
Wachsamkeit erfordert auch der Umstand, daß die jugoslawischen Gewässer nicht so reich betonnt sind wie unsere heimischen Reviere. Im Bereich der Hauptschiffahrtslinien sind die Leuchtfeuer zwar zahlreich und für eine Navigation bei guten Sichtverhältnissen ausreichend, in anderen Gebieten jedoch können Nachtfahrten wegen ungenügender Befeuerung vielfach gar nicht unternommen werden. Besondere Aufmerksamkeit ist auf den Schiffsverkehr zu richten, vor allem auf die einheimischen Fischerboote, die nachts oft nicht den internationalen Regeln entsprechend beleuchtet sind.
Dieses Buch erhebt keinen Anspruch auf Vollständigkeit, denn angesichts der Vielzahl der Inseln war es nicht möglich, sämtliche Häfen und Ankerbuchten anzulaufen und zu beschreiben. Hinzu kommt, daß die Verhältnisse in den Gewässern sich von Jahr zu Jahr ändern: Häfen werden gebaut und ausgebaut, Seezeichen ausgetauscht oder neue ausgelegt, Bestimmungen geändert. Das ist auch der Grund, weshalb eine Garantie für die absolute Richtigkeit aller Angaben nicht übernommen werden kann.

Der Sportschiffer sollte dieses Buch als nützliche Ergänzung zu den amtlichen Unterlagen benutzen wie (berichtigten) Seekarten, Seehandbüchern und Leuchtfeuerverzeichnissen. Bei unterschiedlichen Angaben in verschiedenen Unterlagen gilt es als gute seemännische Regel, zunächst einmal von der für die Navigation bzw. für die Sicherheit von Schiff und Mannschaft ungünstigeren Angabe auszugehen.

Seekarten und nautische Literatur

Seekarten

Der Vorteil jugoslawischer Seekarten gegenüber den deutschen ist, daß es sich dabei um außerordentlich detailgenau ausgeführte Mehrfarbdrucke handelt. Darüber hinaus zeigen sie zusätzliche Tiefenangaben (besonders Tiefenlinien im Flachwasserbereich), und sie geben mehr Informationen hinsichtlich des Einlaufens in Buchten und zum Ankern. Als nachteilig erweist sich der Blattschnitt: Man braucht oft mehr Blätter als bei den deutschen Seekarten.
Die Beschriftung der jugoslawischen Seekarten ist serbokroatisch. Bei den nautischen Vertriebsstellen (siehe Seite 21) gibt es eine Zeichenerklärung in deutscher Übersetzung (Ringbuch, 32 DM); die wichtigsten Abkürzungen befinden sich auf Seite 19 dieses Buches. Über diese Vertriebs- und Auslieferungsstellen sind ebenso wie die deutschen (Preis 27,60 DM) auch die jugoslawischen (Preis 17 DM) Seekarten zu beziehen. Und davon sollte man Gebrauch machen, denn die vom Jugoslawischen Hydrographischen Institut exportierten Karten werden vor dem Versand auf den neuesten Stand berichtigt. Vor dem Verkauf in Deutschland werden die während der Lagerung angefallenen Berichtigungen nachgetragen.
Die Berichtigung jugoslawischer Seekarten kann in Deutschland durch das Deutsche Seekarten-Berichtigungsinstitut, Bade & Hornig (siehe Seite 21), in Jugoslawien durch das Jugoslawische Hydrographische Institut in Split vorgenommen werden.

Deutsche Seekarten

Karten-Nr.	*Titel*		*Maßstab 1 :*
600	Adriatisches Meer		750000
	Plan:	Hafen von Manfredonia	20000
		Hafen von Vieste	7500
		Hafen von Bisceglie	6000
		Isole Tremiti	7500
		Hafen von Mola di Bari	6000
		Hafen von Sn. Benedetto del Tronto	6000
		Hafen von Guilianova	6000
601	Novigrad bis Rogoznica und Ancona bis Pescara		300000
	Plan:	Luka Mali Lošinj	30000
		Ilovička Vrata	25000
602	Rogoznica bis Cavtat und Pescara bis Vieste		300000
	Plan:	Porto di Pescara	10000
		Porto di Vasto	10000
		Porto di Ortona	12500
		Porto di Termoli	10000

603	Cavtat bis Durrës und Vieste bis Brindisi	300000
	Plan: Trani	10000
	Monopoli	10000
	Porto di Bari	20000
	Barletta	20000
	Molfetta	15000
	Bucht von Kotor	100000
	Petrovac	25000
	Ulcinj	10000
	Hafen von Bar	40000
	Hafen von Durrës	40000
1067	Häfen und Ankerplätze an der jugoslawischen Küste, Blatt I	
	Plan: Šibenski Kanal	30000
	Luka Rogoznica	30000
	Pakleni Kanal	30000
	Luka Telašćica	40000
	Levrnaka	40000
	Murterski Kanal	20000
	Uvala Opat	40000
	Hafen von Split	15000
	Lavsa	40000
	Luka Žut	40000
	Luka Drvenik	30000
	Luka Maslinica	30000
	Viška Luka	20000
	Starigradski Zaliv	30000
	Trogirski Zaliv	30000
1068	Häfen und Ankerplätze an der jugoslawischen Küste, Blatt II	
	Plan: Hafen von Rijeka	15000
	Bakarski Zaliv	15000
	Hafen von Koper	10000
	Hafen von Novigrad	10000
	Hafen von Vrsar	10000
	Hafen von Pula	30000
	Hafen von Rovinj	10000
	Hafen von Umag	10000
	Hafen von Izola	10000
	Hafen von Poreč	10000
	Hafen von Piran	10000
	Prolaz Zapuntel	20000
	Sedmovraće	35000
1071	Kardeljevo (Ploče) bis Molunat	100000
	Plan: Luka Polače	25000
	Dubrovnik und Luka Gruž	10000
	Ansteuerung von Cavtat	20000
	Luka Slano	20000

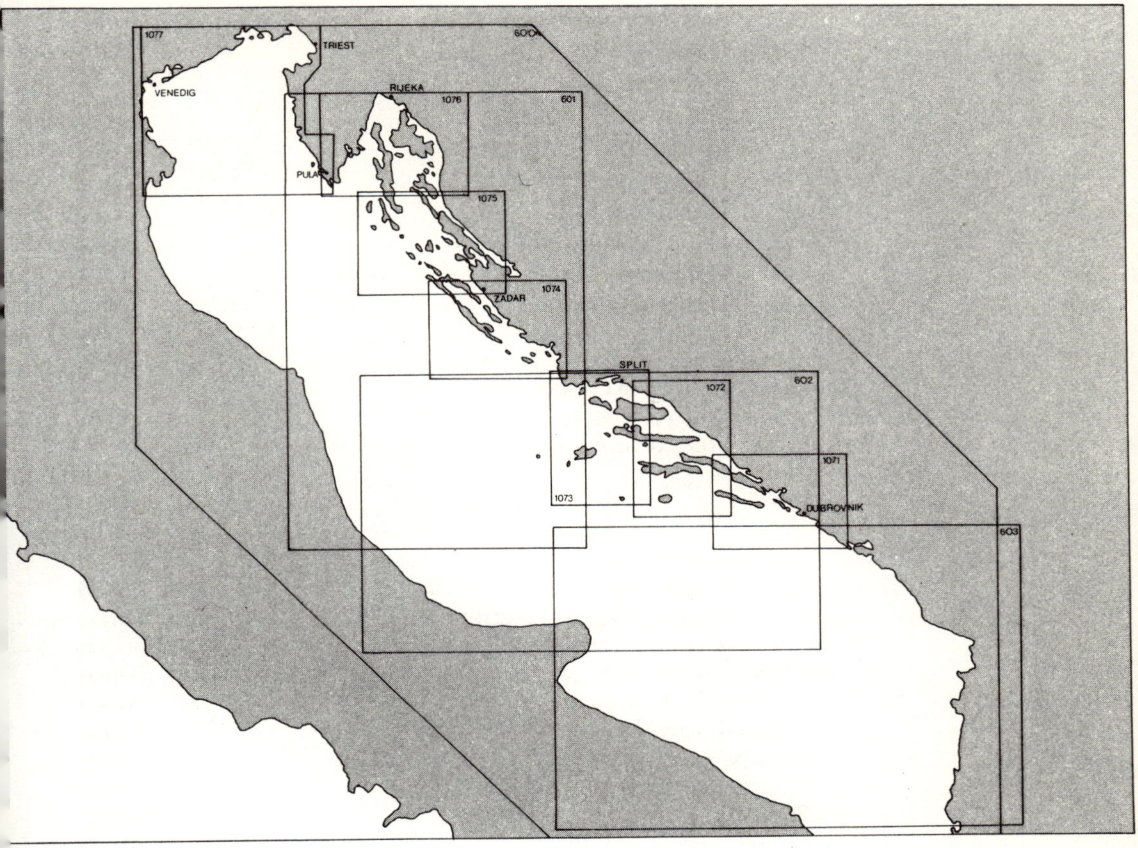

Deutsche Seekarten

1072	Omiš – Vela Luka – Kardeljevo (Ploče)	100000
	Plan: Luka Brna	30000
	Luka Vrboska	30000
	Makarska	12500
	Zaliv Vela Luka	30000
	Luka Kardeljevo	12500
	Pelješki Kanal	30000
1073	Primošten – Omiš – Vela Luka	100000
1074	Zadar bis Primošten	100000
	Plan: Ankerplatz von Mrljane	15000
	Pašmanski-Enge	15000
	Hafen von Biograd	15000
	Pirovački Zaliv	40000
1075	Rab bis Zadar	100000
	Plan: Jablanac	5000
	Novalja	15000
	Novigradsko More	100000
	Zadar	15000

1076	Rt. Kamenjak – Rijeka – Rab	100000
	Plan: Luka Rabac	15000
	Zaliv Raša	30000
	Bršica	7500
	Traget	7500
	Tihi Kanal	30000
	Luka Cres	15000
	Puntarska Draga	15000
	Hafen von Krk	10000
	Hafen von Senj	5000
	Hafen von Rab	6000
1077	Golfo di Venezia	150000
	Plan: Litorale di Grado	20000
	Porto di Trieste	20000
	Porto di Monfalcone	15000

Jugoslawische Seekarten

Karten-Nr.	*Titel*	*Maßstab 1 :*
100	Jadransko more	1000000
101	Jadransko more sjeverni i srednji dio	750000
S101	Jadransko more (Sperrgebietskarte)	750000
102	Jadransko more srednji i južni dio	750000
151	Rijeka – Triest – Venezia	200000
152	Rijeka – O. Murter	200000
	Kanal Nove Povljane i prolaz Prunta	30000
153	Šibenik – O. Lastovo	200000
	Južni ulaz u Šibenski kanal	20000
154	Ploče – Bar	200000
	Ušće Neretve i. I. Ploče	30000
155	Rt Oštra – Rt Semanit	200000
100–15	Grado – Rovinj	100000
100–16	Pula – Kvarner	100000
	Pula	30000
100–17	Lošinj – Molat	100000
100–18	Rijeka – Kvarnerić	100000
100–19	Silba – Pag	100000
	Zadar	15000
	Pag	5000
100–20	Dugi otok – Zadar	100000
100–21	Šibenik – Split	100000
	Splitska vrata	15000
100–22	Jabuka – Vis	100000
100–23	Tremiti – Palagruža	100000
100–24	Palagruža – Lastovo	100000
100–25	Hvar – Lastovo	100000
100–26	Brač – Hvar	100000
	Makarska	10000
100–27	Pelješac – Mljet	100000
	Luka Polače	20000
	Luka Slano	15000
	Prolaz Harpoti	20000

100–28	Dubrovnik – Budva	100000
	Cavtat	15000
100–29	Budva – Ulcinj	100000
	Petrovac n/m	25000
	Ulcinj	10000
100–30	Ulcinj – Durrës	100000
200	Riječki zaliv	80000
	Omišaljski zaliv	20000
	Opatija	500
201	Kvarnerić	80000
	Osorski tjesnac	10000
	Osor	2000
202	Lošinj – Silba	80000
203	Pag i Velebitski kanal	80000
204	Silba – Zadar	80000
205	Zadar, Dugi otok i Kornat	80000
	Telašćica	40000
206	Šibenik	80000
207	Split	80000
208	Brač	80000
	Povlja	15000
209	Jabuka, Svetac	80000
	Palagruza	30000
210	Biševo, Vis, O. Pakleni	60000
211	Hvar – Korčula	80000
	Pelješki kanal	30000
	Hvar	25000
213	Neretvanski kanal	80000
	Ploče	10000
214	Mljet	80000
215	Dubrovnik	60000
216	Kotor	80000
217	Bar – Ulcinj	80000
218	Tržaški (Tršćanski) zaliv	80000
219	Umag – Poreč	60000
	Dalja	15000
	Mirna	15000
220	Rovinj	60000
	Vrsar i Funtana	30000
221	Pula	60000
222	Kvarner	80000
11	Zapadna obala Istre	
	Koper	10000
	Umag	10000
	Poreč	10000
	Novi Grad	10000
	Vrsar	10000
	Izola	10000
	Piran	10000
	Rovinj	10000

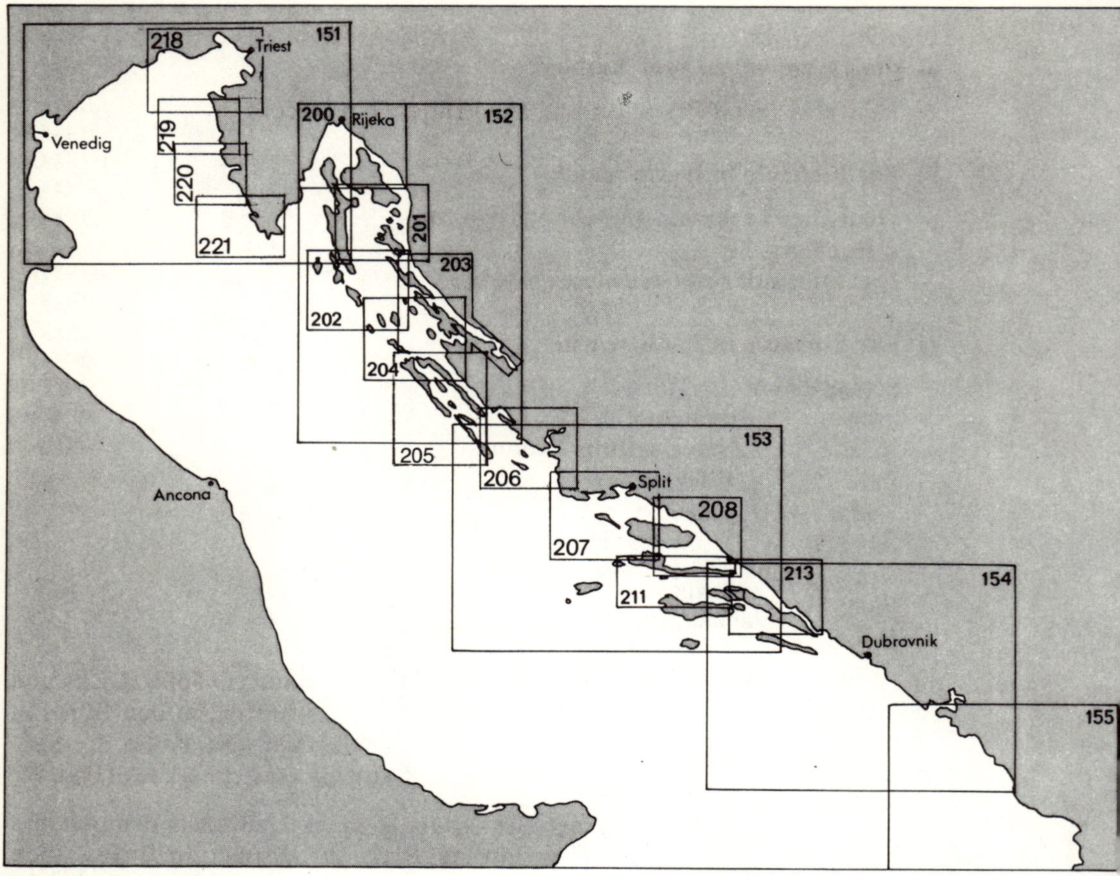

Jugoslawische Seekarten 1

13	Zaliv Raša	20000
	Bršica	5000
	Traget	5000
15	Rijeka	10000
17	Bakarski zaliv	10000
	Bakar: Pristan Podbok	2000
20	Kvarner – Velebitski kanal	
	Rabac	10000
	Cres	10000
	Puntarska draga	15000
	Krk	10000
	Senj	5000
	Tihi kanal	30000
	Rab	5000
22	Kvarnerić	
	Mali i Veli Lošinj	25000
	Jablanac	5000
	Ilovička vrata	20000
	Prolaz Zapuntel	10000
	Novalja	15000

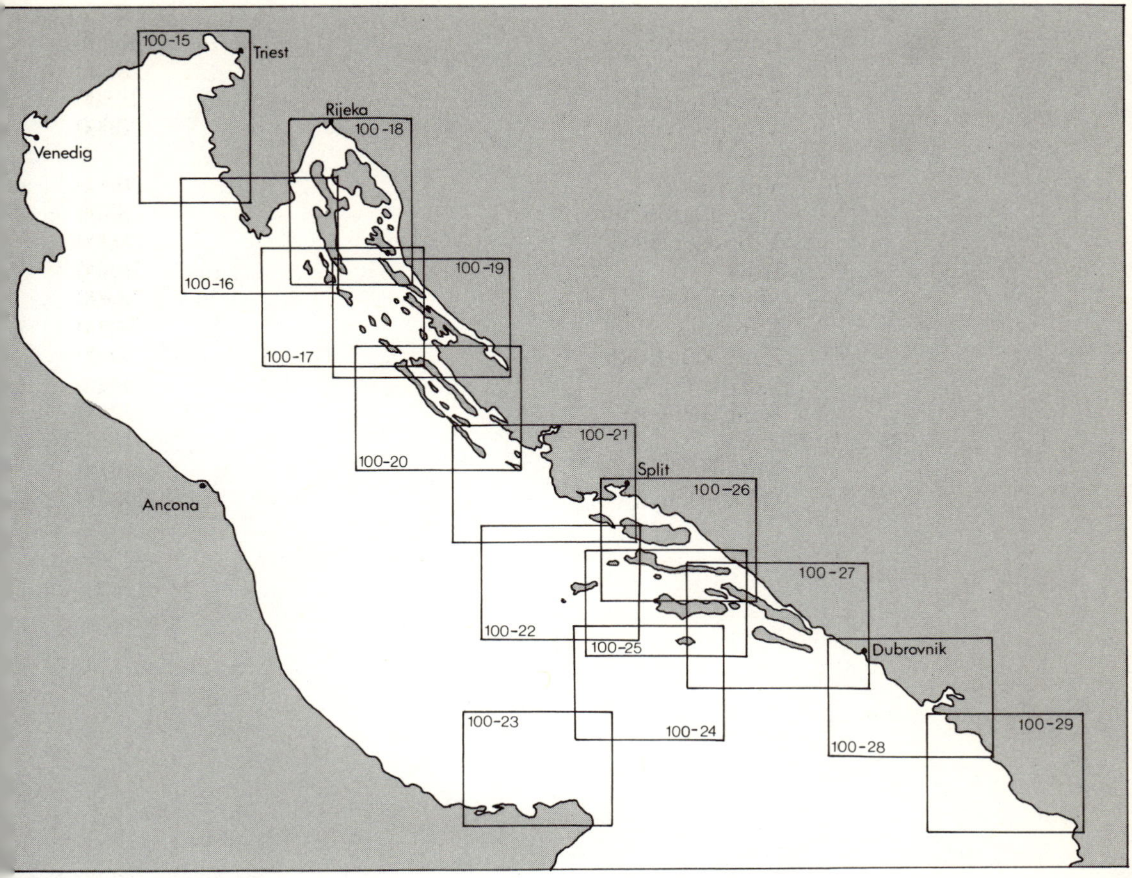

ugoslawische Seekarten 2

322	Split – gradska i sjeverna luka	10000
333	Dubrovnik – Luka Gruž	5000
512	Kornat – Murter	40000
	Murterski kanal	20000
515	Pašmanski kanal	15000
518	Rijeka Krka i Prokljansko jezero	15000
525	Stonska prevlaka	17500
	Ston	7500
	Mali Ston	5000
	Luka	5000
530	Planovi	
	Bar	40000
	Shëngjini	40000
	Durrës	40000
532	Sedmovraće	30000
533	Šibenski kanal	30000

534	Planovi	
	Luka Rogoznica	30000
	Trogirski zaliv	28800
	Luka Drvenik	28800
	Trogirski kanal	20000
535	Planovi	
	Viška luka	20000
	Starogradski zaliv	28800
	Vrboska i Jelsa	28000
	Brna	28800
	Maslinica	28800
	Karbuni	28800
	Zaliv Vela Luka	28800
	Sidrište Prižba	28800
	Velji Mali lago	28800
536	Planovi	
	Kaštelanski zaliv	40000
	Pakleni kanal	28800

Abkürzungen in den jugoslawischen Seekarten

serbokroatisch		*deutsch*	
B	Bijelo	w.	Weiß
C	Crveno	r.	Rot
Z	Zeleno	gn.	Grün
Bl	Bljesak	Blz., Blk.	Blitz, Blink
B Bl	Bijeli bljesak	Blz. w.	Blitzfeuer weiß
C Bl	Crveni bljesak	Blz. r.	Blitzfeuer rot
Z Bl	Zeleni bljesak	Blz. gn.	Blitzfeuer grün
Bl Gp	Bljeskovi u grupi	Blz. (..), Blk. (..)	Blitz(Blink)gruppenfeuer
B, C, Z	Stalno svjetlo	F.	Festfeuer
Pk	Svjetlo na prekide	Ubr.	Unterbrochenes Feuer
Pm	Promjenljivo svjetlo	Wchs.	Wechselfeuer
Sj	Svjetlo na sjajeve	F. Blz. Mi.	Festfeuer Blitzfeuer Mischfeuer
Sj Gp	Svjetlo sa grupom sjajeva	F. Blz. (..) Mi.	Festfeuer Blitzgruppenfeuer Mischfeuer
K Bl	Svjetlo na kratke bljeskove	Fkl.	Funkelfeuer
K Bl Pk	Svjetlo na kratke bljeskove na prekide	Fkl. unt.	Unterbrochenes Funkelfeuer
Izo	Izofazno svjetlo	Glt.	Gleichtaktfeuer
Mo (A)	Svjetlo na bljeskove Morse slova A	Mo. (A)	Morsefeuer mit Kennungsbuchstaben
Sekt	Svjetlo sa sektorom	–	Leuchtfeuer mit Sektoren
–	Svjetlo pokrivenog smjera	Lt–F.	Leitfeuer
Vert	Vertikalno postavljena svjetla	senkr.	Senkrecht
Hor	Horizontalno postavljena svjetla	–	Waagerecht
Pot	Potamnjeno svjetlo	vdklt.	Verdunkelt
–	Pogašeno svjetlo	–	Verstärkt
–	Privremeno	ztwl.	Zeitweilig
–	Prigodno	ungf.	Ungefähr
Sig mag	Signal za maglu	N.S.	Nebelschallsender
RF	Radio-tar	R.C.	Funkfeuer
Gr	Greben	Fls.	Fels
Bk	Brak	–	Bank, Riff
Hr	Usamljena hrid	–	Einzelne Klippe
Plič	Pličina	Gd., Untf.	Grund, Untiefe
L	Luka	Hfn.	Hafen
O	Otok, Otočić	I., In.	Insel(n)
k	Kamen	St.	Steine
m	Mulj	Sk.	Schlick, Schlamm
p	Pijesak	Sd.	Sand
š	Sitan šljunak	K.	Kies
šk	Školjke	–	Muscheln
kor	Koralji	Kor.	Koralle
t	Trava	Grs.	Seegras
V pl, V ka	Vidi plan; Vidi kartu	–	Siehe Plan, Siehe Karte

Van snage	Außer Kraft
Zabranjeno sidrenje	Ankern verboten
Prostor za vježbe gadanja	Militärisches Sperrgebiet
Zabranjena plovidba	Durchfahrt verboten
Zabranjena plovidba i ribarenje	Durchfahrt und Fischfang verboten
Zabranjena plovidba, zadržavanje, sidrenje i ribarenje	Durchfahrt, Aufenthalt, Ankern und Fischfang verboten
Zabranjeno sidrenje, zaustavljanje i pristajanje	Ankern, Aufenthalt und Landen verboten

Nautische Literatur

Für den Törn in jugoslawischen Gewässern rüste man sich außer mit den entsprechenden Seekarten auch mit der erforderlichen nautischen Literatur aus. An Bord sein sollten zumindest je ein amtliches, also vom Deutschen oder Jugoslawischen Hydrographischen Institut herausgegebenes Seehandbuch und Leuchtfeuerverzeichnis, ferner der „Jachtfunkdienst Mittelmeer".
Die im folgenden genannte Literatur ist bei den Vertriebsstellen für nautische Veröffentlichungen (siehe Seite 21) erhältlich.

Seehandbücher

- Mittelmeerhandbuch, IV. Teil: Jugoslawien, Albanien und Griechenland herausgegeben vom Deutschen Hydrographischen Institut, Bestell-Nr. 2030
- Peljar I – Jadransko more – istočna obala (Adria, östlicher Teil) herausgegeben vom Jugoslawischen Hydrographischen Institut in serbokroatischer Sprache, Bestell-Nr. HI-N-20
- Mediterranean Pilot (Sailing Directions Vol. III) Handbuch in englischer Sprache

Leuchtfeuerverzeichnisse

- Verzeichnis der Leuchtfeuer und Signalstellen, Teil V: Mittelmeer und Schwarzes Meer herausgegeben vom Deutschen Hydrographischen Institut, Bestell-Nr. 2105, erscheint in der Regel jährlich
- Popis svjetionika herausgegeben vom Jugoslawischen Hydrographischen Institut, Bestell-Nr. HI-N-10, wird durch Nachträge ergänzt

Hafenhandbücher

- Hafenhandbuch Mittelmeer, Band III: Adria Nord
- Hafenhandbuch Mittelmeer, Band III: Adria Süd herausgegeben von der Kreuzer-Abteilung des Deutschen Segler-Verbandes

Weitere Seebücher

- Nautischer Funkdienst, Band II: Funkortung herausgegeben vom Deutschen Hydrographischen Institut, Bestell-Nr. 2151
- Jachtfunkdienst Mittelmeer jährlich herausgegeben vom Deutschen Hydrographischen Institut, Bestell-Nr. 2159
- Klima und Wetter im Mittelmeer herausgegeben vom Deutschen Hydrographischen Institut, Bestell-Nr. 2180

Vertriebsstellen für nautische Veröffentlichungen des Deutschen Hydrographischen Instituts

Bade & Hornig GmbH, Deutsches Seekarten-Berichtigungsinstitut
Stubbenhuk 10, **2000 Hamburg 11,** Telefon 040/364587/88

Eckardt & Messtorff GmbH
Rödingsmarkt 16, **2000 Hamburg 11,** Telefon 040/371334

Hydrographischer Dienst, Kapitän Hermann Rothe
Am Stadtdubben 19, **2160 Stade,** Telefon 04141/65546

Nautic-Service, Ukena
Neue Schleuse Mittelpfeiler, **2212 Brunsbüttel,** Telefon 04852/87007

NAUTICON Handels-GmbH
Pestalozzistr. 36, **1000 Berlin 12,** Telefon 030/310721

Nautischer Dienst Kapitän Stegmann & Co.
Schleuse, **2300 Kiel-Holtenau 17,** Telefon 0431/331772

„Seekarte" Kapitän A. Dammeyer
Korffsdeich 3, vor dem Europahafen, **2800 Bremen 1,** Telefon 0421/385051/52

Grenz- und Hafenformalitäten, Schiffspapiere

Grenzformalitäten

Für die Einreise nach Jugoslawien ist ein gültiger **Reisepaß** erforderlich. Man kann sich damit bis zu drei Monaten ununterbrochen als Tourist im Land aufhalten. Reist man mit einem Personalausweis ein, erhält man einen Passierschein (gebührenpflichtig) für einen Aufenthalt bis maximal 30 Tage. Der Passierschein wird nicht verlängert.

Einreise

Für das Einlaufen und Befahren der jugoslawischen Küstengewässer und die Ausreise gelten die Bestimmungen der Verordnung über ausländische Sportboote in Jugoslawien vom 28. Juli 1971. Zuwiderhandlungen gegen diese Verordnung können mit empfindlichen Strafen belegt werden.
Auf dem Seeweg einreisende Boote müssen auf dem kürzesten Weg, das heißt möglichst rechtwinklig, einen der folgenden Häfen anlaufen:
Ständige Einklarierungshäfen sind Koper, Piran, Umag, Rovinj, Pula, Raša, Rijeka, Bakar, Omišalj, Mali Lošinj, Maslenica, Senj, Zadar, Šibenik, Split, Kardeljevo, Metković, Korčula, Dubrovnik-Gruž, Hercegnovi und Bar.
Zusätzliche Einklarierungshäfen vom 1. Mai bis 31. Oktober: Izola, Novigrad, Poreč, Rabac, Opatija, Kraljevica, Punat, Rab, Primošten, Kremik-Marina, Dubrovnik Marina-Komolac, Tivat, Kotor, Budva und Ulcinj.
Nur bei Sturm darf im Notfall zuerst ein anderer Hafen angelaufen werden.
Im Port of Entry muß unverzüglich beim Zoll einklariert und beim Hafenamt (Luc. isp.) eine **Fahrgenehmigung** (Odobrenje) beantragt werden. Für die Ausstellung des Odobrenje ist eine Gebühr zu entrichten.
Wer mit einem Trailerboot auf dem Landweg einreist, muß das Boot an der Grenze deklarieren und die Fahrgenehmigung im nächsten Hafenamt vor dem Zuwasserlassen beantragen. Für Boote bis zu 3 m Länge und ohne Motor benötigt man keine Fahrgenehmigung.

Fahrgenehmigung Für die Ausstellung des *Odobrenje* sind folgende Unterlagen erforderlich:

- Ein gemäß den Vorschriften des betreffenden Heimatlandes der Yacht gültiges Schiffsdokument (beispielsweise amtlicher Meßbrief, Flaggenausweis, Internationales Verbands-Zertifikat) mit näheren Angaben über die Yacht und deren technische Ausstattung (Motor, Navigationsmittel, Beiboot usw.).
- Für Radargeräte an Bord von Yachten unter deutscher Flagge die Postzulassung, für Rundfunk- und Fernsehgeräte FTZ-Nummer und die Gebührenquittung.
- Für Funkgeräte an Bord von Yachten unter deutscher Flagge die Postzulassung. Mindestens ein Crewmitglied muß im Besitz des Allgemeinen Sprechfunkzeugnisses für den Seefunkdienst sein (ist nur UKW-Funk an Bord, genügt auch das Eingeschränkte UKW-Sprechfunkzeugnis für den Seefunkdienst). Nur in äußersten Notfällen darf das Funkgerät auch von jemandem bedient werden, der nicht das entsprechende Zeugnis besitzt.
- Für Signalpistolen die amtliche Waffenbesitzkarte.
- Befähigungsnachweise (des Schiffsführers) zur Führung der Yacht in Küstengewässern gemäß den Bestimmungen seines Heimatlandes (amtlicher Sportbootführerschein) sowie gültige Reisepässe des Schiffsführers und der Besatzung.
- Crewlisten mit tabellarischer Angabe von Name, Vorname, Paßnummer, Nationalität, Geburtsdatum und -ort in vierfacher Ausfertigung beschleunigen die Abfertigung. Andere Personen als in der Crewliste aufgeführt darf man an Bord nicht mitnehmen. Eine eventuelle Veränderung muß auf dem nächst erreichbaren Hafenamt gemeldet werden.

Nach Vorlage der genannten Unterlagen erhält man das Odobrenje, das für beliebig viele Ein- und Ausreisen innerhalb eines Jahres gültig ist und zum Befahren der gesamten jugoslawischen Küstengewässer berechtigt. In der Fahrgenehmigung sind auch die jeweiligen Sperrgebiete angegeben, die von einer ausländischen Yacht nicht befahren werden dürfen (gut ersichtlich auch aus der jugoslawischen Seekarte S 101 „Karte der Sperrgebiete"). Bei jeder weiteren Ein- und Ausklarierung muß die Fahrgenehmigung den Hafenbehörden unaufgefordert vorgelegt werden, ansonsten auf Verlangen.

Wenn gültige Schiffsdokumente bzw. Befähigungsnachweise nicht vorgelegt werden können, das Eigentum am Boot aber nachzuweisen ist, sind die jugoslawischen Behörden eventuell bei Kleinbooten bereit, gegen entsprechende Gebühr die Fahrtüchtigkeit des Bootes zu überprüfen bzw. eine Eignungsprüfung vorzunehmen. (Diese Prüfung muß bei jeder Einreise erneut abgelegt werden.)

Der jugoslawische Befähigungsnachweis *Mornar motorist* wird nur noch für Jugoslawen ausgegeben.

Da jedoch mit Verzögerungen und Verständigungsschwierigkeiten zu rechnen ist, empfiehlt es sich, die erforderlichen Dokumente bereits vor der Einreise zu besorgen.

Handfunkgeräte und CB-Funkgeräte (auch fest installierte) dürfen nur mit Genehmigung eingeführt werden. Anträge stellt man rechtzeitig bei der Jugoslawischen Botschaft, Schloßallee 5, 5300 Bonn 2.

Anmeldung Wer an Bord übernachtet, muß sich bei der Fremdenpolizei, in einem Hotel, auf einem Campingplatz oder in einem Touristenbüro anmelden. Dort wird gegen Gebühr eine Anmeldebestätigung (*Potrbilo* oder *Potvrda*) ausgestellt, die man bis zur Ausreise sorgfältig aufbewahren muß. Wer die Anmeldebestätigung bei einer Kontrolle nicht vorweisen kann, muß mit einer Strafe rechnen.

Von der Anmeldepflicht ist jedes Crewmitglied betroffen – man beachte das bei Crewwechsel oder während der Reise zusätzlich einsteigenden Crewmitgliedern.

Ausreise Bei der Ausreise über See meldet man sich beim letzten für den internationalen Verkehr zuständigen Hafenamt und beim Zoll ab, wobei Odobrenje, Crewliste und Pässe vorzulegen sind. Über Land beförderte Sportboote können in dem Hafenamt des letzten Hafens der Reise ausklariert werden. Die Pässe werden beim Grenzübergang vorgelegt. Bei der Einreise in die Bundesrepublik Deutschland muß beim deutschen Zoll der Eigentumsnachweis für das Boot erbracht werden, etwa in Form einer beglaubigten Kopie des Kaufvertrages.

Bestimmungen

Sicherheitsausrüstung In der Verordnung über die Fahrtüchtigkeit von Booten wird unter anderem folgende Mindest-Sicherheitsausrüstung vorgeschrieben:

- Anker von ausreichendem Gewicht mit mindestens 30 m Kette oder Trosse
- 2 Festmacher von je 10 m Länge
- 2 Hilfsriemen oder 2 Paddel (kleine Boote)
- Lenzeinrichtung (Eimer oder Pumpen)
- Erste-Hilfe-Ausrüstung
- 6 rote Signalraketen oder Fackeln und wasserdicht verpackte Zündhölzer
- Lichterführung entsprechend Seestraßenordnung

Im Gegensatz zu anderen Waffen ist die Einfuhr einer Signalpistole gestattet. Sie muß jedoch in einem verschlossenen Behältnis aufbewahrt werden.

Versicherung Eine Haftpflichtversicherung für Boote ist in Jugoslawien nicht vorgeschrieben, aber man tut in jedem Falle gut daran, eine solche abzuschließen. Auch der Abschluß einer Bootskaskoversicherung ist zu empfehlen.

Wasserskifahrer ziehende Boote müssen mit zwei Personen besetzt sein und einen Rückspiegel haben. In Häfen, Marinas und Badezonen ist Wasserskifahren verboten. Zur Küste muß ein Mindestabstand von 200 m eingehalten werden.

Charter Bleibt das Boot in Jugoslawien, darf zweimal im Jahr, mit Einverständnis des Eigners, die Crew ausgewechselt werden, ohne als illegaler Vercharterer zu gelten und bestraft zu werden. Bei Crewwechsel ist das zuständige Hafenamt aufzusuchen und eine neue Fahrgenehmigung zu beantragen.
Wer ein Boot chartern will, sollte sich vor Vertragsabschluß die Lizenz für den gewerblichen Vercharterungsbetrieb zeigen lassen. Denn nur wer diese Lizenz besitzt, darf verchartern. Es kann sonst zu bösen Überraschungen kommen, von empfindlichen Geldstrafen ganz zu schweigen.
Vercharterer lassen sich als Befähigungsnachweis außer dem amtlichen Sportbootführerschein nicht selten auch den DSV-Segelführerschein für Küstengewässer (BR, BK) vorlegen. Im Schadensfall kann dann die Eignung des Charterers gegenüber der Versicherung besser nachgewiesen werden.

Überwinterung Nach den gesetzlichen Bestimmungen können Yachten in Jugoslawien überwintern. Eine Yacht, die zollfrei eingeführt wurde, darf bis zum Ende der folgenden Saison (31. Oktober) zollfrei im Lande verbleiben. Diese Frist beginnt stets von neuem, wenn das Fahrzeug ausklariert und bei der Wiedereinklarierung eine neue Fahrerlaubnis ausgestellt wurde.
Eine Überwinterung ist nur bei dazu autorisierten Organisationen (Marinas, Clubs usw.) zulässig. Dabei wird das Schiff unter Zollverschluß genommen. Ist die Zeit des Zollverschlusses abgelaufen, beginnt die obengenannte Frist für den Betrieb des Schiffes von neuem.
Wird das Schiff nur kurzfristig in Jugoslawien zurückgelassen (maximal 20 Tage), so braucht es nur beim Zollamt des entsprechenden Hafens angemeldet zu werden; unter Zollverschluß wird es nicht genommen.

Devisenbestimmungen Zu beachten sind die steten Veränderungen unterliegenden Devisenbestimmungen. Es ist ratsam, sich vor der Reise bei seinem Geldinstitut oder den Automobilclubs danach zu erkundigen. Die Ein- und Ausfuhr ausländischer Zahlungsmittel ist in beliebiger Höhe erlaubt (Stand 1987).
Ausländische Zahlungsmittel, Bank- und Reiseschecks werden in Jugoslawien von allen Banken, Postämtern, Touristbüros und Hotelrezeptionen zum Tageskurs eingewechselt. Ein Rückwechsel von Dinar-Banknoten ist nicht möglich.

Marinas

Jugoslawien bietet dem Wassersportler ganzjährig Liegeplätze in großzügig konzipierten Marinas mit allen erdenklichen Serviceeinrichtungen. Viele Marinas werden von der staatlichen Gesellschaft ACY betrieben. Die gemeinsame Anschrift:
Adriatic Club Yugoslavia
M. Tita 221
YU–51410 Opatija
Telefon 003851/712066/712288
Die Gesellschaft verchartert auch Schiffe bis 11 m Länge, denen in den ACY-Marinas Sonderkonditionen eingeräumt werden.

Folgende Marinas sind ganzjährig in Betrieb	
Marina Izola Marina Portorož ACY-Marina Umag Marina Novigrad Marina Červar-Porat Marina Parentium, Poreč ACY-Marina Rovinj ACY-Marina Pula Marina Veruda ACY-Marina Pomer-Medulin Marina-Hotel „Admiral“, Opatija Marina Punat, Insel Krk ACY-Marina Supetarska Draga, Insel Rab ACY-Marina Rab, Insel Rab Marina Mali Lošinj, Insel Lošinj Marina Iž Veli, Insel Iž	Marina Zadar Marina Kornati, Biograd n.m. Marina Hramina, Insel Murter Marina Betina, Insel Murter ACY-Marina Jezera, Insel Murter ACY-Marina Skradin Marina Kremik, Primošten ACY-Marina Trogir ACY-Marina Split Marina Y. C. Split, Spinut ACY-Marina Milna, Insel Brač ACY-Marina Vroboska, Insel Hvar Marina Gruž, Dubrovnik Marina „Club Orsan“, Gruž-Dubrovnik Marina Dubrovnik, Dubrovnik-Komolac
Marinas mit Saisonbetrieb	
ACY-Marina Insel Žut ACY-Marina Piškera, Insel Pantitula Velika ACY-Marina Lavsa (Zweigstelle der ACY-Marina Piškera)	ACY-Marina Palmežana, Insel Klement

Der Bau weiterer Marinas ist geplant.

Sperrgebiete, Schutzgebiete

Sperrgebiete Die Sperrgebiete auf See, die gesperrten Uferzonen und die für Ausländer gesperrten Landgebiete sind aus der jugoslawischen Sperrgebietskarte S 101 ersichtlich und in der Fahrerlaubnis aufgeführt. Da sie immer wieder Änderungen unterliegen, wird darauf verzichtet, sie hier im einzelnen zu nennen. Ein kurzer Überblick: Gesperrt sind unter anderem die Seegebiete um die Inseln Goli, Vis, Biševo, Lastovo, Palagruza, Jabuka, Sv. Andrija (Svetac) und verschiedene Küstenstreifen. Man kann aber jeweils gut ausweichen.
Einige der gesperrten Küstenstreifen sind mit gelben oder weißen Tafeln mit der Aufschrift „Zabranjen pristrup“ bzw. „Zabranjen fotografisanje“ gekennzeichnet. Tafeln mit dem Symbol eines durchgestrichenen Fotoapparates besagen das gleiche (andere Verbotstexte sind auf Seite 19 zusammengestellt). Nicht fotografiert werden dürfen militärische Anlagen und die damit zusammenhängenden Einrichtungen (Kriegsschiffe, Kasernen, einige Brücken).

Schutzgebiete Außer den militärischen Sperrgebieten gibt es zivile Schutzgebiete wie Schutzzonen für Badende (von Bereichen mit Badebetrieb haben Sportboote ohnehin einen Sicherheitsabstand von 150 m vom Ufer entfernt einzuhalten) oder Naturschutzgebiete. Das Einlaufen in den Limski-Kanal ist für Sportboote verboten.
Der Südteil der Insel Dugi Otok, die Insel Kornat und die vorgelagerten Inseln sind zum **Nationalpark Kornati** erklärt worden. Zur Nacht darf man nur an den dafür ausgewiesenen Plätzen liegen (Telašćica, Katina, Špraljin, Stan, Lupška, D. Statival, Šipnata, Bele Lučice, Kravljačica, Strižnja, Vrulje, Lopatica, Ropotnica, Koromanča, Opat, Levrnaka, Piškera, Lavsa, Ravni Žakan, Smokvica Vela). Eine Eintrittsgebühr (umgerechnet etwa fünf Mark pro Tag und Person) wird erhoben.
Der Wasserlauf der Krka in der Gegend bei Skradin ist Nationalpark. Der Oberlauf der Krka ab der Straßenbrücke Skradin darf von Sportbooten nicht mehr befahren werden.
Der Pokelanski-Jezero ist Naturschutzgebiet, so daß hier weiterhin Ankermöglichkeit besteht.
Die Insel Mljet ist ebenfalls Nationalpark, für dessen Betreten Gebühren erhoben werden. Das Befahren des Sees Veliko Jezero und seiner Zufahrt mit Sportbooten ist verboten.

Unterwasseraktivitäten, Sportfischfang

Unterwasseraktivitäten Als Unterwasseraktivitäten werden betrachtet:
- Tauchen mit Tauchausrüstung
- Fotografieren und Filmen unter Wasser
- Jedes Erforschen des Meeres und des Meeresbodens

Ausländer dürfen eine Unterwassertätigkeit nur mit Bewilligung der zuständigen Behörde für öffentliche Sicherheit der entsprechenden Gemeinde ausüben: Die Genehmigung kann auf einen schriftlichen Antrag hin erteilt werden.
Das Gebiet, in dem getaucht wird, muß mit einem gelben Ball gekennzeichnet werden.

Auch für die Unterwasseraktivitäten gibt es Sperrgebiete; sie sind ebenfalls in die Karte S 101 eingetragen. Außerdem findet man Hinweise auf diese Sperrgebiete in der Fahrerlaubnis. Darüber hinaus wird man von der die Tauchgenehmigung erteilenden Behörde dementsprechend informiert.
Bekannte Sperrgebiete für Unterwassertätigkeiten:

- Istrien:
  Rt. Brankorso, Barbariga, Kavalo und Merlera
- Inselgebiet:
  Trasorko- und Balvanida-Bucht (Lošinj), Rt. Radovan (Ilovik), Tr. Južni Art (Südspitze Silba), Rt. Stanij (Molat), Rt. Križ (Sestrunj), Rt. Južni (Zverinac), Rt. Sv. Nedelja, Veli Rat Leuchtfeuer (Dugi Otok), Blitvenica, Leuchtfeuer Rt. Mede (Kurba Vela-Kornat-Inseln), Rt. Gay und Obinuški (Šolta), Rt. Jova (Čiovo), Vis, Lastovo, Samograd-Bucht und Rt. Ražnjić (Korčula), Rt. Sokolić (Jakljan) und Mamula
- Pelješac:
  Buchten Crkivica und Zalac, Rt. Lovišće und Vratnik
- Festland:
  Rt. Jelinak (Marina bei Trogir), Rt. Ostriča Vela (Primošten), Rt. Marjan (Split), Rt. Donji (Slano), Rt. Kobila (Sutorina) und Rt. Rostova (Molunat)

Auf eine Entfernung von 300 m von den Küsten der Inseln Goli und Grgur sowie von jugoslawischen Kriegsschiffen in Häfen, die für den inländischen und internationalen Verkehr offen sind, auf Schiffahrtswegen zu Häfen und auf markierten oder abgegrenzten militärischen Gebieten ist jegliche Unterwassertätigkeit verboten.

Sportfischfang Von der Adria wird behauptet, daß sie teilweise ausgefischt und nicht mehr fischreich sei. Die Anzahl der Fischerboote ist auch im Vergleich zu Italien viel geringer. Trotzdem sollte der Skipper, der aus sportlichen Ambitionen oder zum Zeitvertreib fischt, die bestehenden Vorschriften kennen.

- Das Fischen mit Geräten jeglicher Art ist genehmigungs- und gebührenpflichtig. Die Genehmigungen können von den örtlichen Revierstellen erteilt werden; zum Teil werden hierfür schwindelerregende Beträge verlangt.
- Die Unterwasserjagd mit Tauchgeräten und Harpune ist verboten.
- Archäologische Funde sind meldepflichtig und müssen an Ort und Stelle verbleiben.
- Für die Einfuhr von Tauchgeräten muß man sich vor der Einreise eine amtliche Genehmigung besorgen, sonst werden sie beschlagnahmt.
  Auskünfte erteilen die Jugoslawischen Fremdenverkehrsämter (Anschriften siehe Seite 29) sowie die Jugoslawische Botschaft, Schloßallee 5, 5300 Bonn 2.

Trinkwasser, Verproviantierung, Reparaturen, Treibstoff, Informationen

Trinkwasser ist in allen größeren Orten erhältlich (zum Teil in Privathäusern). Auf nahezu sämtlichen Inseln gibt es, wenn auch mitunter recht wenig, Zisternenwasser, das vorsichtshalber abgekocht werden sollte.

Trotz der relativ geschützten Gewässer und der Nähe der Zivilisation gehört es auf Schiffen, deren Größe das Mitführen umfangreicher Wasservorräte nicht gestattet, zu den notwendigen Sicherheitsmaßnahmen, stets ein paar Flaschen Mineralwasser als Reserve mitzuführen. Zu leicht kann man mal in einer Bucht einwehen, wo weit und breit kein Tropfen Wasser zu haben ist.

Verproviantierungsmöglichkeiten

Das, was man für den täglichen Bedarf braucht, erhält man an der Festlandküste in jedem Dorf und auf jenen Inseln, zu denen eine feste Fährverbindung besteht. Trotzdem sollte man den Aufenthalt in einer größeren Stadt dazu nutzen, die Vorräte zu ergänzen.

Es bleibt jedoch nicht aus, daß man auch in Gegenden gelangt, wo man nicht einmal Brot bekommt. Eine entsprechende Vorratshaltung ist also angeraten.

In größeren Ortschaften findet in der Woche täglich ein Obst- und Gemüsemarkt statt, wo man sich meist ausgezeichnet mit Frischproviant versorgen kann. Die Märkte beginnen oft schon um sechs Uhr in der Frühe, sind aber nur bis zum Vormittag geöffnet. In einigen Orten findet man auch regelrechte Fischmärkte; in kleineren Häfen kann man Fisch und Schalentiere wie Langusten und Krebse auch bei den Fischern erstehen. Fische sind im Mittelmeerraum ungleich teurer als beispielsweise an Ost- und Nordsee.

Zollfreie Waren

In vielen Häfen und in allen Marinas sind Duty-free-Shops eingerichtet worden. Die Kette wird ständig ausgebaut. Man kann dort nur mit Devisen einkaufen. Das Sortiment umfaßt alkoholische Getränke, Tabakwaren, Kosmetika, zum Teil Lebensmittel, aber auch Bootsmotoren und Bootszubehör. Das Angebot ist von Ort zu Ort unterschiedlich. Als wirklich lohnend erweist sich der zollfreie Einkauf nur bei Importwaren.

Die Geschäfte befinden sich meist in Hafennähe und sind gut ausgeschildert. Auskunft über den Standort des nächsten Duty-free-Shops erteilt das Hafenamt.

Reparaturwerkstätten und Werften sind nicht in jedem Hafen anzutreffen, jedoch bemüht man sich überall, zu helfen und wenn nötig zu improvisieren. Schiffszubehörhandlungen findet man in Rijeka, Zadar, Split und Dubrovnik-Gruž, aber auch in anderen Orten. Ob man dort freilich das findet, was man braucht, ist zweifelhaft.

Für Reparaturen am Schiff und die Herausnahme aus dem Wasser bieten sich vor allem die Marinas an. Die meisten Slipanlagen eignen sich jedoch nur für Langkieler. Einen größeren Kurzkieler an Land zu bekommen, scheint nach wie vor ein Problem zu sein, wenn er vom Gewicht her nicht an einen Kran zu hängen ist.

Die Begriffe gehen in Jugoslawien noch stark durcheinander: Eine einfache Sliprampe, auf der man sein Boot mit dem Trailer zu Wasser bringen kann, wird schon als „Slipanlage" bezeichnet – und eine solche Rampe findet man allerorten. Deshalb erkundige man sich, wie tief die Rampe ins Wasser führt. Auch das Kranen wird mit Slippen verwechselt, was zu Mißverständnissen führt. Ein 30-t-Kran kann eine 15-t-Yacht nur dann aus dem Wasser heben, wenn die Aufhängevorrichtungen der Größe und dem Gewicht des Schiffes entsprechen. Es gilt also, sich auch danach zu erkundigen, wobei man gleichzeitig die Breite des Schiffes angibt.

Für Schiffsreparaturen (meist nur an Holzbooten) und zum Slippen (meist nur von Langkielern) seien folgende Häfen genannt: Pula, Martinšcica, Kraljevica, Punat/Krk, Cres, Mali Lošinj, Zadar, Betina/Murter, Šibenik, Split, Sumartin/Brač, Vela Luka, Korčula, Dubrovnik und Tivat.

Zusammenfassend muß man sagen, daß die Entwicklung diesbezüglich in so rasantem Fluß ist, daß sich die Situation schon während einer Saison verändern kann.

Treibstoff (Benzin und Diesel) ist meist nur in größeren Ortschaften und auf den dichter besiedelten Inseln erhältlich; stellenweise wird er noch aus Fässern verkauft. In den folgenden, von Nord nach Süd aufgeführten Häfen kann das Boot direkt von einer Tankstelle am Wasser aus betankt werden (Stand 1987): Izola, Piran, Portorož (Marina), Umag, Novigrad, Poreč, Vrsar, Rovinj, Pula, Opatija, Novi Vinodolski, Krk, Cres, Mali Lošinj, Rab, Zadar, Biograd, Šibenik, Marina Kremik (Primošten), Split Haupthafen, Makarska, Križna Luka/Hvar, Vela Luka/Korčula, Hramina/Murter, Dubrovnik-Gruž und Marina Komolac, Herzegnovi, Budva.

An anderen Orten bietet sich die Möglichkeit, Treibstoff von Straßentankstellen mit Kanistern herbeizuschaffen.

Zollfreien Treibstoff kann man vielleicht noch über die Duty-free-Shops oder die Firma Brodokomerc beziehen, meist jedoch recht unkompliziert direkt von den Tankstellen gegen Bezahlung in Devisen. Verbilligtes Tanken ist auch mit Treibstoff-Coupons möglich.

Nützliche Informationen enthält das Merkblatt „Wassersport in Jugoslawien", das von der Kreuzer-Abteilung des Deutschen Segler-Verbandes (Gründgensstr. 18, 2000 Hamburg 60) in Zusammenarbeit mit dem Jugoslawischen Fremdenverkehrsamt herausgegeben wird.

Auskünfte über touristische Fragen erteilen die Jugoslawischen Fremdenverkehrsämter:

- Hüttenstraße 6, 4000 Düsseldorf, Telefon 0211/370675
- Goetheplatz 7, 6000 Frankfurt am Main, Telefon 069/285685
- Sonnenstraße 14, 8000 München 2, Telefon 089/595545/46

Das Klima der jugoslawischen Adria

Die Aussagen der Klimakunde beruhen auf langfristigen Beobachtungen (30 oder 50 Jahre) des Wettergeschehens und vermitteln deshalb nur ein Bild vom „mittleren Zustand oder gewöhnlichen Verlauf der Witterung". Trotzdem können sie dem Ferienreisenden wertvolle Hinweise geben. Es ist wohl nicht ratsam, den Urlaub gerade in den regenreichsten Monat des Jahres zu legen. Im besonderen Maße sollte jedoch der Sportschiffer die Erkenntnisse der Klimatologie nutzen und somit Klima-Navigation betreiben, wie sie in der Handelsschiffahrt allgemein üblich ist.
Angaben über die günstigste Jahreszeit und die mittleren Wind- und Strömungsverhältnisse sind für die sinnvolle Planung eines Törns unentbehrlich und tragen so zu einem erfolgreichen Gelingen bei. Vergleiche hierzu auch die Veröffentlichung Nr. 2180 des Deutschen Hydrographischen Instituts: Klima und Wetter im Mittelmeer.

Temperatur

An der 628 km langen jugoslawischen Küste und auf den Inseln des Adriatischen Meeres herrscht ein echtes Mittelmeerklima, gekennzeichnet durch milde, niederschlagsreiche Winter und heiße, fast völlig regenlose Sommer. Aber schon in geringer Entfernung landeinwärts von dem schmalen Küstensaum macht sich kontinentales Klima bemerkbar. Hat Zadar im Januar noch eine mittlere Temperatur von + 6,7 °C, so sinkt sie im 50 km nördlich gelegenen Gospić (565 m Höhe) auf – 2,5 °C ab.
In der Tafel auf Seite 31 oben sind die Mittelwerte der tiefsten und höchsten Monatstemperatur sowie der Jahrestemperatur einiger deutscher und jugoslawischer Orte zusammengestellt. Man erkennt, wie besonders im Winter die Temperaturen von Norden nach Süden zunehmen. Noch wärmer als an der Küste ist es dann auf den landfernen Inseln wie beispielsweise Vis.
Im Sommer sind diese Unterschiede nicht so ausgeprägt. Juli ist der wärmste Monat. Aber auch die anderen Sommermonate weisen beachtlich hohe Werte auf, wie aus der Abbildung auf Seite 31 unten hervorgeht, in der der Jahresgang der Temperatur dargestellt ist. In Dalmatien werden Temperaturen bis 40 °C erreicht; die täglichen Schwankungen sind gering. Charakteristisch für das mediterrane Klima ist ferner der gegenüber dem Frühjahr wärmere Herbst.

Ort	Temperatur Monatsmittel Januar °C	Juli °C	Jahresmittel °C	Jahresniederschlagsmenge mm
Hamburg	0,3	17,1	8,5	735
Berlin	– 0,6	18,0	8,4	590
München	– 2,3	17,0	7,4	910
Pula	4,9	23,2	13,6	890
Split	7,2	25,6	15,7	840
Vis	9,8	25,0	16,8	630
Hvar	8,6	25,0	16,3	780
Dubrovnik	9,2	25,6	17,0	1500

Mittlere Temperaturen und Niederschlagsmengen einiger deutscher und jugoslawischer Stationen

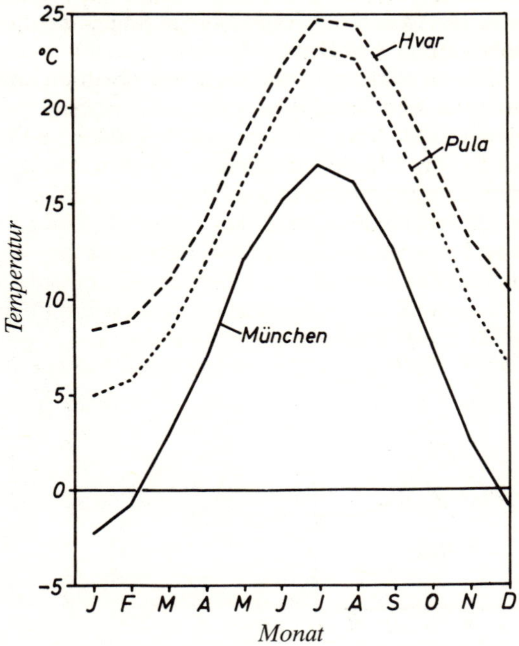

Jahresgang der Temperatur in München, Pula und Hvar

Niederschlag und Bewölkung

Die Niederschlagsmenge wird mit Niederschlagsmessern in Millimeter Wasserhöhe (entspricht der gleichen Anzahl Liter je Quadratmeter) gemessen. Die mittlere jährliche Niederschlagsmenge ist ein langjähriger Durchschnitt des insgesamt in einem Jahr fallenden Regens und Schnees. Diese Mittelwerte enthält die Tafel auf Seite 31 oben. Sie nehmen im allgemeinen von den Inseln zum Festland hin zu. Beträgt die jährliche Niederschlagsmenge auf den adriatischen Inseln 500 bis 900 mm, so hat man an der dalmatinischen und istrischen Küste schon mit 1000 bis 1500 mm zu rechnen. Im Hinterland der Bucht von Kotor (Crkvice) wird mit 4600 mm sogar das europäische Niederschlagsmaximum erreicht.

Wesentlich ist die Verteilung dieser Niederschlagsmengen auf die Jahreszeiten oder Monate. Und da sieht dann alles viel freundlicher aus. Die Abbildung unten zeigt die durchschnittlich in jedem Monat fallenden Niederschläge für je eine Station in Deutschland sowie im Norden und Süden der Adria. Deutlich ist zu erkennen, wie nach Süden hin die sommerliche Trockenperiode zunimmt. Während in München das Maximum des Niederschlags im Sommer liegt, tritt es in der nördlichen Adria im Oktober, ein sekundäres Maximum im Juni auf.

Etwa ab dem 43. Breitengrad ändert sich diese Verteilung. Hier fallen die durchschnittlich größten Niederschläge im Winter, besonders im November. Das zweite Maximum tritt im März oder April auf. Regen stellt sich meist als kurzer, aber heftiger Schauer einer Kaltfront ein; längere Regenperioden sind selten. Deshalb ist auch die Anzahl der Regentage gering. Im August sind es weniger als sechs Tage, während es in Deutschland dann an durchschnittlich 16 Tagen regnet. Fast unnötig zu erwähnen, daß Schnee im Norden höchstens an fünf Tagen, in Hvar nur an einem Tage fällt.

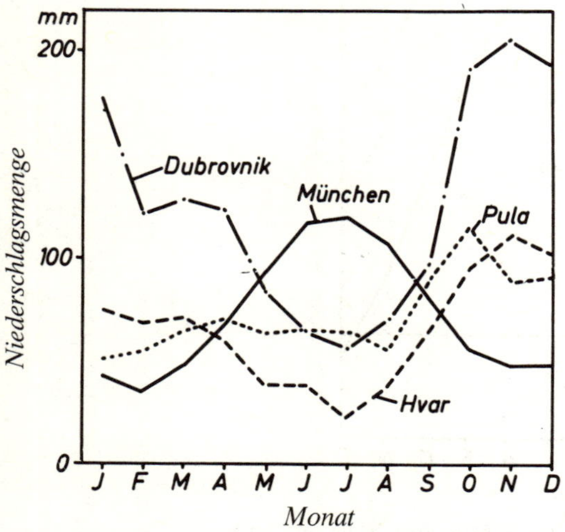

Niederschlagsmengen in München, Pula, Hvar und Dubrovnik

Die Bewölkung bleibt regelmäßig unter dem Normalwert dieser Breiten. Der Bedeckungsgrad erreicht im Sommer nur Werte von weniger als 3,6 Zehntel in Pula (Istrien) und 2 Zehntel in Hvar (bei 10/10 ist der Himmel vollkommen bedeckt). Demgegenüber muß man in München selbst im August mit etwa 5,6 Zehntel rechnen. In Hvar scheint die Sonne an 2500 Stunden im Jahr; das ist eine 1,4mal so große Sonnenscheindauer wie in München und das 1,5fache der von Berlin.

Nebel

Der in der Schiffahrt so gefürchtete Nebel, der durch eine Horizontalsicht von weniger als 1 km definiert ist, tritt im südlichen Teil der Adria selten auf. In Split und Dubrovnik wird Nebel im Sinne obiger Definition kaum beobachtet. Auch die Häufigkeit von Sichtweiten zwischen 1 und 4 km beträgt nur 1 %. Es überwiegt die als außerordentlich gut zu bezeichnende Sicht (messerscharfe Kimm) von mehr als 20 km. In Split beträgt im Durchschnitt die Zahl der Tage mit Sichtweiten von mehr als 20 km um 7 Uhr 72 %, um 13 Uhr dagegen 96 %. Obwohl auch an der Südküste von Istrien Nebel sehr selten ist, nimmt die Nebelhäufigkeit zum Norden hin allgemein zu. Vor Rijeka und Triest muß man manchmal mit tagelang anhaltendem Küstennebel rechnen.

Gewitter

sind in der südlichen Adria selten; so verzeichnet Hvar durchschnittlich zwei Gewittertage in den Sommermonaten. Dagegen treten sie im nördlichen Teil der Adria zwischen Juni und September häufiger auf. Oft aus Norditalien kommend, bevorzugen sie die Monate Juli und August. Man hat dann durchschnittlich an fünf bis acht Tagen Gewitter zu erwarten, eine Häufigkeit, die etwa der in Deutschland entspricht.
Da die Gewitter sehr schnell und unerwartet, vor allem auch nachts, erscheinen können, sind sowohl auf offener See als auch im Hafen rechtzeitig die entsprechenden Vorsichtsmaßnahmen zu treffen.

Wind

Infolge der starken Tiefdrucktätigkeit im Winter sind die Winde sehr veränderlich hinsichtlich Richtung und Stärke. Im allgemeinen herrschen jedoch mäßige östliche und südöstliche Winde vor. Im Sommer, der uns ja hier am meisten interessiert, bilden sich Ausgleichsströmungen aus nordwestlicher oder westlicher Richtung. In Vis wehen im Sommer durchschnittlich 50 % aller Winde aus Nordwest. Auch in Dubrovnik herrschen dann Winde aus Nordwest und Südost vor. In Šibenik und besonders in Rijeka treten am häufigsten Winde aus West und Südwest auf.
Die Winde sind im Sommer leicht bis mäßig, in Vis liegt die mittlere Windstärke um 14 Uhr bei Beaufort 4. Starke Winde sind, mit Ausnahme des Nordens, selten. In der südlichen Adria werden an den Landstationen im Mittel keine Stürme beobachtet, während in Kiel selbst im Sommer an elf Tagen, in Hamburg an 20 Tagen mit Sturm zu rechnen ist.
Die drei typischen Winde der jugoslawischen Adria, Maestrale, Bora und Schirokko (Yugo), werden im folgenden etwas ausführlicher behandelt.

Maestrale

Der Maestrale, je nach Ort oft auch anders bezeichnet, kommt aus SSW bis WNW und weht als typischer Schönwetterwind von 10 Uhr bis Sonnenuntergang. Es ist im Sommer der am häufigsten auftretende Wind.
Der Maestrale wird in der jugoslawischen Küstenzone des Nachts ergänzt durch den **Burin**, eine thermische Brise, die vom Festland her über die Inseln streicht. Ihre Richtung ist NNE bis E.

Bora

Die Bora ist ein trockener, im Winter schneidend kalter Wind aus NNE bis ENE, der an der istrischen und dalmatinischen Küste vom Gebirge auf die wärmere See herabkommt. Als typischer Fallwind ähnelt die Bora dem Föhn der Alpen.

Entsprechend ihrer Entstehung unterscheidet man zwischen antizyklonaler und zyklonaler Bora. Beim antizyklonalen Typ befindet sich ein Hochdruckgebiet über Mitteleuropa, über der Adria selbst ist der Luftdruck normal. Liegt dort jedoch ein Tief, dann ist das Luftdruckgefälle groß, die Windstärken sind entsprechend hoch. Die Änderung des Luftdruckes kann bis zu 5 hPa betragen.

Während der meist im Winter auftretenden antizyklonalen Bora herrscht heiteres, trockenes Wetter mit guter Sicht; über dem Gebirge liegt dann deutlich erkennbar die sogenannte Föhnmauer, eine kammparallele Wolkenmütze. Mit zunehmender Entfernung vom Festland nimmt die Stärke der Bora ab, schon nach 10 sm ist sie erheblich schwächer. Sie kann oft acht bis neun Tage, ja sogar bis 30 Tage andauern. Von ihrer Wirksamkeit zeugen die kahlen Berghänge der jugoslawischen Nordostküste.

Die zyklonale Bora, deren Vorhersage schwierig ist, entsteht im Gefolge eines Tiefdruckgebietes über der südlichen Adria; auf dem Festland herrscht normaler Luftdruck. Dieser Typ der Bora, der im Süden häufiger beobachtet wird als im Norden, überweht die ganze Adria, ist von gleichmäßiger Stärke und von kurzer Dauer. Nach stärkerer Bewölkung mit ergiebigen Niederschlägen bildet sich bei wieder ansteigendem Luftdruck eine mittelhohe, gleichmäßige Schicht aus Schleierwolken, die sogenannte Altostratusdecke, aus.

Die Bora tritt besonders häufig in der nördlichen Adria auf: in Triest, mit starken jährlichen Schwankungen, an durchschnittlich 39 Tagen im Jahr. Oft von Sturmstärke, weht sie in heftigen Stößen, in denen bei Triest Spitzen zwischen 180 und 200 km/h Windgeschwindigkeit ermittelt wurden. Das Maximum der Windgeschwindigkeit wird gegen 8 Uhr beobachtet, das Minimum um Mitternacht. Am häufigsten ist die Bora zwischen 6 und 7 Uhr, selten wird sie gegen 14 Uhr registriert. An Küstenstrecken, wo die nur 400 bis 700 m hohen Gebirge weniger als 2 bis 5 km von der Küste entfernt sind, ist die Bora wesentlich schwächer, beispielsweise an der dalmatinischen Küste südlich Zadar.

Durch die starke Böigkeit der Bora entsteht eine gefährliche, steile kurze See. In unmittelbarer Küstennähe ist besonders zu beachten, daß durch die Berge manchmal regelrechte „Düsen“ gebildet werden, aus denen die Bora aus eng begrenztem Raum mit unerhörter Heftigkeit herausbläst, z. B. zwischen den Inseln Krk und Rab (Bora von Senj).

Schirokko

Ganz allgemein ist der Schirokko ein warmer, aus südlicher Richtung kommender Wind des Mittelmeeres. Vor der nordafrikanischen Küste hat er den Charakter eines Fallwindes. Der Schirokko des mittleren und östlichen Mittelmeeres ist das Gegenstück zur Bora und hat mit dem Föhn nichts zu tun. Dieser auch Yugo genannte warme, feuchte Wind aus ESE bis SSE weht auf der Vorderseite (Südostseite) eines längs der Achse des Mittelmeeres ostwärts ziehenden Tiefdruckgebietes. Der Himmel ist bewölkt bis bedeckt, die See infolge der großen Wirklänge grob.

Der Schirokko tritt besonders häufig im Frühjahr und Herbst auf, in der südlichen Adria stärker als im Norden. Im Gegensatz zur Bora ist er nicht so böig und läßt sich besser vorhersagen: Langsam ansteigende Temperatur und Feuchtigkeit kündigen ihn an.

Gezeiten und Meeresströmungen

Ebbe und Flut wirken sich in geschlossenen Meeresteilen wie dem Mittelmeer nur schwach aus. Die Kleinheit seiner Becken verhindert die Entstehung eigener starker Tiden, und die Gezeitenwelle des Atlantiks kann nur durch die schmale Straße von Gibraltar eindringen. So war diese Erscheinung der See den Griechen und Römern zunächst nicht bekannt und führte zu Entsetzen und Verlusten, als sie kräftigen Gezeiten am Indus (Alexander der Große) und im Ärmelkanal (Cäsar) begegneten.

Der Springtidenhub beträgt am Eingang zum Adriatischen Meer 0,40 m, in der Nähe von Dubrovnik 0,30 m, bei Split 0,40 m; er kann im Norden (Koper bei Triest) 0,70 m erreichen. Der Einfluß des Windes auf den Wasserstand übertrifft den der Gezeiten meist beträchtlich. Bei einem sehr heftigen auflandigen Gewitter stieg in Korčula in etwa zehn Minuten der Wasserstand um mehr als 0,50 m; während einer Schirokko-Sturmflut beobachtete man in Triest eine Erhöhung um 2,80 m. Die Gezeit im Adriatischen Meer ist dem Charakter nach eine unregelmäßige halbtägige.

Infolge der nur schwach ausgebildeten Gezeiten ist mit Gezeitenströmen nicht zu rechnen. Dagegen sollte man der Einwirkung des Windes angesichts der starken Gliederung, der vielen Kanäle und Meerengen der adriatischen Inselwelt besondere Aufmerksamkeit widmen. Ströme von 3 bis 5 kn Geschwindigkeit sind keine Seltenheit, z. B. in den Durchfahrten Mali Lošinj und Proversa Vela. Außerdem kommen, wie auch in der Ostsee, Dichteausgleichsströmungen vor, die entlang der Küste Dalmatiens von Süden nach Norden gerichtet sind (Ursache: Unterschiede in der Temperatur und im Salzgehalt). Im Gegensatz zum Norden sind diese Ströme in der südlichen Adria konstant. Ihre durchschnittliche Geschwindigkeit beträgt 0,5 kn; sie ist im Sommer größer als im Winter.

Die Oberflächentemperaturen der Adria steigen im Sommer auf 22 bis 26 °C an; im Winter liegen sie im Süden bei 13 bis 15 °C, im Norden nicht unter 9 °C. Der Salzgehalt beträgt im südlichen Teil 38 ‰, im nördlichen Teil (bedingt durch die Alpenflüsse) 30 ‰ (westliche Ostsee: 10 ‰).

Die Durchsichtigkeit des blauen Mittelmeerwassers wird mit 50 bis 60 m angegeben. Der Grund ist vom Boot aus bei 10 m Tiefe noch gut zu erkennen und erscheint meist näher, als er wirklich ist.

Benutzte Literatur für dieses Kapitel:

Adria, Reiseführer und Atlas, Zagreb, Jugoslavenski Leksikografski Zavod.

Bruns, E: Ozeanologie, Berlin 1958, VEB-Verlag der Wissenschaften.

Jugoslawisches Küstenland, Bonn 1953, Kurt Schroeder.

Kendrew, W. G.: The climates of the continents, Oxford 1961, At the Clarendon Press.

Klute, F.: Handbuch der Geographischen Wissenschaften, Potsdam, Akademische Verlagsgesellschaft Athenaion mbH.

Köppen, W. u. a.: Handbuch der Klimatologie, Bd. III Teil M, Berlin 1932, Verlag Gebr. Borntraeger.

Mediterranean Pilot Vol. III, London 1957, Hydrographic Department, Admiralty.

Stein, W.: Wetterkunde für Segler, Bielefeld 1982, Verlag Delius, Klasing + Co.

Süring, R.: Lehrbuch der Meteorologie, Leipzig 1940, Verlag v. Willibald Keller.

Wasmayer, J.: Wetter- und Meereskunde der Adria, Graz 1976, Mittelländischer Lloyd.

Yachting in Yugoslavia, Zagreb, Turisticki Savez Hrvatske.

Wetterdienst

Auf Yachten werden die Wachen im allgemeinen nicht so streng eingehalten wie in der Berufsschiffahrt, wo jeder Wetterbericht routinemäßig aufgezeichnet wird. Oft stellt sich nach einem Landgang vor dem Auslaufen die Frage: Wann kommt der nächste Wetterbericht?
In den folgenden tabellarischen Aufstellungen werden deshalb für das Fahrgebiet interessante Wetterberichte nach Sendezeiten geordnet dargestellt. Für die auf Grenzwelle und UKW sendenden Küstenfunkstellen wurde die koordinierte Weltzeit UTC (= mitteleuropäische Zeit minus eine Stunde) angegeben. Im Winter haben Deutschland, Österreich, Italien und Jugoslawien MEZ. Man beachte aber, daß im Frühjahr die Uhren meist eine Stunde vorgestellt werden.
In der Tabelle „Seewetterberichte der Rundfunksender" wurde die gesetzliche Landeszeit (GZ) in Jugoslawien während des Sommerhalbjahres zugrunde gelegt. Sie ist identisch mit der Sommerzeit in Deutschland, Österreich, Italien.
Im Anschluß an die Seewetterberichte auf Grenzwelle und UKW werden auch Nautische Warnnachrichten gesendet.
Im übrigen wird auf den Jachtfunkdienst Mittelmeer, neueste Ausgabe, verwiesen.

Seewetterberichte der Küstenfunkstellen

Sendezeit UTC	*Frequenz kHz*	*UKW-Kanal*	*Station*	*Sprache*	*Gebiet**
0135	2656	25	Ancona	italienisch, englisch	L, M
0135	2579	–	Bari	italienisch, englisch	J, K
0135	2624	25	Trieste	italienisch, englisch	L, M
0150	1855	–	S. Benedetto del Tronto	italienisch, englisch	L, M
0150	1680	26	Venezia	italienisch, englisch	L, M
0150	–	27	Ravenna	italienisch, englisch	L, M
0535	2771	24, 26	Rijeka	serbokroatisch, englisch	K, L, M
0545	2685	23, 28	Split	serbokroatisch, englisch	K, L, M
0625	2615	04, 25	Dubrovnik	englisch	L, M
0703	2830	–	Kerkyra	englisch	K, L, M
0735	2656	25	Ancona	italienisch, englisch	L, M
0735	2579	–	Bari	italienisch, englisch	J, K
0735	2624	25	Trieste	italienisch, englisch	L, M
0750	1855	–	S. Benedetto del Tronto	italienisch, englisch	L, M

* M = nördliche Adria, L = mittlere Adria, K = südliche Adria, J = Straße von Otranto

Sendezeit UTC	*Frequenz kHz*	*UKW-Kanal*	*Station*	*Sprache*	*Gebiet**
0750	2698	26	Venezia	italienisch, englisch	L, M
0750	–	27	Ravenna	italienisch, englisch	L, M
0750	–	26	Pescara	italienisch, englisch	K, L
0850	2752	24	Bar	serbokroatisch, englisch	K, L, M
0903	2830	–	Kerkyra	englisch	K, L, M
1245	2685	23, 28	Split	serbokroatisch, englisch	K, L, M
1320	2615	04, 25	Dubrovnik	englisch	L, M
1335	2656	25	Ancona	italienisch, englisch	L, M
1335	2579	–	Bari	italienisch, englisch	J, K
1335	2624	25	Trieste	italienisch, englisch	L, M
1350	1855	–	S. Benedetto del Tronto	italienisch, englisch	L, M
1350	2698	26	Venezia	italienisch, englisch	L, M
1350	–	27	Ravenna	italienisch, englisch	L, M
1350	–	26	Pescara	italienisch, englisch	K, L
1420	2752	24	Bar	serbokroatisch, englisch	K, L, M
1435	2771	24, 26	Rijeka	serbokroatisch, englisch	K, L, M
1533	2830	–	Kerkyra	englisch	K, L, M
1935	2656	25	Ancona	italienisch, englisch	L, M
1935	2579	–	Bari	italienisch, englisch	J, K
1935	2624	25	Trieste	italienisch, englisch	L, M
1935	2771	24, 26	Rijeka	serbokroatisch, englisch	K, L, M
1945	2685	23, 28	Split	serbokroatisch, englisch	K, L, M
1950	1855	–	S. Benedetto del Tronto	italienisch, englisch	L, M
1950	2698	26	Venezia	italienisch, englisch	L, M
1950	–	27	Ravenna	italienisch, englisch	L, M
1950	–	26	Pescara	italienisch, englisch	L, M
2050	2752	24	Bar	serbokroatisch, englisch	K, L, M
2120	2615	04, 25	Dubrovnik	englisch	L, M
2133	2830	–	Kerkyra	englisch	K, L, M

* M = nördliche Adria, L = mittlere Adria, K = südliche Adria, J = Straße von Otranto

Seewetterberichte der Rundfunksender

Ortszeit GZ	*Sender*	*Frequenz (FM = 89,5–108 MHz) (AM = 100–3000 kHz)*	*Sprache**	*Gebiet*
0635 Mo–Sa	Ljubljana	917/91,9/93,8/95,3/96,5/ 98,5/103,1	Sl, E, D, I	Adria-Nord, Istrien
0700 Mo–So	RAI – II Rom	646/936/1034/1115/1313/ 1448/1188/1431	I	Mittelmeer
0745 Mo–So	Radio-A-In. Wien	6155/15410	D	Mittelmeer-Wetterkarte
0800 Mo–So	Zagreb – II	96,1/96,9/98,1/98,4/98,9	E, D, I	Adria, Warnung u. Vorhersagen
0955 Mo–Sa	Ljubljana	wie oben	Sl, E, D, I	Adria-Nord, Istrien
1000 So–Fr	Zagreb II	wie oben	E, D, I	Adria, Warnung u. Vorhersagen
1030 Mo–Sa	Deutsche Welle	6075/9545	D	Übersicht
1130 So–Fr	Zagreb II	wie oben	E, D, I	Adria, Warnung u. Vorhersagen
1245 Mo–Sa	Radio-A-In. Wien	wie oben	D	Mittelmeer-Wetterkarte
1535 Mo–So	RAI – II Rom	wie oben	I	Mittelmeer
1600 So-Fr	Zagreb II	wie oben	E, D, I	Adria, Warnung u. Vorhersagen
1700 Mo–Sa	Deutsche Welle	wie oben	D	Übersicht
1800 So–Fr	Zagreb II	wie oben	E, D, I	Adria, Warnung u. Vorhersagen
1950 So–Fr	Zagreb I	88,9/89,3/89,7/91,3/ 95,1/97,7/99,0/99,4	E, D, I	Adria, Warnung u. Vorhersagen
2235 Mo–So	RAI – II Rom	wie oben	I	Mittelmeer

* Sl = slowenisch, E = englisch, D = deutsch, I = italienisch

Deutsche Welle: stündlich Nachrichten, Bayerischer Rundfunk: 6084 kHz, Südwestfunk: 7265 kHz, Europawelle: 1422 kHz,
Radio Zagreb: stündlich genaues Zeitsignal.
Italienische Seezonen der Adria: nördliche Adria = settentrionale, mittlere Adria = centrale, südliche Adria = meridionale

Funknavigation

In der Adria steht dem Segler eine größere Anzahl See- und Flugfunkfeuer zur Verfügung, die in den folgenden Karten dargestellt sind. Die Karten wurden ebenso wie die folgenden Tabellen speziell für den weniger geübten Sportschiffer zusammengestellt, der in der Regel auch nicht über die zur Funkpeilung benutzten scharf und exakt abstimmbaren Geräte verfügt. Trotzdem sind nach einiger Übung sehr saubere Peilungen möglich. So fallen häufig entfernter liegende Seefunksender stark ein, während die gesuchten, näher liegenden durch Rundfunksender, aber auch durch die mangelnde Trennschärfe des Empfängers bedingt, nur schwach hörbar sind und leicht übersehen werden.
Da insbesondere nachts Überreichweiten auftreten können, sind in der **Tabelle 1** auf Seite 40 alle im Seegebiet der Adria aufnehmbaren Sender zusammengestellt, geordnet nach dem Alphabet ihrer Kennungen.
Die **Tabelle 2** auf Seite 41 erleichtert die Abstimmung auf die bei klarem Wetter nur in größeren zeitlichen Abständen sendenden, zu Gruppen zusammengefaßten und einzeln sendenden Seefunkfeuer.
Die Flugfunkfeuer sind, insbesondere weil sie ununterbrochen senden, für die Ortsbestimmung eine wertvolle Hilfe. Mit einer unbedingten Zuverlässigkeit kann jedoch nicht gerechnet werden, da Flugfunkfeuer ohne Bekanntmachung an die Schiffahrt geändert, versetzt werden oder erlöschen können.
Zur Funknavigation bediene man sich auch des Nautischen Funkdienstes Band II, des Jachtfunkdienstes Mittelmeer sowie der französischen Funknavigationskarte (Nr. 60099: Cartes des Radiosignaux) für den östlichen Mittelmeerraum.

Tabelle 1: See- und Flugfunkfeuer im nördlichen Adriaraum

Kennung * Flugfunkfeuer	Name	Lage Nord	Lage Ost	Sendefolge Frequenz kHz	Sendeart	Reichweite sm
AME*	Amendola	41°29,9′	15°50,3′	381	A2A	–
ANC*	Ancona	43°35,1′	13°28,3′	374,5	A2A	–
BAI*	Bari	41°10,1′	16°43,6′	323	A2A	–
BRD*	Brindisi	40°36,3′	18°00,5′	363,5	A2A	–
BRZ*	Rijeka	45°25,0′	14°21,0′	400	A2A	–
CEV*	Cervia	44°16,0′	12°10,9′	387	A1A	–
CHI*	Chioggia	45°04,2′	12°16,9′	408	A2A	–
CI	S. Benedetto d. Tronto	42°57,1′	13°53,2′	289,6 G3/4	A2A	80
CRE*	Cres	44°54,0′	14°25,0′	409	A2A	–
DVN*	Split	43°26,6′	16°08,9′	392	A2A	–
GRT*	Grottaglie	40°26,7′	17°25,3′	331	A2A	–
KAV*	Kavran/Pula	44°53,7′	14°00,6′	265	A2A	–
KLP*	Dubrovnik	42°39,9′	18°01,5′	318	A2A	–
KRK*	Kerkyra (Korfu)	39°36,5′	19°55,0′	403	A2A	–
LCC*	Lecce	40°09,6′	18°12,7′	352	A2A	–
LOS*	Lošinj	44°31,8′	14°28,0′	432	A2A	–
MC	S. Maria di Leuca	39°47,7′	18°22,1′	305,7 G 1/2	A2A	100
ME	Pt. della Maestra	44°58,1′	12°35,9′	298,8 G 5/6	A2A	80
PLA*	Pula	44°53,4′	13°45,2′	351,5	A2A	–
RD[1)]	Trieste[1)]	45°40,5′	13°45,4′	311,5	A2A	70
RIM*	Rimini (Miramare)	44°04,7′	12°30,3′	335	A1A	–
RON*	Ronchi dei Legionari	45°49,7′	13°21,5′	354	A2A	–
SA	Senigallia	43°43,2′	13°13,3′	298,8 G 1/2	A2A	80
SAL*	Sali	43°56,0′	15°10,0′	298	A2A	–
TAZ*	Tivat	42°16,9′	18°48,4′	345	A2A	–
TL	Punta Penna	42°10,1′	14°42,9′	289,6 G 2/1	A2A	80
TN	C. S. Vito	40°24,6′	17°12,3′	291,9 G 1/2	A2A	70
VEN*	Venedig	45°26,9′	12°16,7′	379	A2A	–
VIE*	Vieste	41°54,7′	16°03,0′	405	A1A	–
VS	Vieste	41°53,3′	16°11,1′	305,7 G 3/4	A2A	70
YC	Molunat	42°27,1′	18°25,7′	305,7 G 5/6	A2A	100
YP	Kamenjak	44°47,2′	13°54,9′	298,8 G 3/4	A2A	100
YV	Movar	43°30,3′	15°58,3′	289,6 G 5/6	A2A	100

G = Gruppenfeuer, [1)] = Klarwettersendung nur auf Ersuchen; bei Nebel ununterbrochen

Tabelle 2: Sendezeiten der Seefunkfeuer der nördlichen und mittleren Adria.

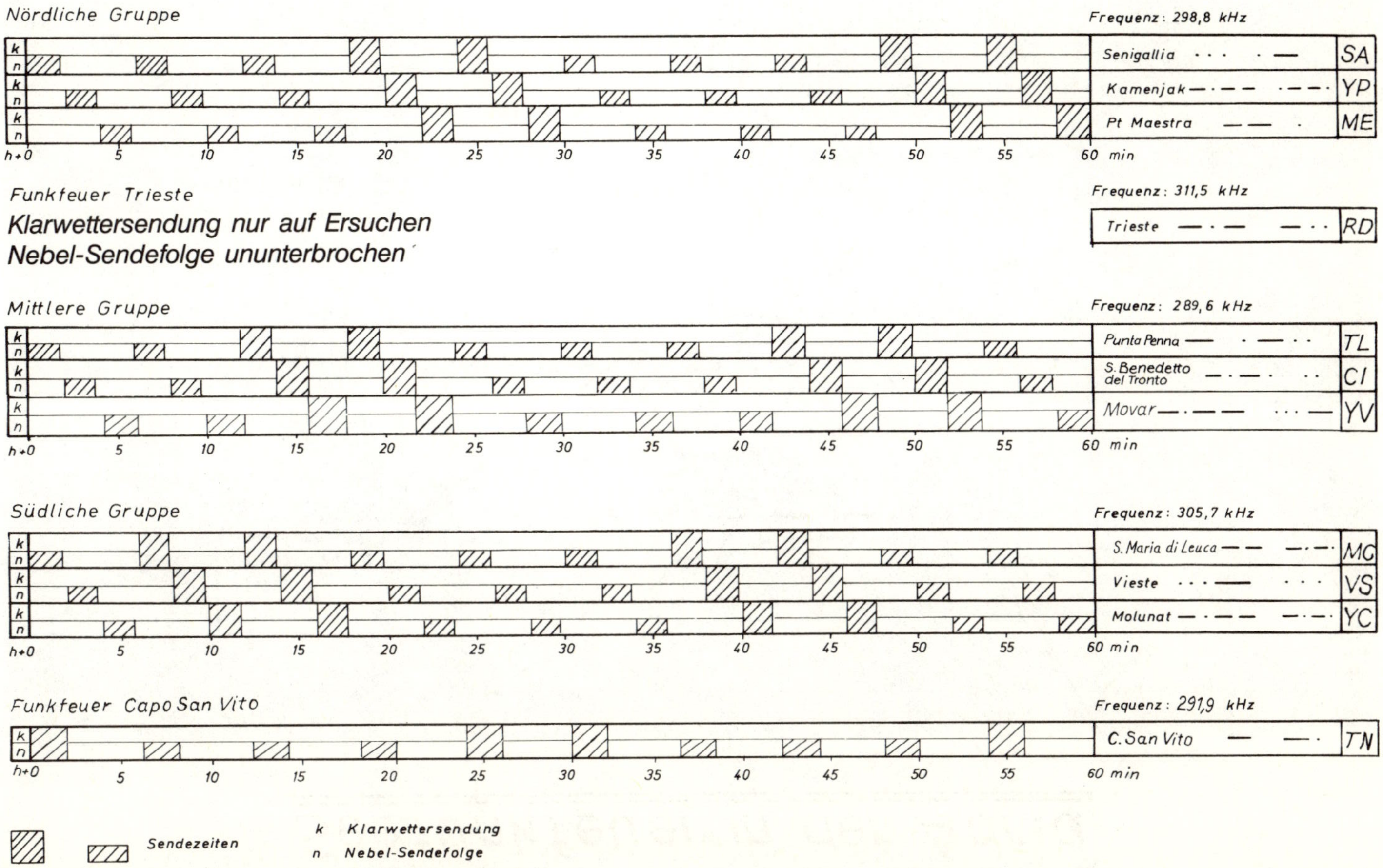

Seefunkfeuer in der Adria

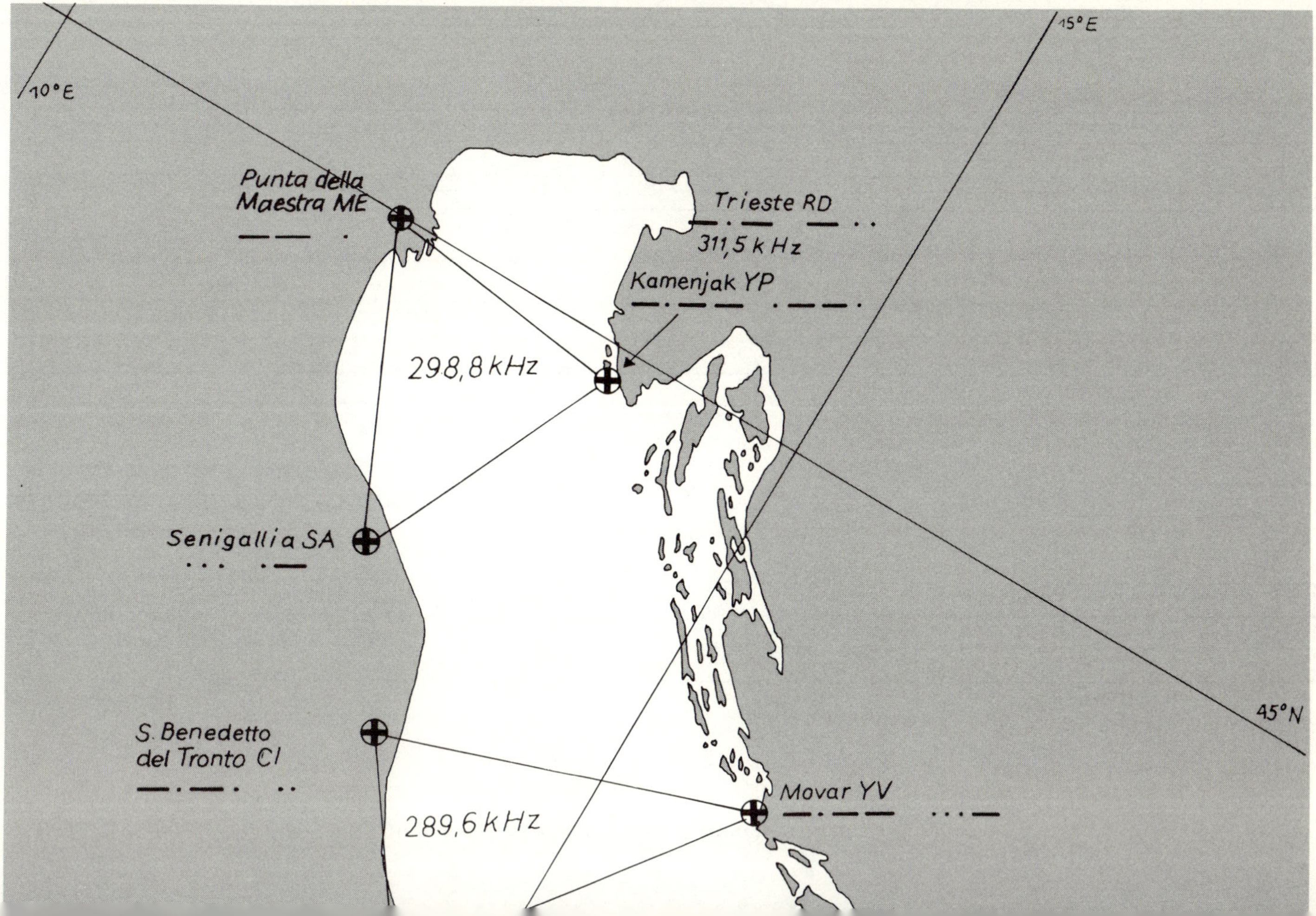

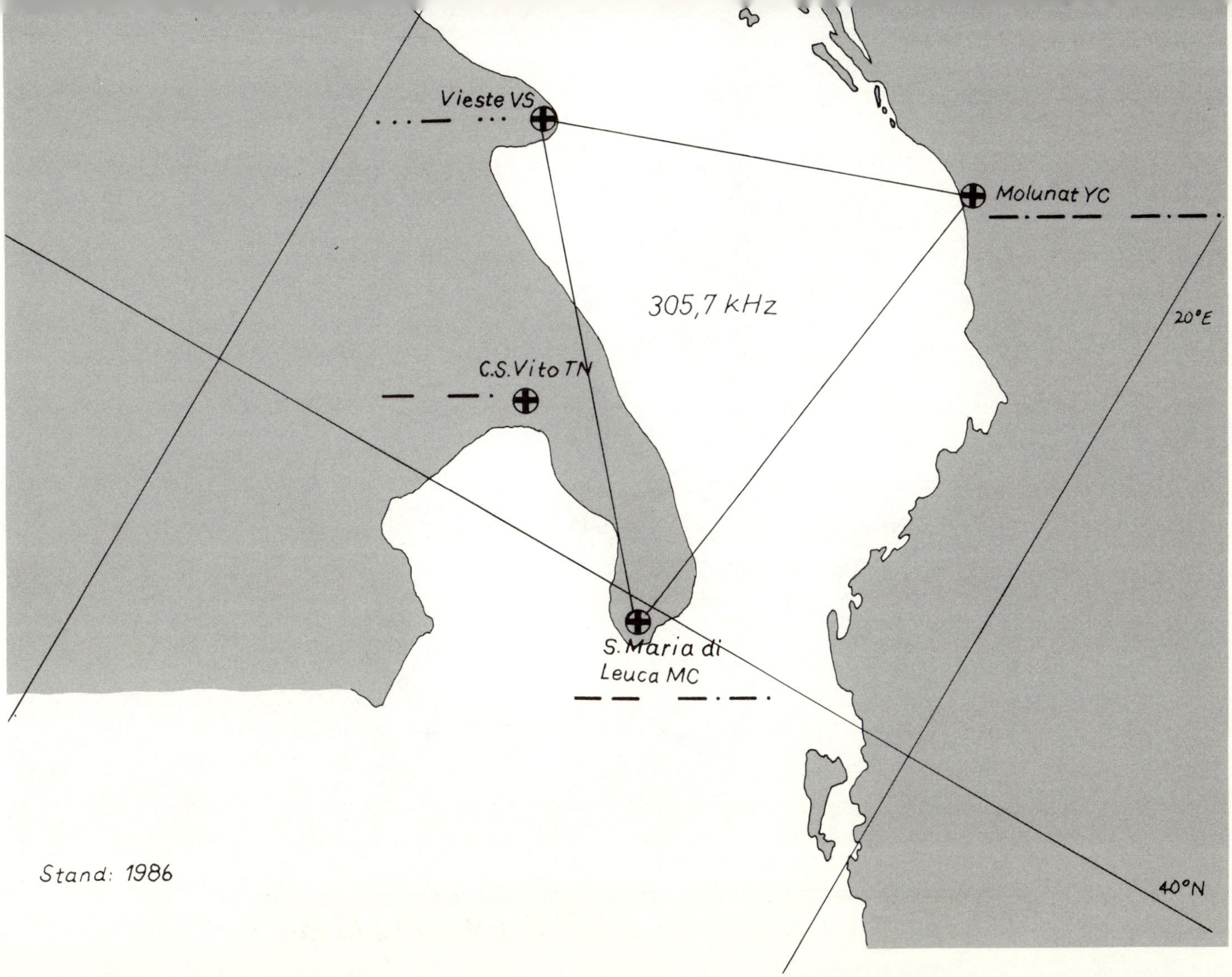
Vieste VS
Molunat YC
305,7 kHz
20°E
C.S. Vito TN
S. Maria di
Leuca MC
40°N
Stand: 1986

Flugfunkfeuer in der Adria

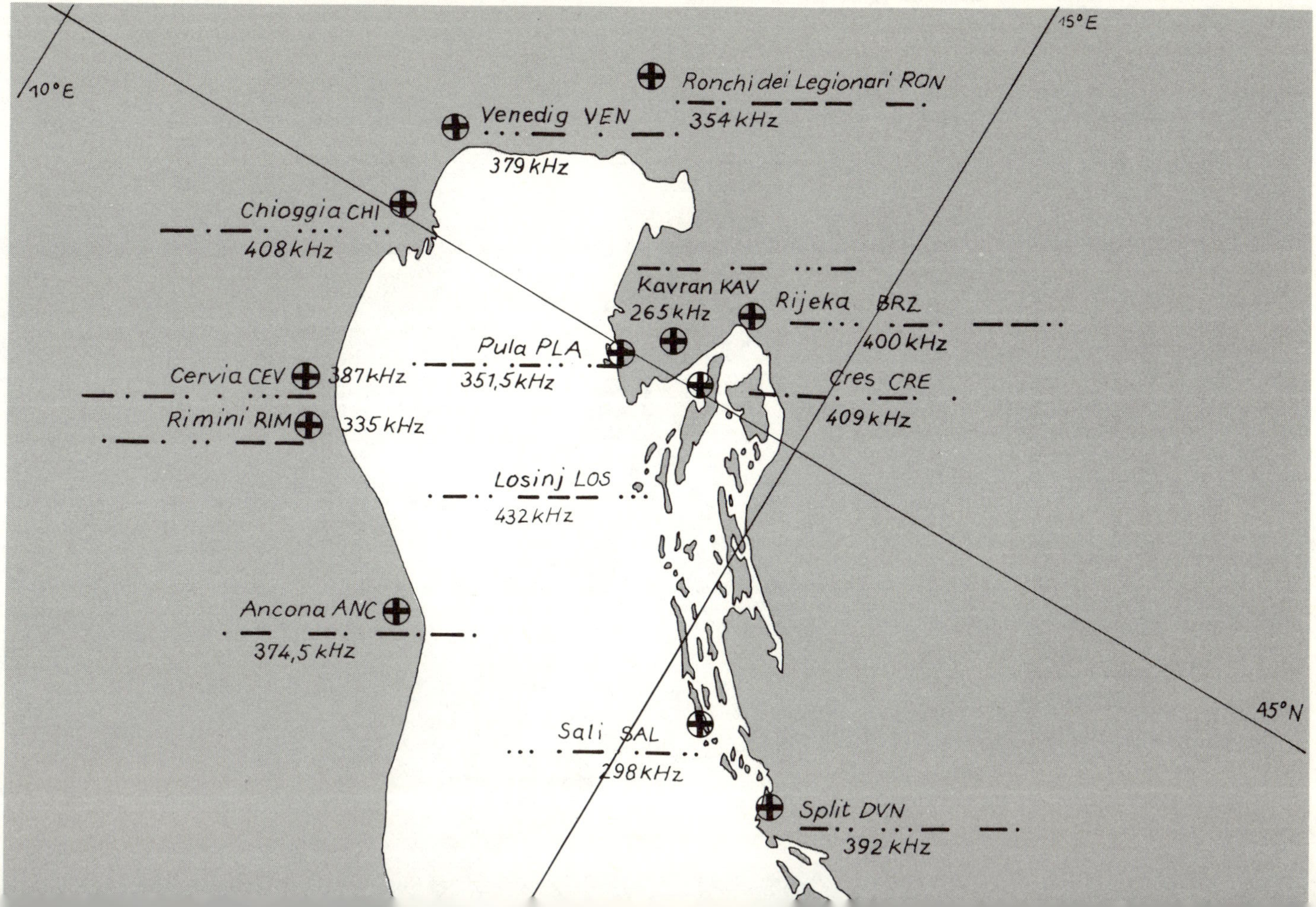

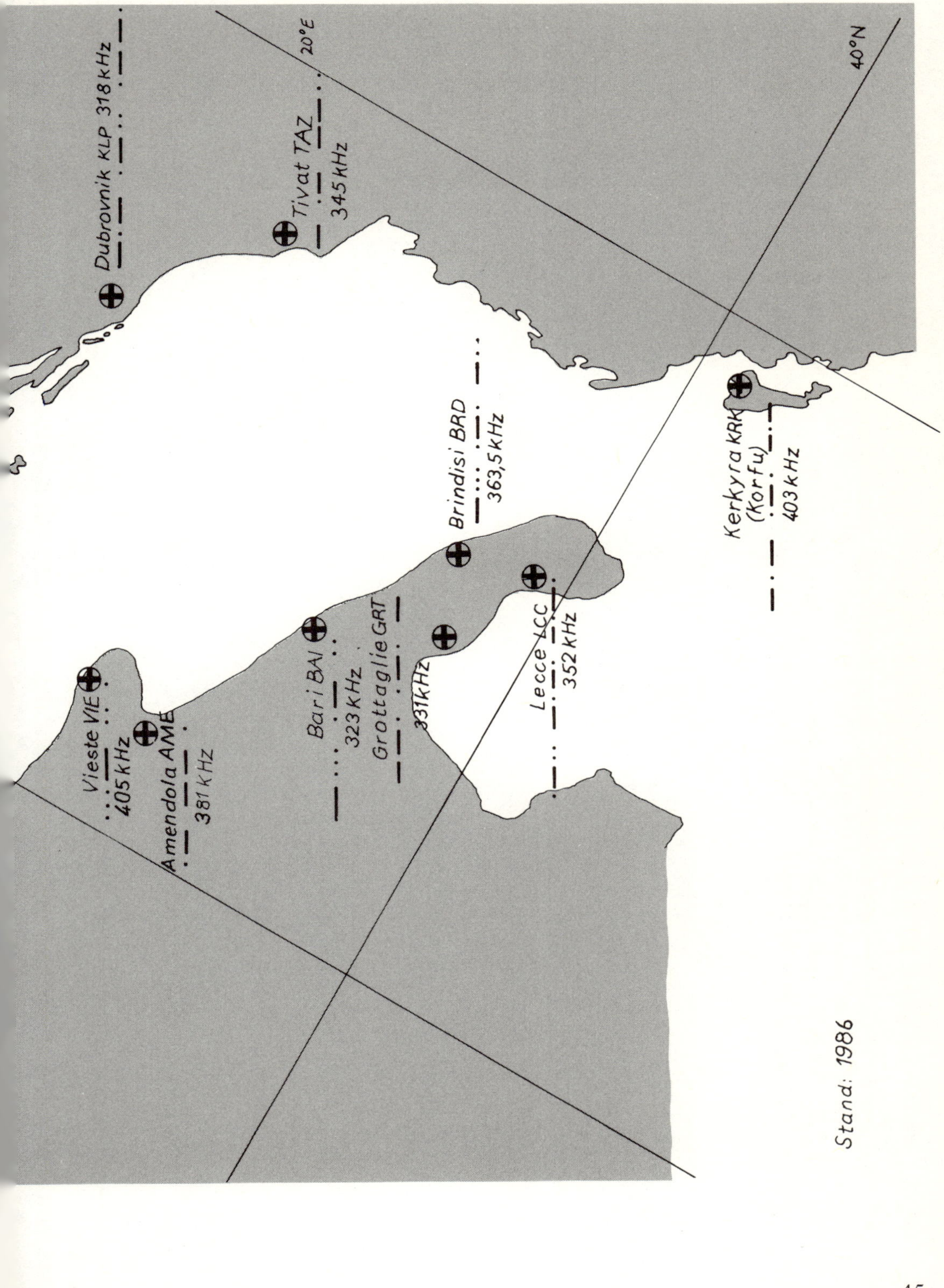
Dubrovnik KLP 318 kHz
Tivat TAZ
345 kHz
20°E
40°N
Brindisi BRD
363,5 kHz
Kerkyra KRK
(Korfu)
403 kHz
Vieste VIE
405 kHz
Amendola AME
381 kHz
Bari BAI
323 kHz
Grottaglie GRT
331 kHz
Lecce LCC
352 kHz
Stand: 1986

Hafenbeschreibungen

Die in den folgenden Hafenbeschreibungen verwendeten Symbole und Abkürzungen

 Liegeplatz-Möglichkeit

H Hafenkapitän

Z Zoll

G Geschäfte

R Restaurant

W Wasser

T Tankstelle

B Berufsschiffahrt

 Post

 Kirche/Kapelle

 Ankerplatz

 Ankerverbot

WT Wassertiefe

TH Tidenhub

 Leuchtturm LT, Leuchtfeuer LF

 Ringe

 Poller

 Wassertiefe unter 1 m

 Slip

„Seekarte 100–16“ bedeutet: Nummer der entsprechenden jugoslawischen Seekarte, auf der der beschriebene Platz zu finden ist.

Hafen Piran

Netter, kleiner, gegen alle Winde gut geschützter, an der N-Küste Istriens gelegener Hafen, der häufig von aus Italien kommenden Sportbooten angelaufen wird (Seekarten: 218, 100–15 und Plan auf 11).

Einsteuerung

Schon von weit her ist der hochstehende Kirchturm (150 m) von Piran auszumachen. Nach Umrunden von Rt Madona (Glt. 4s, weißer Sektor) halte man auf die enge, durch zwei Molen begrenzte Hafeneinfahrt zu. Auf dem Molenkopf an Bb. steht ein LF (Blz.r. 3s), an Stb. ein LF (Blz.gn. 3s) auf der Quermole. Achtung: Im Hafenbecken befinden sich zwei freistehende Dalben!

Liegeplätze

Sportboote machen an der Westmole fest (siehe Plan); der Südteil ist für Fahrzeuge der Berufsschiffahrt freizuhalten. Die Südmole ist für Ein- und Ausklarierung reserviert. Im Hafen finden Bauarbeiten statt, um die Molen für die Zollabfertigung zu vergrößern. Achtung: Bei starkem Südwind können die Molen zum Teil überflutet sein!

Beschreibung

Piran ist ganzjährig geöffneter Einklarierungshafen. Man findet alle notwendigen Behörden beim Hafenamt südlich der Quermole. Mehrere Zollfreiläden am Hafen, Tankstelle und Wasser auf der Zollmole. Im Ort findet man alle Versorgungsmöglichkeiten, Markt, Post, Apotheke, Hotels und Restaurants. Badestrand mit Süßwasserduschen in Hafennähe. Ein Kran (ca. 1 t) steht auf der Westmole.

Sehenswert sind die Kathedrale und die Altstadt mit verschiedenen italienischen Palästen. Zu empfehlen ist ein Rundgang auf der alten, mit Türmen bewehrten Stadtmauer.

Umgebung

Nördlich von Piran befindet sich der Hafen **Izola** (in der Saison Port of Entry). Die Einsteuerung ist problemlos. Die kleine Marina hat Liegeplätze für maximal zwölf Boote bis zu einer Länge von 10 m, weshalb man selten einen freien Platz findet. Die Mole ist von Fischerbooten belegt. Wasser- und Stromanschlüsse; Sanitäranlagen beim Marinabüro. Am Hafen Tankstelle, 1-t-Kran, Zollfreiladen.

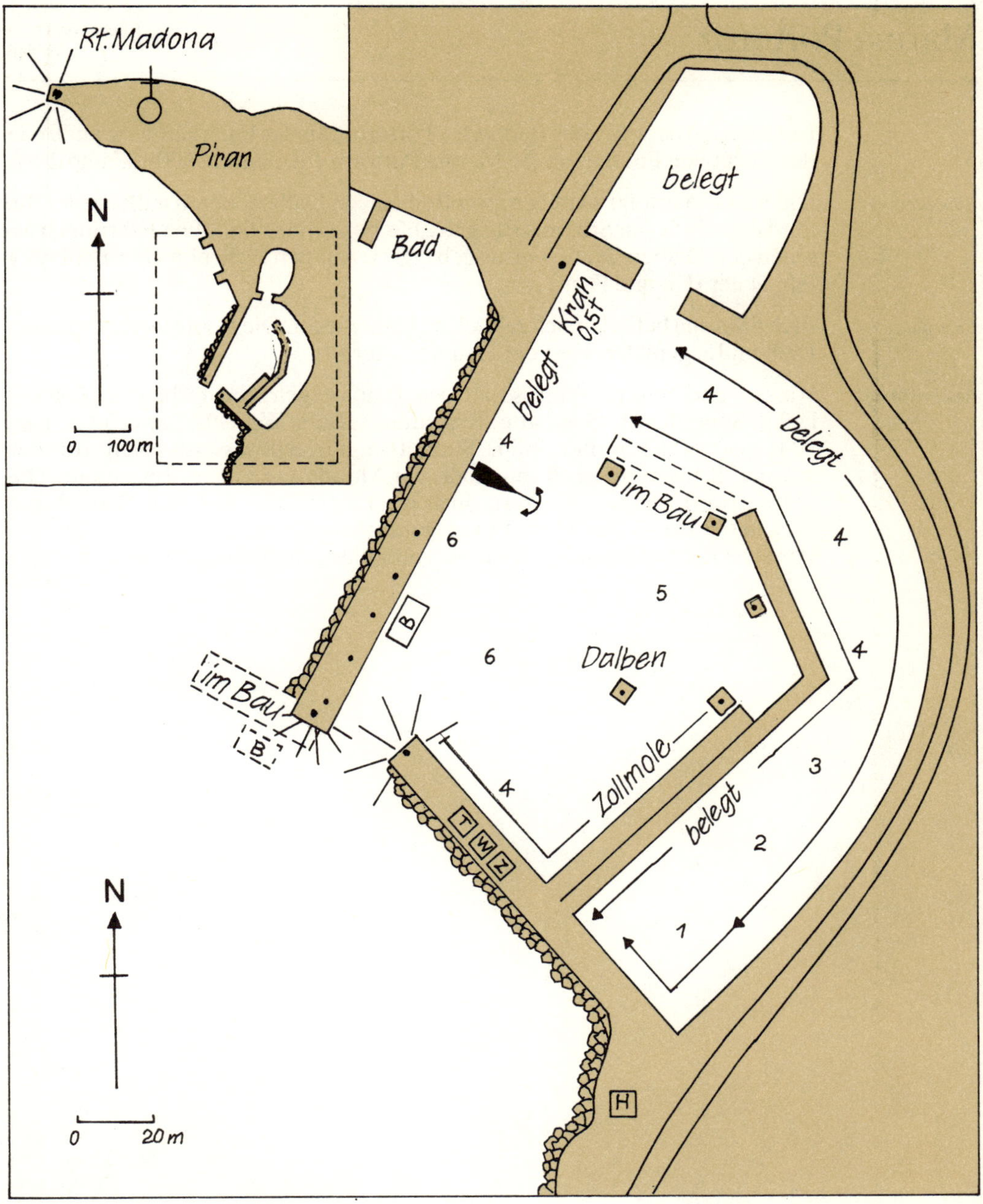
Rt. Madona
Piran
N
0 100 m
Bad
belegt
Kran 0,5 t
belegt
4
belegt
4
im Bau
6
5
4
B
6
Dalben
4
im Bau
B
4
Zollmole
3
belegt
2
T
W
Z
1
N
H
0 20 m

Marina Portorož

Etwa 0,5 sm ostwärts des Badeortes Portorož, an der Flußmündung am Ende der Bucht von Piran, liegt die Marina Portorož (Seekarten: 100–15 und 218).

Einsteuerung Die Einfahrt erfolgt zwischen zwei Reihen von Dalben, deren äußerste an Bb. mit Blz.r.(2) 5s, an Stb. mit Blz.gn.(2) 5s bezeichnet sind. Die Fahrrinne zwischen den Dalben ist auf 3 m ausgebaggert. Auf den Wellenbrechern sind weitere Feuer (F.r. und F.gn.).

Liegeplätze In der Marina befinden sich zahlreiche Dauerlieger. Die Boote liegen zwischen Dalben. Liegeplätze weist der Hafenmeister zu.

Beschreibung Wasser- und Stromanschlüsse an den Betonstegen; Sanitärblocks, Zollfreiladen, Supermarkt, Geschäfte, Restaurants, Bars, Werkstatt, zwei 5-t-Kräne, 30-t- und 50-t-Travellift, Slip. Strandbad mit Süßwasserduschen vor der Marina. Schwimmbecken innerhalb der Marina vor einem Restaurant. Die Marina wird ständig erweitert, auch die Liegeplätze an Land. Winterlager, auch in der Halle. Die Marina ist eingezäunt und bewacht.
Vom Ort Portorož ständige Kleinbusverbindung mit Piran.

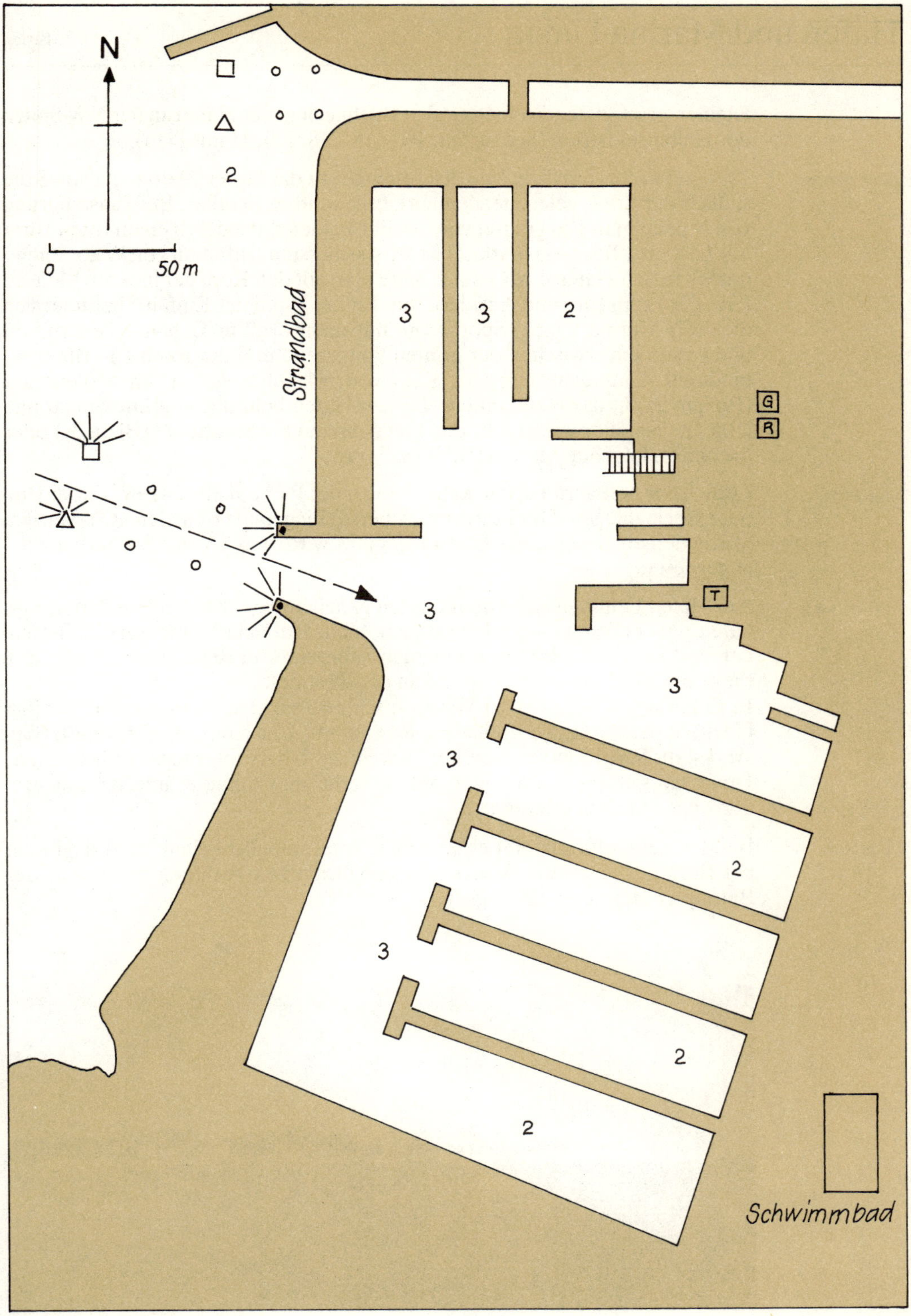
N
0
50 m
2
Strandbad
3
3
2
G
R
T
3
3
3
2
3
2
2
Schwimmbad

Hafen und Marina Umag

Kleiner, geschützter, in einer großen Bucht gelegener Hafen an der NW-Spitze der Halbinsel Istrien (Seekarten: 100–15, 218, 219, 11 mit Plan).

Einsteuerung

Tags und nachts möglich. Von N kommend, ist das Hotel „Adriatic“, von S die südlich der Stadt gelegene Zementfabrik weithin sichtbar. Bei Einsteuerung von N halte man sich gut frei von der Plič Paklena, die durch einen roten Turm mit LF (Blz.(2)w/r. 8s) markiert ist. Am sichersten läuft man von W kommend mit 90° in den Hafen ein. Danach halte man auf den Kopf der inneren Mole zu (Blz.r. 3s) zum Ein- und Ausklarieren. Linker Hand der Einfahrt befindet sich die ACY-Marina Umag. Sportboote mit mehr als 2 m Tiefgang steuern von Südwesten ein, zwischen der grünen Spitztonne und der roten LT (Blz.r. 3s) hindurch. Ein rechtweisender Kurs von 60° führt vorbei am Molenfeuer (Blz.gn. 2s) in das Hafeninnere. Die im Hafen befindliche grüne Spitztonne (Blz.gn. 2s) läßt man an Stb. und hält dann auf die Stadtmole (Blz.r. 3s) oder die an Bb. liegende Marina (Blz.(3)r. 5s) zu.

Liegeplätze

Östlich der befeuerten Mole kann man an der Pier auf etwa 4 m WT über Bug oder Heck anlegen. Der beste und sicherste Liegeplatz ist in der ACY-Marina. Muringleinen liegen aus. Der Liegeplatz wird durch das Marina-Personal angewiesen.

Beschreibung

Am Hafen befinden sich alle für einen ganzjährig geöffneten Einklarierungshafen notwendigen Behörden (Polizei, Zoll, Hafenamt), mehrere Zollfreiläden und Tankstelle. Im Ort findet man Supermärkte, Restaurants, Post, Apotheke und Ambulanz. Badestrand an der Westmole.
In der Marina Strom- und Wasseranschlüsse an den Betonstegen; Sanitärblock, Supermarkt, Zollfreiladen, Restaurant, 10-t-Kran, 30-t-Travellift, Slip, Werkstatt; Sportbootvermietung; Parkplätze, Überwinterungsmöglichkeiten.
Umag hat sich bis heute seinen mittelalterlichen Charakter mit Stadtmauern und engen Gassen erhalten.

Umgebung

Bei der Zementfabrik gibt es ebenfalls Anlegemöglichkeiten. Hier liegt man bei Bora gut geschützt. Versorgungsmöglichkeiten bestehen nicht. Auf der Betonpier brennt ein LF (F.gn.).

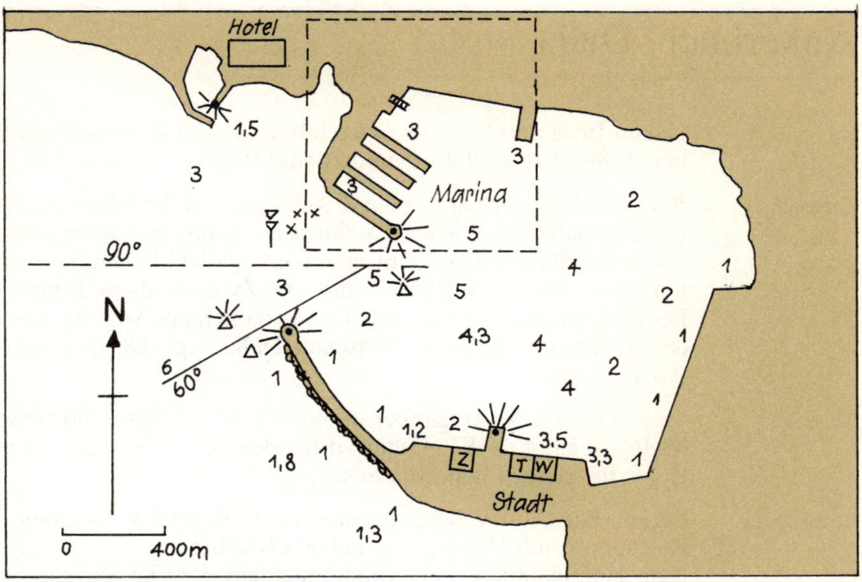
Hotel
1,5
3
3
3
3
Marina
5
2
90°
3
5
5
4
1
2
N
2
4,3
4
1
6
60°
1
1
2
4
1
1
1,2
2
3,5
3,3
1
Z
T
W
1,8
1
Stadt
1
1,3
0
400m

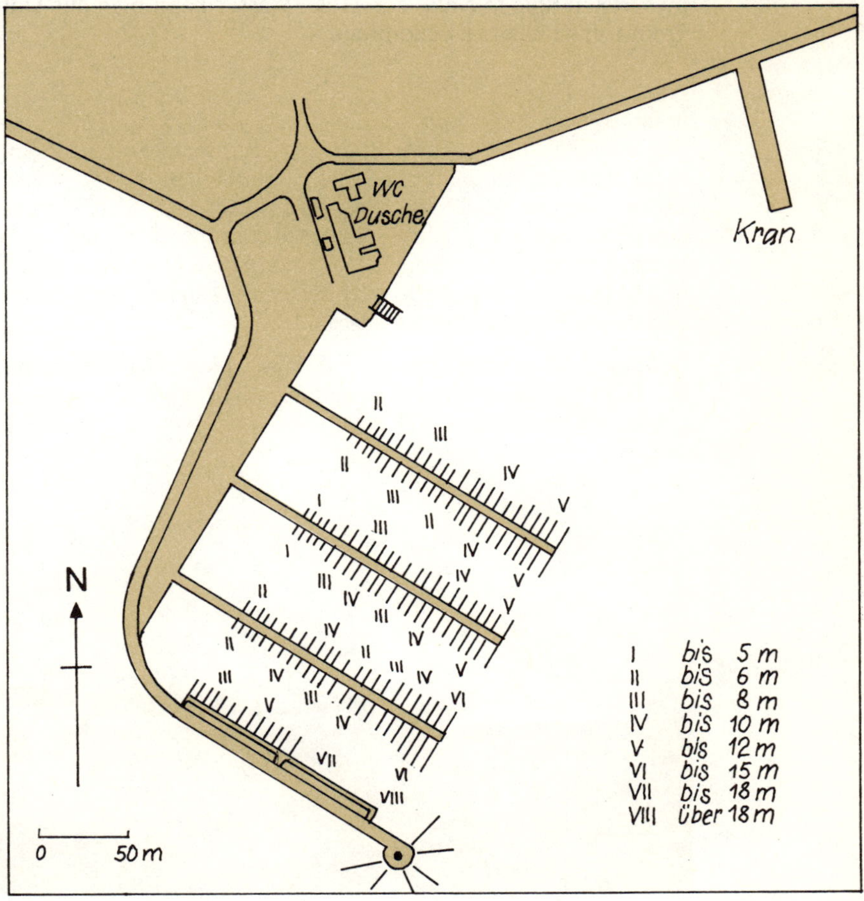
WC
Dusche
Kran
N
I bis 5 m
II bis 6 m
III bis 8 m
IV bis 10 m
V bis 12 m
VI bis 15 m
VII bis 18 m
VIII über 18 m
0
50 m

Ankerbucht Dalja

Gegen Bora und Schirokko geschützte, gegen W jedoch völlig offene Ankerbucht (Seekarten: 100–15 und 219 mit Plan).

Einsteuerung

Bei der Einsteuerung muß man sich genau in der Mitte der Bucht halten, da beide Huken sehr flach auslaufen. Eine Tonne bezeichnet die flachen Stellen vor der südlichen Huk; läßt man diese südlich liegen, ist man frei von allen Untiefen. Ein altes Kloster und ein Zypressenhain liegen am S-Ufer der Bucht. Danach halte man auf die etwa 65 m lange Mole zu, die in der NE-Ecke der Bucht gegenüber der Ortschaft Dalja liegt. Der Molenkopf ist befeuert (F.r.).

Liegeplätze

Man lege sich vor Buganker in die Nähe des Kopfes der teilweise zerstörten Mole auf ca. 4 m WT. Poller vorhanden. Zu beiden Seiten der Mole liegen Bojen für kleine Fischerboote aus.

Beschreibung

Eigenartige Atmosphäre inmitten einer Bungalow-Siedlung; Campingplatz, Restaurants mit Dancing, verfallenes Kloster.
Kein Hafenkapitän. Versorgungsmöglichkeiten im Supermarkt in Dalja und im Ortsteil Spic in Nähe der Mole. Wasser kann man aus Dalja herbeiholen, Treibstoff ist nicht zu bekommen.

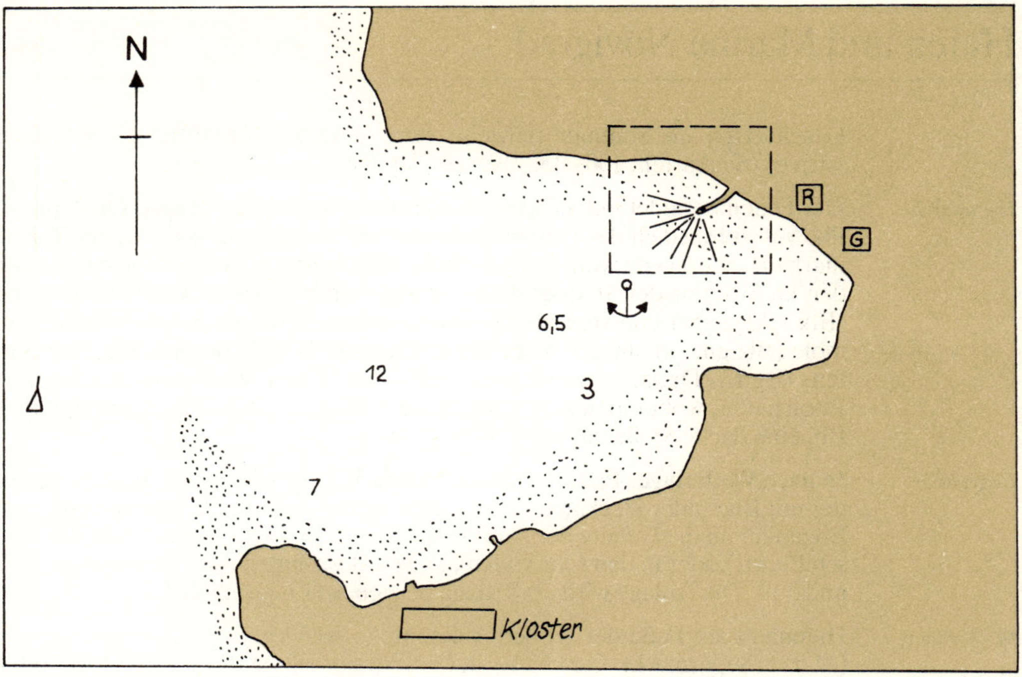
N
R
G
6,5
12
3
7
Kloster

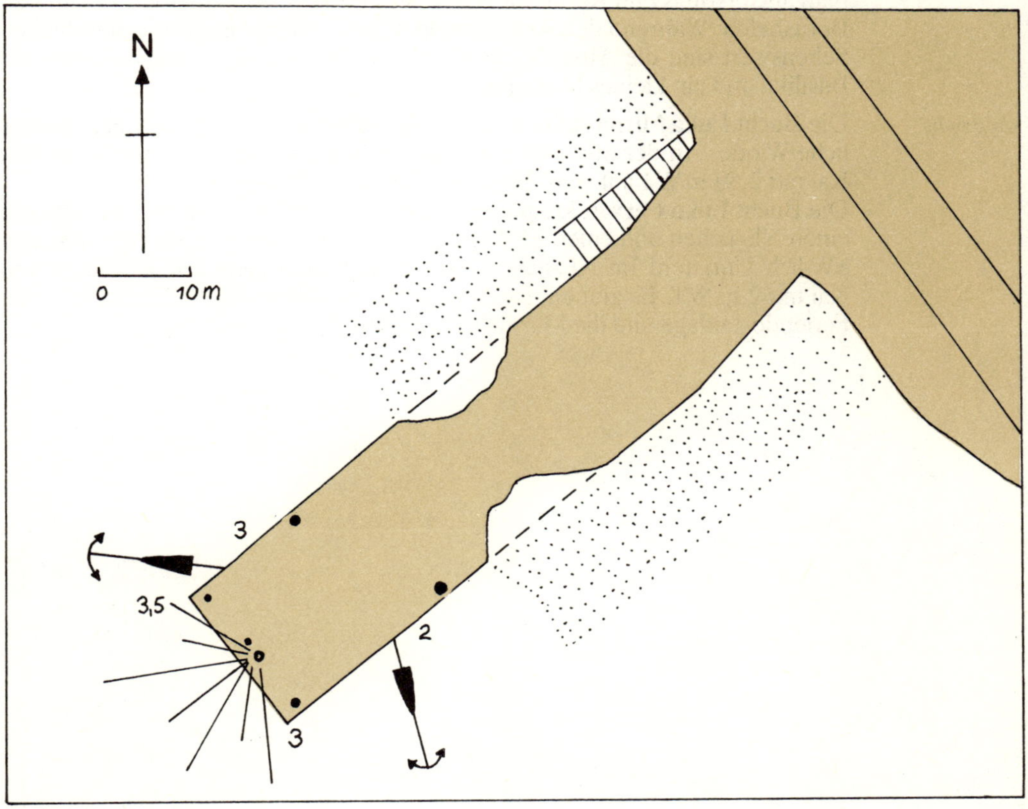
N
0 10m
3
3,5
2
3

Hafen und Marina Novigrad

Geschützter, im Sommer teilweise stark belegter Hafen an der W-Küste Istriens (Seekarten: 100–15, 219 und Plan auf 11).

Einsteuerung

Der Hafen befindet sich nördlich der großen Bucht Luka Mirna. Die Untiefe Plič Val südwestlich des Hafens ist durch eine nördlich davon gelegene Tonne markiert. Schon von weitem ist der hohe Glockenturm sichtbar. Man halte auf den an Stb. vor der Stadt-Halbinsel gelegenen befeuerten Wellenbrecher zu (Blk.w/r/gn. 5s) und steuere dann vorbei an der zweiten befeuerten Außenmole (Blz.gn. 3s) auf den Kopf der befeuerten W-Mole des inneren Bootshafens (F.gn.). Danach steuere man südlich und dann westlich in den inneren Bootshafen, wobei man sich möglichst auf der Stadtseite halten sollte, da an Bb. eine flache Stelle mit nur 1,30 m WT liegt.

Liegeplätze

Je nach Wetterlage, Platzverhältnissen und Bootsgröße lege man sich entweder mit Bug- oder Heckanker an die E-Seite des äußeren Wellenbrechers, vor Buganker an die E-Seite der Außenmole (beachte die Liegeplätze der Berufsschiffahrt!) oder in den sehr vollen inneren Bootshafen mit WT zwischen 1,50 und 3 m. Die Anlage wird als Marina betrieben (Liegegebühr).

Beschreibung

Hafenamt am Fuße der großen Außenmole. Alle Versorgungsmöglichkeiten (Markt, Supermarkt, Geschäfte, auch zollfreier Einkauf) im Ort. Dort findet man auch Hotels und Restaurants. Wasser und Treibstoff am S-Kai im inneren Bootshafen. Während der Sommermonate ist Novigrad Einklarierungshafen. Sehenswert sind die Altstadt, die mittelalterlichen Befestigungsanlagen, die Basilika und ein kleines Museum.

Umgebung

Die Bucht **Luka Mirna** südlich von Novigrad bietet keinen Schutz gegen westliche Winde. An der Südseite des innersten Abschlusses kann man an einem Kai mit 2,50 m WT anlegen. Einsteuerung bei Tage möglich.

Die Bucht **Luka Červar,** knapp südlich von Luka Mirna, teilt sich am Ende in einen NE-lichen und einen SE-lichen Teil. Einsteuerung ist bei Tage möglich. SW-lich Untiefen! Im NE-lichen Arm besteht Anlegemöglichkeit an einem Kai mit 2 m WT. Es gibt ein Restaurant. Im SE-lichen Teil befinden sich eine Feriendorfanlage und die Marina Červar-Porat (siehe Seite 58).

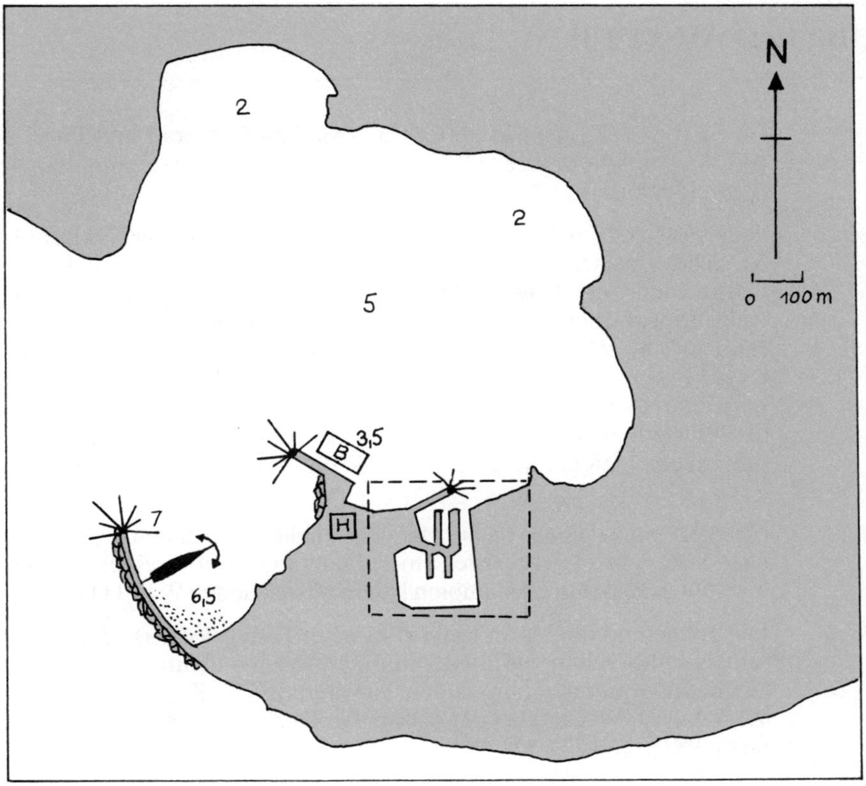
N
0 100m
2
2
5
3,5
B
H
7
6,5

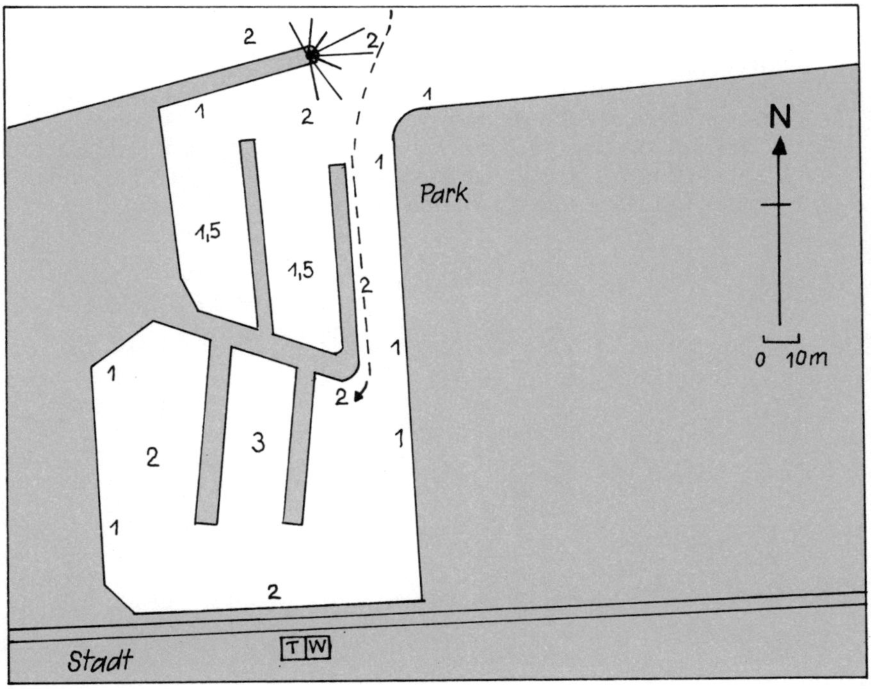
2
2
2
1
1
2
N
1
Park
1,5
1,5
2
1
0 10m
1
2
1
2
3
1
2
Stadt
T
W

Marina Červar-Porat

Im SE-Teil der Bucht Luka Červar zwischen Novigrad und Poreč gelegene Marina, die Schutz gegen alle Winde und sämtliche Versorgungsmöglichkeiten bietet (Seekarten: 100–15 und 219).

Einsteuerung

Tags und nachts möglich. Während die Einsteuerung von N unproblematisch ist, achte man von S sehr auf die westlich vorgelagerten Untiefen. Der westlichste Punkt der Untiefe Plič Čivran ist durch eine Leuchttonne (schwarzweiß, Toppzeichen Stundenglas, Blz.(2) 8s) markiert. Das Riff Plič Veli Školj muß an Stb. gelassen werden. Sein NW-lichster Punkt ist durch eine Leuchttonne (grün, Toppzeichen Dreieck, Blz.gn. 3s) bezeichnet. Nachts steuere man im weißen Sektor des LF Rt Zub (Blz.(3)w/r. 10s), also mit Kursen größer als 20°. Wenn man die Häuser von Červar-Porat unter 125° peilt, kann man auf die äußere Hafenmole zulaufen. Bis zur Mole beträgt die WT mindestens 15 m.

Liegeplätze

Gastliegeplätze gibt es nicht. Man lege zunächst an einem freien Platz an und lasse sich vom Hafenmeister einen Platz anweisen (Gebühr!). Die drei für Yachten geeigneten Innenmolen haben ausreichende WT (TH etwa 0,60 m).

Beschreibung

Die gut geschützte Marina gehört zu einer Feriensiedlung, deren weiße Häuser weithin zu sehen sind. In der Marina Wasser- und Stromanschlüsse, Sanitärblock, Supermarkt, Zollfreiladen, Restaurants, 5-t-Kran, 10-t-Autokran, Slip, Werkstatt; Überwinterungsmöglichkeit. Der Wellenbrecher ist stark beschädigt (1987).

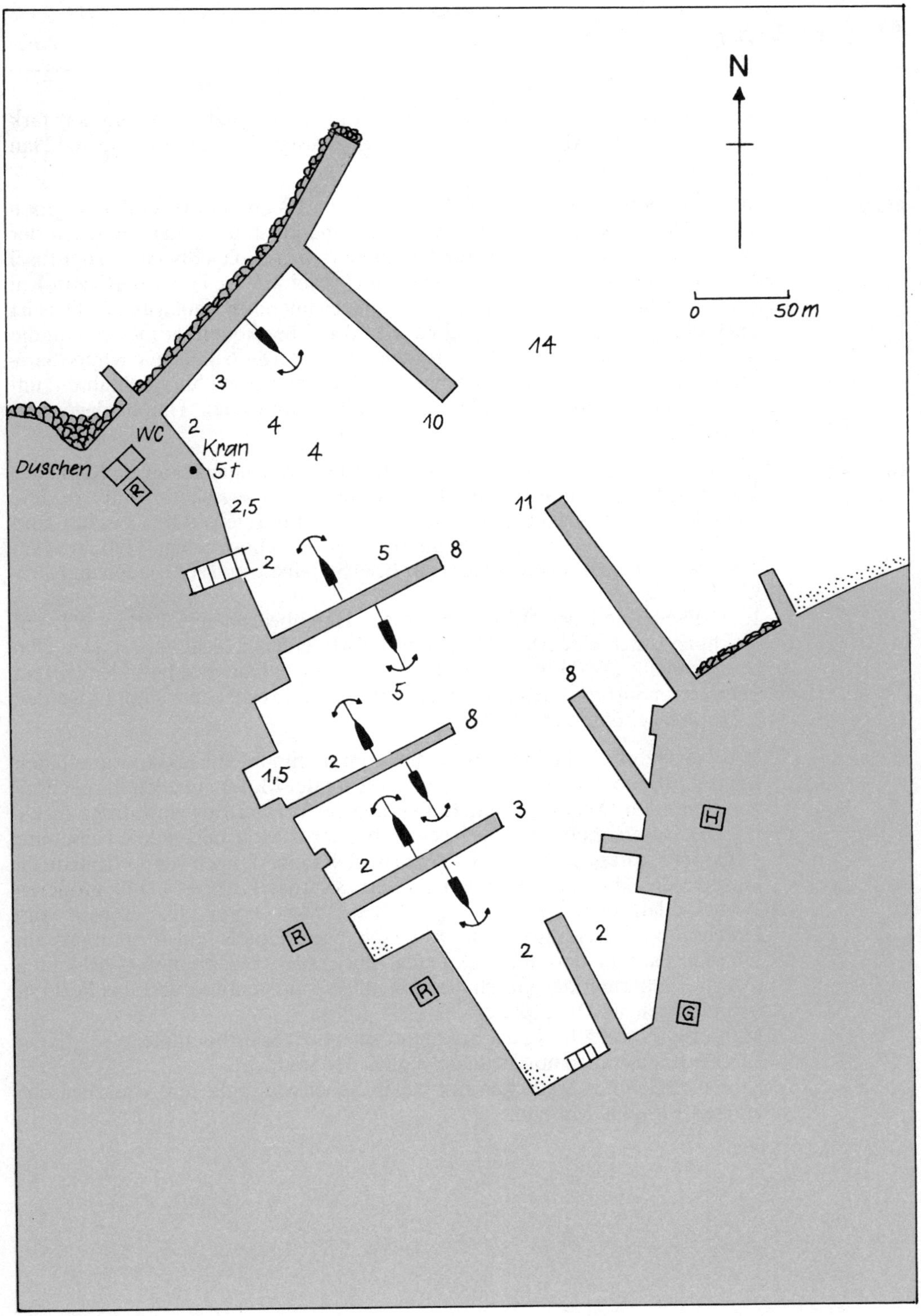
N
0
50m
14
3
2
4
10
WC
Kran
5t
4
Duschen
R
2,5
11
2
5
8
8
5
8
1,5
2
3
H
2
R
2
2
R
G

Hafen Poreč

Sicherer, durch vorgelagerte Inseln und Molen geschützter, im Sommer stark belegter Hafen an der W-Küste Istriens (Seekarten: 219, 220, 100–15 und Plan auf 11).

Einsteuerung

Weithin sichtbar sind zwei Kirchtürme sowie das an dem Hauptkai liegende große Hotel „Riviera". Von NW her kommend, steuere man zwischen der Insel Barbaran (Blz.w/r. 5s) und der befeuerten N-Mole (Blz.gn. 5s) der Insel Sv. Nikola hindurch und halte auf die durch zwei weitere Feuer – Riviera-Kai (F.r.) und Funtana-Pier (F.gn.) – gekennzeichneten Kaianlagen zu. Dies ist auch die sicherste Einsteuerung nachts. Von S her kommend, kann man die 4 m tiefe Durchfahrt in der S-Mole (zwischen Insel Sv. Nikola und Klippe Sarafel) benutzen oder zwischen Festland und Klippe Sarafel hindurchfahren, um dann ebenfalls auf die südlich der Stadt befindlichen Hafenanlagen zuzuhalten.

Liegeplätze

Sportboote legen sich, soweit Platz vorhanden, vor Buganker an die Kaimauer zwischen dem Riviera-Kai und der E-Mole auf WT zwischen 2 und 4 m. Die E-Mole und die Kaianlagen östlich davon sind meistens durch Fischer- und Ausflugsboote bzw. das hier stationierte Tragflächenboot belegt (Gebühr). Am Riviera-Kai liegen Ausflugsboote zur Insel Sv. Nikola und zur Blauen und Grünen Lagune.
Im östlichen Teil der Bucht gibt es ein Hafenbecken mit 2,50 m WT, gut geschützt durch eine Mole (1987 war das Molenfeuer nicht angezündet). An der Tankstelle (WT 3 m) ist auch Wasser erhältlich. Daneben befinden sich ein betonierter Slip und ein 5-t-Kran, die mit dem Auto erreichbar sind. Es werden Liegeplatzgebühren erhoben.

Beschreibung

Poreč, beliebter Urlaubsort, ist in den Sommermonaten Einklarierungshafen (an der E-Seite der E-Mole anlegen; Zoll auf der Mole) mit allen dazugehörigen Behörden. Auf die genaue Einhaltung der Vorschriften wird streng geachtet. Das Hafenamt befindet sich gegenüber der E-Mole neben dem Reisebüro „Kvarner Express". Wasser erhält man in kleineren Mengen aus der Toilette im Parterre des Hafenamtes (Schlüssel bei „Kvarner Express"). Für größeren Wasserbedarf steht ein Hydrant auf der E-Mole bereit. Dieser wird vom Hafenbüro auf Verlangen aufgeschlossen. Viele Hotels und Restaurants am Uferkai oder in der Stadt, wo man auch alle Versorgungsmöglichkeiten (Markt, Supermärkte, Geschäfte) hat. Das Touristenbüro und das Postamt befinden sich am Hauptplatz.
Mehrere Zollfreiläden in der Stadt und am neuen Sportboothafen.
Schöne Badestrände nördlich und südlich der Stadt.
Sehr interessantes Städtchen mit vielen Sehenswürdigkeiten: venezianische Häuser, Basilika, Museum.

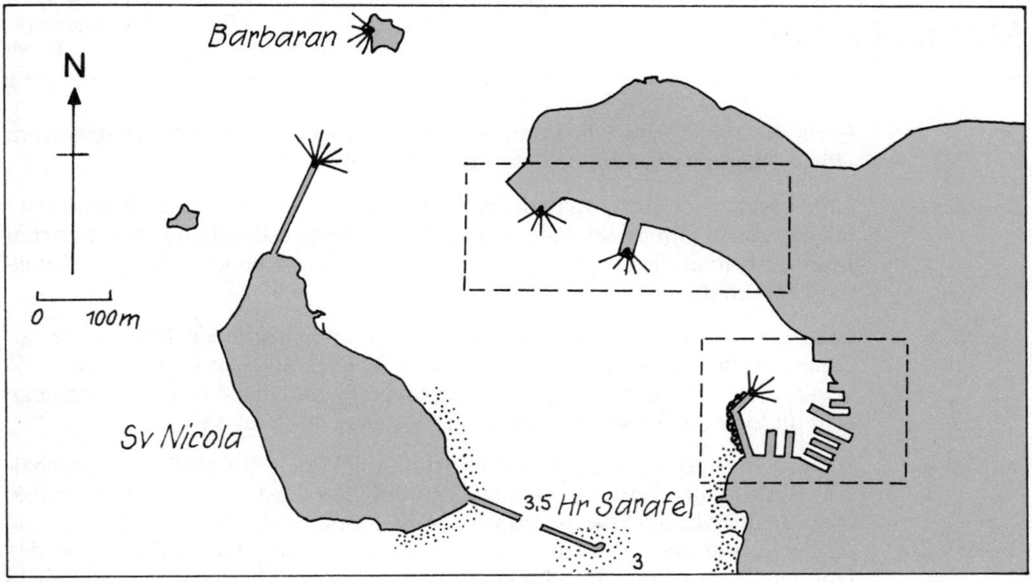
Barbaran
N
0 100m
Sv Nicola
3,5 Hr Sarafel
3

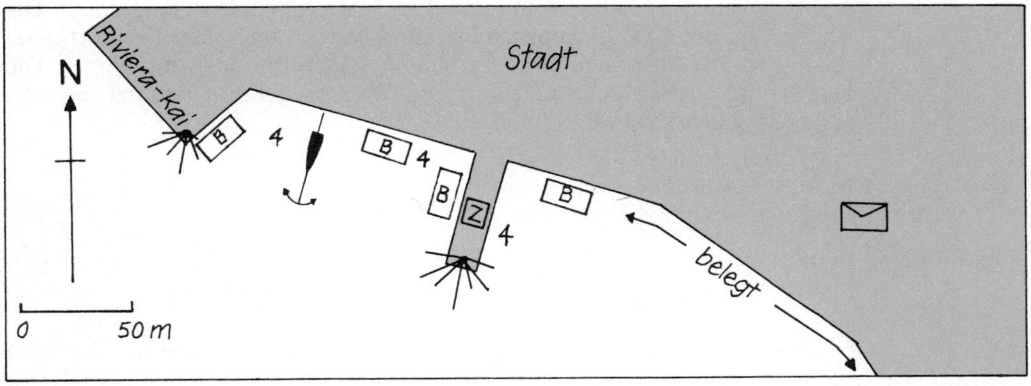
Riviera-Kai
Stadt
N
B
4
B
4
B
Z
4
B
belegt
0 50m

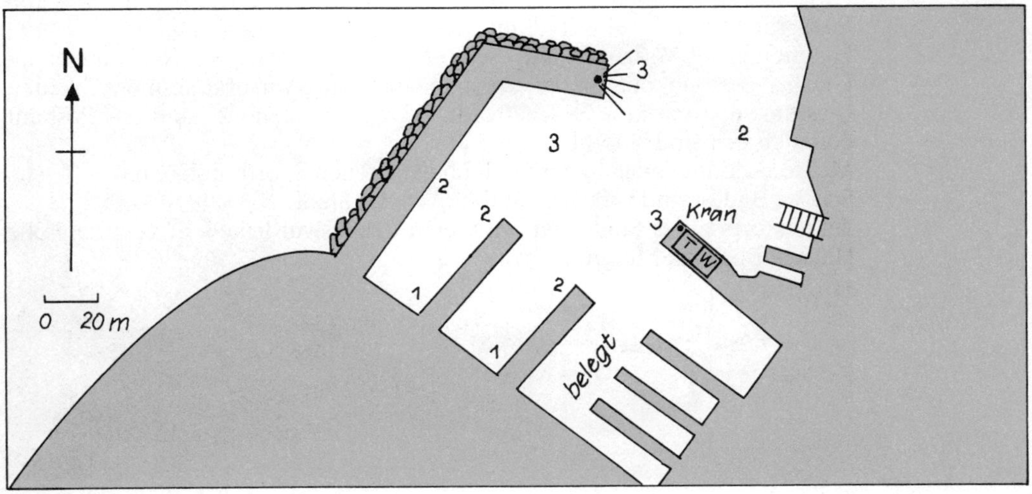
N
3
3
2
2
2
3 Kran
T W
1
2
1
belegt
0 20m

Marina Parentium

Uv. Mulandarija
Istrien

Etwa 1,5 sm südlich von Poreč liegt das Wassersport- und Freizeitzentrum „Plava Laguna“ (Seekarten: 100–15, 219, 220).

Einsteuerung

Nur tagsüber möglich, da mehrere kleine Inseln vor der unbefeuerten Küste liegen. Von N kommend, halte man sich zwischen Festland und vorgelagerten Inseln, bis man die Anlage einer größeren Feriensiedlung in der Uv. Mulandarija erkennt.

Liegeplätze

Eine etwa 70 m lange Mole schützt die dahinter liegenden Betonstege, an denen zahlreiche Sportboote auf ca. 3 m WT festmachen können (bei NW-Wind Schwell!). Die südlich vom Fähranleger befindlichen beiden Betonstege sind für kleinere Sportboote mit wenig Tiefgang vorgesehen.

Beschreibung

Ausgedehnte Anlage eines Ferienzentrums mit Hotels, Sportplätzen, Geschäften, Restaurants, Bars, Nightclubs, Zollfreiladen, Post, Arzt sowie Marinabetrieb. In der Marina Strom- und Wasseranschlüsse an den Stegen; kleiner Sanitärblock, Slip und 1-t-Kran. Muringleinen liegen aus. Die Anlage ist in der Hauptsache von gewerblichen Dauerliegern belegt. Überwinterungsmöglichkeit für kleinere Sportboote an Land. Das Marinagelände ist eingezäunt. Die Marina soll auf 1000 Liegeplätze erweitert werden und allen Komfort eines modernen Wassersportzentrums erhalten. Fährverbindung mit Poreč. Die Bucht wird von Fallschirmfliegern und Wasserskifahrern benutzt. Ständig Schwell auch von Ausflugs- und Taxibooten.

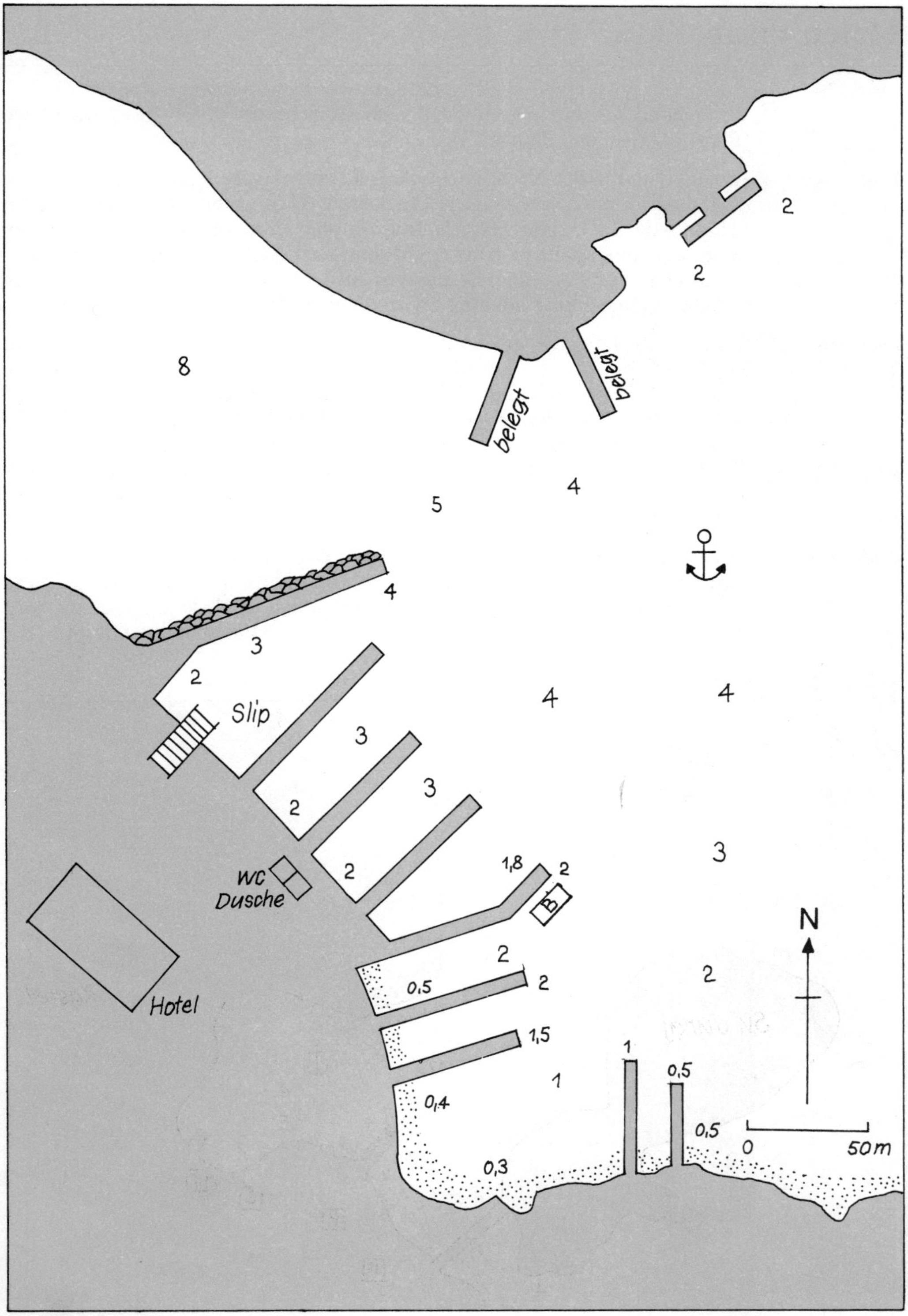
2
2
8
belegt
belegt
5
4
4
3
2
Slip
4
4
3
3
2
2
1,8
2
B
3
WC
Dusche
Hotel
N
2
0,5
2
2
1,5
1
1
0,5
0,4
0,5
0
50m
0,3

Hafen Vrsar

Weitgehend geschützter Hafen 4,5 sm südlich von Poreč (Seekarten: 220 (Plan), 100–15 und Plan auf 11).

Einsteuerung Am Tage und in der Nacht leicht. Auf die vorgelagerten Inselchen und Riffe (z. T. durch Tonnen bezeichnet) ist zu achten. Nachts führen die beiden weißen Sektoren der LF Galiner (Blz. 2s) frei von allen Untiefen. Nach dem Passieren der Insel Galiner halte man auf das Molenfeuer (F.r.) zu. Die Passage zwischen der Insel Sv. Juraj und dem Festland ist gesperrt. A c h t u n g : Im Sommer bestehen zum Schutz Badender Sperrzonen um Sv. Juraj!

Liegeplätze Soweit nicht belegt, kann an der Hauptmole festgemacht werden (WT am Kopf um 5 m, zum Ufer hin auf 2 bzw. 1,50 m abnehmend; Poller vorhanden). Der nach SW anschließende Teil der Kaimauer ist zunächst flach und mit Steinen gesäumt, nach dem Knick findet man 1 bis 1,50 m WT (A c h t u n g : einzelne Steine vorgelagert!) bis kurz vor dem winzigen (Hotel-)Bootshafen. Das Ufer ist hier von Badenden belegt. Die an die Mole östlich anschließenden Uferteile sind flach und steinig. Im Ostteil des Hafens kann man auf 3 bis 4 m WT ankern (stark belegt, viele Bojen).

Beschreibung Vrsar hat in den letzten Jahren durch Feriengäste (Camping) einen starken Aufschwung erlebt und ist heute schon fast überfüllt. Man findet mehrere Restaurants, Supermarkt, Post; Wasser erhältlich. Tankstelle auf einem Steg (WT am Kopf 2,50 m, an den Seiten zuerst 2 m, dann abnehmend) im E-Teil des Hafens. Nächstes Hafenamt in Poreč.

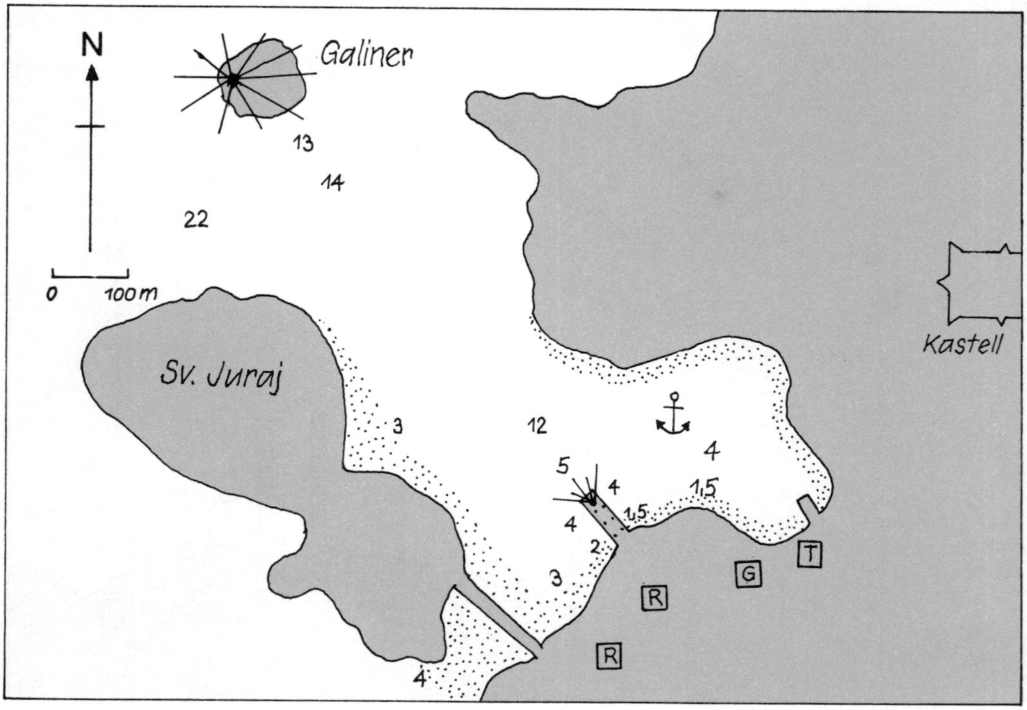

Ankerbucht Soline

Uvala Soline heißt eine Bucht am südlichen Eingang zum Limski-Kanal (Seekarten: 100–15 und 220).

Einsteuerung Das Einlaufen ist bei Tag und Nacht möglich. Auf vor Anker liegende Yachten ist zu achten, vor allem nachts, da viele kein Ankerlicht setzen. Von S kommend, sollte man sich gut von Rt Križ freihalten.

Liegeplätze Gut haltender Schlick. Die WT steigt von 20 m in der Einfahrt zur Bucht langsam auf 3m an, wo man den Anker fallen läßt.

Beschreibung Mit dem Beiboot kann man die nahegelegenen Campingplätze erreichen. Dort gibt es Supermärkte, Restaurants und einen ärztlichen Notdienst. Auf dem Platz Valalta gutes Fischrestaurant mit eigenem kleinem Bootshafen (WT 3m) für Gäste; das Anlegen ist gebührenpflichtig. An den Stegen gibt es Wasseranschlüsse. Beim Besuch der Campingplätze muß man sich den FKK-Gepflogenheiten anpassen.
Der Limski-Kanal ist gesperrt, außer für Ausflugsboote mit Genehmigung.

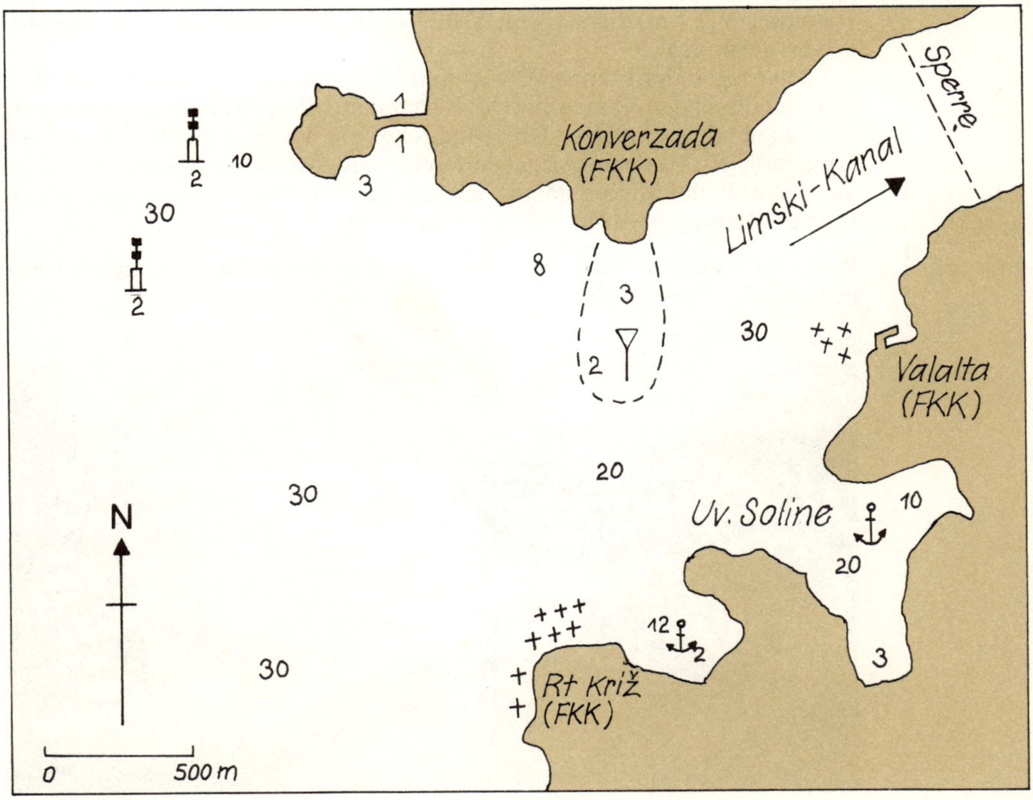

Marina und Hafen Rovinj

Durch Molen und die vorgelagerte Insel Sv. Katarina geschützter, an der W-Seite Istriens gelegener Hafen (Seekarten: 220, 100–15, Plan auf 11).

Einsteuerung

Bei der Einsteuerung von N und W ist weithin die auf der Höhe liegende Kirche sichtbar. Die westliche Einsteuerung ist auch nachts möglich, da sowohl das Rt Sv. Eufemia (Blz. 4s) als auch der südlich der Stadt gelegene Hafen mit seinem westlichen Wellenbrecher (Blz.r. 3s) und der E-Mole (Blz.gn. 3s) befeuert sind. Bei der Einsteuerung halte man sich näher auf die Seite des westlichen Wellenbrechers. Von S her kommend, steuere man zwischen Festland und Insel Sv. Katarina in den Hafen, wobei man die vor der NE-Ecke der Insel Sv. Katarina ausliegende Tonne an Bb. liegen läßt.

Liegeplätze

Nur während des Ein- bzw. Ausklarierens kann man an der Innen- oder Außenseite der Westmole, die Zollmole ist, festmachen. Ansonsten ist die südöstlich der Stadt befindliche ACY-Marina Pflichtliegeplatz. Der Kopf des Wellenbrechers ist befeuert (Blz.gn. 5s).

Beschreibung

Rovinj ist ganzjährig Port of Entry mit allen Behörden. Das Hafen- und Zollamt liegt am Fuße der Westmole. Zwei Zollfreiläden befinden sich in Hafennähe. Wasser ist gegen Bezahlung auf dem Zollkai aus einem Hydranten erhältlich (meist nur vormittags). In der Stadt Supermärkte, Restaurants, Apotheke, Ärzte, Postamt. Eine Tankstelle befindet sich am Kai nördlich der Halbinsel (WT 4 m); bei starkem W- bis N-Wind ist das Bunkern dort ungemütlich bis gefährlich.

An den Stegen der Marina Wasser- und Stromanschlüsse; Sanitäreinrichtungen, Zollfreiladen, Supermarkt, Restaurant, Bar, Werkstatt, 10-t-Kran, Schwimmbad, Parkplätze. Überwinterung von Yachten im Wasser und an Land möglich. Von nahegelegenen Hotels laute Musikberieselung bis spät in die Nacht. In der Marina ständig Schwell durch vorbeifahrende Boote. Nördlich der Marina gibt es eine Werft mit Slipanlage.

Umgebung

In der **Uv. Lon** kann man frei ankern. Diese Bucht ist allerdings gegen westliche Winde ungeschützt.

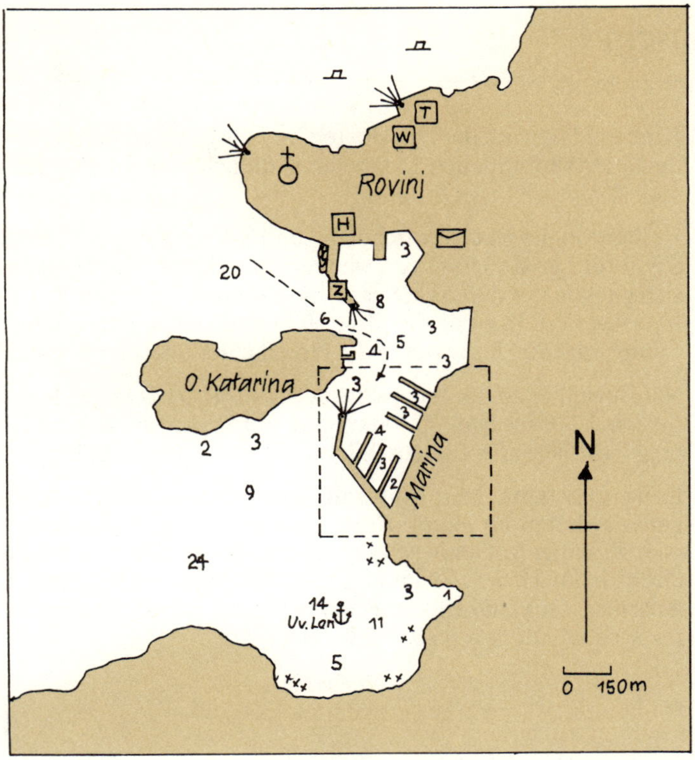
Rovinj
H
T
W
Z
O. Katarina
Marina
Uv. Lon
20
24
N
0 150m

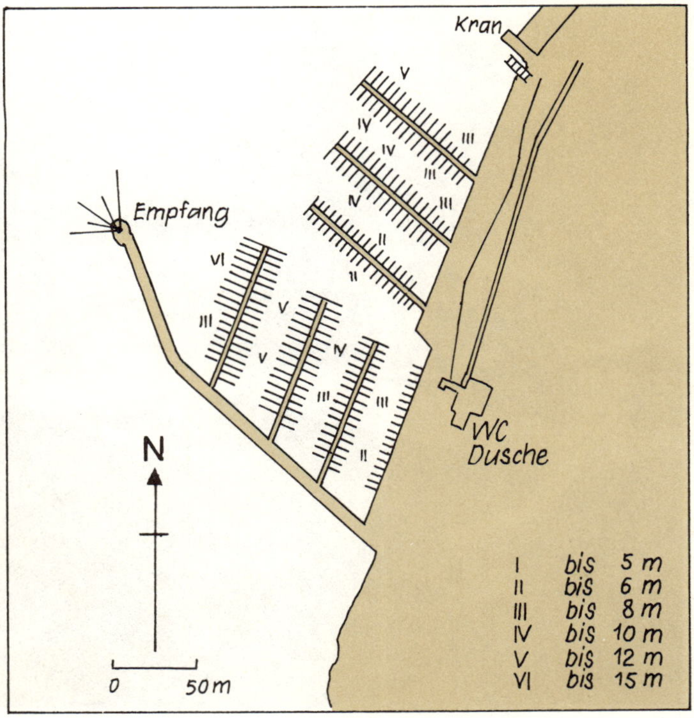
Kran
Empfang
WC
Dusche
N
0 50m
I bis 5 m
II bis 6 m
III bis 8 m
IV bis 10 m
V bis 12 m
VI bis 15 m

Hafen Mascin

Crveni Otok
Istrien

Kleiner Hafen auf der bewaldeten, nur durch einen fußwegbreiten Damm miteinander verbundenen Doppelinsel südlich von Rovinj (Seekarten: 220 und 100–15).

Einsteuerung

Einfahrt in die Bucht zwischen N- und S-Insel nur von W möglich. Aus W und SW ist das große Hotel von weitem gut sichtbar. Von N kommend, halte man sich gut von der durch ein Seezeichen kenntlich gemachten Untiefe Plič Samer frei. Auf dem Kopf der W-Mole steht eine nur zeitweise eingeschaltete weiße Lampe, die von ferne durch die Hotellichter überblendet sein kann.

Liegeplätze

Vor Buganker an der Innenseite der W-Mole. Hier liegen Sportboote bei Bora, die von ENE ins Hafenbecken steht, auf Legerwall. Die bei Bora besser geeignete E-Mole ist für Linienschiffe und Fährboote reserviert.

Beschreibung

Keine Geschäfte, kein Treibstoff. Wasserhahn auf der W-Mole des Hafenbeckens. Toiletten im Hotel. Restaurant im Hotel, an der Rezeption internationale Zeitungen, Geldwechsel und Briefkasten. Vor der S-Front des Hotels, direkt beim Hafen, Swimmingpool mit Süßwasserduschen im Freien. Laut Anschlag wird eine Hafengebühr erhoben. Nördlich vom Hotel liegt ein älteres Kloster. Die S-Insel ist FKK-Reservat.

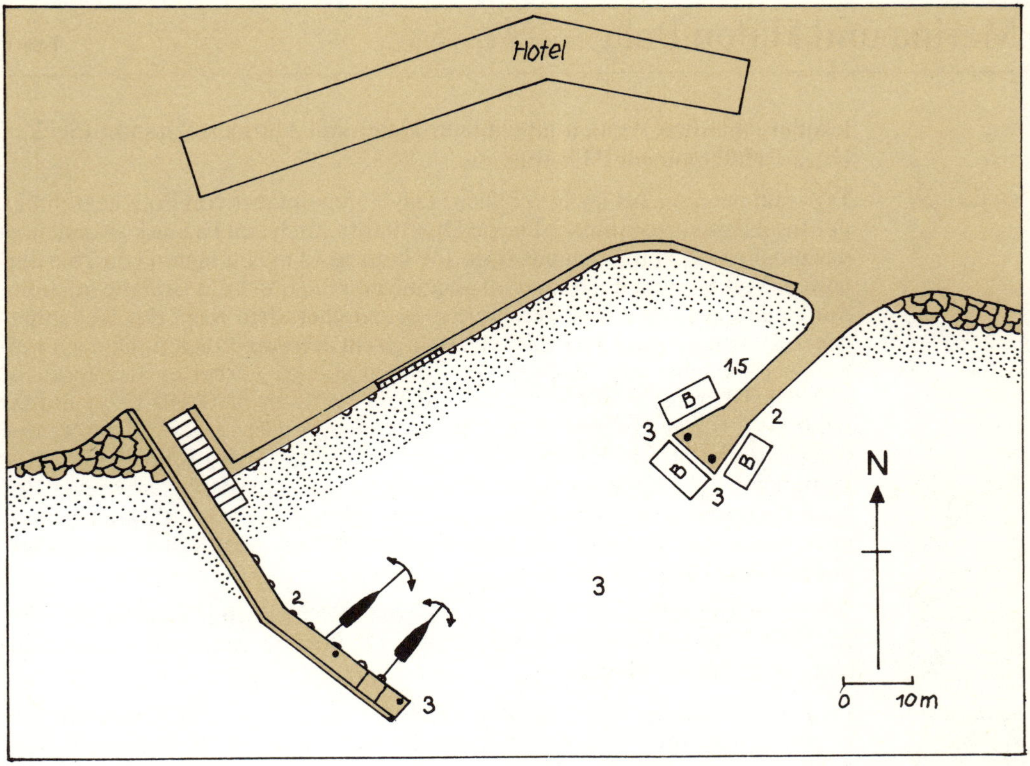
Hotel
1,5
B
3
2
B
B
3
N
3
2
3
0
10 m

Marina und Hafen Pula

Großer, bei allen Winden geschützter Hafen mit Marinestützpunkt (Seekarten: 221 und Plan auf 100–16).

Einsteuerung

Tags und auch nachts leicht möglich. Die Hafeneinfahrt von Pula liegt direkt der Insel Brijuni gegenüber. Da die Durchfahrt durch den Fažanski-Kanal wieder möglich ist, kann man aus N und W kommend in den Hafen von Pula einlaufen. Von S her benutzt man im allgemeinen die 8 m tiefe Bresche im äußeren Wellenbrecher. Ansonsten laufe man zwischen dem Kopf des Wellenbrechers (Blz.gn. 3s) und Rt Proština (Blz.r. 3s) in den Außenhafen. Danach weiter nach SE entweder entlang den Tonnen südlich vorbei an der Insel Sv. Andrija (Blz.r. 5s) oder zwischen den Inseln Sv. Katarina (2 Blz.r. 2s) und Sv. Andrija (2 Blz.gn. 2s) hindurch. Danach weiter vorbei an der NE-Spitze der Insel Uljanik (Blz.gn. 3s), an deren E-Seite sich eine durch 4 Tonnen markierte Untiefe mit 0,70 m Wasser befindet. A c h t u n g : Die Brücke zwischen der Insel Uljanik und dem Festland kann nicht durchfahren werden! Danach halte man auf das weithin sichtbare Amphitheater bzw. auf das nördliche der beiden Hafenfeuer (Blz.r. 5s) zu.

Liegeplätze

Seit der Fertigstellung der ACY-Marina am Gat Istra dürfen Yachten nur noch zum Ein- bzw. Ausklarieren am Gat Rijeka (Zollpier) festmachen. Pflichtliegeplatz in der neuen Marina.

Beschreibung

Pula ist ganzjährig Port of Entry. Großer Handels- und Marinehafen, der wegen der Marina auch für Sportschiffer interessant ist. Sehenswerte Baudenkmäler aus römischer Zeit.

In der Marina Strom- und Wasseranschlüsse an den Schwimmstegen, Sanitäranlagen, Restaurant, Bar, Zollfreiladen. Eine Tankstelle befindet sich nordöstlich der Marina auf einer kleinen Mole mit 4 m WT. Hier kann man auch Wasser bunkern.

In der Nähe ist das Hafenamt mit Seekartenverkauf. Gasflaschen kann man vormittags bei der Ina-Plinara-Station füllen lassen (2 km entfernt). Alle Versorgungsmöglichkeiten in der Stadt, auch ein guter Markt mit Markthalle und dahinter liegendem Kaufhaus (ca. 1 km entfernt am Narodni Trg).

Werkstatt, Kran und Landliegeplätze gibt es nicht. Lärmbelästigung durch Eisenbahn und Hafenstraße, ständiger Dampferschwell, Kloakeneinleitungen.

A c h t u n g : Vor der Küste in südlicher Richtung befindet sich ein Schießgebiet, das zeitweilig gesperrt ist!

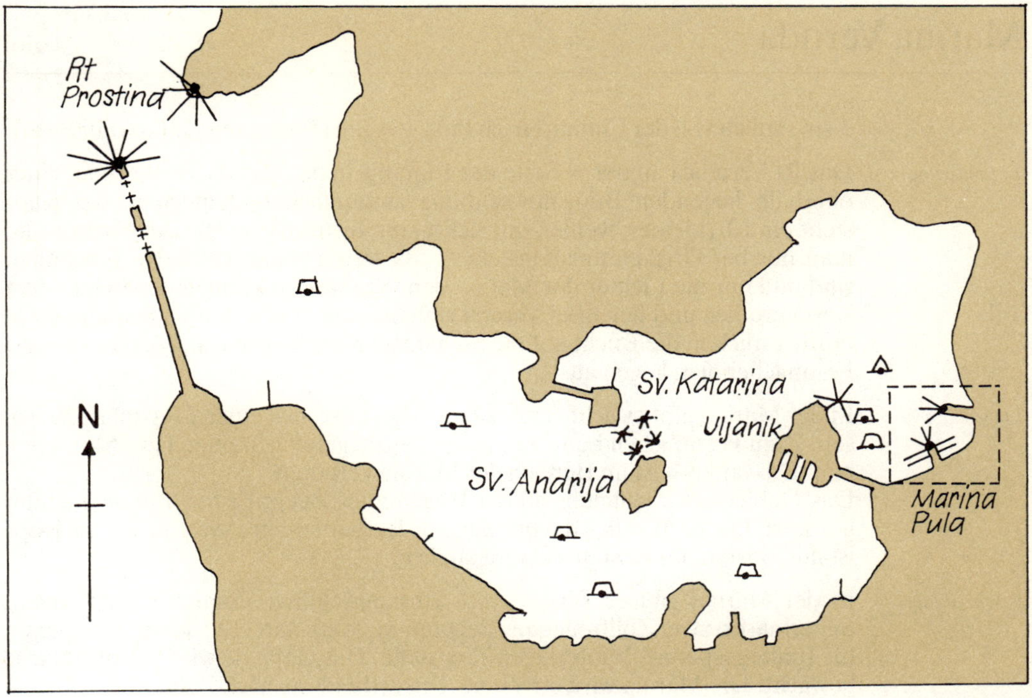

Rt Prostina
N
Sv. Katarina
Uljanik
Sv. Andrija
Marina Pula

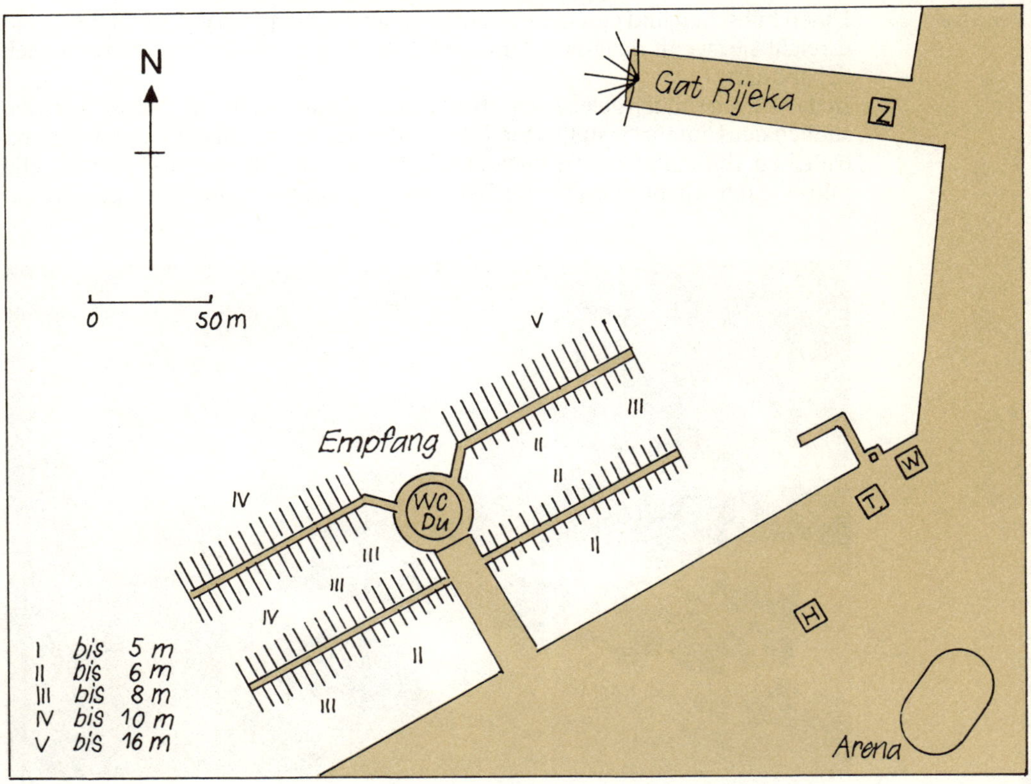

N
Gat Rijeka
Z
0
50 m
V
III
Empfang
II
IV
WC Du
II
W
T
III
III
II
IV
H
I bis 5 m
II bis 6 m
III bis 8 m
IV bis 10 m
V bis 16 m
II
III
Arena

Marina Veruda

3 sm südlich von der Einfahrt nach Pula gelegen (Seekarten: 221 und 100–16).

Einsteuerung

Das Rt Verudica an der N-Seite der Einfahrt in die Veruda-Bucht ist an einer oberhalb liegenden Bungalowsiedlung auszumachen. Unterhalb des Kaps steht ein LT (kleiner, weißer, gut sichtbarer Turm; Blz.r. 3s). Bei Nacht sollte man nur bei Ortskenntnis einsteuern, da weiter innen keine LF vorhanden sind und nur die Lichter der Marina den Weg weisen können. Zwischen dem Kap Verudica und der Insel Veruda steuere man zuerst nordöstlich und dann nordwestlich in die Bucht auf die Steganlagen der Marina zu. A c h t u n g : Festmachebojen liegen aus!

Liegeplätze

In der Marina gibt es acht Betonstege. Man lasse sich einen Liegeplatz zuweisen. Zum Festmachen benutze man die ausliegenden Tonnen bzw. Muringleinen. Das Ankern ist im Bereich der Marina verboten.
Das Gebiet des Yachtclubs an der W-Seite der Bucht ist für fremde Yachten gesperrt. Die nordöstlich davon gelegene Betonpier mit etwa 4 m WT am Kopf ist nur Gästen des Restaurants zugänglich.

Beschreibung

In der Marina gibt es Wasser- und Stromanschlüsse, Sanitäreinrichtungen, Supermarkt, zwei Zollfreiläden, Restaurant, Werkstatt, 10-t-Kran, Parkplätze für Trailergespanne, Winterlager, Tankstelle. Das Gelände wird Tag und Nacht bewacht. Die Marina wird erweitert. Busverbindung nach Pula.

Umgebung

Einen hübschen und geschützten Ankerplatz findet man in der **Uv. Soline.** Man erreicht sie, wenn man nach Umrunden der Nordseite der Insel Veruda nach SE abdreht.
In der 1,5 sm südlich gelegenen Bucht **Luka Platano,** leicht zu erkennen an den südlich der Einfahrt installierten Radarantennen, findet man im inneren nordöstlichen Teil außer bei westlichen Winden gut geschützte Ankerplätze. Die Südseite der Bucht (einschließlich der Mole) ist militärisches Sperrgebiet.

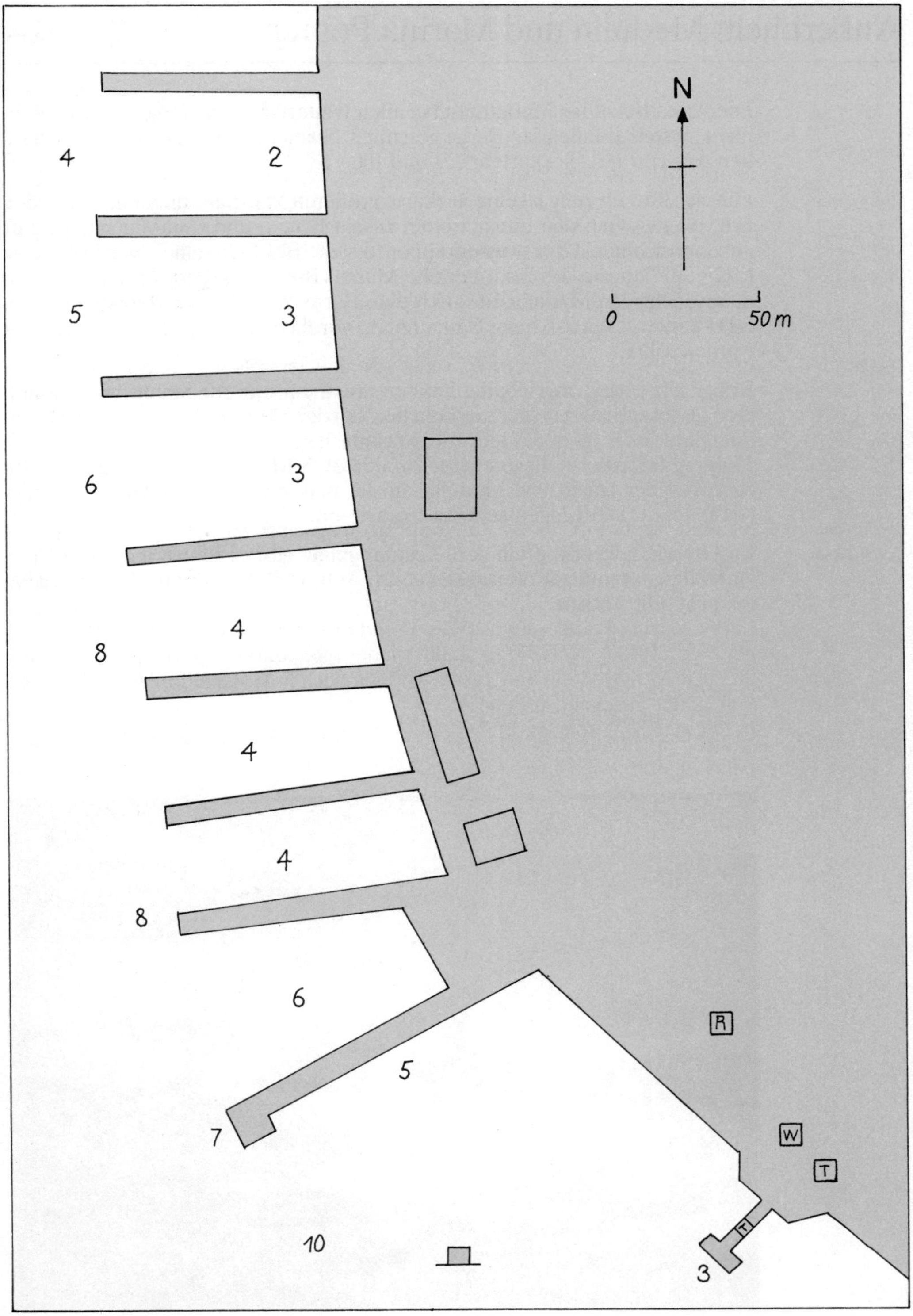
N
0
50m
4
2
5
3
6
3
8
4
4
4
8
6
5
7
R
W
T
10
3

Ankerbucht Medulin und Marina Pomer

Die Ankerbucht bei Medulin ist bei allen Wetterlagen durch die umliegenden, nicht zu steil abfallenden Berge geschützt. Sie hat einen sandigen, gut haltenden Ankergrund (Seekarten: 221 und 100–16).

Einsteuerung

Für die Einsteuerung ist eine Seekarte größeren Maßstabs unbedingt erforderlich, da zwischen den unbefeuerten Inseln Fenera und Ceja nur mangelhaft gekennzeichnete Unterwasserklippen liegen. Bei Dunkelheit wird ein Kurs (312–327°) im weißen Sektor des LF Munat (Blz.w/r. 2s) gesteuert. Die eigentliche Bucht von Medulin ist durch eine Barre im südlichen Bereich der Einfahrt begrenzt, so daß beim Einlaufen im nördlichen Drittel unbedingt gelotet werden sollte.

Liegeplätze

Boote mit geringem Tiefgang können an einem nur aus Stahlrohren zusammengeschraubten Anleger im südlichen Teil der Medulin-Bucht vor dem Campingplatz vor Bug- oder Heckanker festmachen.
Größere Sportboote liegen besser in der ACY-Marina Pomer im nordwestlichen Teil der Bucht von Medulin, in der man bei allen Winden sicher liegt (siehe Plan). Der Liegeplatz wird zugewiesen.

Beschreibung

Im Ort Medulin sowie auf dem Campingplatz gibt es Läden mit ausreichendem Angebot und gute Restaurants. Im Auto-Camp Medulin können Gasflaschen gefüllt werden.
In der Marina Pomer gibt es Wasser- und Stromanschlüsse an den Stegen, ferner Sanitärblock, Wäscherei, Zollfreiladen, Restaurant, Werkstatt, 10-t-Kran, Slip usw. Von Medulin aus Busverbindung nach Pula. Eine Tankstelle befindet sich an der Straße nach Pula.
In der eingezäunten Marina gibt es Überwinterungsmöglichkeiten.

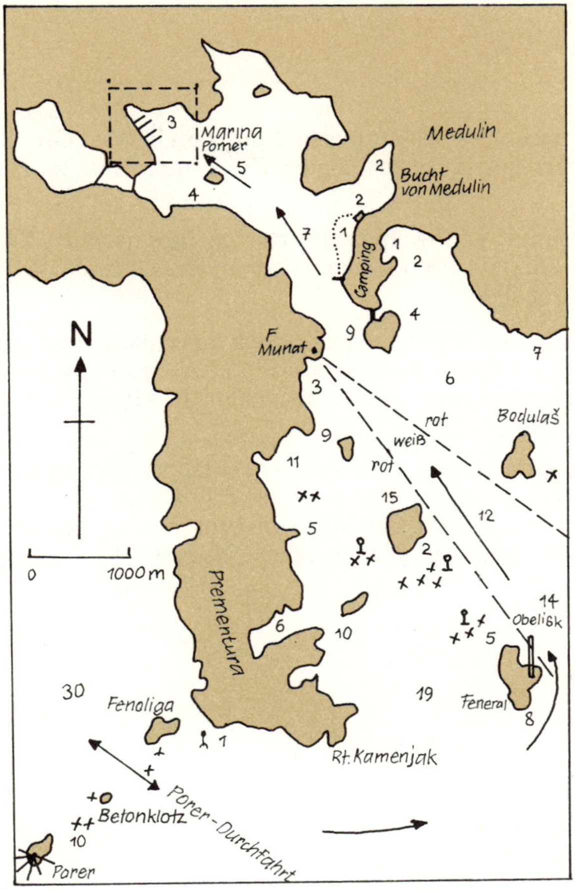
Marina Pomer
Medulin
Bucht von Medulin
Camping
N
0 1000 m
F Munat
rot
weiß
rot
Bodulaš
Obelisk
Premantura
Fenoliga
Feneral
Rt. Kamenjak
Betonklotz
Porer-Durchfahrt
Porer

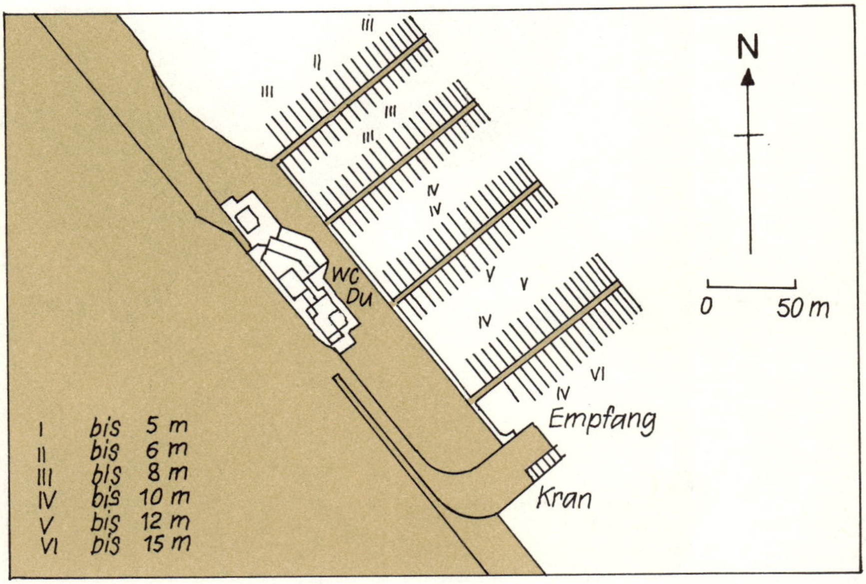
N
0 50 m
WC
Du
Empfang
Kran
I bis 5 m
II bis 6 m
III bis 8 m
IV bis 10 m
V bis 12 m
VI bis 15 m

Ankerbucht Tunarica

Uvala Tunarica
Istrien

Etwa 2 sm nach der Einfahrt in den Zaliv Raša liegt im Ostteil die gegen alle Winde gut geschützte Bucht Tunarica (Seekarten: 100–16, 222 und Plan auf 13).

Einsteuerung Die Einsteuerung ist sowohl nachts wie am Tage nach der Seekarte einfach. Nach Passieren des LF kann man direkt auf das am Ende der Bucht gelegene Seezeichen zuhalten.

Liegeplätze An der unbeleuchteten Mauer mit Ringen und Pollern kann man vor Heckanker anlegen. So bietet sie etwa sechs Yachten mittlerer Größe Platz. Der Ankergrund ist felsig und fällt zur Bucht hin sehr schnell ab, so daß eine relativ lange Kette erforderlich ist.

Beschreibung In der Tunaricabucht bietet sich nur in der Hauptsaison, wenn der südlich der Bucht gelegene Campingplatz geöffnet ist, eine Versorgungsmöglichkeit an einem Kiosk. Der nächste Ort, Viscoviči, liegt eine gute halbe Stunde entfernt. Ein Ausflug dorthin führt durch gepflegte Nadelwälder.

Ankerbucht Krinica

Schmale, weitgehend geschützte Bucht an der Westseite der Einfahrt in den Zaliv Raša (Seekarten: 100–16, 222, Plan auf 13).

Einsteuerung Am Tag problemlos. Nachts beachte man das nördlich gelegene LF (Blz.r. 2s) auf Rt Mulac. Der Einschnitt selbst ist nicht befeuert.

Liegeplätze Man ankere in der nördlichen Bucht vor dem Ort Krinica auf 3 bis 4 m WT. Anlegen an der Mole ist verboten.

Beschreibung Außer einem kleinen Fischrestaurant und eventuell Zisternenwasser aus Privathäusern sind keine Versorgungsmöglichkeiten vorhanden.
Bei SE-Wind steht etwas Schwell in die Bucht.

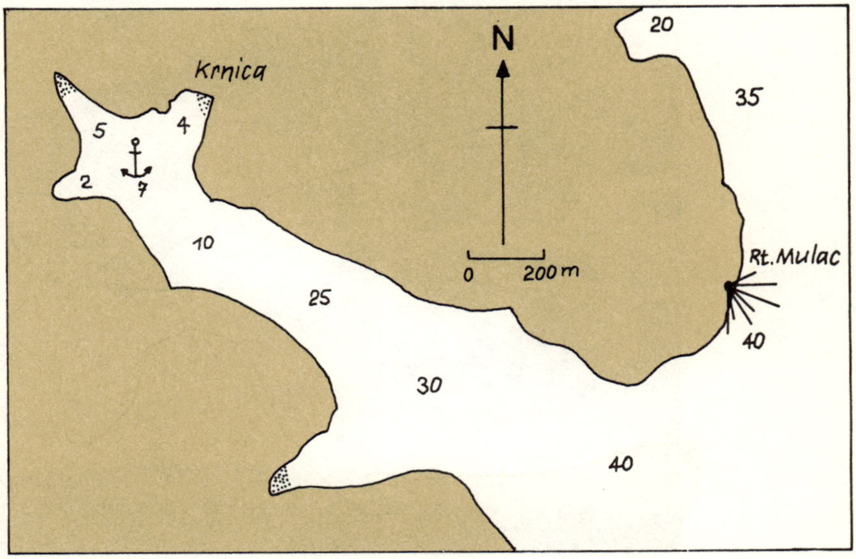

Hafen Rabac

Kleiner, bei Winden aus S bis W ungeschützter Fischereihafen in der östlichen der beiden Buchten von Rabac (Seekarten: 100–16, 100–18, 222 und Plan auf 20).

Einsteuerung Ohne Schwierigkeiten auch nachts möglich, da auf dem Kai an der E-Seite ein LF mit weißem Turm steht (Blz.gn. 3s; verdunkelt 270–350°).

Liegeplätze Vor Heckanker am Kai (WT ca. 3 m, Schlamm) nördlich des LF und der Liegeplätze für die Berufsschiffahrt. Südlich des LF macht die Fähre nach Cres fest. Bei westlichen Winden liegt man hier sehr unruhig; dann ist man in der westlichen der beiden Buchten vor Buganker besser aufgehoben.

Beschreibung Hafenkapitän, Post, Restaurant (dort auch Wasser und WC) und Supermarkt direkt am Kai. Arzt, Apotheke. Treibstoff an der Straße nach Labin. Hübsche Badebucht mit Campingplatz. In der W-Bucht ist eine riesige Hotel- und Bungalowsiedlung entstanden.

Umgebung 3,5 sm N-lich von Rabac bietet die tief eingeschnittene Bucht **Plominska Luka** außer bei Bora und Schirokko Schutz.

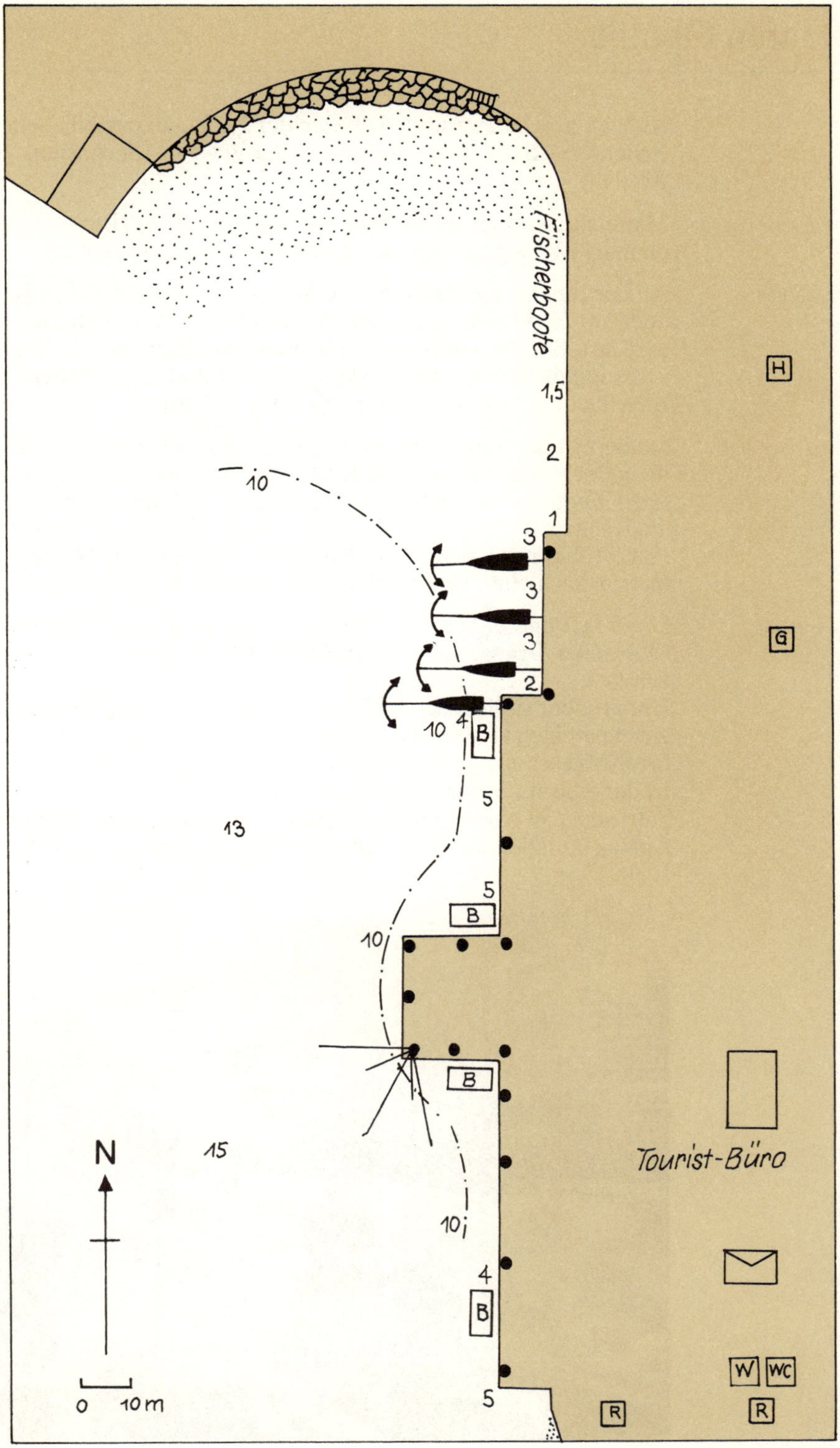
Fischerboote
1,5
2
10
1
3
3
3
2
4
B
10
5
13
5
B
10
B
N
15
Tourist-Büro
10
4
B
0
10 m
5
H
G
W
WC
R
R

Hafen Opatija

Kleiner, geschützter und vielbesuchter Hafen an der NE-Seite der Halbinsel Istrien, ca. 5 sm westlich von Rijeka gelegen (Seekarten: 200 (Plan) und 100–18).

Einsteuerung Man halte auf das am Molenkopf stehende LF zu (Blz.r. 5s) und lasse dieses dann an Bb. liegen. Tags und nachts einfache Einsteuerung.

Liegeplätze An der Innenseite des Kais (A c h t u n g : Stufe!), WT zwischen 4 und 6 m, oder am Ende des Hafenbeckens zwischen Festmachetonnen und Ufer (WT ca. 3 m). Bei Bora steht starker Schwell ins Hafenbecken. Bei ruhigem Wetter ist es möglich, auch an der Außenseite der Mole zu liegen. TH ca. 0,40 m. Beachte die Liegeplätze für die Berufsschiffahrt.

Beschreibung Sauberer Hafen mit allen Versorgungsmöglichkeiten. Eine Wasserzapfstelle, die jedoch nicht selbst betätigt werden kann und für größere Schiffe gedacht ist, befindet sich auf der Mole. Hafenkapitän kommt ans Schiff. Treibstoff ist am Kai neben dem Kran erhältlich. Zwei Ladekräne, einer mit einer Tragkraft von 5 t, befinden sich zu beiden Seiten der Mole. Nähere Auskünfte erfrage man im Yachtclub. Eine Slipanlage befindet sich am Fuße der Mole im Hafen.

Umgebung Die S-lich und N-lich von Opatija gelegenen sehr kleinen befeuerten Häfen **Mošćenika Draga, Lovran, Ika** und **Volosko** bieten bei ruhiger Wetterlage Schutz.

Unmittelbar südlich des Hafens von Opatija ist die **Marina Admiral** mit dem gleichnamigen Hotel entstanden. Die Marina wird durch einen starken Wellenbrecher geschützt, auf dessen Kopf ein LF (Blz.(2)r. 5s) brennt.

In der Marina Strom- und Wasseranschlüsse an den Stegen, Sanitäranlagen, Werkstatt, 50-t-Travellift, Restaurant. Trailerboote bis 7 m können mit einem Aufzug entladen werden. Einkaufsmöglichkeiten in Opatija.

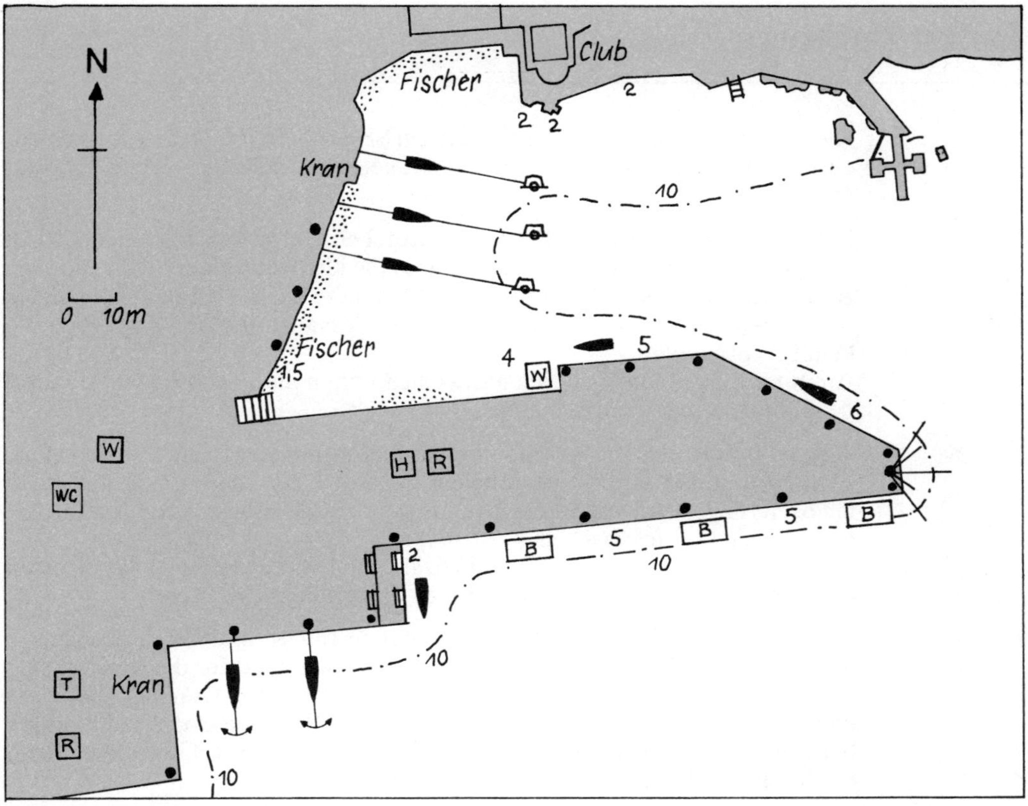
N
0 10m
Club
Fischer
2
2 2
Kran
10
Fischer
1,5
4
W
5
6
W
WC
H R
B
B
B
5
5
2
10
10
Kran
T
R
10

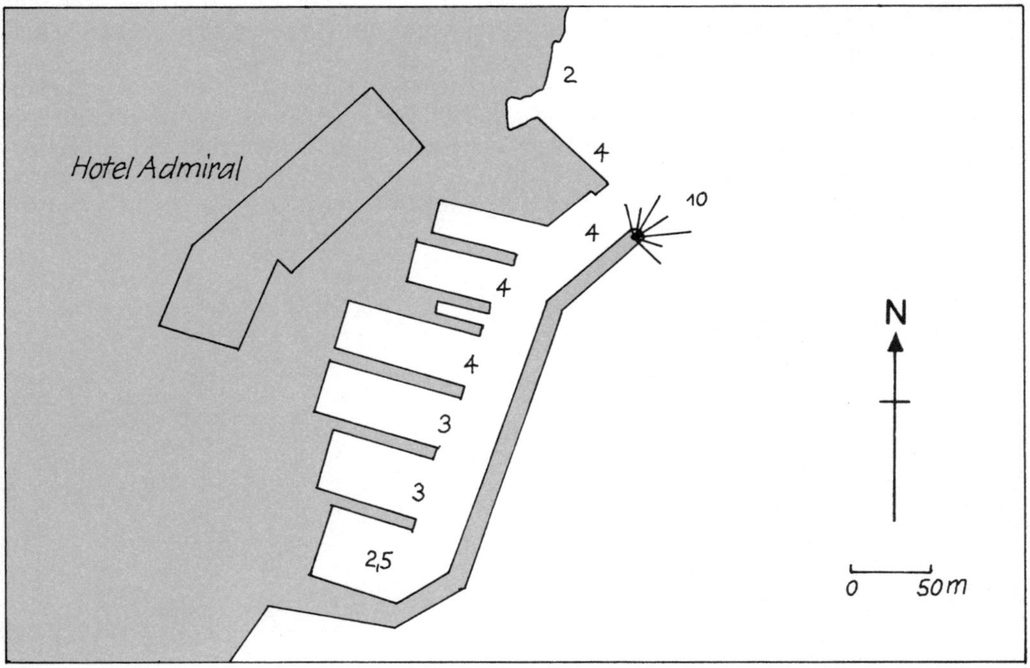
Hotel Admiral
2
4
10
4
4
4
3
3
2,5
N
0 50m

Hafen Žurkovo

Kleine, nach SW geöffnete Bucht (2,5 sm SE-lich von Rijeka), in der sich der einzige Yachthafen von Rijeka befindet (Seekarten: 200, 100–18 und Plan auf 15).

Einsteuerung

Etwa 2,5 sm südöstlich von Rijeka entfernt, befindet sich ca. 0,5 sm südöstlich des größeren Industriehafens Martiniščica die kleine, an einer Steilküste gelegene Bucht, die nach SW geöffnet ist. Man halte auf die Mitte der Bucht zu. Ohne lokale Kenntnis ist ein Anlaufen in der Nacht nicht zu empfehlen, da kein LF vorhanden.
Achtung: Man lasse sich nachts nicht durch die stets brennende Fackel der Raffinerie bei Urinj irritieren!

Liegeplätze

Auf der E-Seite der Žurkovo-Bucht befinden sich zwei Molen, von denen die südlichere größer und oft nicht belegt ist; dort kann man unter Umständen längsseits liegen. An der nördlichen, kleineren Mole kann man am Molenkopf (mit Heckanker) festmachen.
Achtung beim Ankern! Eine Vielzahl von Festmachetonnen und Trossen dient den auf Reede liegenden kleineren und größeren Yachten.

Beschreibung

Sehr enge, bei S-lichen Winden ungeschützte Bucht, in der sich der einzige Yachthafen von Rijeka, Galeb, befindet. Als Stützpunkt für die Besichtigung von Rijeka oder als Ersatzhafen geeignet, da Slip, kleiner Kran und Werft vorhanden (von der Adria-Küstenstraße kommend, liegt die Bucht direkt unterhalb des Motels „Lucija“). Wasser und Restaurant; Treibstoff und Geschäft an der Straße am Hotel „Lucija“. Baden möglich.

Umgebung

Der Haupthafen **Rijeka** ist ganzjährig geöffneter Einklarierungshafen. Im Hafenamt (Obala 10, Rujna 3) erhält man auch jugoslawische Seekarten und Druckschriften.
Einsteuerung nach Rijeka bei Tag und Nacht leicht nach Plan auf den Seekarten 100–18 und 15. Gleisanschluß für Yachtverladung. Auftanken nur mit Kanistern möglich. Yachtliegeplätze findet man im hintersten Teil des Hafenbeckens bei der Drehbrücke. Achtung: Schwarzer Ball + Sirenenton auf der Nazora-Mole bedeuten: Ein- und Auslaufen verboten (Flugzeugstart)!

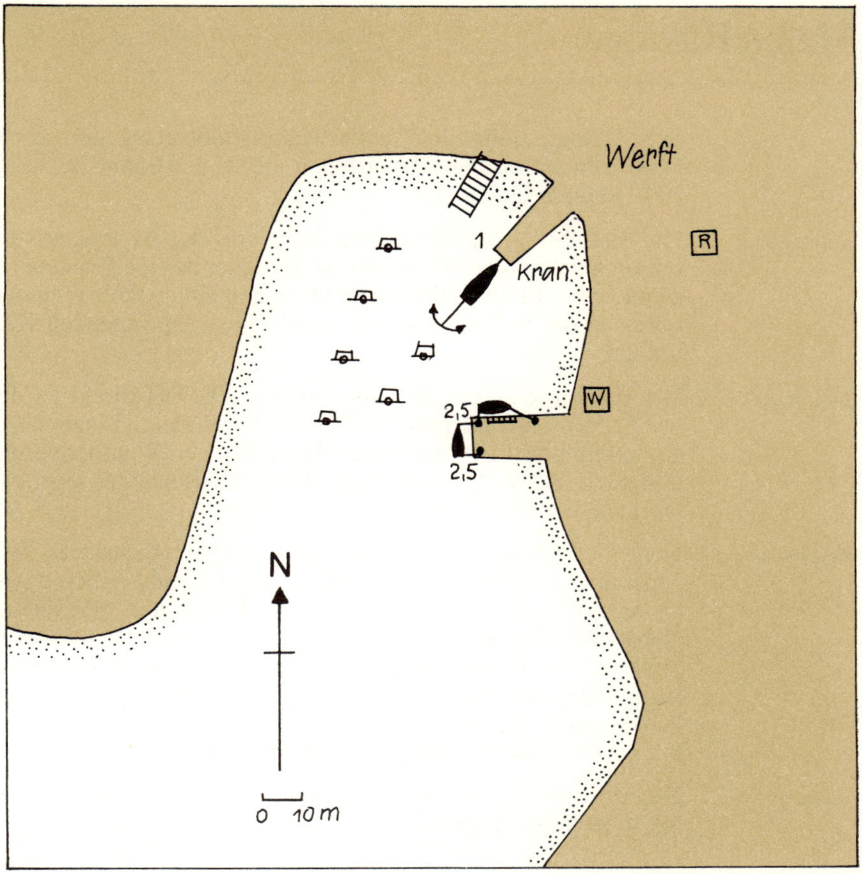
Werft
1
Kran
R
W
2,5
2,5
N
0 10 m

Hafen Bakarac

Bakarski Zaliv
Dalmatien

Sehr kleiner, unmittelbar an der Hauptstraße gelegener, geschützter, bei Fallböen jedoch unruhiger Bootshafen im SE der Bakar-Bucht (Seekarten: 200, 100–18 und Plan auf 17).

Einsteuerung

Die Einfahrt in den Bakarski Zaliv und der Molenkopf des Hafens (F.r., brennt machmal nicht) sind befeuert; daher ist eine Einsteuerung auch nachts problemlos. Beim Einlaufen in den engen Hafen halte man sich an die Molenseite, da die WT am kurzen, an Bb. hervorspringenden Kai nur etwa 1 m beträgt.

Liegeplätze

Vor Buganker an der Moleninnenseite. Die WT direkt an der Mole beträgt etwa 1,50 m, im Hafenbecken 2,50 m. Die anderen Liegeplätze sind meist von einheimischen Fischern belegt. Bei günstigen Windverhältnissen kann man sich auch an die Außenseite der Mole vor Buganker legen. Die WT beträgt direkt an der Mole 2,50 m.

Beschreibung

Kein Hafenamt. Beschränkte Versorgungsmöglichkeiten am Campingplatz gegenüber der Straße (Hotel, Restaurant). Südwestlich des Hafens schließt ein sehr flacher, teilweise betonierter Badestrand mit Süßwasserdusche an. Neben der Mole befindet sich ein betonierter und weit ins Wasser reichender Slip, wo trailerbare Boote bequem abgeladen werden können. Leere Trailer können in der vor dem Hafen gelegenen Grünanlage abgestellt werden. Westlich des Hafens gibt es zwei alte Spähersitze auf Holzleitern für den Thunfischfang, die auch noch heute Verwendung finden.

Umgebung

Der nordwestliche Teil der Bakar-Bucht ist Öl- und Handelshafen und deshalb für Sportboote gesperrt!

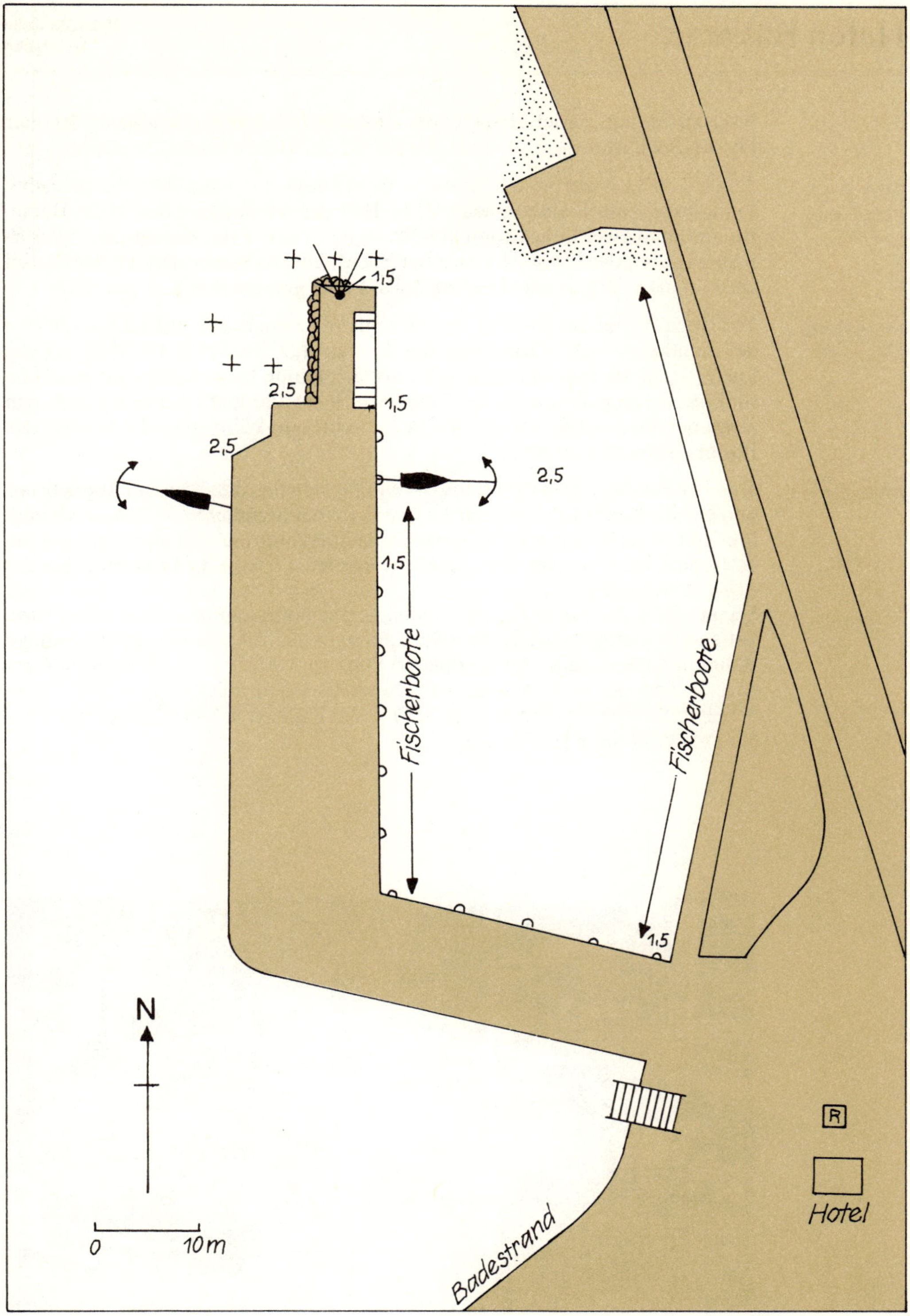
1,5
2,5
1,5
2,5
2,5
1,5
Fischerboote
Fischerboote
1,5
N
0
10m
Badestrand
R
Hotel

Hafen Kraljevica

Bakarski Zaliv
Dalmatien

Nach W offener, an der SE-Seite der Einfahrt in den Bakarski Zaliv gelegener Hafen (Seekarten: 200, 100–18, Plan auf 17).

Einsteuerung

Schon von weit her ist das nördlich des Hafens auf einer Anhöhe gelegene Frangipani-Kastell auszumachen. Die Befeuerung der Einfahrt in die Bakar-Bucht durch zwei Leuchttonnen (Blz. 3s an der W-Seite, Blz.gn. 3s an der E-Seite) erlaubt das Einlaufen auch bei Nacht. Die anzusteuernde Pier im N-Teil des Hafens ist durch zwei Festfeuer (F.r. und F.gn.) markiert.

Liegeplätze

Vor Buganker an der N-Seite der Pier mit WT zwischen 6 und 1,50 m oder an der daran anschließenden nördlichen Pier auf 1,50 bis 2 m WT.
Die S-Seite der Pier und das daran anschließende rechteckige Hafenbecken sind meist von Fahrzeugen der Berufsschiffahrt und von Fischern belegt. Am Kopf der Pier macht die nach Krk verkehrende Fähre fest. Der S-Teil des Hafens ist Werftgelände.

Beschreibung

Das Hafenamt befindet sich im N-Teil des Hafens, daneben ein Touristbüro und ein Restaurant. In dem Hotel neben dem Hafenamt ist Wasser in kleinen Mengen erhältlich. Wasserhahn 10 m vom Slip entfernt, gute Versorgungsmöglichkeiten im Zentrum der höher gelegenen Ortschaft, Tankstelle an der Adria-Magistrale.
Die nördlich der Pier gelegene Slipanlage reicht nur in sehr flaches Wasser und hat an ihrem unteren Teil eine etwa 0,50 m hohe Stufe. Neben der Slipanlage steht ein Kran, dahinter ist genügend Platz zum Abstellen von Trailern. Größere Sportboote können mit einem Kran der Werft abgeladen werden. Eine Segelschule hat ihre Gebäude im SE-Teil des Hafens. Schöne Badegelegenheiten auf der Halbinsel Oštro.

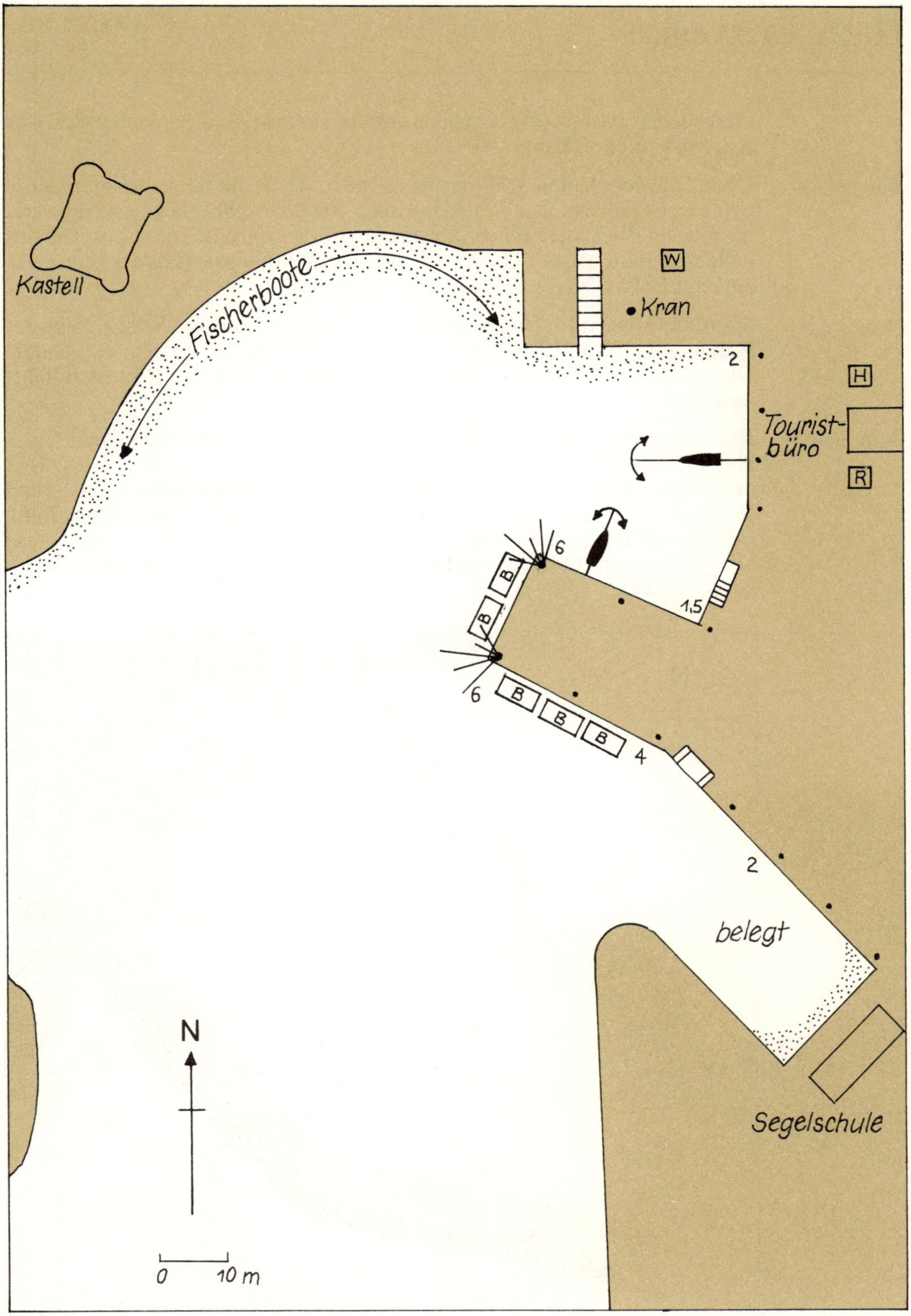
Kastell
Fischerboote
W
Kran
2
H
Tourist-
büro
R
6
B
B
B
1,5
6
B
B
B
4
2
belegt
Segelschule
N
0
10 m

Hafen Crikvenica

Vinodolski-Kanal
Dalmatien

Geschützter, nach W offener Hafen am Vinodolski-Kanal gegenüber der Insel Krk (Seekarten: 200 und 100–18).

Einsteuerung

Ohne Schwierigkeiten auch nachts möglich, da die Südmole an ihrem Kopf befeuert ist (Blz.gn. 2s). Westsüdwestlich von der N-Mole liegt eine Boje aus, die man an Bb. lassen sollte. Südlich der S-Mole liegt eine Tonne aus. Danach halte man mitten in das Hafenbecken. 1 kbl südöstlich des Hafens kennzeichnet ein LF (Blz. 2s) die Fährmole.

Liegeplätze

Sportboote liegen vor Buganker entweder an der Kaimauer an der E-Seite des Hafens auf 2,50 m WT oder an der Innenseite der N-Mole; Poller vorhanden. Die SE-Ecke des Hafens ist für die Fähre, die S-Mole für die Berufsschiffahrt freizuhalten.

Beschreibung

Hafenkapitän in Nähe des großen Hotels vor dem Badestrand südlich des Hafens. Dort findet man auch Restaurants, Touristbüro und Postamt. Direkt dem Hafen gegenüber gibt es mehrere Geschäfte, Supermärkte, Bars und Restaurants. Nördlich der N-Mole befindet sich der Wassersport-Club. Treibstoff an der Hauptstraße und neben dem Fährkai (WT 4 m). In Crikvenica herrscht starker Fremdenverkehr; täglich gibt es mehrere Fährverbindungen zur Insel Krk.

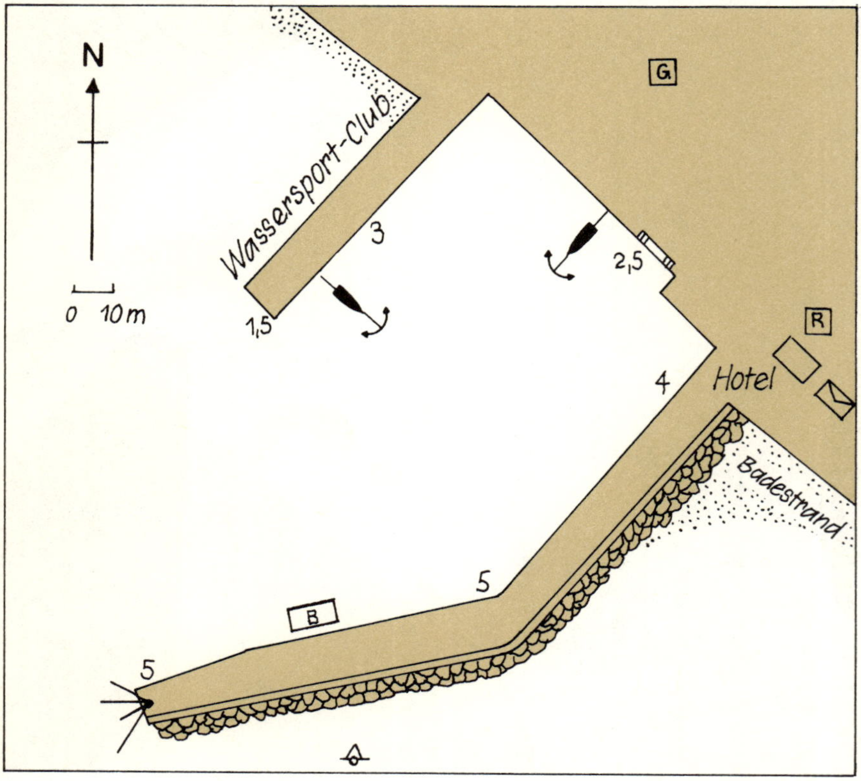

Hafen Selce

Offener, nur teilweise geschützter Hafen am Vinodolski-Kanal, etwa 2 sm südlich von Crikvenica gegenüber der Insel Krk (Seekarten: 200 und 100–18).

Einsteuerung Ohne Schwierigkeiten auch nachts möglich, da der einzige für Sportboote geeignete Anleger befeuert ist (Blz.gn. 3s). Bei der Ansteuerung von S her halte man sich gut vom Rt Selce und dem dahinter gelegenen verfallenen Wellenbrecher frei und steuere zur befeuerten Mole.

Liegeplätze Falls nicht von der Berufsschiffahrt belegt, findet man an der Mole einen Liegeplatz auf etwa 3 m WT. Südlich dieser Mole beträgt die WT direkt an der Kaimauer nur etwa 1 m. Der südlich daran anschließende kleine Bootshafen ist belegt und hat ebenfalls nur 1 m WT.

Beschreibung Das Hafenamt liegt gegenüber dem kleinen Bootshafen; Wasser erhält man in den kleinen Restaurants am Kai. Im Ort findet man Geschäfte, einen Markt sowie ein Postamt. Südlich des kleinen Bootshafens befindet sich ein flacher, im unteren Teil nicht betonierter Slip, daneben steht ein kleiner Kran. Noch weiter südlich liegt der Badestrand mit Süßwasserduschen. Der Sandstrand, mehrere neue Hotels und ein Campingplatz haben den Tourismus in den letzten Jahren sehr belebt.

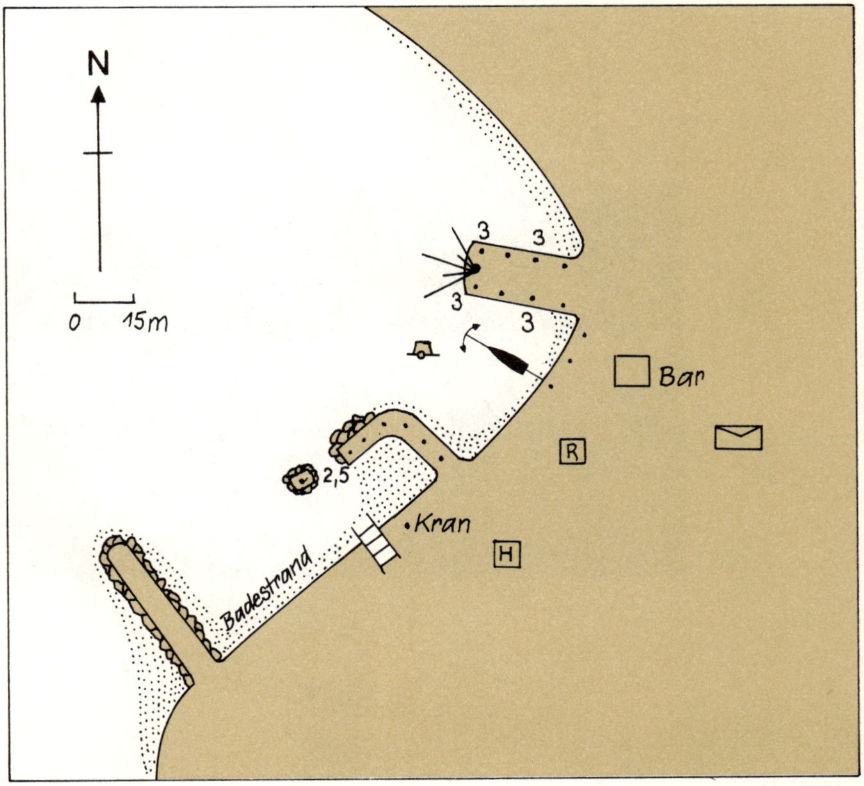

Hafen Novi Vinodolski

Vinodolski-Kanal
Dalmatien

Großer, nur teilweise geschützter Hafen am Vinodolski-Kanal (Seekarten: 200 und 100–18).

Einsteuerung

Am Hang in einer weiten, offenen Bucht erkennt man den alten Stadtteil der Ortschaft Novi Vinodolski mit ihrem Kirchturm. An der Stb.-Seite dieser Bucht liegt der Hafen, dessen Einfahrt durch zwei befeuerte Molen (Blz.gn. 3s und Blz.r. 3s) begrenzt ist. Man halte auf den an der Stadtseite gelegenen Kai zu.

Liegeplätze

Auf 2,50 m WT vor Buganker an der landseitigen Kaimauer oder an der Innenseite der meist durch Berufsschiffe belegten Pier.

Beschreibung

Hafenamt an der SE-Seite des Hafens; hier können auch Trailer abgestellt werden. In Nähe des südlichen Wellenbrechers befinden sich ein Restaurant und Hotel. In der Ortschaft findet man Geschäfte. Über eine flache Slipanlage können nicht tiefgehende Sportboote vom Trailer entladen werden. In der Nähe befindet sich ein Kran (bis 3 t). Eine Tankstelle findet man am östlichen Kai (WT 2,50 m). Südöstlich der Stadt liegt ein Badestrand.

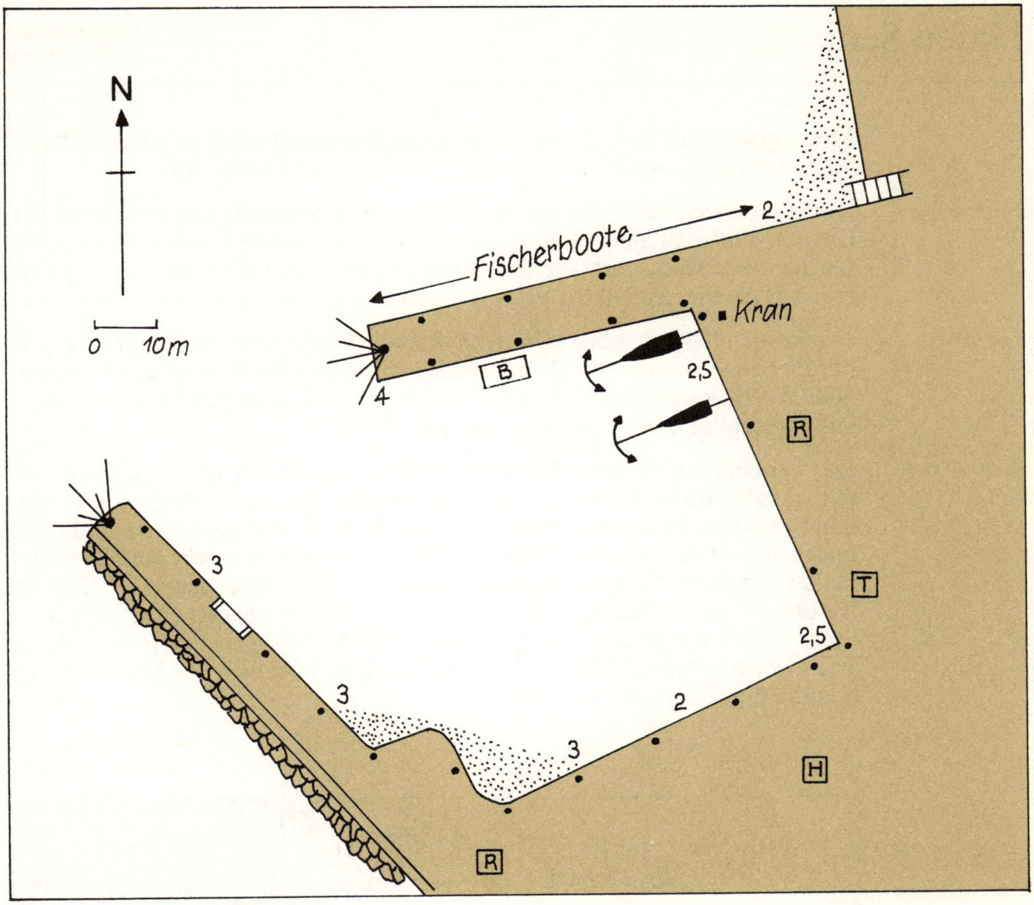
N
0 10m
Fischerboote
2
Kran
4
B
2,5
R
3
T
2,5
3
2
3
H
R

Hafen Senj

Mittelgroßer, bei Bora durch sturmstarke Fallböen bedrohter Handelshafen am Velebitski-Kanal (Seekarten: 201, 100–18 und Plan auf 20).

Einsteuerung Bereits von weit her ist die markante Festung Nehaj auszumachen, die südöstlich der Stadt auf halber Höhe liegt. Nachts weisen zwei LF auf den Molenköpfen den Weg: Marija Art (Blz.(3) 10s) und Sv. Ambrož (Blz.r. 3s). Danach halte man auf die Pier Sv. Nikola (Blz.gn. 2s) zu.

Liegeplätze Je nach den herrschenden Windverhältnissen liegen Sportboote am besten an der Pier Sv. Nikola oder am südwestlich daran anschließenden Kai längsseits oder vor Buganker auf 3 bis 5 m WT. Der Ankergrund hält nicht besonders gut. Die anderen Piers sind meistens belegt.

Beschreibung Das Hafenamt befindet sich an der südlichen Kaimauer in einem Häuschen mit rundem Turm. Mehrere Geschäfte, Supermärkte und Markt in der Ortschaft. Hotels, Restaurants und Post an der Uferpromenade. Eine Tankstelle findet man in der Nähe der Mole Ambrož, jedoch nicht direkt am Hafen. Im Hafen gibt es mehrere Slipanlagen, wobei die zu beiden Seiten der Pier Sv. Nikola gelegenen betoniert sind und tief ins Wasser reichen (A c h t u n g : Stufe!). Neben dem in Nähe des Fährkais Sv. Ambrož gelegenen, im unteren Teil nicht betonierten Slip steht ein kleiner Kran. Südlich der Flußmündung Senjska draga liegt das Schwimmbad.

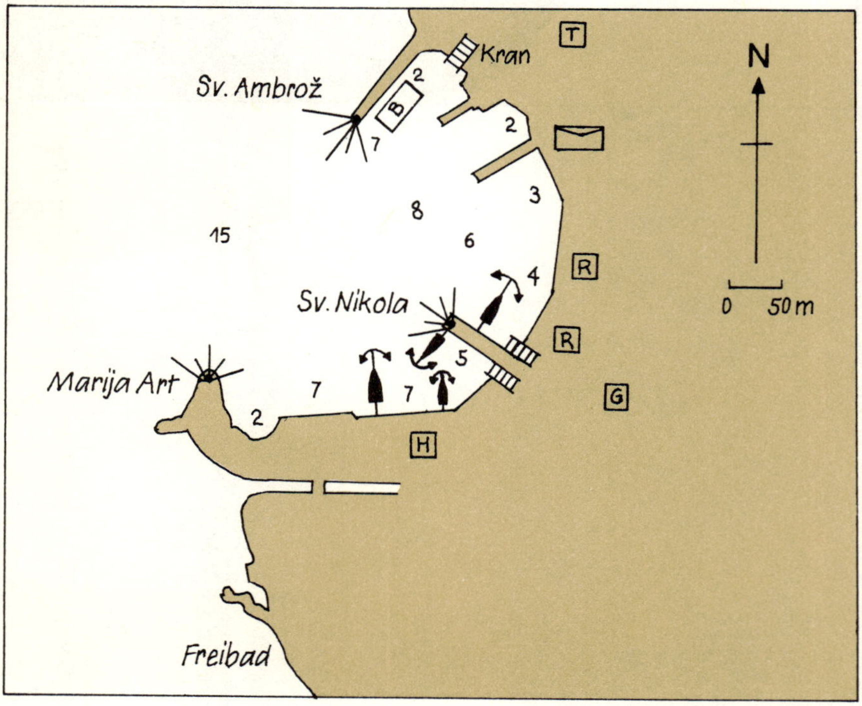

Hafen Jurjevo

Teilweise geschützter, nach NW offener Fischereihafen im Velebitski-Kanal, etwa 4 sm südlich von Senj (Seekarten: 201 und 100–18).

Einsteuerung Das kleine LF (Fkl. r.) mit seinem Sektor 93° bis 183° auf dem Molenkopf von Jurjevo ermöglicht ein Einlaufen auch bei Nacht. Von S kommend, muß man die kleine, vor dem Hafen liegende Insel Lisac an Stb. liegen lassen. Die südliche Durchfahrt zwischen der Insel Lisac und Jurjevo hat eine WT von nur 2 m. Danach halte man direkt auf den Molenkopf zu und steuere dann südlich in den Hafen.

Liegeplätze Bei WT zwischen 3 und 4 m liegt man entweder an der Molenstirnseite oder südlich der Mole. Vor Buganker findet man an der Kaimauer vor der Ortschaft 2 bis 2,50 m WT zu beiden Seiten des kleinen Slips, der im unteren Teil sehr steinig ist. An der südlichen Hafenmauer beträgt die WT etwa 2 m.

Beschreibung Kleiner Fischereihafen mit einigen Versorgungsmöglichkeiten. Touristbüro und WC im kleinen Häuschen auf der Mole, mehrere Restaurants. Gegenüber dem Slip findet man einige Geschäfte und das Postamt.

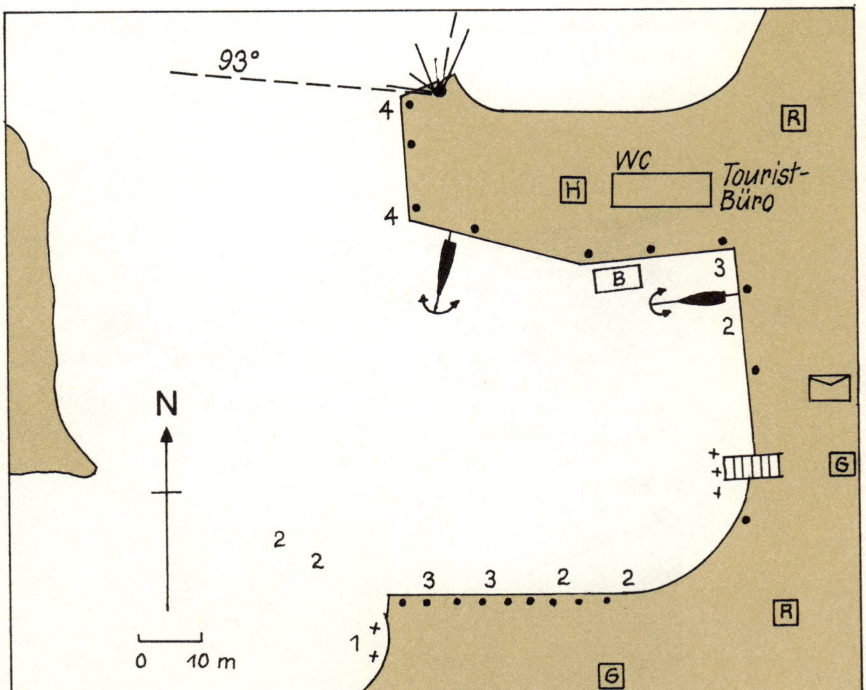

Hafen Jablanac

Kleiner, teilweise geschützter, bei heftiger Bora jedoch durch sturmstarke Fallböen von den hohen Bergen herab bedrohter Fährhafen gegenüber der Insel Rab (Seekarten: 201, 100–18, Plan auf 22).

Einsteuerung

Da Fährhafen, auch nachts ansteuerbar. Ein Ansteuerungsfeuer steht nördlich des Hafens auf dem Rt Stokić (Blz. 6s). Die Hafeneinfahrt ist an Bb. durch ein auf Felsen stehendes LF (Blz.r. 3s) und an Stb. durch ein auf der S-Ecke des Dampferkais gelegenes LF (Blz.gn. 2s) bezeichnet. A c h t u n g : Durch vor dem Kai liegende Fährschiffe kann das grüne Stb.-Feuer verdeckt werden. Nach Passieren der etwa 50 m breiten Einfahrt steuere man am an Stb. liegenden Dampferkai vorbei und halte auf die kleine Pier im NE des Hafens zu.

Liegeplätze

Vor Buganker an der kleinen Pier im NE des Hafens. Die WT an dieser Pier beträgt 2 bis 3 m, weiter davon entfernt wird es rasch tiefer. Gut haltender Ankergrund; Poller vorhanden. Man kann auch direkt am Kai zu beiden Seiten des Slips vor Buganker liegen. Hier beträgt die WT 1,50 bis 3 m. A c h t u n g : Man halte sich in jedem Falle vom Dampferkai und dem Anlegeplatz der Fähre frei.

Beschreibung

Hafenamt gegenüber dem Dampferkai neben dem Hotel „Zayrathica“. Geschäfte, Supermarkt „Opskrbni Centar“, Restaurant, Markt und Post an der kleinen Uferpromenade im NE des Hafens. Vor der Kirche findet man eine Zisterne. Treibstoff muß von der 4 km entfernten Tankstelle an der Hauptstraße Rijeka – Zadar herbeigeholt werden. Ein gut befestigter, tief ins Wasser reichender Slip gestattet das Zuwasserlassen mittelschwerer Sportboote. Badestrand vor der Bb.-Seite der Hafeneinfahrt. Reger Fährverkehr zur Insel Rab.

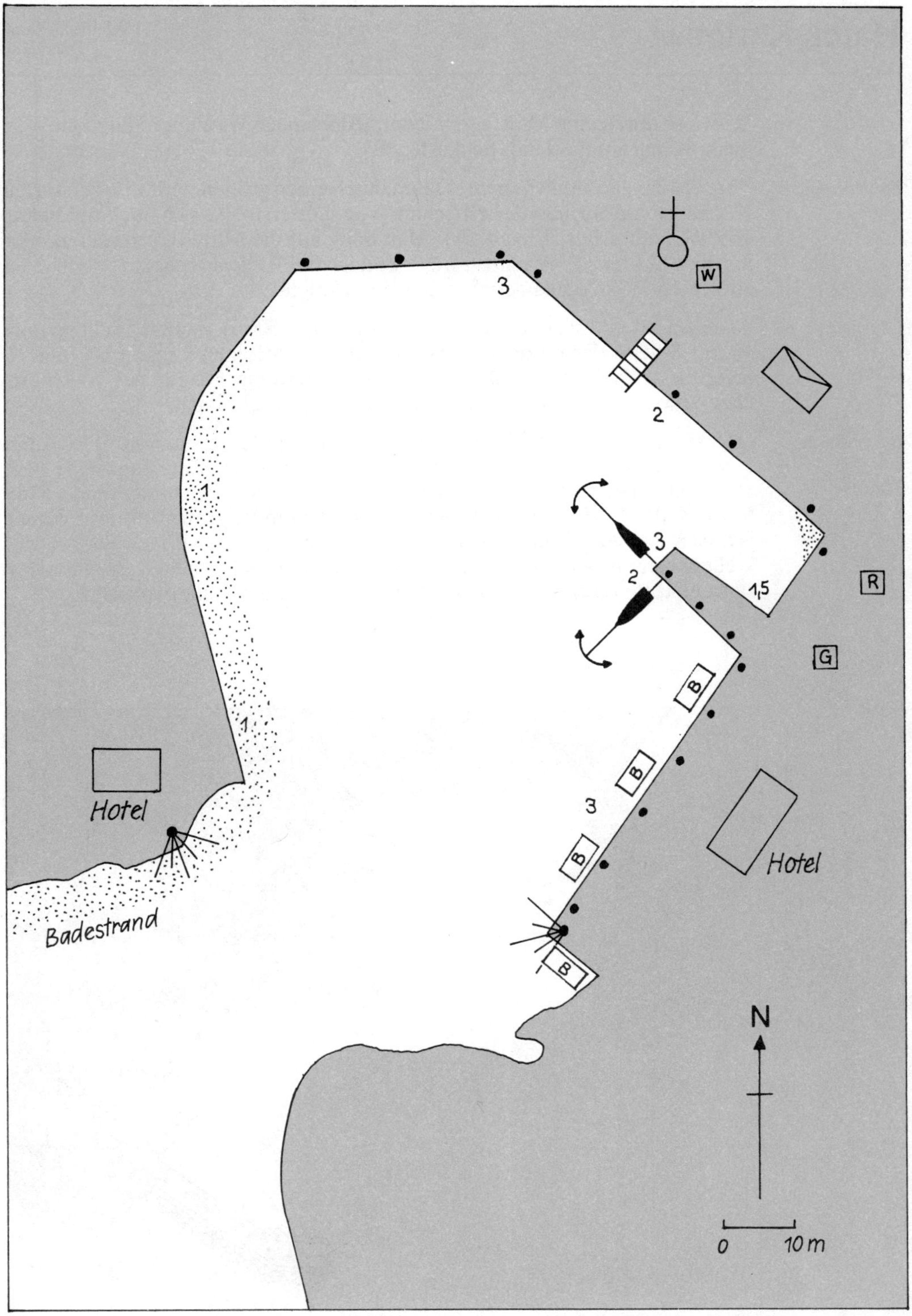

3
W
2
1
3
2
1,5
R
G
B
B
1
Hotel
3
B
Hotel
Badestrand
B
N
0
10 m

Hafen Karlobag

Velebitski-Kanal
Dalmatien

Teilweise durch eine Mole geschützter, jedoch nach W offener Hafen im Velebitski-Kanal am Festland (Seekarte: 203).

Einsteuerung

Von weitem erkenntlich ist der Hafen durch einen großen, teilweise zerstörten Kirchturm am S-Ende der Ortschaft. Von hier erstreckt sich auch der befeuerte Wellenbrecher (Blz.gn. 3s). Man halte auf die Mitte der mittleren oder nördlichen Pier zu. A c h t u n g : Südlich des Wellenbrechers vor dem Kap zur Bucht Baška draga befindet sich eine Untiefe!

Liegeplätze

An der mittleren Pier vor Buganker (WT 3 bis 4,50 m). Außerdem kann man an der S-Seite der nördlichen Pier liegen (WT zwischen 3 und 4 m). Die N-Seite dieser Pier ist für Fährboote reserviert. An der N-Seite des Wellenbrechers sowie direkt an der Kaimauer ist das Wasser sehr flach.

Beschreibung

Hafenamt in der Nähe der nördlichen Pier; Geschäfte, Restaurants, Hotel und Post direkt an der am Kai verlaufenden Hauptstraße. Eine Tankstelle liegt etwa 300 m entfernt an der Straße. Auf einem kleinen Platz findet täglich ein Markt statt. An den beiden Slipanlagen können mittelgroße Boote zu Wasser gelassen werden. Täglich mehrere Fährverbindungen nach Pag. Südlich des Wellenbrechers befindet sich ein Badestrand. Sehenswert sind Kapuziner-Kloster, zerstörte Pfarrkirche, Barockkapelle und die mittelalterliche Burg.

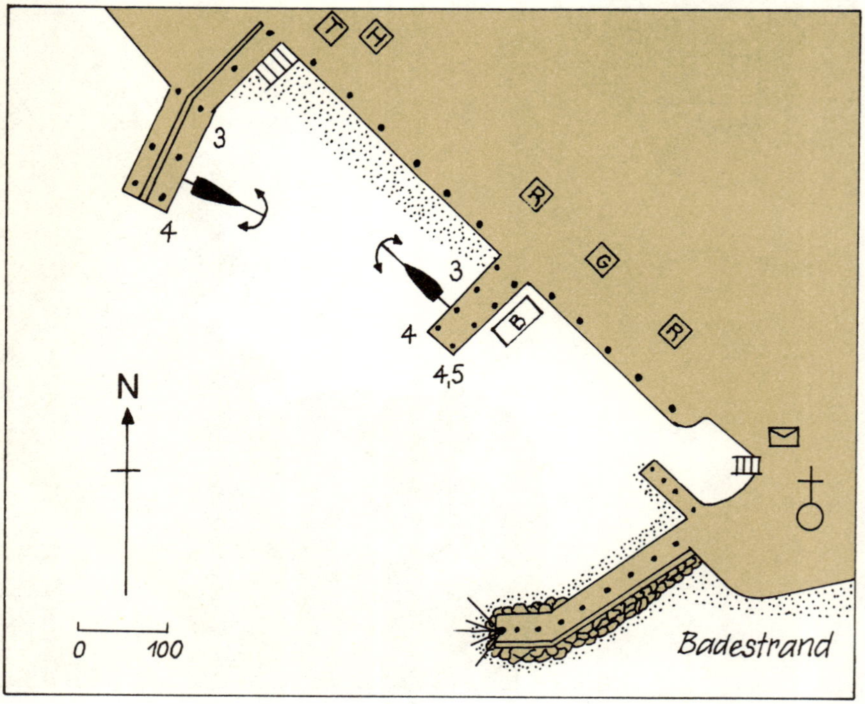

Hafen Omišalj

Insel Krk

Romantisch auf einer Felsnase gelegene Ortschaft am Ende der gleichnamigen Bucht (Seekarten: 200 mit Plan und 100–18).

Einsteuerung In der Mitte der Omišaljski-Bucht steuert man nach S, vorbei an dem an Bb. liegenden Felsvorsprung, bis die Mole vom Hafen Omišalj sichtbar wird. Nach Umrunden des Molenkopfes gelangt man in das Hafenbecken. Der Molenkopf ist befeuert (Blz.r. 4s). A c h t u n g : Das LF steht nicht im Lfv. und scheint zeitweise nicht in Betrieb zu sein!

Liegeplätze Am besten in der Kleinmarina mit Steg und beidseits davor liegenden Bojen (Liegegebühr).

Beschreibung Kleiner Fischerhafen, der meist von einheimischen Fischerbooten belegt ist. Hafenkapitän 250 m vom Hafen entfernt in der Villa „Lovorka“. Restaurant und Wasser am Hafen; Geschäfte, Post und Treibstoff in der Ortschaft auf der Anhöhe. Ein kleiner 1-t-Kran und ein Slip am Hafen.
Der Aufstieg zur Ortschaft ist lohnend. Nahe der Kirche eine alte Kapelle. Vom N-Rand der Anhöhe schöner Rundblick auf die See und die nördlich der Felsnase liegenden modernen Hotelanlagen.

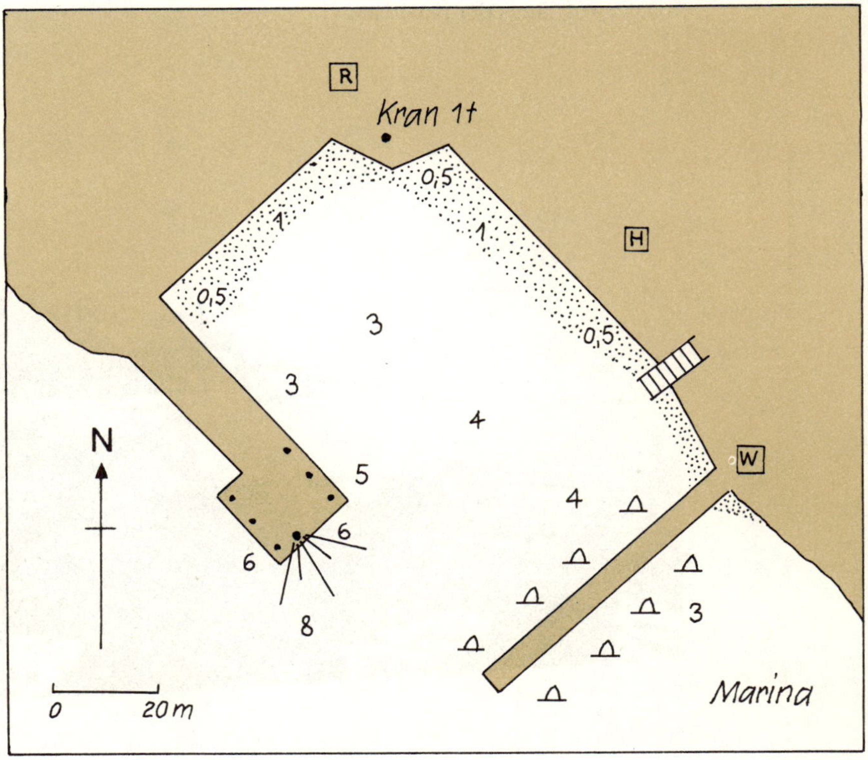

Hafen Malinska

Hübscher Hafen an der NW-Seite der Insel Krk. Bei nördlichen Winden wenig geschützt (Seekarten: 200 und 100–18).

Einsteuerung Man halte auf den Molenkopf zu. Die Hafeneinfahrt wird begrenzt durch eine Mole an Bb. und eine Untiefe an Stb.; diese ist durch eine schwarz-weiße Spiere mit schwarzem Dreieck als Toppzeichen bezeichnet. Am Molenkopf befindet sich ein LF (Blz.r. 3s). Etwa 7 kbl in 5° von diesem Feuer befindet sich das Haludovs-Feuer (Blz.r. 2s).

Liegeplätze Je nach Windverhältnissen macht man hinter der Einfahrt an der Kaimauer rechts oder links vor Heckanker fest. An der östlichen Kaimauer münden einige Abwässer. A c h t u n g : Schwell! In unmittelbarer Nähe der Innenseite des Molenkopfes machen Berufsschiffe fest, daher kann man nur an der Mole weiter innen liegen. Ganz innen zwischen Mole und Kai beträgt die WT weniger als 1 m. TH ca. 0,40 m.

Beschreibung Hübscher, von Touristen häufig besuchter Ort. Der Hafenkapitän kommt ans Schiff. Wasser im Restaurant. Guter Supermarkt auf der der Mole gegenüberliegenden Seite, unweit davon privater Weinverkauf.
Post und Restaurant im Ort. Treibstoff an einer Straßentankstelle. Folgt man der östlichen Kaimauer nach N, so gelangt man hinter einer kleineren Hafenpromenade und einigen größeren Hotels zu einem Freibad mit Sandstrand (selten in dieser Gegend!). Daran schließt sich nach N ein gepflegter, reizvoller Spazierweg längs der Küste an.

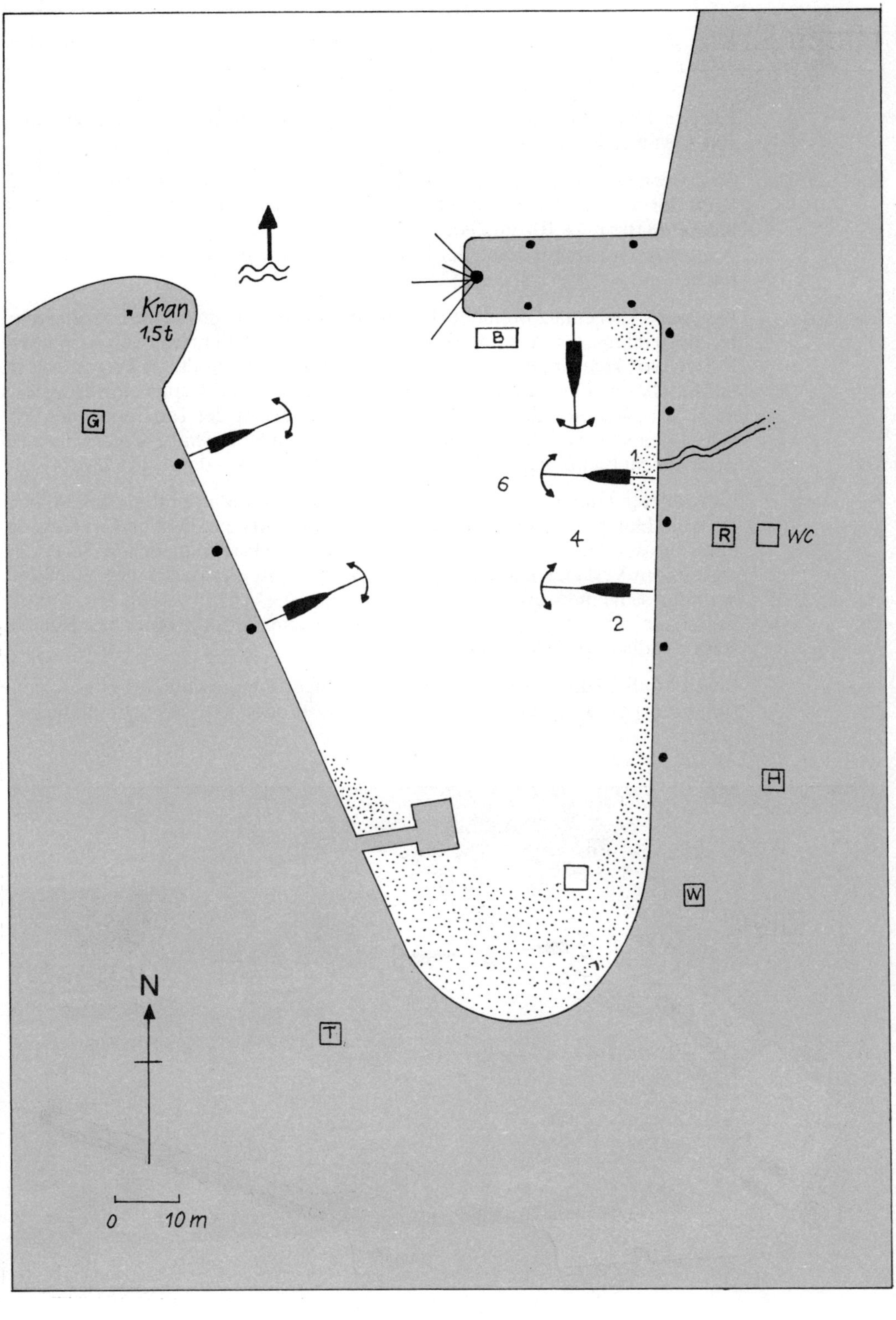
Kran
1,5t
B
G
1
6
4
R
WC
2
H
W
N
T
0 10 m

Hafen Krk

Großer Hafen auf der S-Seite der gleichnamigen Insel (Seekarten: 201, 100–18 und Plan auf 20).

Einsteuerung Schon von weitem leuchten die weißen Häuser der Stadt; sehr markant ist am Kopf der S-Mole der dunkelrote LT, auf den man zusteuert. Die Einfahrt ist befeuert (Blz.r. 4s, Blz.gn. 3s).
A c h t u n g : In der Nähe der Innen- wie Außenseite der S-Mole ist es sehr flach!

Liegeplätze Der beste Liegeplatz befindet sich an der nördlichen, größeren Pier im Inneren des Hafens. Je nach den Windverhältnissen liegt man hier an der W- bzw. E-Seite vor Heckanker. A c h t u n g : An der W-Seite dieser Pier ist nur in unmittelbarer Nähe des Kopfes an der E-Seite bis zur 2. Treppe einwärts genügend WT. Weitere Liegemöglichkeiten bestehen an der Innenseite der östlichen Pier sowie an der Kaimauer am westlichen Hafenende. Dieser Platz ist jedoch nicht empfehlenswert, da der Kai als Verladekai dient. TH ca. 0,40 m.

Beschreibung Geschützter Hafen und nettes Städtchen. Hafenkapitän hinter dem kleinen Park am Hafen. Geschäfte, Obstmarkt, Restaurants und Post im Ort; Wasserhahn an der Häuserfront direkt am Hafen. Treibstoff an der W-Seite des Hafens am Verladekai sowie an der NW-Seite (Straßentankstelle). Im S-Teil befinden sich eine Werft und eine Slipanlage.
Lohnende Spaziergänge durch die Gassen zum Dom (römisches Relief). Baden südlich der S-Mole möglich.

Umgebung **Baška** am SE-Ende von Krk ist ein geräumiger und geschützter Hafen. Einsteuerung bei Tag und Nacht nach Seekarte 201 oder 100–18 leicht möglich.

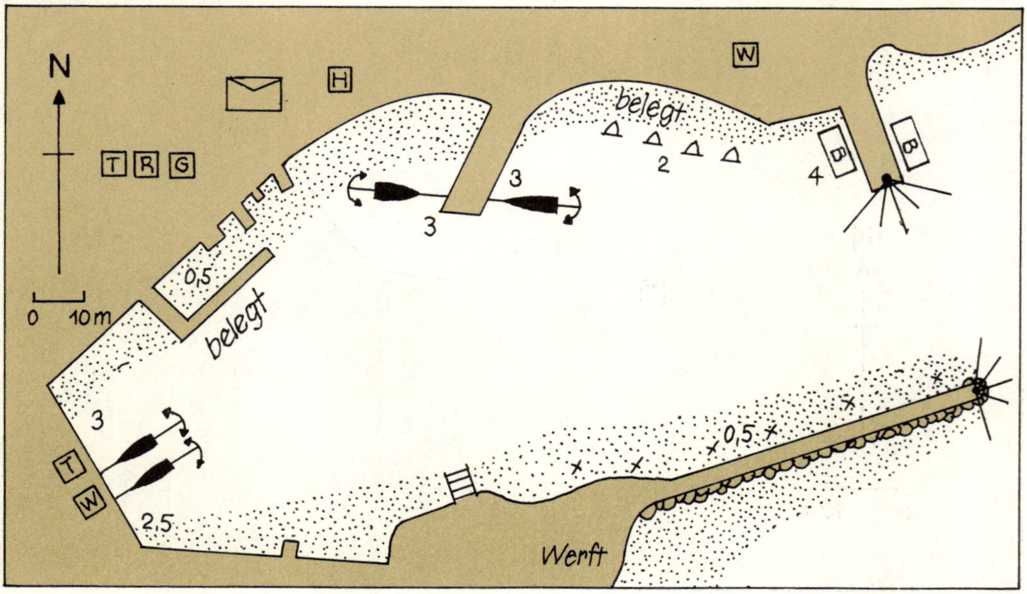

Puntarska Draga – Marina Punat

Große Naturbucht ca. 2 sm östlich von Krk (Seekarten: 100–18, 201 und Plan auf 20).

Einsteuerung Ein weißer Leuchtturm kennzeichnet die Einfahrt an Stb. (Blz. 2s), drei befeuerte Seezeichen markieren die Stb.-Seite der 1 sm langen Durchfahrtsenge. WT ca. 2,50 m.

Liegeplätze Längsseits am Kai von Punat auf 3 m WT (oder davor ankern). Sucht man einen bequemeren Liegeplatz, fahre man an der Werft vorbei in die Marina. Der Liegeplatz wird vom Marina-Personal zugewiesen.
Beim Ankern in der Bucht auf Ankerverbot wegen Unterwasserkabel achten.

Beschreibung Supermärkte, Restaurants und Hotels im Ort. In der Marina Strom- und Wasseranschlüsse an den Stegen. 7-t-Kran, 30-t-Slipwagen und Werkstatt. Die Marina verfügt über 700 Wasser- und 300 Landliegeplätze (Überwinterung möglich).

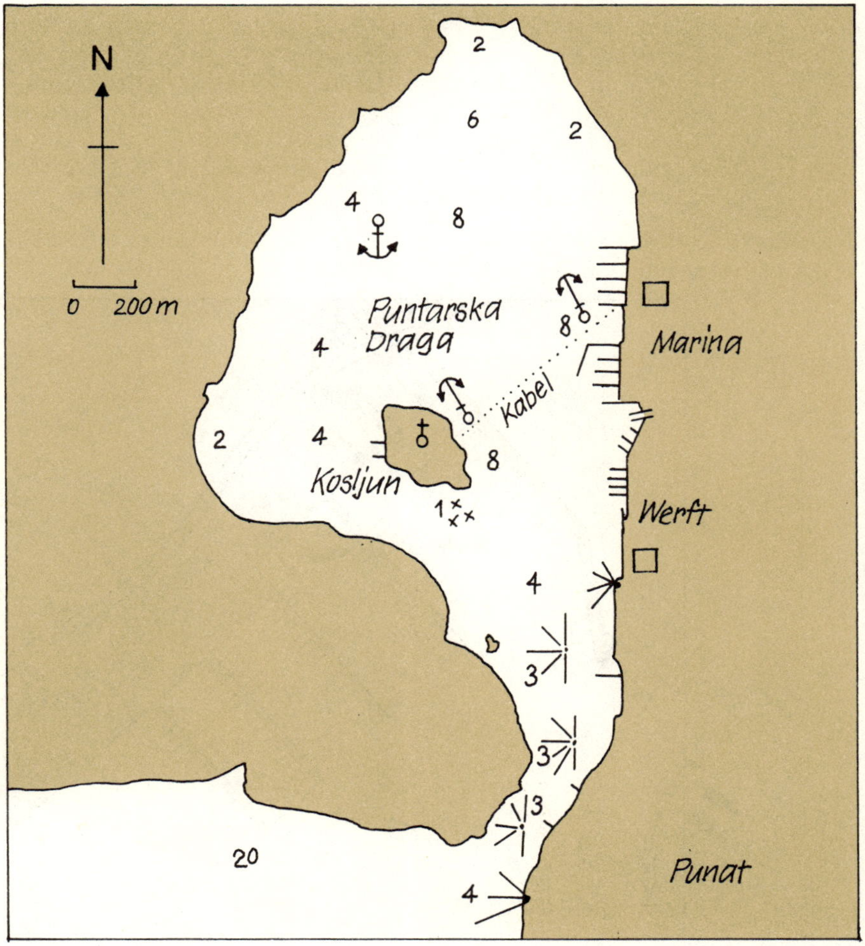

Ankerbucht und Marina Supetarska Draga

Gegen NW offene, sonst gut geschützte Bucht an der NW-Seite der Insel Rab (Seekarten: 100–18, 201).

Einsteuerung Das LF Rt Sorinj (Blz. 3 s) an Bb. lassen und an der steilen NE-Seite der Bucht entlangfahren, wo es im Gegensatz zur SW-Seite keine Untiefen gibt. Das LF (Blz.r. 5s) des 200 m langen Wellenbrechers der Marina ansteuern.

Liegeplätze Die ACY-Marina bietet gegen die vorherrschenden Winde sichere Liegeplätze. Es liegen Muringleinen aus. Der Liegeplatz wird durch Personal angewiesen.

Beschreibung In der Marina Strom- und Wasseranschluß am Liegeplatz; Sanitärblock, Supermarkt, Zollfreiladen, Restaurant, 10-t-Kran, Slip. Busverbindung in die Stadt Rab.

Umgebung Ankermöglichkeit zwischen den Inseln an der SW-Seite der Bucht.

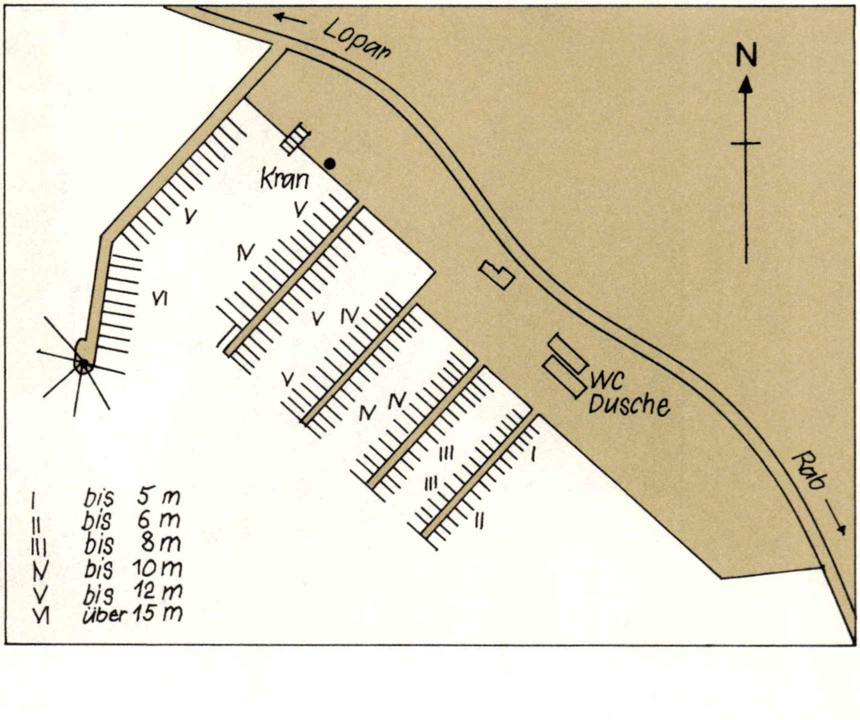

Ankerbucht Kamporska Draga

Insel Rab

Westlichste Ankerbucht im NW der Insel Rab. Die Bucht ist mit Ausnahme von NW-Winden gegen alle Winde gut geschützt (Seekarten: 100–18, 201).

Einsteuerung Man hält sich auf SE-Kurs in der Mitte der Bucht, bis man genau aus W kommend die SW-Ecke der Pier vor der Ortschaft Matrda anliegen kann. Geringste WT ca. 1,50 m.

Liegeplätze Am Kopf der Pier sind keine Ringe oder Poller vorhanden. Festmachen an den Dalben für Fischerboote. Der Platz ist meist von Fischerbooten belegt.

Beschreibung In der Ortschaft Matrda Supermarkt und Restaurant. Wasser aus den Privathäusern. Etwa 20 Minuten landeinwärts zweigt von der Straße nach Rab rechts eine Straße ab, die zu einem architektonisch sehenswerten Soldatenfriedhof führt.

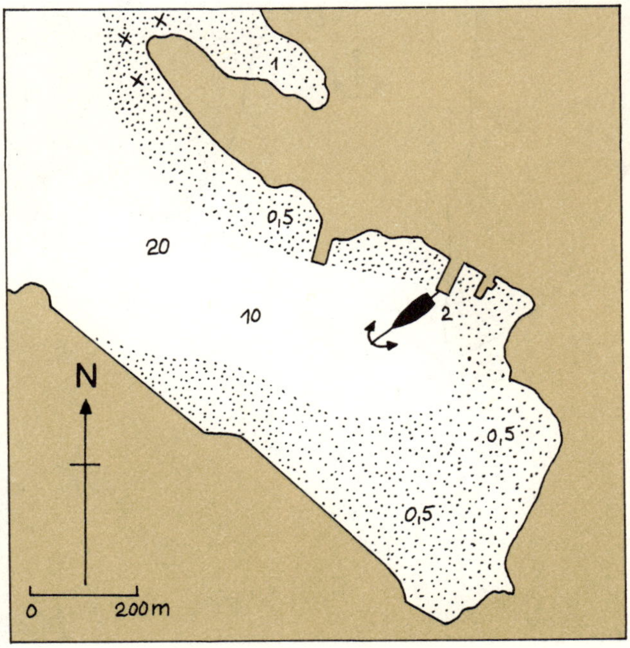

Ankerbucht Sv. Mara

Die Bucht Sv. Mara ist gegen Bora und Schirokko gut geschützt und liegt etwa 1 sm südlich von Kap Kalifront auf der W-Seite der Insel Rab (Seekarten: 201 und 100–18).

Einsteuerung und Ankerplatz

In der Mitte der 300 m breiten Bucht beträgt die WT 20 m; gut haltender Sandgrund. Die Bucht teilt sich dann, und man findet in beiden Teilen guten Ankergrund mit 6 m WT. Eine kleine Pier im E-Teil hat etwa 1,50 m Wasser am Kopf. Die steil ansteigenden, teilweise felsigen Ufer bieten Schutz bei Bora.

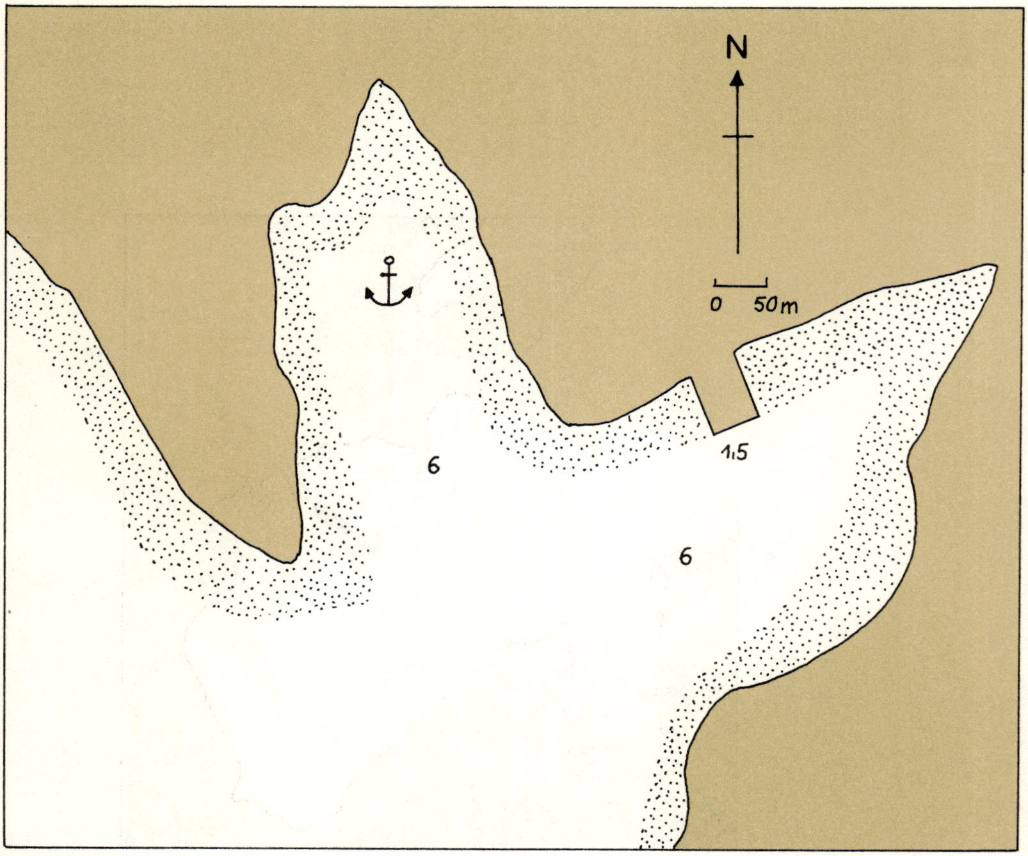

Ankerbucht Veli Žal

Die gegen Bora gut geschützte Bucht befindet sich auf der südwestlichen Seite der Insel Rab (Seekarten: 100-18, 201).

Einsteuerung Schon von weitem ist ein im Wald liegender Hotelkomplex auszumachen. Nach Süden erstrecken sich einige Klippen (siehe Plan), von denen man sich gut freihalten sollte. Ansonsten ist die Zufahrt frei von Untiefen.

Liegeplätze Am SE-Ufer der östlichen Bucht befindet sich ein abgewinkelter, ca. 50 m langer Wellenbrecher, an dem einige Yachten liegen können. Auch am Kai entlang des Ufers kann man festmachen. WT 1,80 m.
In der Mitte beider Buchten gut haltender Ankergrund.

Beschreibung Geringe Versorgungsmöglichkeiten im Hotel.

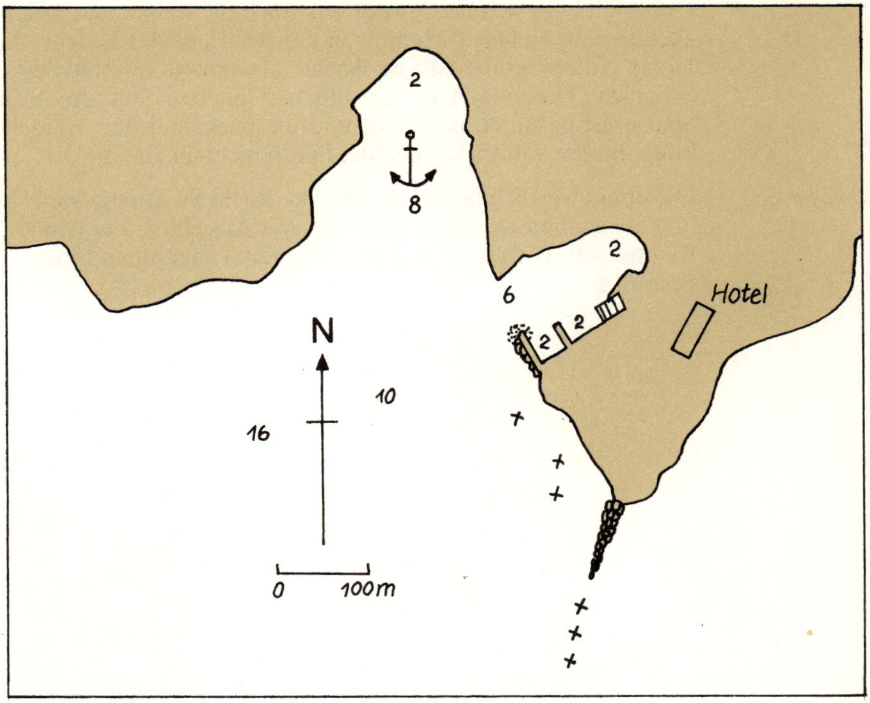

Hafen Rab

Großer, teilweise recht schmutziger Hafen an der E-Seite der Insel Rab (Seekarten: 201, 100–18, Plan auf 20).

Einsteuerung

Nach Passieren der vorgelagerten Insel Pličina Frkanj (Blz. 2s) und dem befeuerten Rt Frkanj (Blz.r. 2s) hält man auf das Kap Sv. Ante (Fkl.r.) zu, den südlichsten Punkt der Halbinsel, auf der die Stadt Rab liegt. Gegenüber von Sv. Ante liegt die Insel Tunera (Blz.gn. 2s). Nach Umrunden dieser Landspitze steuert man zwischen dem Molenkopf (Fkl.gn.) an Stb. und der Stadt an Bb. in den Hafen. Die Einsteuerungsmarkierungen sind gut befeuert; somit ist Rab auch bei Nacht anzulaufen. Vorsicht: Starker Verkehr im Hafen und in der Einfahrt (maximale Geschwindigkeit 4 kn!). Achtung: Unbeleuchtete Motorboote und Fähren zwischen Stadtkai und Mole an Stb.!

Liegeplätze

Der beste Liegeplatz ist in der neuen ACY-Marina (siehe Plan). Der Liegeplatz wird angewiesen. Man liegt gut geschützt. Bei Südwind steht Schwell im gesamten Hafen.
Am stadtseitigen Kai sind teilweise Bojen ausgelegt, an denen nicht tiefgehende Sportboote festmachen können.

Beschreibung

In der Marina Strom- und Wasseranschlüsse, Sanitärblock, Supermarkt, Zollfreiladen, Restaurant, Tankstelle, 10-t-Kran und Slip.
Da in den Sommermonaten Einklarierungshafen, findet man alle notwendigen Behörden in Rab. Altes, kunsthistorisch sehenswertes Städtchen; sehr von Touristen überlaufen. Hafenkapitän gegenüber der Post. Gute Geschäfte, Restaurants im Ort. Ein Supermarkt befindet sich am Kai. Großer Obstmarkt von 7–10 Uhr, wo auch Wasser erhältlich ist. Wasser und Toiletten findet man auch in einem Haus (Schule?) an der NE-Ecke des Hafens. Am W-Kai beim Hotel „Intercontinental" ist Wasser aus einem verschlossenen Kasten (mit Schlauch; Hafenkapitän!) erhältlich. Daneben Duty-free-Einkauf. Schöne Spaziergänge durch die Stadt und die parkähnlichen Wäldchen der Umgebung. Baden auf der W-Seite der Stadt, nicht im Hafen.

Umgebung

Die direkt westlich der Stadt gelegene Bucht **Sv. Fumija** bietet eine geschützte und angenehme Ankermöglichkeit, mit Ausnahme bei Winden aus südlichen Richtungen. WT von 15 auf 2m im Scheitel abnehmend. An Land Poller zum Festmachen.

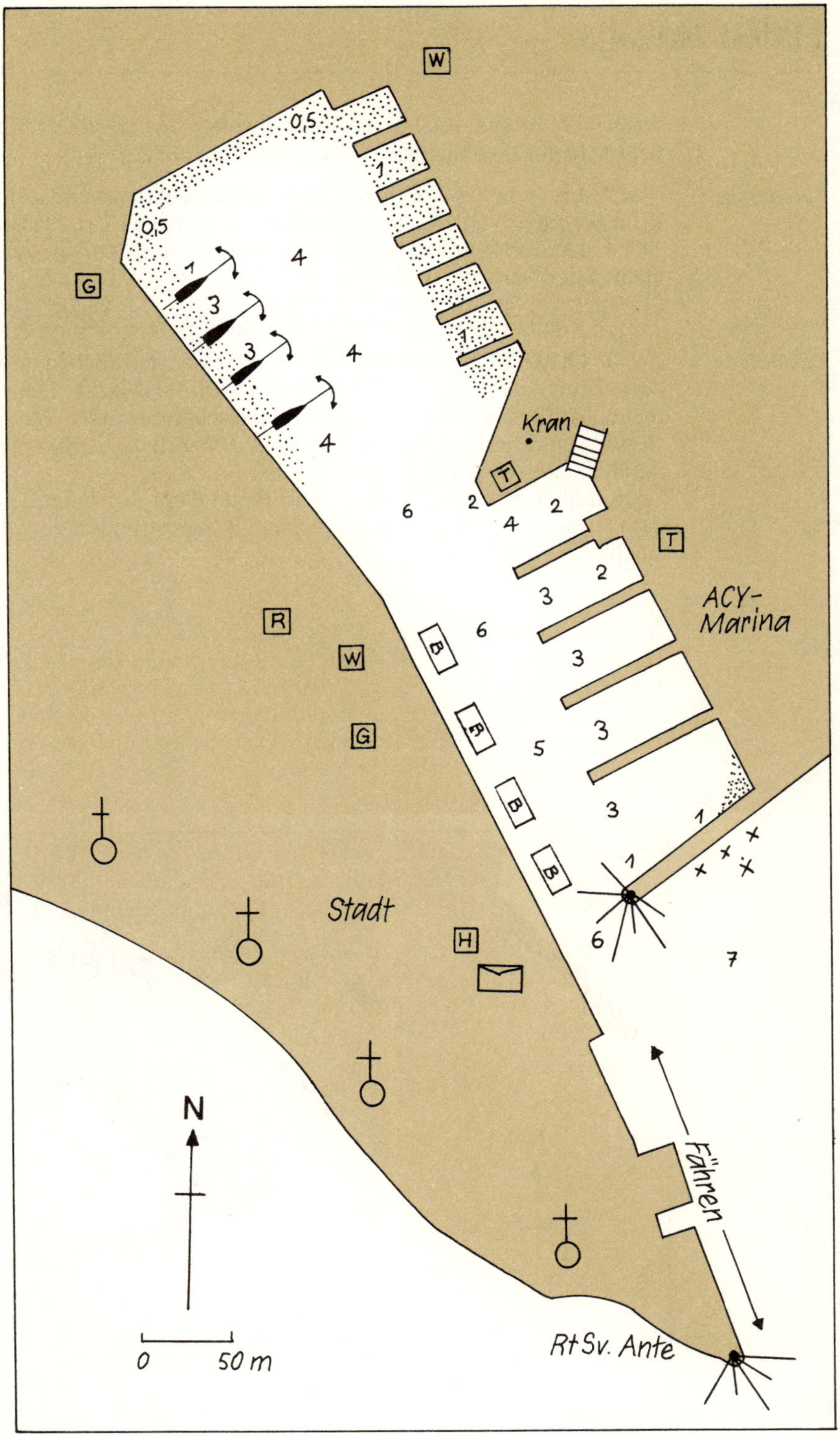

W
0,5
1
0,5
G
4
3
3
4
4
Kran
T
6
2
4
2
T
2
3
ACY-
Marina
R
6
W
3
G
3
5
3
1
1
Stadt
H
6
7
Fähren
N
0
50 m
Rt Sv. Ante

Hafen Novalja

Nach NW offene Bucht, die bei Unwetter aus westlicher Richtung wenig Schutz bietet (Seekarten: 100–18, 203, Plan auf 22).

Einsteuerung Von W oder von NW kommend, steuere man auf den weithin sichtbaren Kirchturm zu; danach auf den Kopf der Pier, auf dem ein LF steht (Blz.r. und gn. 3s). Der grüne Leitsektor zwischen 85° und 109° ermöglicht ein sicheres Einlaufen auch in der Nacht.

Liegeplätze Vor Heckanker an der Pier oder vor Buganker im E-Teil der Bucht.

Beschreibung Kleine Ortschaft mit gut geschütztem Hafen bei nördlichen und östlichen Winden. Hinter dem Touristbüro befindet sich der Markt. Hinter diesem halb rechts ist das Hafenamt. Lebensmittelgeschäfte im Ort, Wasser und WC im Restaurant direkt am Hafen. Tankstelle NW-lich des Restaurants. Ein kleiner Slip befindet sich im N-Teil des Hafens.
Spuren altchristlicher Basiliken und Reste einer vorromanischen Kirche aus dem 9. bis 10. Jh. Schöne Badeplätze mit Sandstrand in der windgeschützten Bucht.

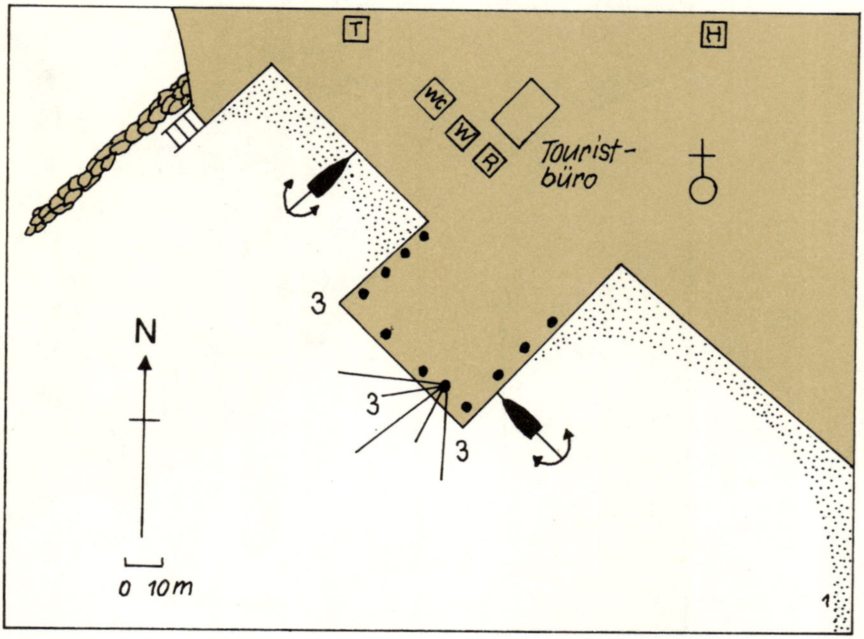

Ankerbucht Kolorat

Gut geschützte Bucht an der SE-Seite der Insel Cres. Nur am Tage anzusteuern (Seekarten: 202, 100–17, 100–18).

Einsteuerung und Liegeplätze

Von E kommend, ist die Einfahrt in die Bucht etwas schwer zu finden, da sich der Einschnitt nur wenig vom Hinterland abhebt. Man kann sich jedoch an der Insel Trstenik orientieren. Beim Einlaufen von den Ufern Abstand halten, da die Spitzen der Landzungen von Steinen und Klippen gesäumt sind. Je nach Wetter und Windrichtung wähle man eine der verschiedenen kleinen Buchten. Ankern auf etwa 4 bis 5 m WT. Am schönsten und gegen die meisten Windrichtungen geschützt ist die bei der Einfahrt an Bb. gelegene, tiefe Bucht, südwestlich von Kap Kolorat.

Umgebung

Südlich von Rt Sv. Damjan befindet sich die Uv. Meli, in der guter Schutz gegen die Bora gegeben ist. Der Grund besteht aus teilweise bewachsenem Sand. Die Wassertiefe liegt bei ca. 7 m.
Noch besseren Schutz bietet die Uv. Baldarin auf ca. 3 m WT. Der Sandgrund hält den Anker gut.

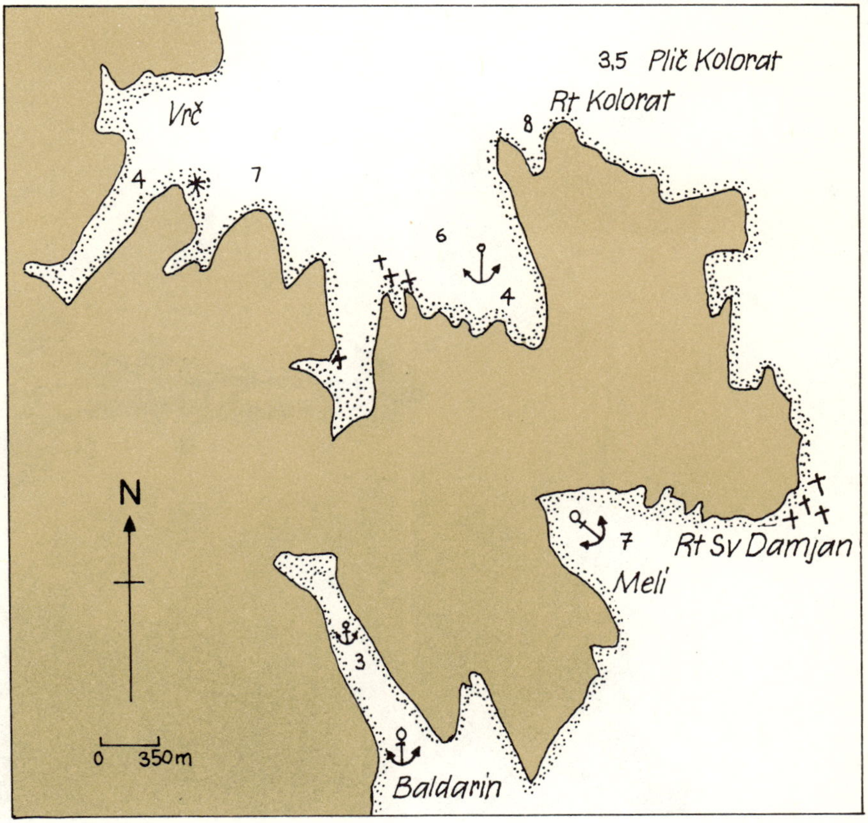

Hafen Porozina

Kleine, weitgehend geschützte Bucht an der NW-Seite der Insel Cres. Einzige Anlegemöglichkeit zwischen Rijeka und Ort Cres (Seekarte: 100–18).

Einsteuerung Auch nachts möglich, da sich am Kopf der Pier am W-Ende der Bucht ein gut sichtbares LF (Blz.r. 3 s) befindet.

Liegeplätze Die Pier ist für die Autofähre reserviert. Die rasch abfallenden Ufer sind zum Teil steinig. Am besten liegt man an der südlichen der drei Festmachetonnen und über Heck an der kleinen Pier an der E-Seite des Hafens. Die WT an der Pier beträgt bei Ebbe (TH ca. 0,50 m) 1 m oder weniger, deshalb sollte man das Boot an die Tonne verholen. Man kann sich auch zwischen diese Tonne und den nördlichen Poller legen, hat dann aber keine Landverbindung. Tiefergehende Yachten liegen am besten vor Buganker inmitten der Bucht (Ankergrund: fester Sand und Schlick).
Bei südlichen und westlichen Winden sowie durch Fähre und vorbeilaufende Schiffe steht erheblicher Schwell in den Hafen.

Beschreibung Fährverbindung zum Festland nach Rabac. Kaum Einkaufsmöglichkeiten; Restaurant (dort Wasser) und Post.

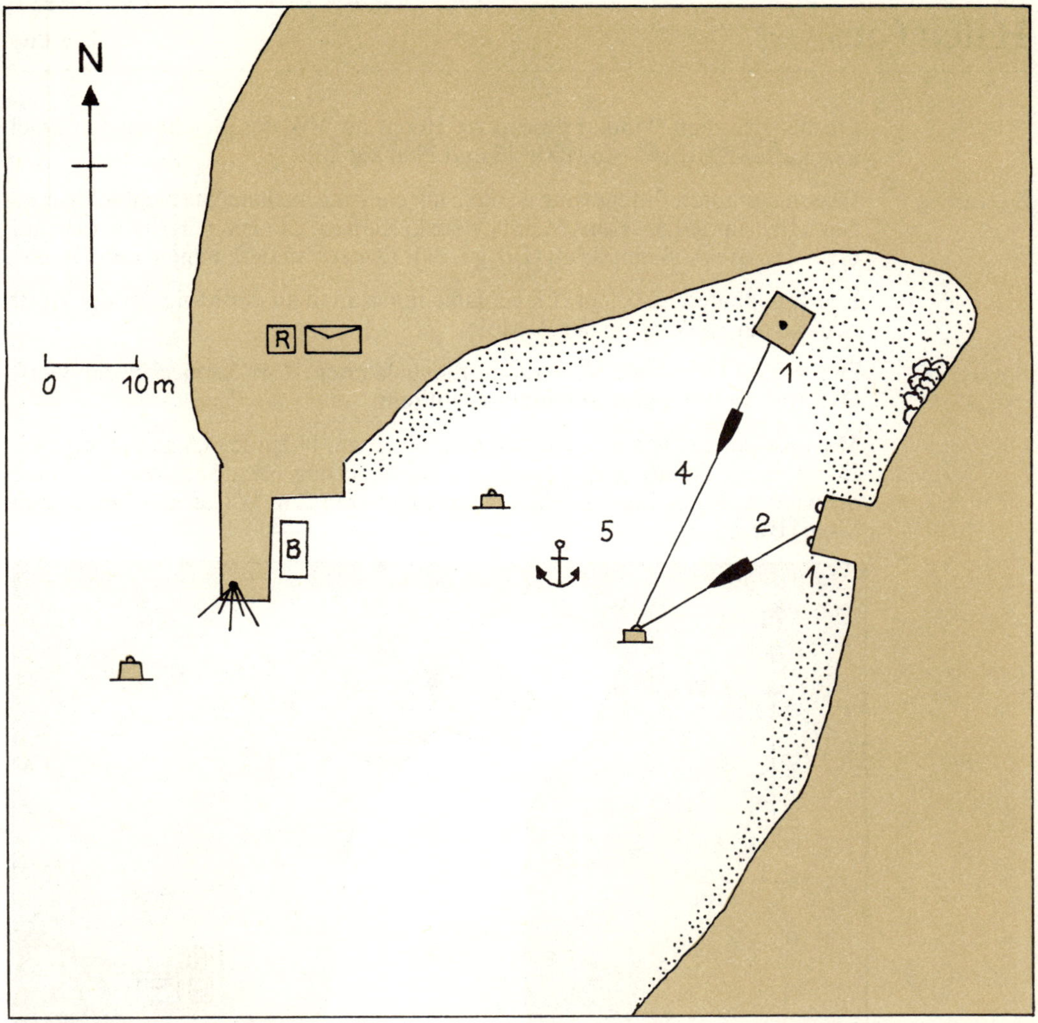
N
0
10m
R
B
1
4
5
2
1

Hafen Cres

Große, bei allen Winden geschützte Bucht im NW der gleichnamigen Insel (Seekarten: 201, 100–16, 100–18 und Plan auf 20).

Einsteuerung Wegen der guten Befeuerung ist die Einsteuerung auch nachts nicht schwierig. Nach Umrunden des Kaps Melin (Mlinski Kamen, LF: Blz.r. 3s) halte man auf die befeuerte Außenmole zu (Blz.gn. 3s). Danach steuere man in den Hafen.

Liegeplätze Der Innenhafen ist belegt. Liegeplätze findet man an der Mole vor der Werft oder an der Außenseite der W-Mole.

Beschreibung Der Hafen bietet alle Versorgungsmöglichkeiten. Der Service in der Werft (Wartung und Reparaturdienst) soll gut sein.

Umgebung **Martinšćica,** ca. 11 sm S-lich von Cres, liegt am N-Ende der nach S offenen Bucht. Kein Schutz gegen S-Winde. Einsteuerung nach Seekarte 201 ohne Schwierigkeit bei Tage möglich. Liegeplätze mit 2 m WT an der befeuerten Mole (Blz.gn. 3s).

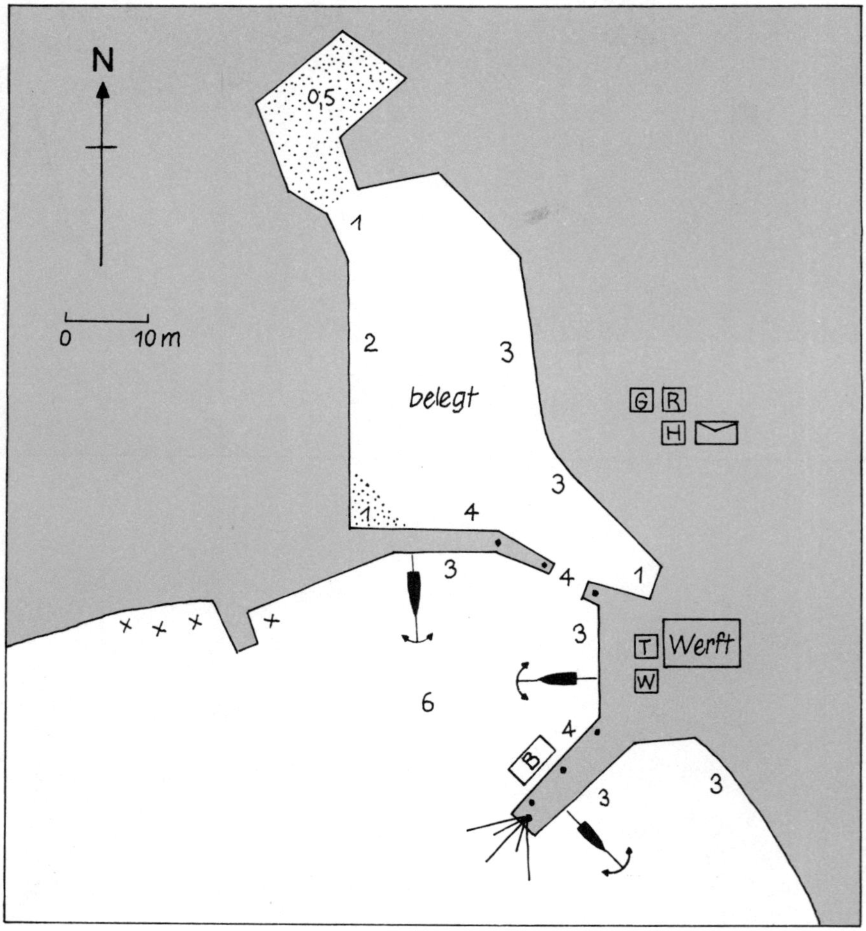

Hafen Bijar

Dieser Hafen ist an der östlichen Seite am Ende der Bucht Osorski Zaliv (W-Küste der Insel Cres) gelegen und bietet bei allen Winden Schutz (Seekarten: 201, 202, 100–16, 100–17, 100–18).

Einsteuerung Nach Umrunden von Kap Bijar, das befeuert ist (Blz.r. 3s; verdunkelt 106°–116°), halte man direkt auf den durch zwei kleine Molen begrenzten Hafen zu (Fkl.r. auf der Pier).

Liegeplätze Entweder mit Heckanker vor der mittleren Pier (Ringe und Poller vorhanden) oder zwischen einer der beiden Molen und dieser Pier (WT 2 bis 3 m). Größere Schiffe müssen außerhalb des Hafens auf Reede liegen.

Beschreibung Osor liegt auf der Landenge zwischen den Inseln Cres und Lošinj. Die Ortschaft bietet nur geringe Versorgungsmöglichkeiten. Treibstoff ist nicht erhältlich, Trinkwasser vom Brunnen im Ort (Richtung Osor-Kanal). Campingplatz mit Frischwasser und Duschen an der N-Seite der Bucht.

Der **Osor-Kanal** verbindet den Osorski Zaliv mit dem Lošinjski-Kanal. Der 150 m lange Kanal hat eine Breite von 6 bis 8 m, eine Tiefe von ca. 2,50 m und wird von einer Drehbrücke überspannt, die viermal täglich geöffnet wird. An der S-Seite ist die Fahrrinne durch vier Betonpfähle gekennzeichnet. Achtung: Entsprechend den Windverhältnissen kann im Kanal ein Strom von bis zu 4 kn setzen!

Umgebung Im N-lichen Teil des Lošinsjki-Kanals, 2 sm S-lich von Osor, bietet der Hafen **Nerezine** auf Lošinj Schutz, außer bei Bora. Einsteuerung bei Tag und Nacht leicht möglich nach Seekarte 201.

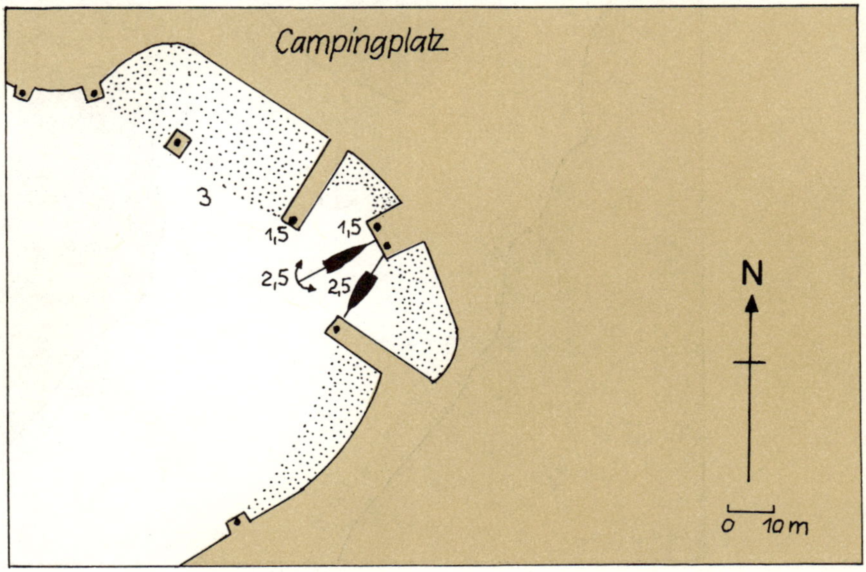

Ankerbucht Vognišća

Gegen westliche und nordwestliche Winde geschützte, nach SE jedoch offene Ankerbucht an der E-Seite der Insel Unije (Seekarten: 202, 100–16, 100–17, 100–18).

Einsteuerung Aus dem Unijski-Kanal (zwischen Lošinj und Unije) kommend, halte man auf die nördlichste der drei großen Buchten auf der E-Seite der Insel Unije zu, die sich direkt südlich des Rt Mišnjak in nordwestlicher Richtung erstreckt. Bei der Einfahrt halte man sich etwas in der Mitte der Bucht.

Liegeplätze Man ankere weiter innen, bevor sich die Bucht in zwei kleinere Arme teilt, auf etwa 4 m WT auf felsigem und bewachsenem Sandgrund. A c h t u n g : Zu den beiden Seitenarmen hin wird das Wasser rasch flacher!

Beschreibung Hübsche und einsame Badebucht ohne Versorgungsmöglichkeiten. Einkäufe können im etwa 4 km entfernten Ort Unije auf der W-Seite der Insel getätigt werden.

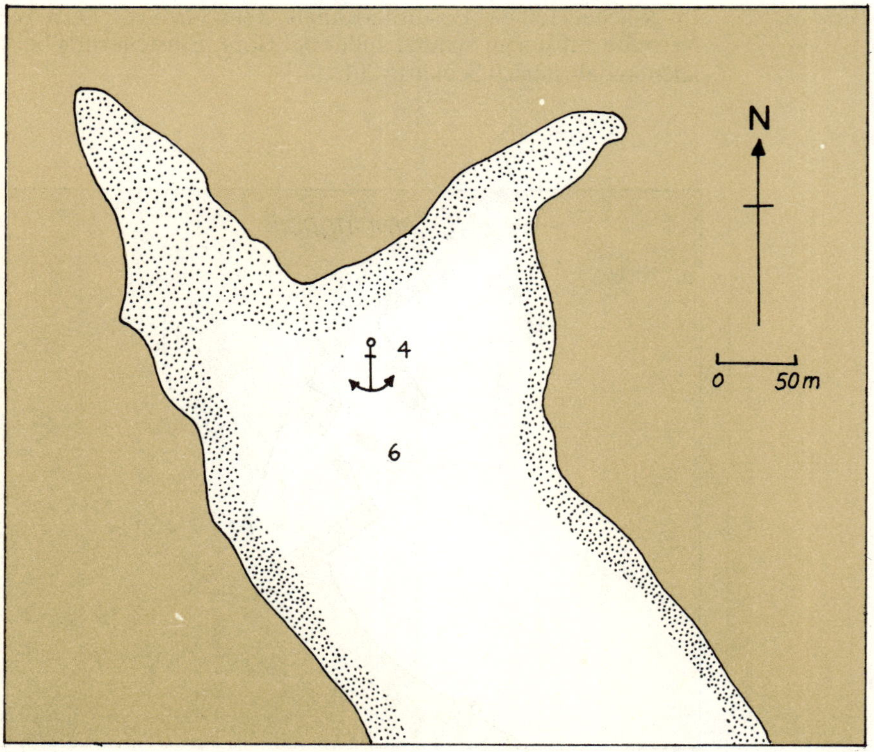

Ankerbucht Maračol

Geschützte, nach SE offene Ankerbucht auf der E-Seite der Insel Unije (Seekarten: 202, 100–16, 100–17, 100–18).

Einsteuerung Nur tagsüber möglich und leicht, wenn man sich in der Mitte der Bucht hält.

Liegeplätze Im Inneren der Bucht 30 bis 50 m vor der Brücke auf 4 m WT (zum größten Teil bewachsener Sandgrund).

Achtung: An der W-Seite der Bucht befindet sich vor einem Militärgebäude eine Pier mit 2 bis 3 m WT, wo man jedoch nicht festmachen darf. Zeitweise ist die ganze Bucht gesperrt. Dann kann man nach Vognišća, ca. 1,5 sm nordöstlich, ausweichen (s. S. 114).

Beschreibung Hübsche und einsame Badebucht, die zeitweise von Marinebooten aufgesucht wird. Kein Hafenamt. Versorgungsmöglichkeiten, Restaurant und Post im 20 Minuten entfernten Ort Unije.

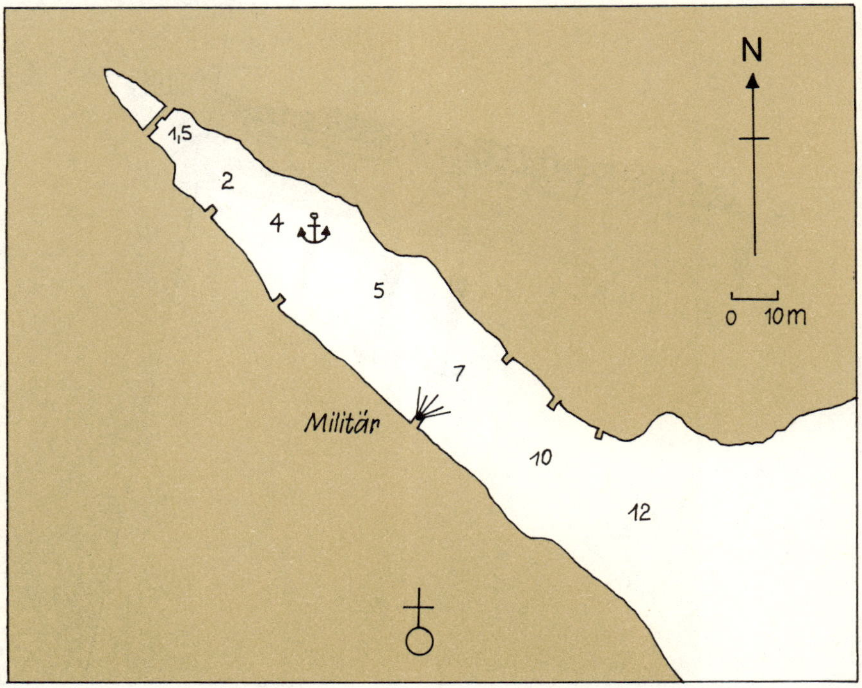

Hafen Unije

Kleiner, geschützter Hafen auf der W-Seite der gleichnamigen Insel (Seekarten: 202, 100–16, 100–17, 100–18).

Einsteuerung Man lasse die Insel Školjić gut an Stb. liegen und halte auf den Molenkopf bzw. auf das dort befindliche Hafenfeuer zu (Blz.r. 3s; sichtbar 93°–146°).

Liegeplätze Auf der S-Seite der Hafenmole liegt man geschützt außer bei Winden von N bis NW (WT 2 bis 3 m). Bei Eintreffen der Fähre müssen alle Boote den Platz an der Mole verlassen.

Beschreibung Lebensmittel, Wasser, Restaurants im Ort. Gute Bademöglichkeit (Kiesstrand).

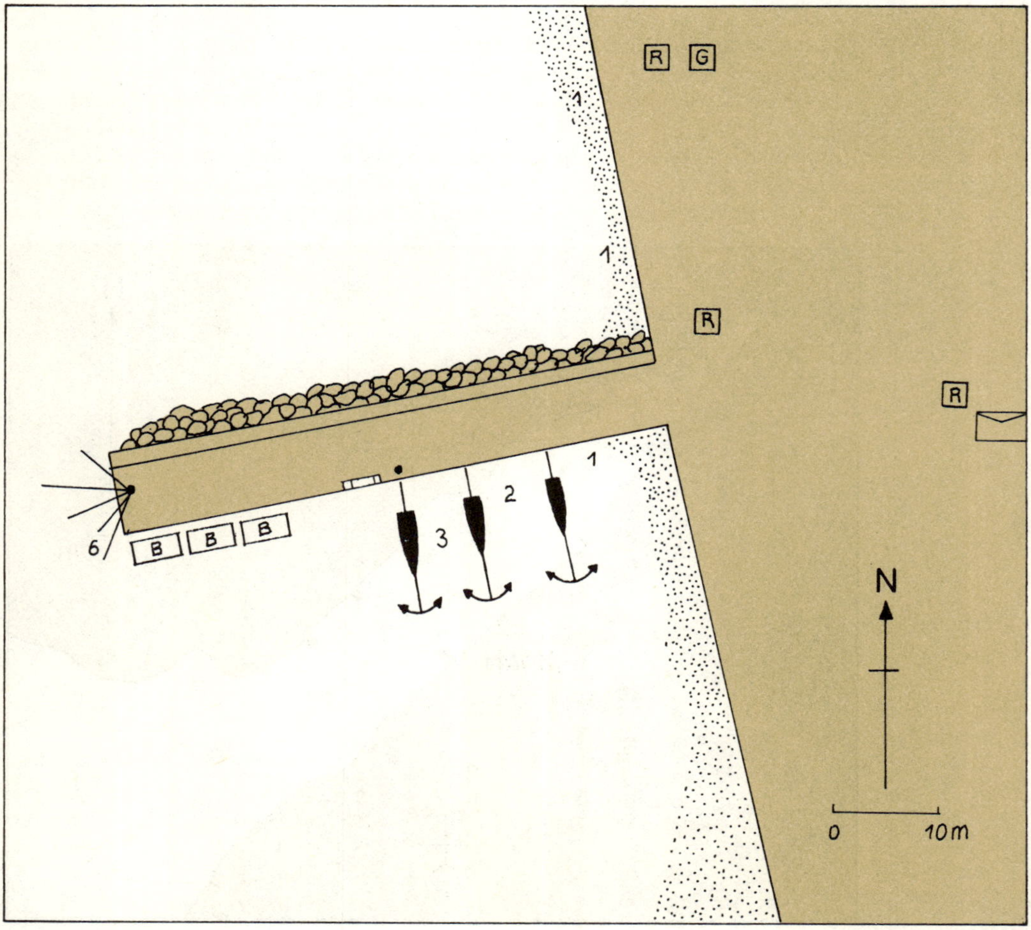

Der mittelgroße, bei allen Winden geschützte Hafen liegt an der NE-Seite der gleichnamigen Insel in der Dragoca-Bucht (Seekarten: 202, 100–16, 100–17, 100–18).

Einsteuerung Man hält auf den befeuerten Kopf der äußeren Hauptmole zu (Blz.gn. 3s). Unter dem starken Schein des auf dem Berg Garba befindlichen LF (Blz. 30s) findet man das Molenfeuer erst später, als es seiner Tragweite von 3 sm entspräche. Einfahrt zwischen der äußeren nördlichen Hauptmole und der dazu quer liegenden Pier. Achtung: Unbeleuchtet vor Anker liegende Fischerboote unweit der Hafeneinfahrt und Untiefe, die sich von der südlich gelegenen verfallenen Mole nach N erstreckt!

Liegeplätze Man liegt am besten vor Heckanker an der Kaimauer oder am inneren Teil der Pier (Ringe und Poller vorhanden). An der Kaimauer – 30 m von der Pier entfernt – sind bei Niedrigwasser noch 1,50 m WT, an der Pier selbst mehr als 3 m. Beachte den Liegeplatz für die Berufsschiffahrt. Guter Ankergrund aus Sand und Schlick. Im Westteil beträgt die WT unter 1 m, TH ca. 0,60 m.

Beschreibung Hafenkapitän unweit der SW-Ecke des Hafenbeckens. Kein Treibstoff; Zisternenwasser, Supermarkt nahe der S-Mole, Post und Restaurants im Ort. In den Privathäusern kann man fast überall guten Susak-Wein kaufen. Baden am Sandstrand. Man versäume nicht, das am Beginn des Hochplateaus liegende Zentrum des malerischen Städtchens zu besichtigen und – zumal zur Weinlese – die dahinter liegenden Weinfelder; in deren Mitte ein kleiner Friedhof. Der Hafen ist in der Saison von 10 bis ca. 17 Uhr mit Ausflugsbooten meist überfüllt.

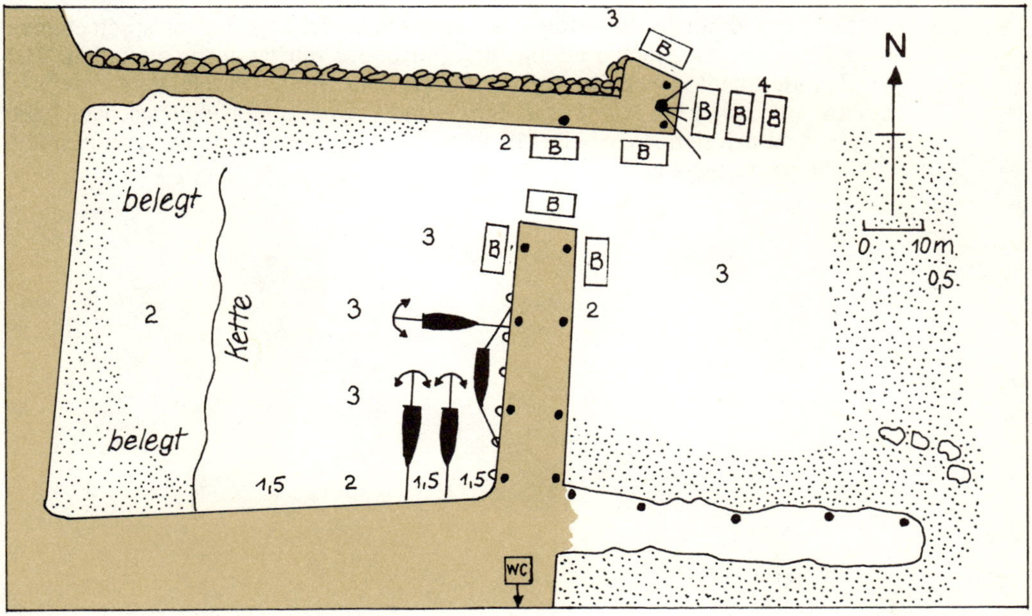

Hafen Mali Lošinj

Haupthafen der Insel Lošinj. Starker Verkehr im gut geschützten Hafen; Anlegeplatz des Tragflächenbootes (Seekarten: 202, 100–17, 100–18, 100–22, Plan auf 22).

Einsteuerung

Weder bei Tag noch bei Nacht schwierig. Die Einfahrt in die etwa 3 sm lange Bucht erfolgt entweder von W her aus dem Unijski-Kanal kommend in die Durchfahrt zwischen den Inseln Zabodaski (Blz.(2)r. 6s) und Murtar (Blk. 8s) sowie vorbei zwischen dem Rt Torunža (Blz.w/r. 3s) an Bb. und dem Rt Križ (Blz.gn. 3s) an Stb. oder, von E kommend, durch die Drehbrücke Durchfahrt Mali Lošinj bei der Bucht Privlaka (s. S. 120). Im Hafen brennt am NW-Ende der Dampferpier ein LF (Blz.r. 4s).

Liegeplätze

Sportboote finden Liegemöglichkeiten in der Marina SE-lich der Kanaldurchfahrt oder am Ende der Bucht vor dem Kriegerdenkmal vor Buganker (hier bei Bora starker Schwell).

Beschreibung

Ganzjährig geöffneter Einklarierungshafen. Der Dampferpier gegenüber auf der W-Seite befindet sich eine Pier mit Tankstelle (WT 2,50 bis 3 m). Vor der Post südlich der Dampferpier findet man einen verschlossenen Hydranten, auf dessen Deckel die Telefonnummer des Wärters vermerkt ist. Im Ort gibt es gute Geschäfte, einen Obst- und Gemüsemarkt, Fischmarkt, mehrere Zollfreiläden, Apotheke, Läden für Bootszubehör, Restaurants sowie ein Krankenhaus. Ein Schneider, der auch Segelreparaturen durchführt, wohnt in Richtung Hafenamt.
Während der Saison tägliche Fährverbindung nach Pula und Zadar.
In der Marina Wasser- und Stromanschluß, Sanitärblock, Restaurant, Zollfreiladen, 10-t-Kran, Werkstatt. Überwinterungsmöglichkeit im Wasser, an Land und in der Halle.

Umgebung

Die gut geschützte **Čikat-Bucht** auf der W-Seite der Insel Lošinj ist seit einigen Jahren ausschließlich Badebucht; Sportboote dürfen nicht einlaufen. Bei Zuwiderhandlung werden von der Polizei hohe Strafen verhängt.
Als Ankerplatz bei Winden aus dem 1. und 4. Quadranten eignet sich auch die **Uv. Artaturi,** siehe Plan Seite 119 oben. Allerdings sind keine Versorgungsmöglichkeiten gegeben.

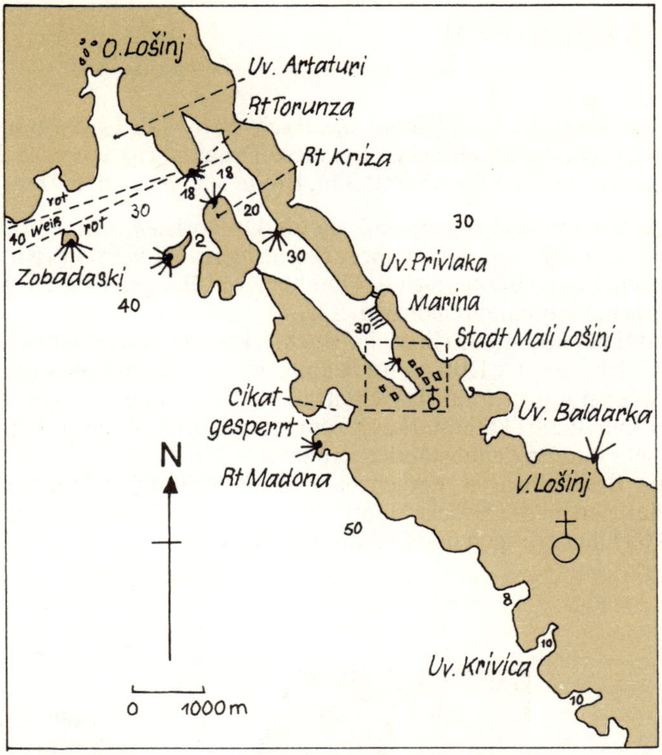
O. Lošinj
Uv. Artaturi
Rt Torunza
Rt Kriza
rot
weiß
rot
30
40
18
18
20
2
30
30
Zobadaski
40
Uv. Privlaka
Marina
30
Stadt Mali Lošinj
Cikat
gesperrt
Uv. Baldarka
N
Rt Madona
V. Lošinj
50
8
10
Uv. Krivica
10
0
1000 m

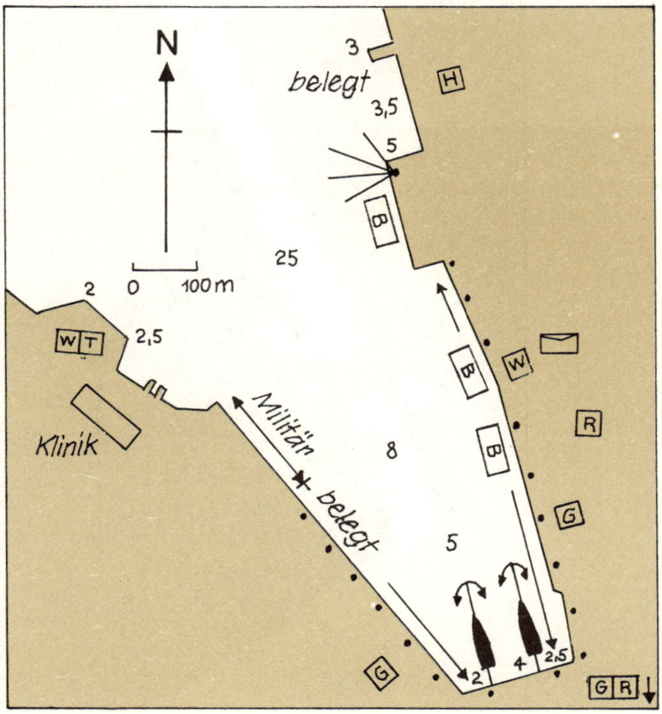
N
3
belegt
H
3,5
5
B
25
2
0
100 m
2,5
W
T
W
B
Klinik
Militär
belegt
R
8
B
G
5
G
2
4
2,5
G
R

Durchfahrt Mali Lošinj

Diese Durchfahrt verbindet die Bucht von Mali Lošinj mit dem Lošinjski-Kanal. Die Straßenbrücke über diese Durchfahrt kann nach Bedarf geöffnet werden. Tiefe der Durchfahrt 3 m, Breite 7,50 m, Länge 70 m (Seekarte: 22).

Einsteuerung

Bei Ankunft von W her muß, da die Drehbrücke nicht sofort geöffnet wird, Bb. oder Stb. vor der Drehbrücke festgemacht werden (Ringe vorhanden). Beachte den Drehbereich der Drehbrücke! Bei geschlossener Brücke beträgt die lichte Durchfahrtshöhe ca. 2 m.

Von E her kommend (Privlaka-Bucht), kann man an einem kleinen Kai an der Bb.-Seite vor der Durchfahrt festmachen (Poller vorhanden).

A c h t u n g : In der Durchfahrt ist Ankern und Festmachen verboten! In der Durchfahrt kann starker Strom setzen (bis zu 4 kn), der gelegentlich auch in sehr kurzen Zeitabständen kentert.

Der Brückenwärter (gleichzeitig Straßenwärter) sitzt gewöhnlich in dem Häuschen an der Brücke. Dort Öffnungszeiten (laut Anschlag 8.30, 11.00 und 18.00 Uhr) erfragen und Gebühr bezahlen.

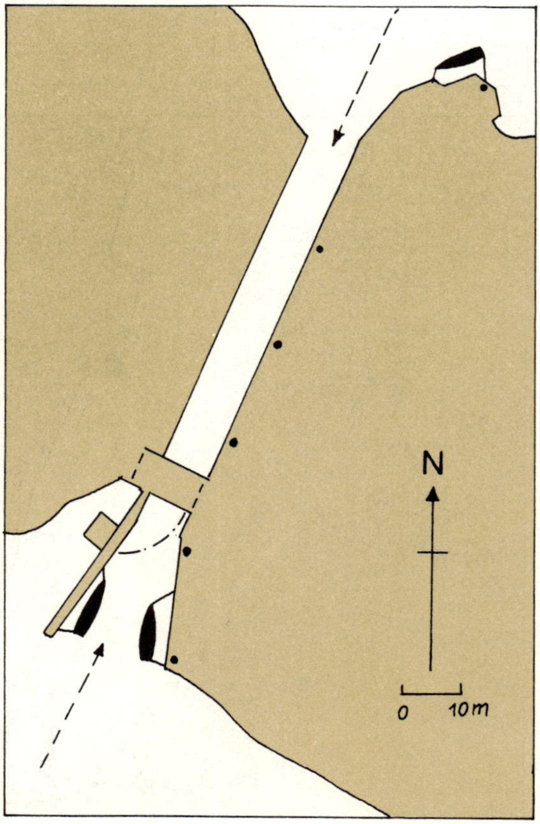

Hafen Sveti Martin

Insel Lošinj

Nach NE geöffnete Bucht. Kleiner, sehr enger Hafen, der gut geschützt ist (Seekarte: 22).

Einsteuerung Von NE kommend, befindet sich an Bb. auf der sehr hohen Mole ein LF (F.r.). Ein Kirchturm ist gut und weithin sichtbar. Einlaufend halte man sich an Bb., da die Stb.-Seite seicht und steinig ist.

Liegeplätze Vor Heckanker an der Mole oder an der kleinen Pier. Der Hafen ist bei jedem Wind gut geschützt; das Ein- bzw. Auslaufen wird jedoch bei Bora erschwert.

Beschreibung Im Hafen gibt es einen Slip einer verfallenen Werft. Nur wenige Häuser werden noch bewohnt. Versorgung nur im nahegelegenen Mali Lošinj. Etwas oberhalb des Hafens befindet sich ein sehenswerter Friedhof mit einem alleinstehenden Kirchturm (schöne Aussicht).

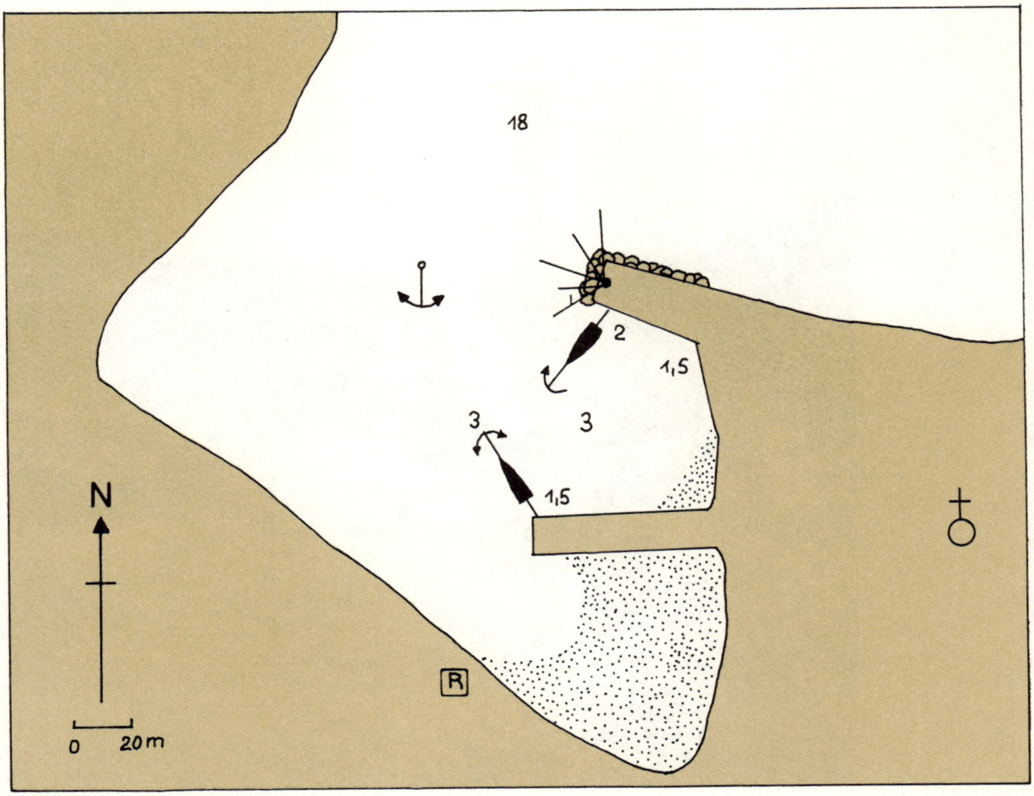

Hafen Veli Lošinj

Die schmale Bucht ist ungeschützt und nach N geöffnet, sie liegt etwa 300 m nördlicher als Luka Rovenska (Seekarten: 202, 100–17 und Plan auf 22).

Einsteuerung Bei der Einfahrt macht man an Bb. zuerst ein LF (F.r.) und anschließend einen Kirchturm an der felsigen Küste aus. A c h t u n g : Schwimmer! Da die Bucht sehr schmal und relativ tief ist, kann schlecht geankert werden (unsicherer Sandgrund).

Liegeplätze Entweder mit Heckanker an der N-Seite der O-Mole oder längsseits zwischen kleinen Sport- und Fischerbooten. Der innere Hafen bietet besseren Schutz, ist jedoch wegen der geringeren WT nur für kleinere Yachten geeignet. Die WT an der S-Seite der Hafenmole beträgt 1,50 bis 2 m. Schmutziges, meist unruhiges Wasser im Hafeninneren. Bei Bora wird vor Veli Lošinj gewarnt. Ausweichmöglichkeiten bieten Rovenska (s. S. 124) oder Uvala Baldarka.

Beschreibung Kleine, malerische Ortschaft mit der Ruine eines runden Festungsturmes. Einige Geschäfte liegen direkt am Hafen (im Sommer Wein- und Traubenverkauf), mehrere Restaurants an der SW-Seite. Postamt. Im Sommer ist der Hafen durch kleine Boote völlig blockiert.

Umgebung 1 sm NW-lich von Veli Lošinj bietet die kleine, ruhige Bucht **Baldarka** Liegeplätze meist auch noch dann, wenn Veli Lošinj überfüllt ist.

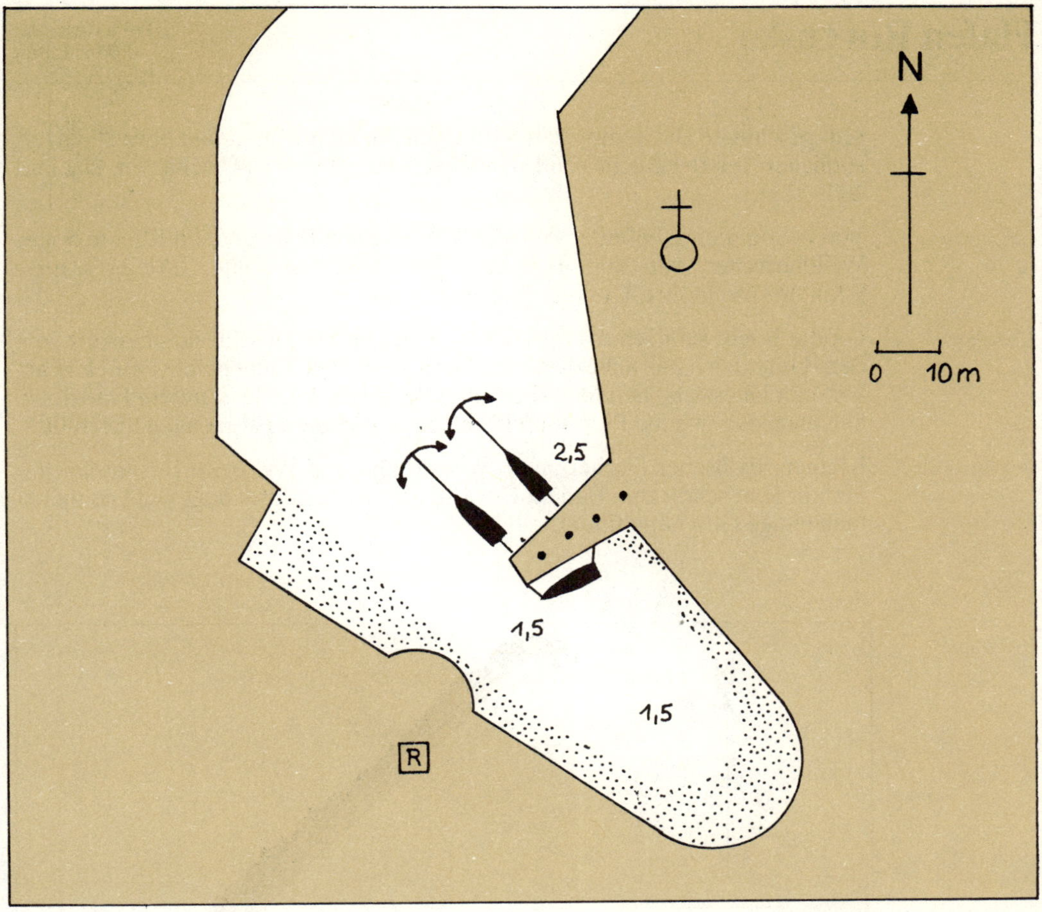
N
0 10m
2,5
1,5
1,5
R

Hafen Rovenska

Luka Rovenska
Insel Lošinj

Gut geschützte Bucht mit nach N offenem, kleinem Hafen, der etwa 300 m im südlichen Teil der Bucht von Luka Rovenska gelegen ist (Seekarten: 202 und 100–17).

Einsteuerung Von N kommend, befindet sich an Stb. eine steile Felswand, an Bb. ein hoher Wellenbrecher, von dem man sich gut freihalten sollte. A c h t u n g : schmale Durchfahrt, Untiefe, Steine!

Liegeplätze Da die Bucht sehr schmal und tief ist, kann im Hafen schlecht geankert werden. Gute, auch bei nicht zu starker Bora geschützte Liegeplätze (vor Heckanker oder längsseits) befinden sich hinter der ersten Pier. Das hintere Hafenbekken nach der zweiten Pier ist meist mit einheimischen Fahrzeugen überfüllt.

Beschreibung Kleiner, idyllischer Fischerhafen. Wasserhahn und WC beim Restaurant am Hafen. Sehr schön zum Baden! Etwa 20 Minuten entfernt liegt Veli Lošinj, wo man einige Geschäfte findet.

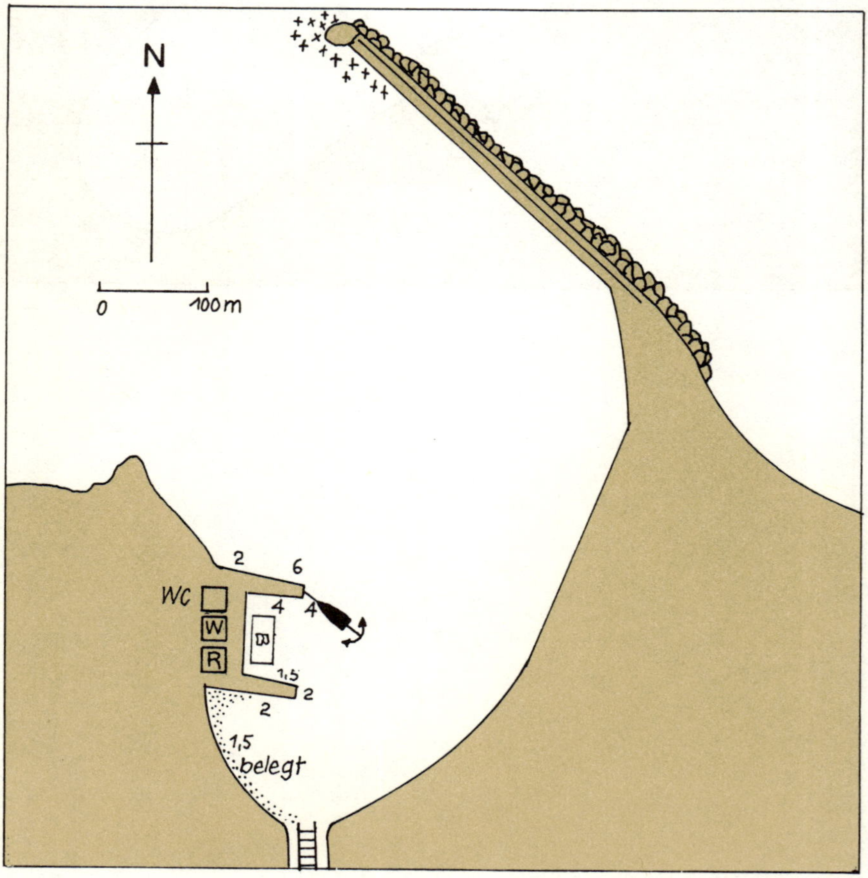

Ankerplatz Ilovik

Insel Ilovik

Zwischen den Inseln Ilovik und Sv. Petar gelegen und bei fast allen Winden geschützt (Seekarten: 202, 100–17 und Plan auf 22).

Einsteuerung Die Durchfahrt ist nachts durch ein LF (Blz. 3s) am Südufer der Insel Sv. Petar gekennzeichnet. Von SE bzw. von NW kommend, halte man sich ziemlich genau in der Mitte des an der engsten Stelle etwa 200 m breiten Fahrwassers; hier beträgt die WT 6 bis 7 m. Achtung: Starker Strom kann – falls er entgegen der Windrichtung setzt – eine kurze, steile See hervorrufen!

Liegeplätze In der Bucht vor der Ortschaft Ilovik kann man etwa 150 m von dem sehr flachen Ufer entfernt auf 2 bis 5 m WT ankern. Anlegemöglichkeiten bietet auch die 60 m lange, sich von der Kirche aus erstreckende Pier mit 2 bis 2,50 m WT. Die Pier ist jedoch vorwiegend für Lokalverkehr reserviert. Die besten Ankerplätze befinden sich auf der NE-Seite der Durchfahrt vor der Insel Sv. Petar. Die durch die vielen kleinen Piers gebildeten Hafenbecken sind sehr flach; die WT beträgt dort meist weniger als 1 m.

Beschreibung Hafengebühr. Einkaufsmöglichkeit, Post, Restaurant und Zisternenwasser (Pumpe neben der Kirche). Der Bau einer ACY-Marina ist geplant.
Die angrenzenden Gewässer werden gerne von Tauchern aufgesucht.

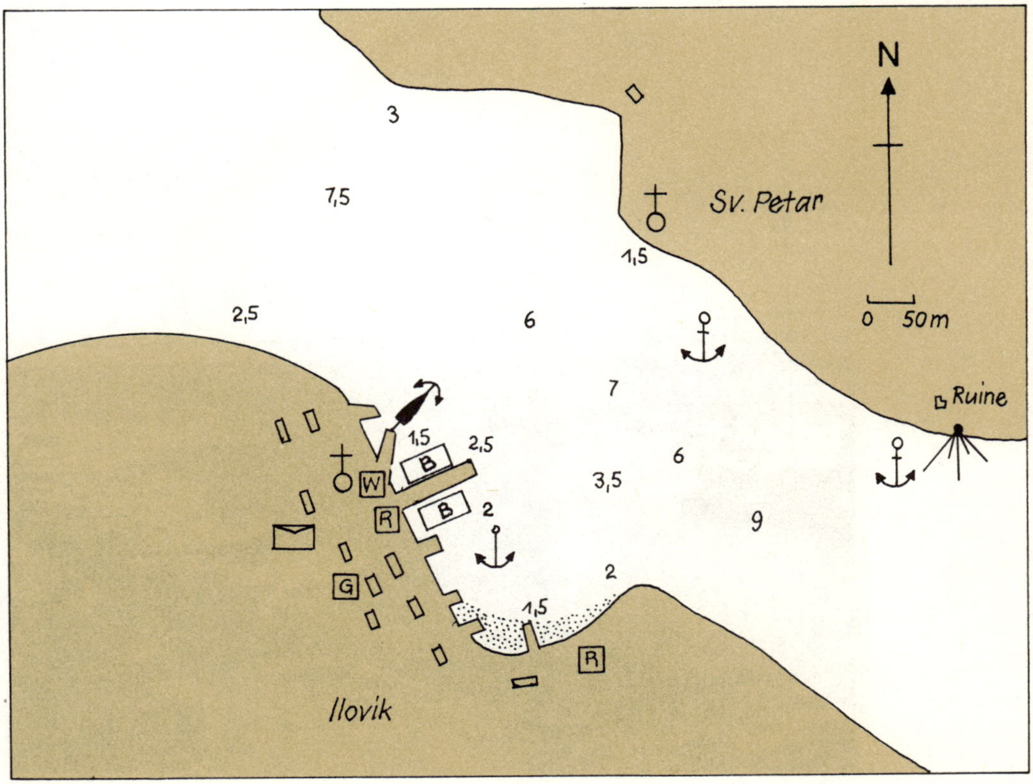

Hafen Krijal

Kleiner, aber durch die vorgelagerte Inselgruppe Masarine auch gegen SW gut geschützter Fischereihafen an der NW-Seite der Insel Premuda (Seekarten: 100–17, 202, 204).

Einsteuerung

Von N oder von S kommend, halte man sich zwischen der vorgelagerten Inselgruppe Masarine und der Insel Premuda und steuere den vor der kleinen Kirche Krijals gelegenen Hafen an. Zwei Molen umschließen das Hafenbecken, auf dem Kopf der N-Mole steht ein LF (F.r.). Bei der Einfahrt in den Hafen halte man sich mehr auf der Bb.-Seite, da sich vor dem Kopf der S-Mole ein Steinwurf unter Wasser erstreckt. Achtung: Vor der Hafeneinfahrt kann (je nach Windrichtung) starker Strom setzen!

Liegeplätze

Die WT im Hafen beträgt zwischen 1,50 und 2,50 m, direkt vor dem Kopf der Fährmole ist es 3 m tief. Man liegt am besten vor Buganker am Kopf der kleinen Verladepier an der NE-Seite des Hafens auf etwa 1,80 m WT (Achtung: Muringleinen am Kopf der Pier, und im Hafen liegen Ketten!). Die S-Mole ist belegt. Außerdem kann man noch längsseits an der Innenseite der befeuerten Fährmole unmittelbar hinter dem Molenkopf auf ca. 1,80 m WT liegen. Der Molenkopf ist für die Berufsschiffahrt reserviert!

Beschreibung

Geschäfte und Post im 1 km entfernten Dorf Premuda, Brot nur auf Bestellung. Restaurant am Hafen.

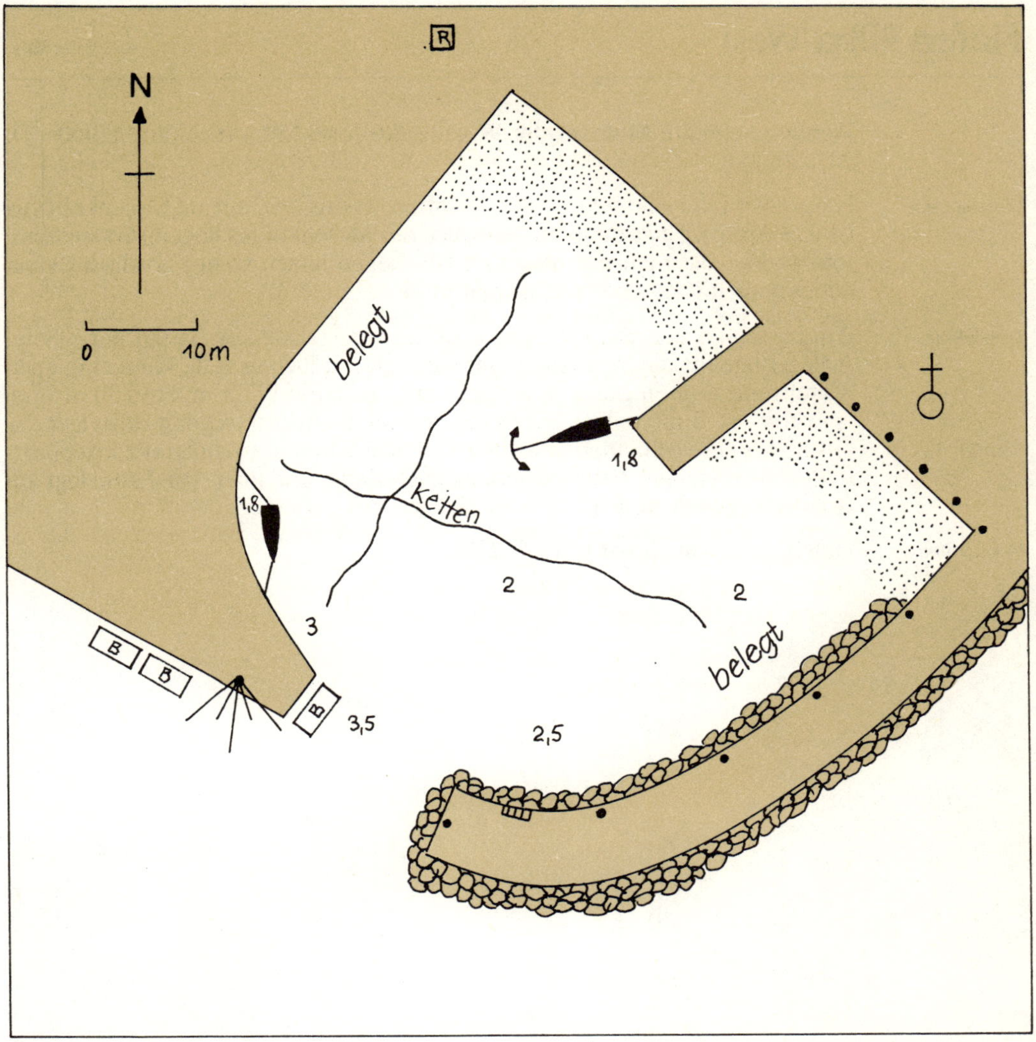
R
N
0
10m
belegt
1,8
Ketten
2
2
3
belegt
B
B
B
3,5
2,5
1,8

Hafen Silba-West

Wenig geschützte Mole an der W-Seite der Insel Silba (Seekarten: 100–17, 202, 204).

Einsteuerung Häuser am Ufer sind sehr deutlich sichtbar, nachts leuchtet am Molenkopf das LF Žalić (F.r.). Etwa 50 m nordwestlich des Molenkopfes liegt im Wasser eine rote Tonne, die man unbedingt an Bb. liegen lassen sollte; nördlich davon befinden sich Teile einer verfallenen Mole.

Liegeplätze Am besten an der nördlichen Molenseite vor Heckanker, da auf der S-Seite Anlegeplatz für die Berufsschiffahrt. Auf der südlichen Seite kann man auch weiter innen vor Heckanker liegen. Am Molenkopf WT 4 m, etwa 30 m landeinwärts ca. 3 m; teilweise felsiger, weiter landwärts schnell ansteigender Grund (Poller vorhanden). Nur bei östlichen Winden geschützter Liegeplatz. In der Saison täglich Fährverbindung nach Zadar und Pula. Die Fähre legt am vorderen Teil der Mole an.

Beschreibung Hafenkapitän in Silba-Ost (s. S. 132).

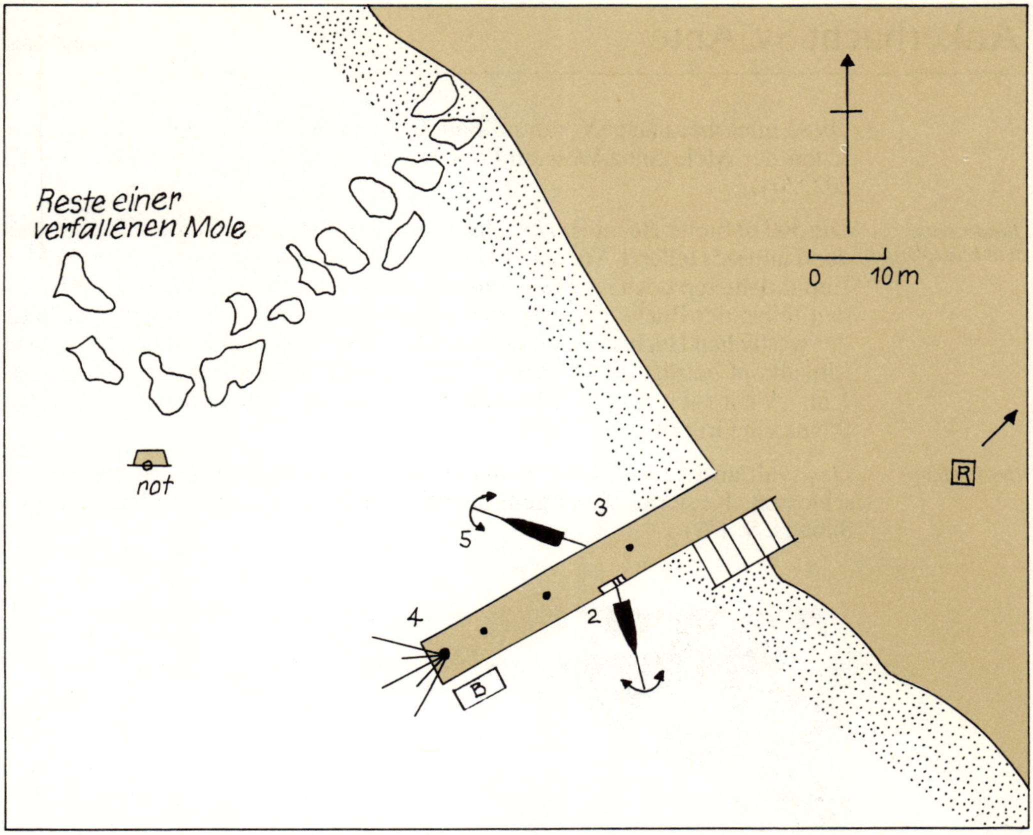
Reste einer
verfallenen Mole
0
10m
R
rot
3
5
4
2
B

Ankerbucht Sv. Ante

Diese hübsche, nach SW offene Badebucht liegt auf etwa halbem Wege zwischen der Mole Silba-West und der S-Spitze der Insel (Seekarten: 100–17, 202, 204).

Einsteuerung und Liegeplätze

Die 500 m breite Bucht ist zunächst etwa 20 m tief, dann langsam flacher werdend und sich teilend. Vorsicht ist bei der Einsteuerung geboten, da die beiden Einfahrtshuken noch sehr weit unter Wasser flach auslaufen. Man findet in beiden Teilen der Bucht gut haltenden Ankergrund auf 5 und 3 m WT. Am Ende der westlichen Bucht, unweit der Kapelle, befindet sich eine kleine Mole. Am Molenkopf beträgt die WT etwa 1,50 m, an der Moleninnenseite weniger als 1 m. A c h t u n g : Zwischen der Mole und dem Poller und davor einzelne Steine am Grund!

Beschreibung

Das sanft ansteigende Ufer ist mit Bäumen bewachsen. Die Zisterne ist verschlossen. Keinerlei Versorgungsmöglichkeiten. Ein Fußweg führt zum Ort Silba (s. S. 132).

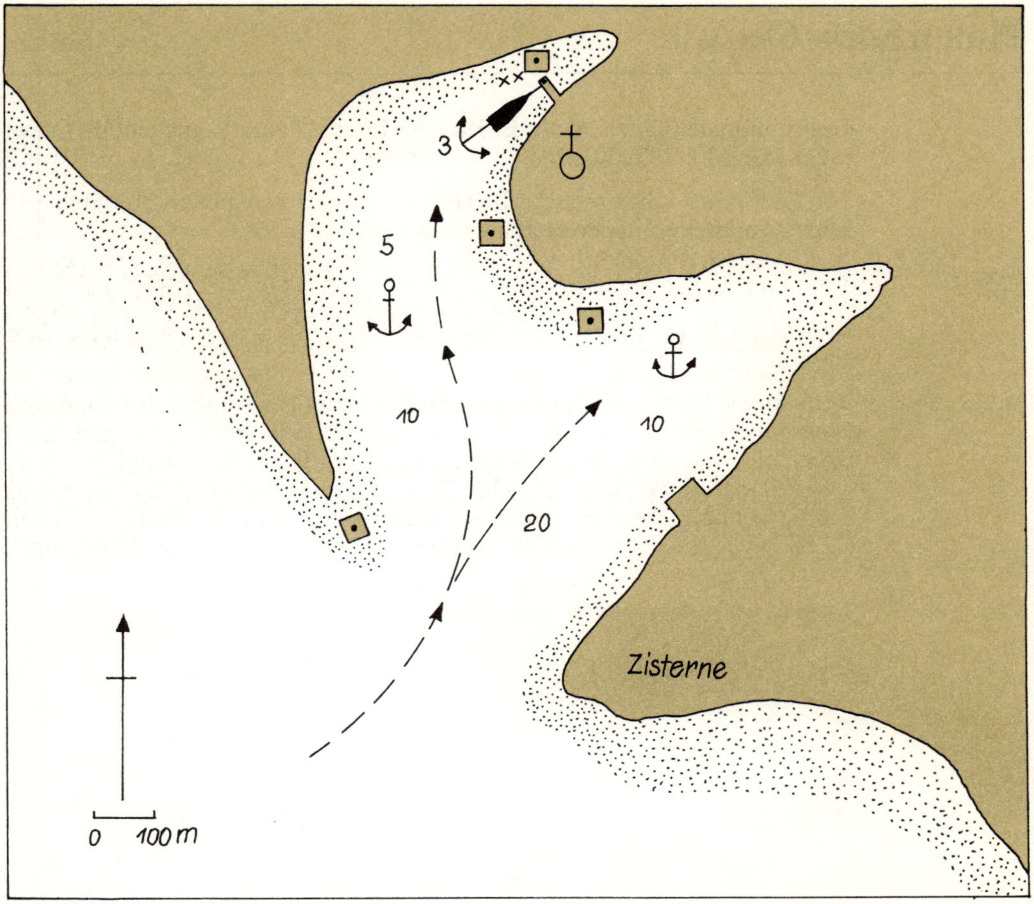

3
5
10
10
20
Zisterne
0 100 m

Hafen Silba-Ost

Gut geschützter Hafen an der E-Seite der Insel Silba für Boote bis 9 m Länge (Seekarten: 100–17, 202, 204).

Einsteuerung

Von E kommend, läßt man das LF (Blz.r. 2s) am Molenkopf an Bb. (Steine an Mole!) und steuert in den Hafen ein.

Liegeplätze

Vor der E-Mole liegen Festmachebojen aus. Mit Bug an Mole gehen, da dort Steine. Die innere Pier ist belegt. Dampferanlegeplatz und Verladekai. Bei Bora ist der Hafen wegen starken Schwells sehr unruhig; dann wird Silba-West empfohlen.

Beschreibung

Nette kleine Insel. Die saubere Ortschaft liegt auf der Anhöhe zwischen dem Haupthafen Silba-Ost und der Anlegestelle Silba-West. Es gibt zwei Geschäfte, drei Restaurants, Bäckerei (Brot nur von 7.00 – 9.00 Uhr erhältlich), kleiner Markt bei der Kirche, Post und Arzt. Hafenkapitän kommt ans Schiff (Gebühr). Zisternenwasser in kleinen Mengen aus Zapfstelle am Hafen (17.00 Uhr) erhältlich. Östlich vom Hafen ist eine Badebucht mit Sandgrund.

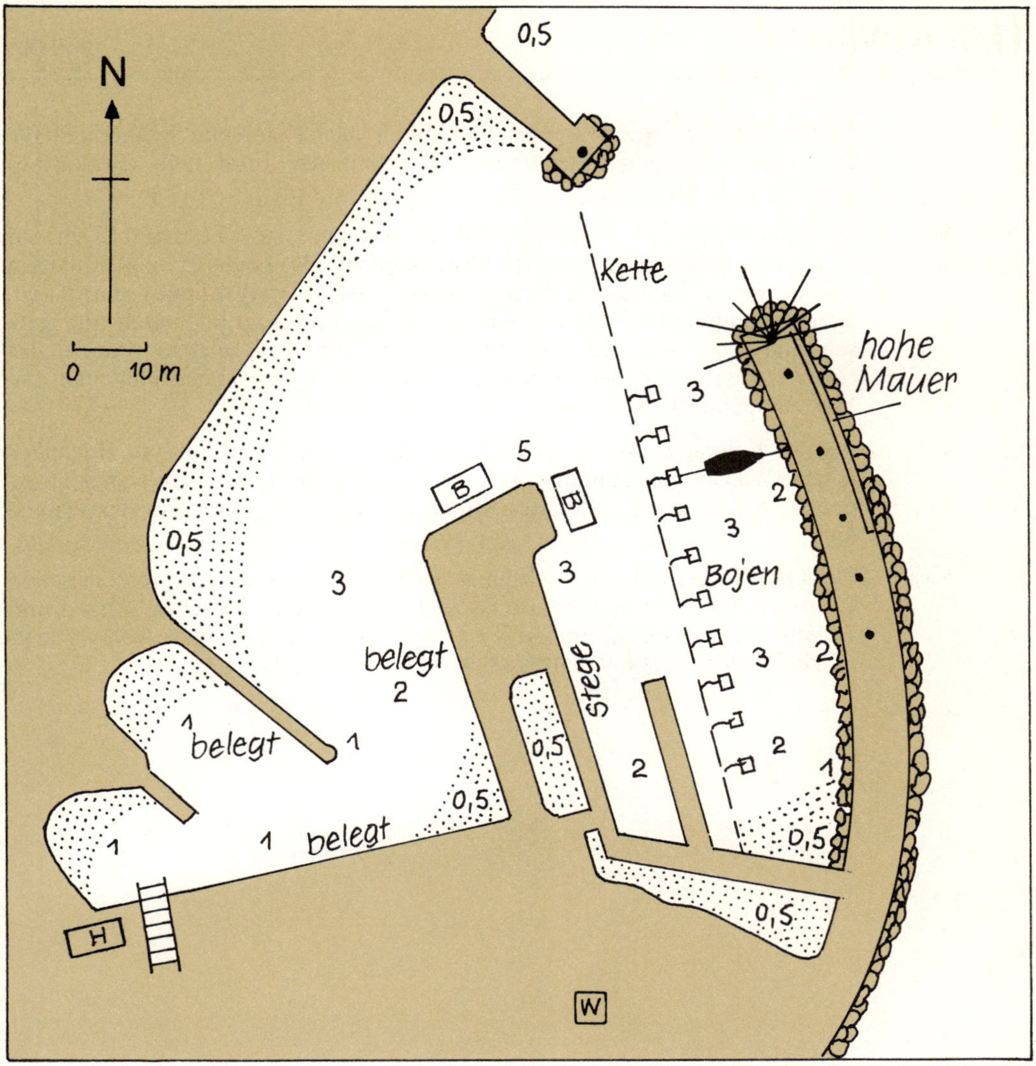

N
0 10 m
0,5
0,5
Kette
hohe
Mauer
3
5
B
B
2
3
0,5
3
3
Bojen
belegt
2
3
2
Stege
1
belegt
1
0,5
2
2
1
0,5
0,5
1
1
belegt
0,5
H
W

Hafen Olib

Nach Norden durch eine mannshohe Mauer, nach Osten und Süden durch flache Landabdeckung geschützter Hafen auf der Insel Olib (Seekarten: 100–17, 202, 204).

Einsteuerung Vom Olibski-Kanal aus läuft man auf ein schwaches, rotes Festfeuer (3 sm) auf einer roten Säule (5 m) auf dem Molenkopf zu. Das Feuer ist beim Anlaufen von N her in Richtung auf eine Klippenzone (Kurjak-Klippe) verdunkelt. Beim Anlaufen des Olibski-Kanals von S her ist das Kap Tale durch eine gelb-schwarz-gelbe, bakenförmige Leuchttonne mit Toppzeichen Stundenglas (Fkl.(9) 15s) gekennzeichnet. Beim Einlaufen in den Hafen läßt man den Molenkopf an Bb.

Liegeplätze An der Kaimauer hinter der Dampferanlegestelle kann man vor Buganker gehen. WT an der Kaimauer 3–2,50 m, zum Land hin schnell weniger werdend. Achtung: An der Kaimauer Vorsprung unterhalb der Wasserlinie!

Beschreibung Der Ort Olib erfreut sich wachsender Beliebtheit bei jüngeren jugoslawischen Touristen. Es gibt zwei Restaurants und eine Bäckerei. Duschen, Wasser und Toiletten sind beim Strandbad S-lich des Hafens. Beschränkte Versorgungsmöglichkeiten; Post und Sanitätsstation.

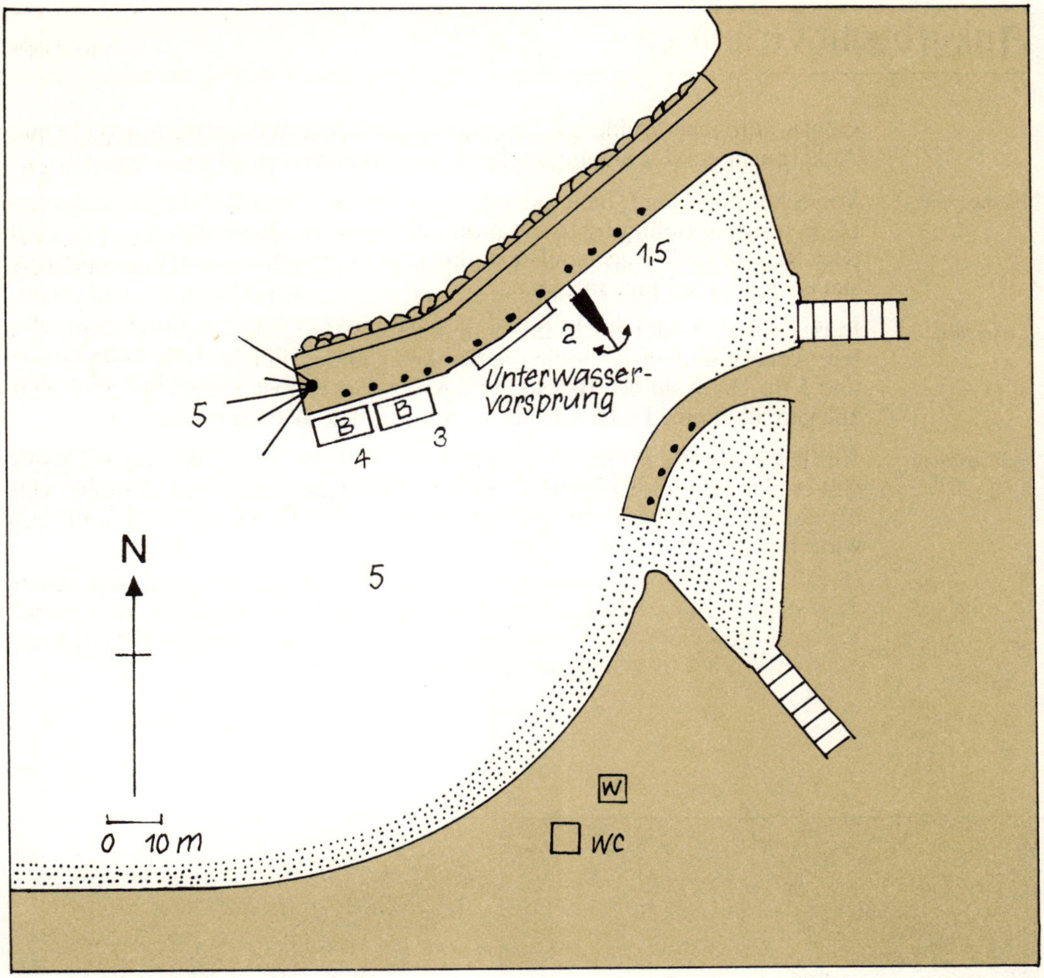
1,5
2
Unterwasser-
vorsprung
5
B
B
4
3
N
5
0 10 m
W
WC

Ankerbucht Griparica

Gegen nördliche Winde gut geschützte, Schirokko jedoch völlig ausgesetzte Ankerbucht auf der S-Seite der Insel Škarda (Seekarte: 204).

Einsteuerung Von S her kommend, halte man sich von den der Insel Škarda vorgelagerten kleinen Inseln frei und steuere in die Mitte der zwischen dem Rt Šatrin und dem Rt Čimbelić gelegenen Bucht. Da keine LF vorhanden sind, ist eine Einsteuerung nur bei Tage ratsam.

Liegeplätze In der NW-Ecke der Bucht findet man auf teils gut haltendem, teils sehr hartem Ankergrund etwa 50 m vor einer Anlegebrücke aus Stein WT zwischen 2 und 5 m. Da es an der Brücke weniger als 1 m tief ist, kann man dort nicht anlegen, aber eine Leine dorthin ausbringen. Die WT nimmt rasch zu.

Beschreibung Am Ende der Bucht, direkt oberhalb des Anlegers, steht eine Ruine. Sonst gibt es hier keine Behausungen. An der N-Seite der Insel Škarda befindet sich die einzige, gleichnamige Ortschaft, deren wenige Einwohner sich mit Landwirtschaft, Schafzucht und Fischerei beschäftigen.

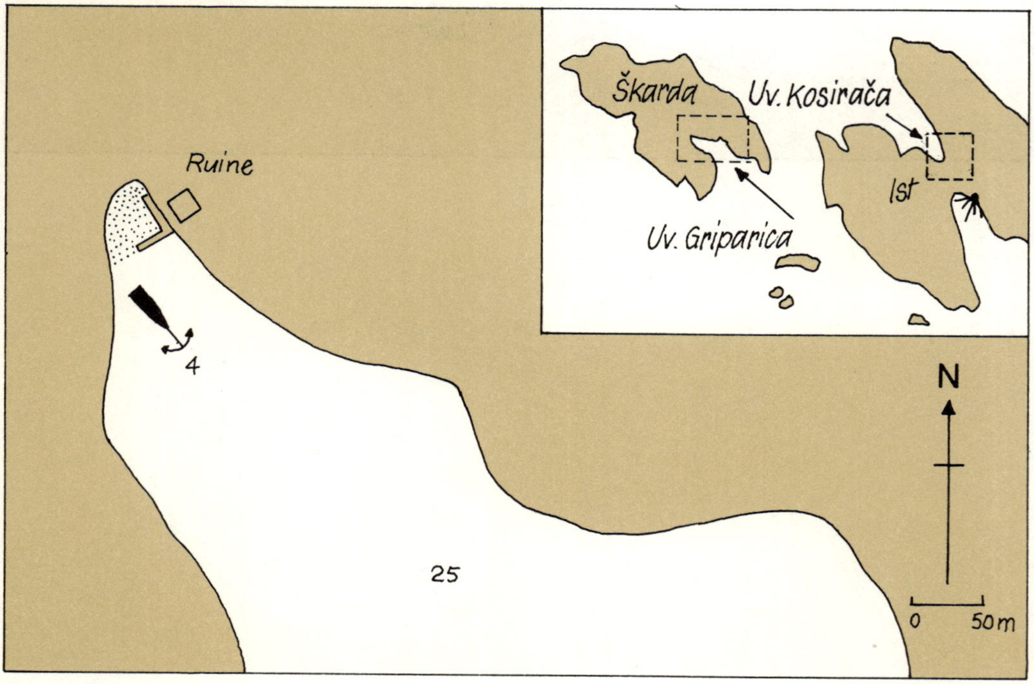

Ankerbucht Kosirača

Gegen fast alle Winde, außer aus NW, gut geschützte Ankerbucht auf der NW-Seite der Insel Ist (Seekarte: 204).

Einsteuerung Da keine LF vorhanden sind, ist eine Einsteuerung nur bei Tage zu empfehlen. Von S kommend, achte man auf die der Durchfahrt zwischen den Inseln Škarda und Ist vorgelagerten kleinen Inseln und halte sich von diesen frei. Nach Passieren dieser Durchfahrt sieht man an Stb. die Bucht.

Liegeplätze Am Ende der Bucht befindet sich am Westufer eine ca. 20 m lange Mole mit 2 m Wasser am Kopf. Die dahinter liegenden kleinen Molen haben nur sehr wenig WT, teilweise unter 0,50 m. In der Buchtmitte kann man auf 6 bis 12 m WT auf gut haltendem Sandgrund ankern.

Beschreibung Der Ort Ist ist in wenigen Minuten auf einem ordentlichen Weg zu erreichen. Näheres s. S. 138.

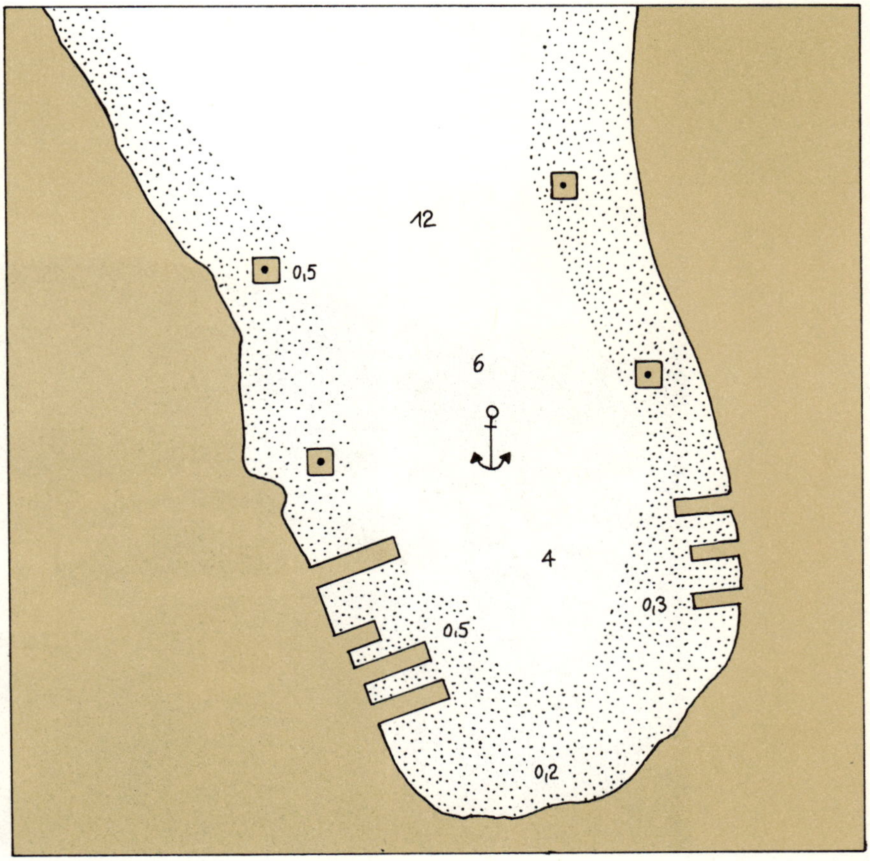

Hafen Ist

Der kleine, gegen alle Winde gut geschützte Hafen liegt an der NE-Küste der im SW-lichen Teil der Insel Ist gelegenen Bucht Široka (Seekarten: 100–17, 100–19, 204).

Einsteuerung Bei Tag ist die Einsteuerung problemlos. Als Landmarken dienen das Molenfeuer und die Kapelle auf dem Hügel Straža. Man achte auf die unbefeuerte, nur mit einer Pricke bezeichnete Untiefe, die ca. 1 sm südöstlich des Hafens liegt. Das Einlaufen bei Nacht ist erschwert, da das Molenfeuer (F.gn.) sehr schwach ist und sich von den Lichtern von Ist schlecht abhebt. Um von den Inseln vor der SW-Spitze von Ist und der genannten Untiefe freizubleiben, steuere man mit Kurs 330° bis 340° auf das Molenfeuer zu.

Liegeplätze Hinter dem für die Fähre reservierten Teil kann man mit Heckanker an die Mole gehen (WT2–1,70 m). Achtung: Mauervorsprung! Am Kopf der nördlichen Mole liegt Bauschutt im Wasser. In der Bucht kann man auf Sandgrund ankern.

Beschreibung Hafenamt und Post im Ort. Gebühr. Restaurant. Die Versorgungsmöglichkeiten sind beschränkt. Zisternenwasser aus einem Wasserhahn bei der Post.

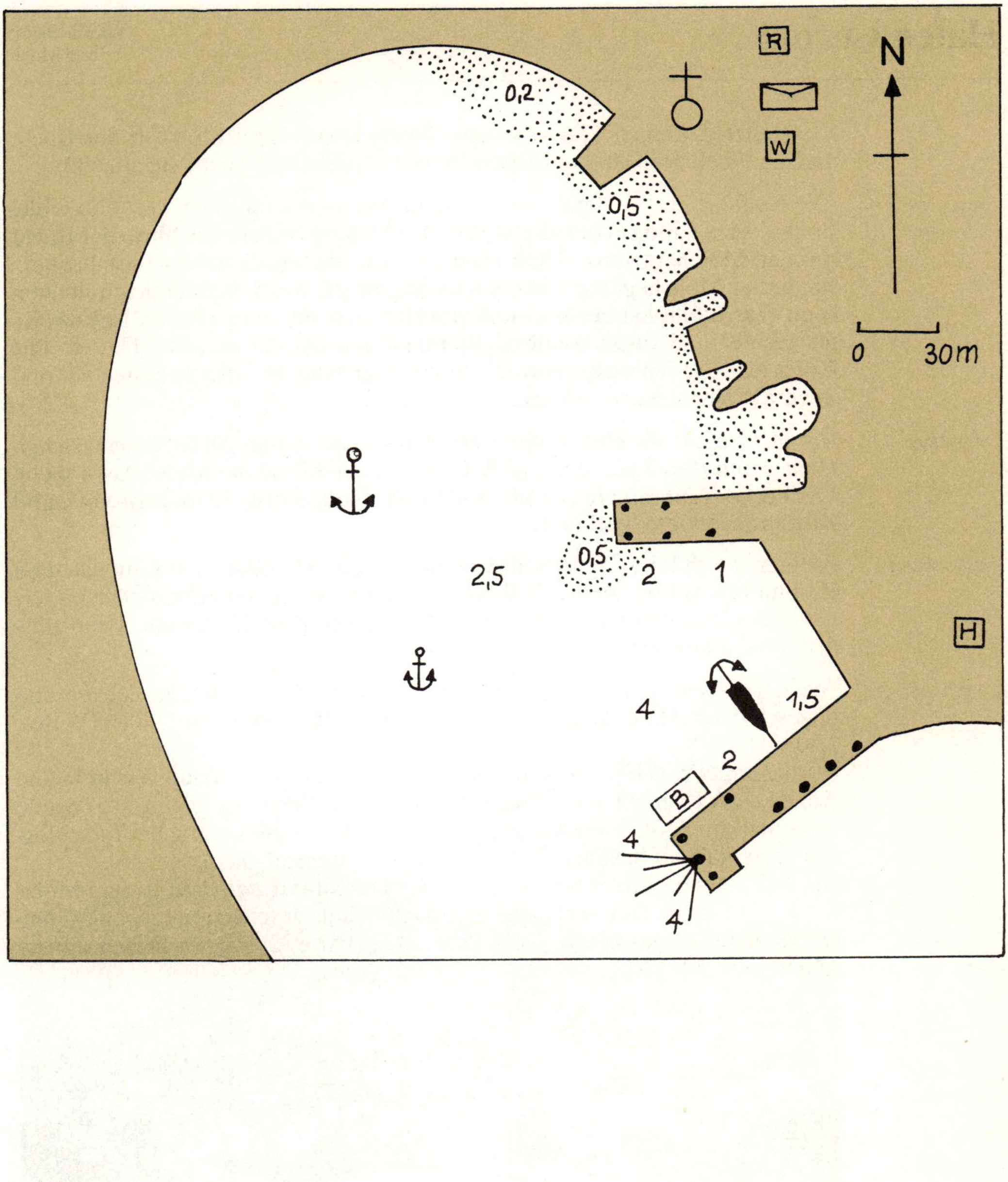
R
N
W
0
30m
0,2
0,5
0,5
2,5
2
1
H
4
1,5
2
B
4
4

Hafen Lučina

Lučina-Bucht
Insel Molat

Geschützter, kleiner Hafen an der SW-Seite der Insel Molat in der Bucht Lučina (Seekarten: 100–17, 100–19, 100–20, 204, 205 und Plan auf 532).

Einsteuerung

Die Einfahrt in den Hafen erkennt man erst nach Umrunden von Kap Golubinjka. Man halte bei der Einfahrt in den Hafen genau in der Mitte der Bucht auf den Molenkopf zu. A c h t u n g : Auf der Stb.-Seite der Einfahrt kurz hinter der Mole liegt ein Unterwasser-Steinwurf, von dem man sich freihalten muß. Etwas erhöht auf der E-Seite des Hafens befindet sich das LF Lučina (F.r. 50° bis 57°). Es deckt das Rt Golubinjka und die vorgelagerte Untiefe Plič Bonaster ab. Somit muß außerhalb des roten Sektors, also zwischen 57° und etwa 70°, eingesteuert werden.

Liegeplätze

Vor Heckanker am Molenkopf entweder vor oder hinter der Mole festmachen (Poller und Ringe vorhanden). WT 1,50 bis 2 m hinter der Mole, davor mehr. Der bei der Einfahrt vor der Mole an Bb. liegende Kai ist für Berufsschiffe und Küstenwachboote bestimmt.

Beschreibung

Kleiner, geschützter, jedoch unschöner Hafen; Militärschule. Geschäft und Post im Ort auf der Anhöhe, Wasser in den Häusern am Hafen oder im Ort neben der Post. Brot nur während der Sommermonate. Baden am Hafen möglich, Ambulanz im Ort.

Umgebung

Auf der E-Seite der Insel gibt es einen kleinen, für Yachten zu flachen und ungeschützten Hafen in der großen, nach N geöffneten Bucht U. Jazi (WT ca. 1,50 m).
Etwa 2 sm NW-lich der Lučina-Bucht findet man in der **Vrulje-Bucht** kleine Anleger (WT außen 4 m, innen 1,50 m). Die Bucht ist gegen alle Winde geschützt durch die vorgelagerte Insel Brguljski. Einsteuerung bei Tage möglich nach Plan auf Seekarte 532. Keine Versorgungsmöglichkeiten.
Am N-Ende von Molat findet man in der Durchfahrt zwischen Ist und Molat vor der Ortschaft **Zapuntel** einen gegen alle Winde geschützten Liegeplatz hinter der ersten Mole (WT ca. 2 m). Plan auf Seekarte 22. Die nördliche Einfahrt ist befeuert (Blz. 2s).

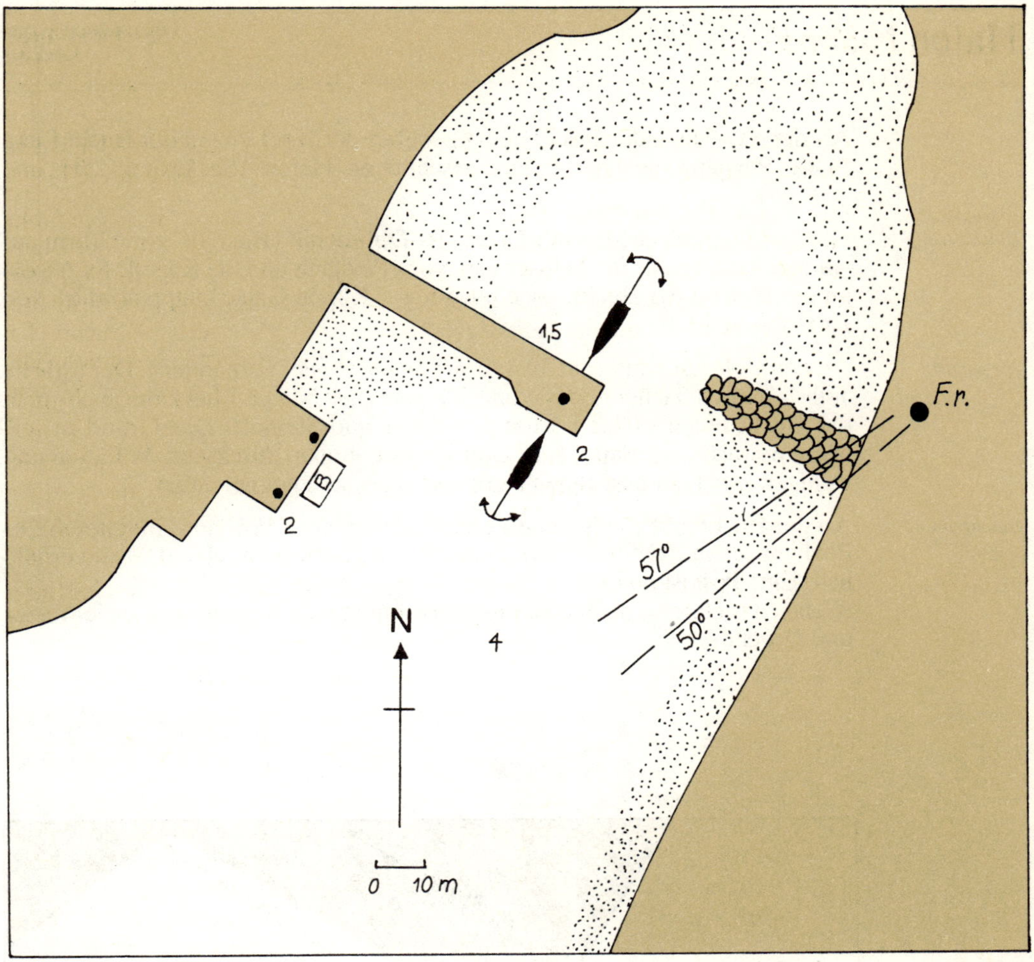
1,5
2
B
2
F.r.
57°
50°
N
4
0 10 m

Hafen Nova Povljana

Luka Nova Povljana
Insel Pag

An der SW-Küste der Insel Pag (gegenüber der Insel Vir) in der Bucht Luka Nova Povljana gelegener, gut geschützter Hafen (Seekarten: 204 und 100–19).

Einsteuerung Als Landmarken dienen der LT auf Rt Dubrovnik (Blz.r. 3s; roter Turm auf weißem Unterbau), die Häuser von Nova Povljana und die Kapelle Sv. Nicola an der E-Seite der Bucht. A c h t u n g : Klippe Gajac knapp nördlich von Rt Dubrovnik!

Liegeplätze An der Mole kann man auf 3–4 m WT liegen (Poller vorhanden). Der östliche Teil wird rasch flacher und ist von Einheimischen belegt. Man kann auch gut in der Bucht ankern (A c h t u n g : Poller und Steine!). Der Grund ist teilweise bewachsener Sand, zum Ufer hin mit Steinen durchsetzt. WT 15 m und weniger. Der Hafen ist gegen Bora und Schirokko gut geschützt.

Beschreibung An der Bucht gibt es die neue Feriensiedlung Nova Povljana. Im älteren Ort Povljana, etwa 20 Minuten landeinwärts, sind Lebensmittel und Wasser erhältlich. Eine Post ist im Ort.
SE-lich des Hafens, beim Campingplatz, findet man Restaurants sowie Wasser und Dusche.

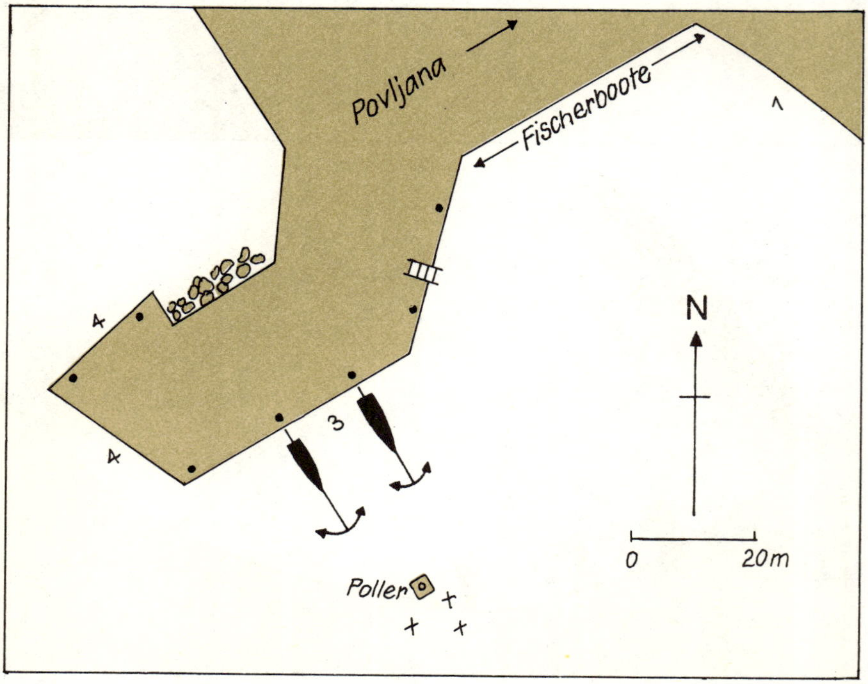

Hafen Privlaka

Kleiner, gut geschützter Hafen, jedoch nur als Nothafen zu empfehlen, ca. 11 sm nördlich von Zadar (Seekarte: 204).

Einsteuerung Die höher gelegene Ortschaft ist weithin gut sichtbar. Auf der Mole hinter dem quer dazu stehenden Wellenbrecher befindet sich ein LF (Blz.r. 3s), das nur im Sektor 104°–194° sichtbar ist.

Liegeplätze Vor Heckanker an der Mole. Meist ist diese jedoch von Fischerbooten belegt, so daß man längsseits daran festmachen muß. An der Innenseite des Wellenbrechers liegen meistens Fischerboote, weiter innen ist die Wassertiefe geringer als 1 m.

Beschreibung Ärmlicher, nicht empfehlenswerter Hafen. Keine Einkaufsmöglichkeiten (eventuell Brot erhältlich); Restaurant.
Privlaka liegt an der S-Seite des westlichen Eingangs zum Privlački-Kanal, der eine Verbindung zur Bucht von Nin herstellt. Der Kanal ist flach (WT 2 m, häufiges Versanden) und nur für kleine Boote geeignet, die sich unbedingt an die aufgestellten Markierungsblöcke halten sollten. Die Durchfahrt wird von einer Straßenbrücke überspannt (maximale Durchfahrtshöhe 8 m).
Von Privlaka ist ein Ausflug zu dem etwa 6,5 km entfernten römisch-mittelalterlichen Städtchen Nin zu empfehlen (sehenswertes Museum).

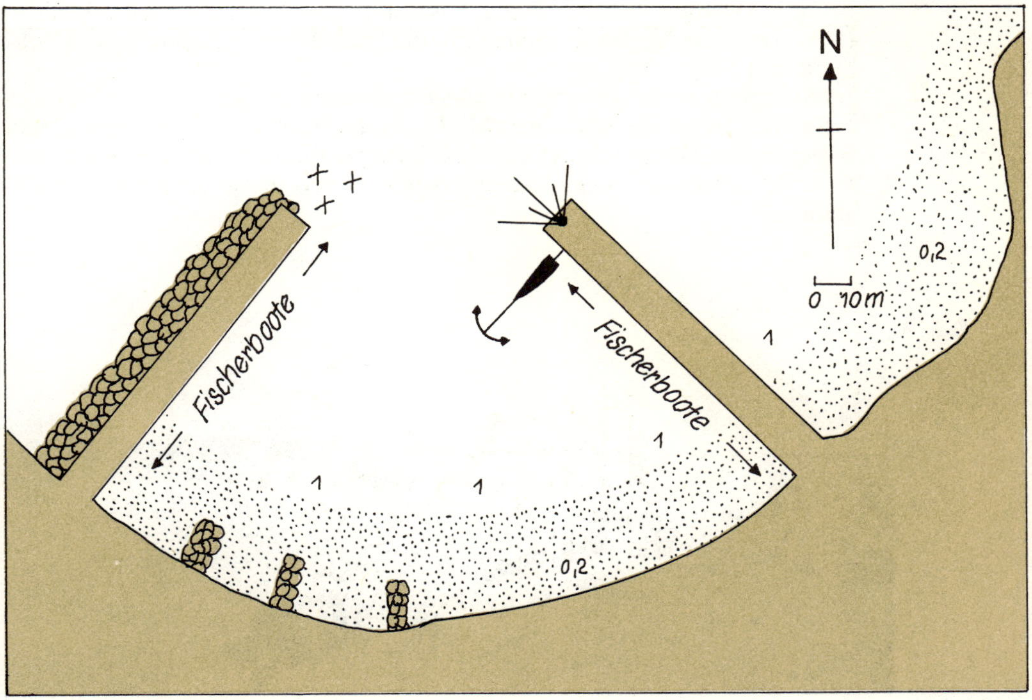

Hafen Zadar

Großer, vielbefahrener Hafen, der nach NW geöffnet ist und bei allen Winden sehr guten Schutz bietet (Seekarten: 204, 205, 100–20, Plan Zadar).

Einsteuerung

Von NW kommend, halte man auf die Hafeneinfahrt zu, die an Bb. durch den Kopf einer großen Mole mit LF (Blz.r. 3s) und an Stb. ebenfalls durch ein LF (Blz.gn. 2s) markiert wird. Nachdem man den Molenkopf passiert hat, halte man sich nach Bb. Von S kommenden Booten dient das auf dem Kap Ostrirat befindliche LF (Blz.(3) 10s). Nachts ist somit eine Einsteuerung ohne weiteres möglich.

Liegeplätze

Sehr gute, geschützte Liegeplätze finden Sportboote nach der Hafeneinfahrt an Bb. in der Marina, wo die WT mindestens 4 m beträgt; Festmachebojen liegen aus. Vom Kopf der N-Mole aus verkehren ständig kleine Fährboote zur Stadtseite hinüber. Die nach ENE gerichtete Bucht U. Boska ist zur Marina hinzugekommen und als Yachthafen ausgebaut. An der Stb.-Seite des Hafens ist für Sportboote kein Platz, da dort die Berufsschiffahrt liegt.

Beschreibung

Zadar ist ganzjährig geöffneter Einklarierungshafen. Das Hafenamt für Sportboote befindet sich in einem kleinen Haus in der Grünanlage gegenüber dem Molenkopf an der Stadtmauer. In der Marina Wasser- und Stromanschluß am Liegeplatz. WC, Duschen, Restaurant, Zollfreiladen, 15-t-Kran für Trailer-Entladungen, Parkplätze, Reparaturmöglichkeiten, Sportbootvermietung. Wasser ist außerdem auf der Mole aus einem Hydranten (Hafenkapitän) erhältlich. Treibstoff an einer Tankstelle südöstlich der Marina (WT davor etwa 2 m). Treibstoff in größeren Mengen kann über die Fa. Brodokomerc zollfrei beantragt werden. Im alten Hafen Fosa ist in einer Fischfabrik Eis erhältlich. (Sehr flachgehende Boote können Eis und Fisch direkt im Hafen Fosa an Bord nehmen.)

Im Stadtzentrum jenseits der Fußgängerbrücke hinter der Stadtmauer gibt es zahlreiche Geschäfte und einen Markt. In der Nähe der Marina findet man Supermarkt, Metzgerei und ein Geschäft, wo Bäckereiwaren verkauft werden. Postamt, zahlreiche Restaurants und Hotels in der sehenswerten Altstadt.

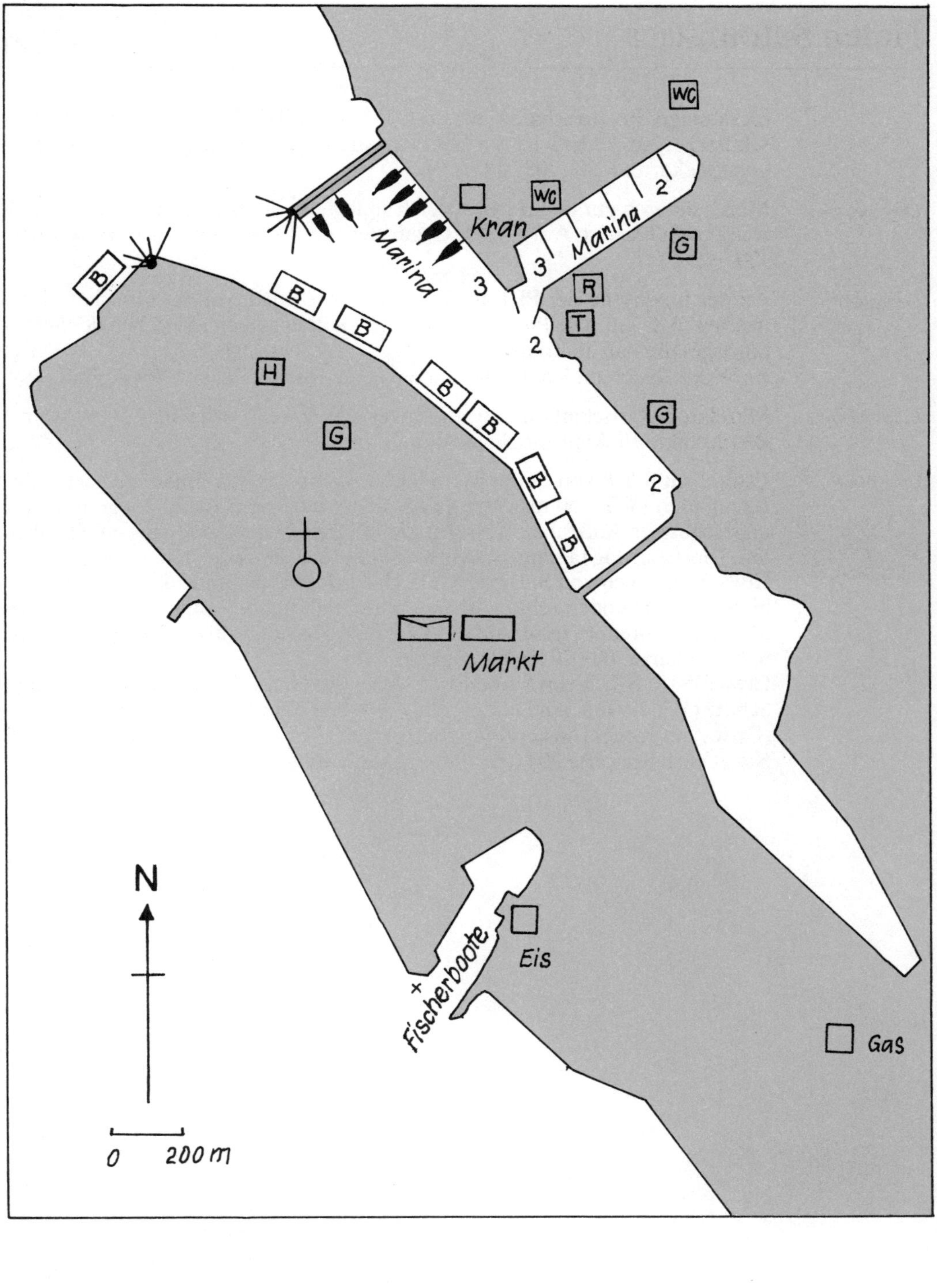
WC
WC
Kran
Marina
Marina
3
3
2
2
2
G
G
G
R
T
H
B
B
B
B
B
B
B
B
Markt
N
0 200 m
Eis
Fischerboote
Gas

Hafen Sutomiščica

Geräumiger Fischereihafen, der nach N offen und deshalb bei Bora sehr ungeschützt ist. An der E-Seite der Insel Ugljan unmittelbar Zadar gegenüber gelegen (Seekarten: 204, 205, 100–20).

Einsteuerung Man halte sich gut in der Mitte der Einfahrt, da die Bucht zum Ufer hin teilweise recht flach ist. Am Kap Sv. Grgur steht das LF Sutomiščica (F.r., sichtbar: 129°–292°).

Liegeplätze An der Innenseite der Pier an der E-Seite der Bucht vor der Ortschaft Sutomiščica. WT 3 m. Die Pier ist erkenntlich an dem gelben Häuschen der Schifffahrtsgesellschaft Jadrolinja.
Im W der Bucht am Kopf einer kurzen Mole vor Heckanker, WT 2,50 m.

Beschreibung Mittelgroße Ortschaft ohne Touristenverkehr. Zwei bescheidene Restaurants. Beschränkte Einkaufsmöglichkeiten.

Umgebung Etwa 2 sm S-lich von Sutomiščica findet man im Hafen **Preko** auf Ugljan im Innenhafen (WT 1,50 m) einen gegen alle Winde geschützten Liegeplatz. Im ungeschützten Außenhafen beträgt die WT 3 m. Gute Versorgungsmöglichkeiten. Einsteuerung tags und nachts nach Seekarte 204 oder 100–20 möglich.
Etwa 3 sm S-lich von Sutomiščica liegt der Fischerhafen **Kali** auf Ugljan. Er bietet ausreichenden Schutz, ist aber meist mit Fischerbooten belegt. Auf dem Molenkopf brennt ein schwaches LF (F.r.). Einsteuerung bei Tag und Nacht nach Seekarte 100–20 leicht möglich.
Etwa 3,5 sm N-lich von Sutomiščica bietet der Hafen **Ugljan** bei allen Winden Schutz (WT 1,50 m, am Dampferkai 4 m). Auf dem Molenkopf brennt ein LF (F.r/w.) mit rotem Einsteuerungssektor 226°–286°. Einsteuerung bei Tag und Nacht nach Seekarte 204 oder 100–20 leicht möglich.

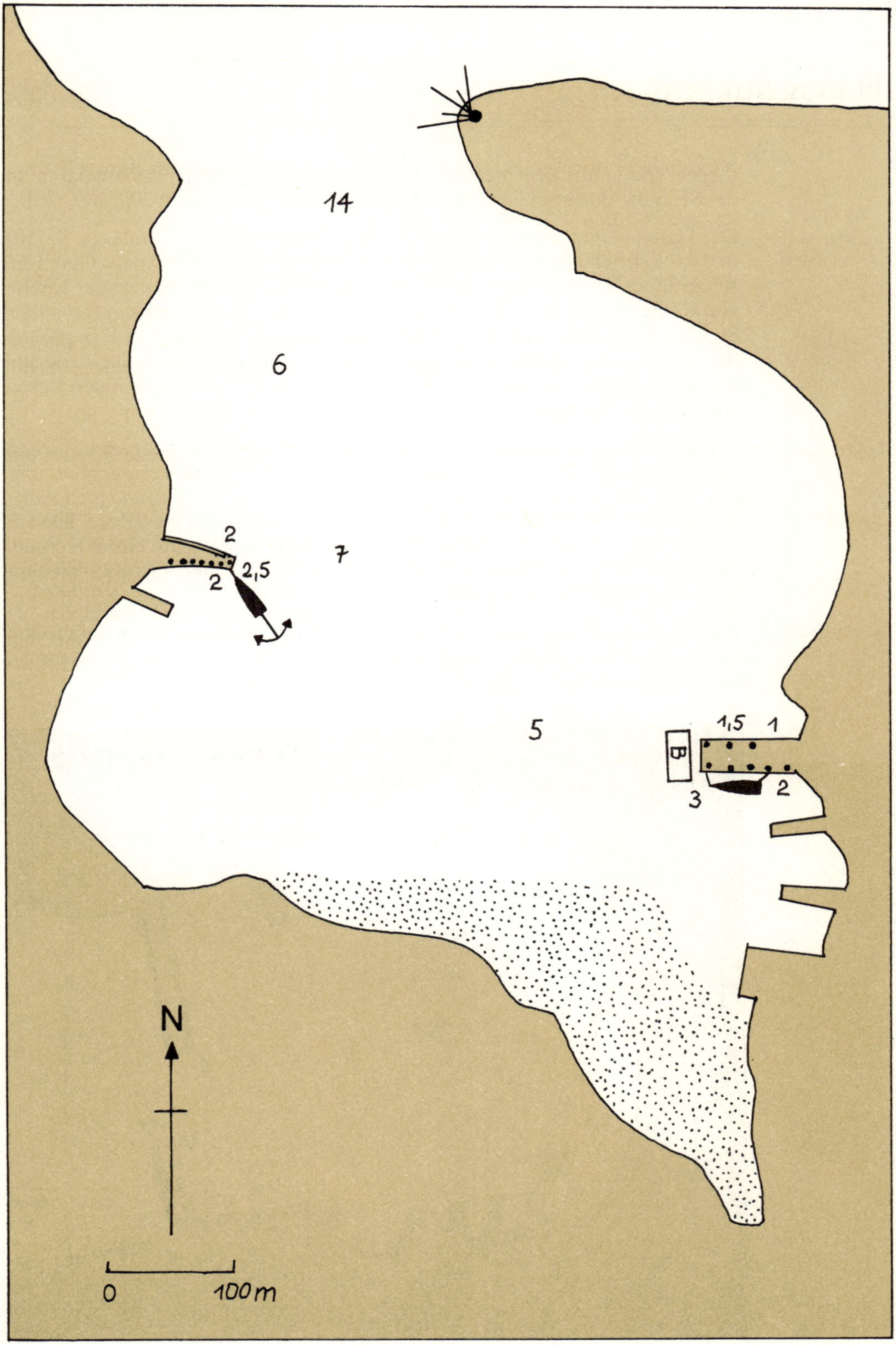
14
6
2
7
2,5
2
5
1,5
1
B
3
2
N
0
100m

Hafen Kukljica

Zadarski-Kanal
Insel Ugljan

Gegen Winde aus dem westlichen Sektor gut geschützter Fischereihafen an der SE-Seite der Insel Ugljan im Zadarski-Kanal (Seekarten: 205, 100–20).

Einsteuerung

Der Hafen befindet sich etwa 1 sm nördlich der Durchfahrt Ždrelac (s. S. 150) und ca. 5 sm südlich von Zadar an der W-Seite des Zadarski-Kanals. Gute Einsteuerungshilfen bei Tage sind der weithin sichtbare Glockenturm der Kirche von Kukljica und ein etwas nördlich der nördlichen Einfahrtshuk aufgestelltes Steinkreuz. Nachts wird die Einsteuerung durch ein schwaches LF (F.gn.) an der N-Huk vor dem Hafen erleichtert. Gut zu sehen ist auch die hell erleuchtete Uhr des Kirchturms. Nach Einfahrt in die Bucht halte man in den westlichen Teil des Hafens.

Liegeplätze

Liegeplätze findet man an der Innenseite der Wellenbrecher oder am südlichen Kai (beachte die für den Berufsverkehr reservierten Plätze!), an dem es aber sehr flach ist (Steine!). Das kleine, westlich gelegene Hafenbecken ist meist von Fischern belegt. Kleine Boote finden aber meist noch einen Platz. Die am N-Ufer liegende Mole mit 3 m Wasser am Kopf gehört zur Hotelsiedlung. Dort kann die Erlaubnis zum Festmachen eingeholt werden. Größere Yachten ankern im Hafen (Ankerlicht!).

Beschreibung

Hübsche Ortschaft, die von vielen Urlaubern aufgesucht wird, mit der großen Hotel-Bungalowsiedlung „Zelena Punta“ am N-Ufer. Mehrere Restaurants, Supermarkt, Wasser. Treibstoff beim Eingang zur Hotelsiedlung.

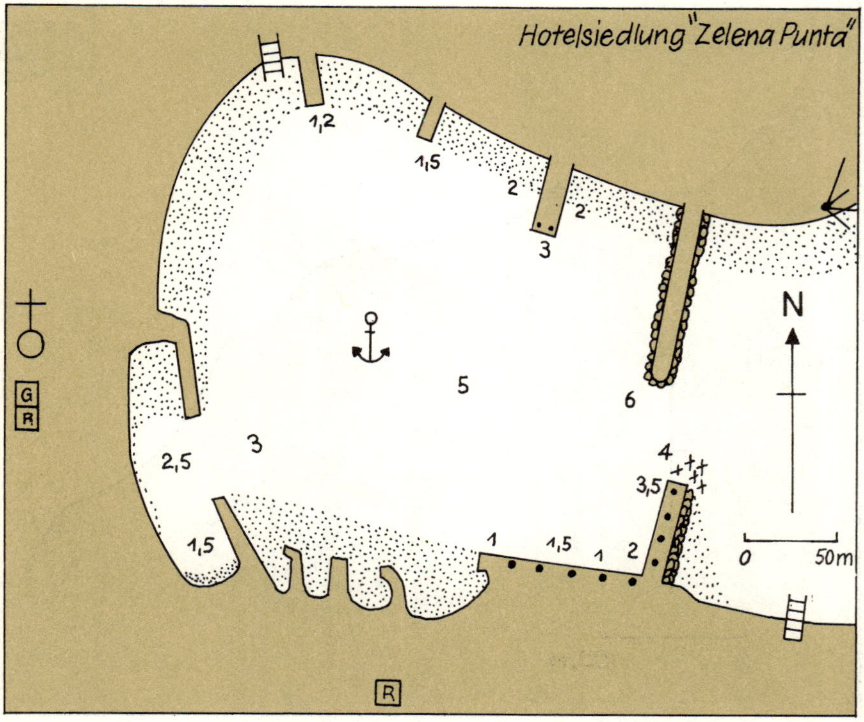

Hafen Turanj

Pašmanski-Kanal
Dalmatien

Geschützter, kleiner flacher Hafen im Pašmanski-Kanal etwa 2 sm nördlich von Biograd (Seekarten: 205, 100–20, 515).

Einsteuerung Der Pašmanski-Kanal ist Hauptschiffahrtsstraße für den gesamten Verkehr zwischen Zadar und Šibenik. Die 200 m W-lich des Hafens liegende Untiefe Plič Minerva ist befeuert (Blz.gn. 3s), so daß eine Einsteuerung nachts keine Schwierigkeiten bereitet. Der Kopf der SW-Mole ist nicht mehr befeuert. Bei der Einsteuerung in den kleinen Hafen halte man sich mehr auf die S-Seite, da in Nähe der N-Mole die WT nur etwa 1 m beträgt.

Liegeplätze Man liegt an der SW-Mole innen auf WT von 3 bis 3,50 m. A c h t u n g : Am Kai direkt vor der Ortschaft ist das Wasser sehr flach (unter 1 m)! Falls die Innenseite der SW-Mole belegt sein sollte, muß man außen auf 3,50 m WT festmachen.

Beschreibung Wasser erhältlich. Schlechte Versorgungsmöglichkeiten in der kleinen, verfallenen Ortschaft. Einige Hotels und ein Campingplatz mit Badestrand.

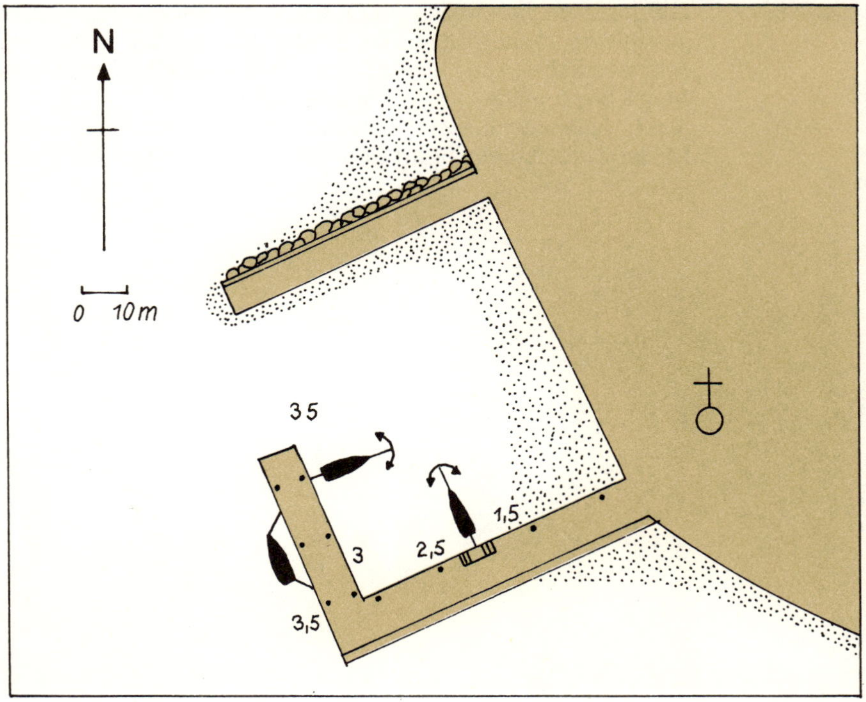

Durchfahrt Ždrelac

Zwischen den Inseln Pašman und Ugljan besteht eine Durchfahrt, die eine Verbindung zwischen dem Srednij-Kanal und dem Zadarski-Kanal herstellt (Seekarten: 205 und 100–20). Die Durchfahrt wird von einer Brücke mit 16,50 m Durchfahrtshöhe überspannt.

Einsteuerung

Die Einfahrt von N zwischen den Inseln Ugljan und Pašman ist durch ein LF auf einem roten Turm vor Ugljan und ein LF auf einem weißen Turm vor Pašman bezeichnet. Nach Passieren der kleinen Kapelle Gospa od Sniga an Stb. halte man auf die LT nördlich der Brücke zu.
Von S kommend, sieht man von weitem die Brücke. Die Insel Karantunić, die durch ein LF bezeichnet ist (Blz.(3) 10s), lasse man gut an Bb.

Beschreibung

Die eigentliche Durchfahrt unter der Brücke ist bezeichnet. Fahrwasserrichtung ist dabei von S nach N. Vor dem durch zwei Mauern gebildeten Kanal unter der Brücke stehen im Wasser an Bb. ein roter (Blz.r.) und an Stb. ein grüner (Blz.gn.) Turm auf einem Betonsockel. Die Mauern sind an ihrem S-Ende an Bb. durch eine rechteckige weiße Tafel, an Stb. durch eine dreieckige grüne Tafel bezeichnet. Am N-Ende stehen an Bb. ein roter Turm (Blz.r.), an Stb. ein grüner Turm (Blz.gn.). Danach folgen im Wasser ein roter Turm (Blz.r.) und ein weißer Turm (Blz.) an Bb. und ein grüner Turm (Blz.gn.) an Stb.
Der Kanal ist auf 5 m WT ausgebaggert. Die Geschwindigkeit ist auf 8 kn beschränkt. Wegerecht haben Linienschiffe, danach von N kommende Schiffe. Es kann sehr starker Strom (auch gegen die Windrichtung!) setzen, so daß eine Passage schwierig oder sogar unmöglich wird.

Liegeplätze

Die große Bucht nördlich der Durchfahrt ist ein vorzüglicher, gegen alle Winde geschützter Ankerplatz. Man bleibe gut aus der Durchfahrtsrichtung des Schiffsverkehrs. Eine kleine Mole bei der Kapelle Gospa od Sniga bietet die Möglichkeit, auf 2–3 m WT festzumachen.
Aus Gründen der besseren Übersicht ist der Plan nicht genau maßstäblich! Die LF der Ždrelac-Durchfahrt sind im Lfv. nicht aufgeführt.

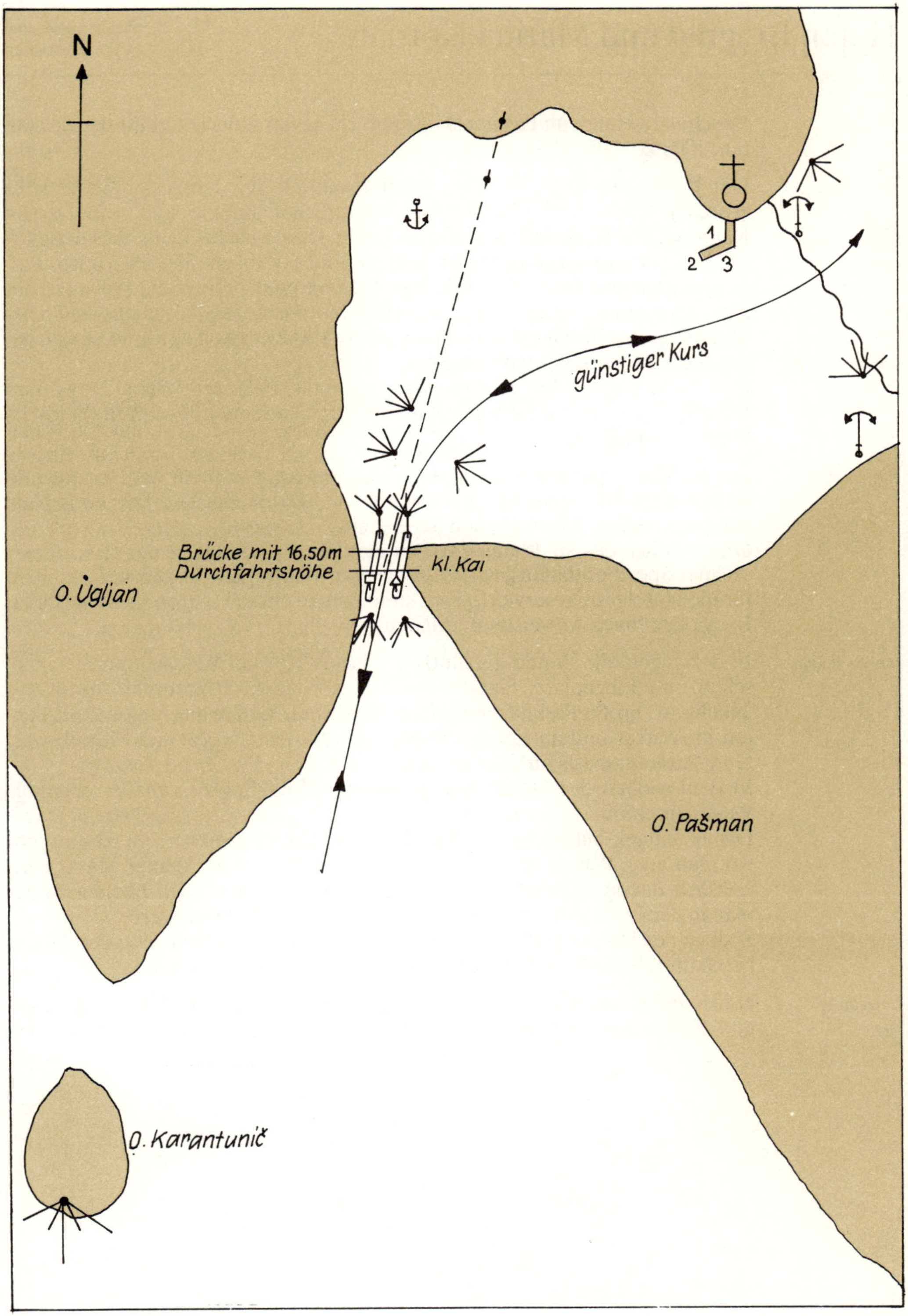
N
günstiger Kurs
1
2
3
Brücke mit 16,50 m
Durchfahrtshöhe
kl. Kai
O. Ugljan
O. Pašman
O. Karantunič

Hafen Biograd und Marina Kornati

Geschützte Häfen im Pašmanski-Kanal, ca. 15 sm südlich von Zadar (Seekarten: 100–20, 205, 515).

Einsteuerung

Der Pašmanski-Kanal ist Hauptschiffahrtsstraße für den gesamten Verkehr zwischen Zadar und Šibenik. Alle wesentlichen Punkte sind befeuert (Sv. Katarina, Plič Kočerka), so daß eine Einsteuerung nachts keine Schwierigkeiten bereitet. Am Kopf der N-Mole steht ein LF (Blz.gn. 3s). Achtung: In unmittelbarer Nähe des südlichen Molenkopfes beträgt die WT nur 1 bis 2 m, dann jedoch schnell mehr werdend! Nördlich des Stadthafens sind neue Molen für die Fähren gebaut worden. Etwa 1 kbl westlich davon ist eine unbeleuchtete grüne Spitztonne ausgelegt.
Die Molenköpfe der Marina sind ebenfalls befeuert (Blz.r.(2) 5s und Blz.gn.(2) 5s). Achtung: Die Einfahrt ist nur etwa 30 m breit (beidseits Steinschüttungen).

Liegeplätze

Da der kleine Haupthafen sowie die Fähranleger vor allem der Berufsschiffahrt vorbehalten sind, lege man sich in die Marina Kornati. Der Liegeplatz wird zugewiesen. Muringleinen liegen aus.
Dicht südlich des Stadthafens von Biograd liegt ein hoteleigener, geschützter seichter Sportboothafen (nur für kleine Sportboote). Die Plätze sind vor allem für die Hotelgäste reserviert, doch kann man eventuell (gegen Gebühr) einen Liegeplatz (nach Anweisung) erhalten.

Beschreibung

In der gegen alle Winde geschützten Marina Kornati Wasser- und Stromanschluß am Liegeplatz; Sanitärblock, Zollfreiladen, Restaurant, 10-t-Kran, Takelmast, große Parkflächen, kleine Werkstatt. Überwinterungsmöglichkeiten im Wasser und an Land. Die Marina vermietet Segel- und Motorboote. Gute Ausgangsbasis für die Kornaten.
In dem südlich des Stadthafens gelegenen Hotel-Sportboothafen ebenfalls Wasseranschluß.
Das Hafenamt befindet sich gegenüber dem Hafen, daneben ein Restaurant, wo man auch Wasser in kleinen Mengen erhalten kann; kleiner Markt wird nördlich davon abgehalten. Alle anderen Versorgungsmöglichkeiten findet man in der Ortschaft. Tankstelle am Kai neben den Fähranlegern.
Südlich des Hafens sind drei größere Hotels; vor diesen, teilweise von Pinien beschattet, befindet sich ein Badestrand mit Süßwasserduschen.

Umgebung

N-lich und S-lich von Biograd bieten die kleinen Häfen **Filip-Jakov, Pakoštane** und die Ankerbucht **Crevena Luka** kleinen Booten bei ruhigem Wetter Schutz.

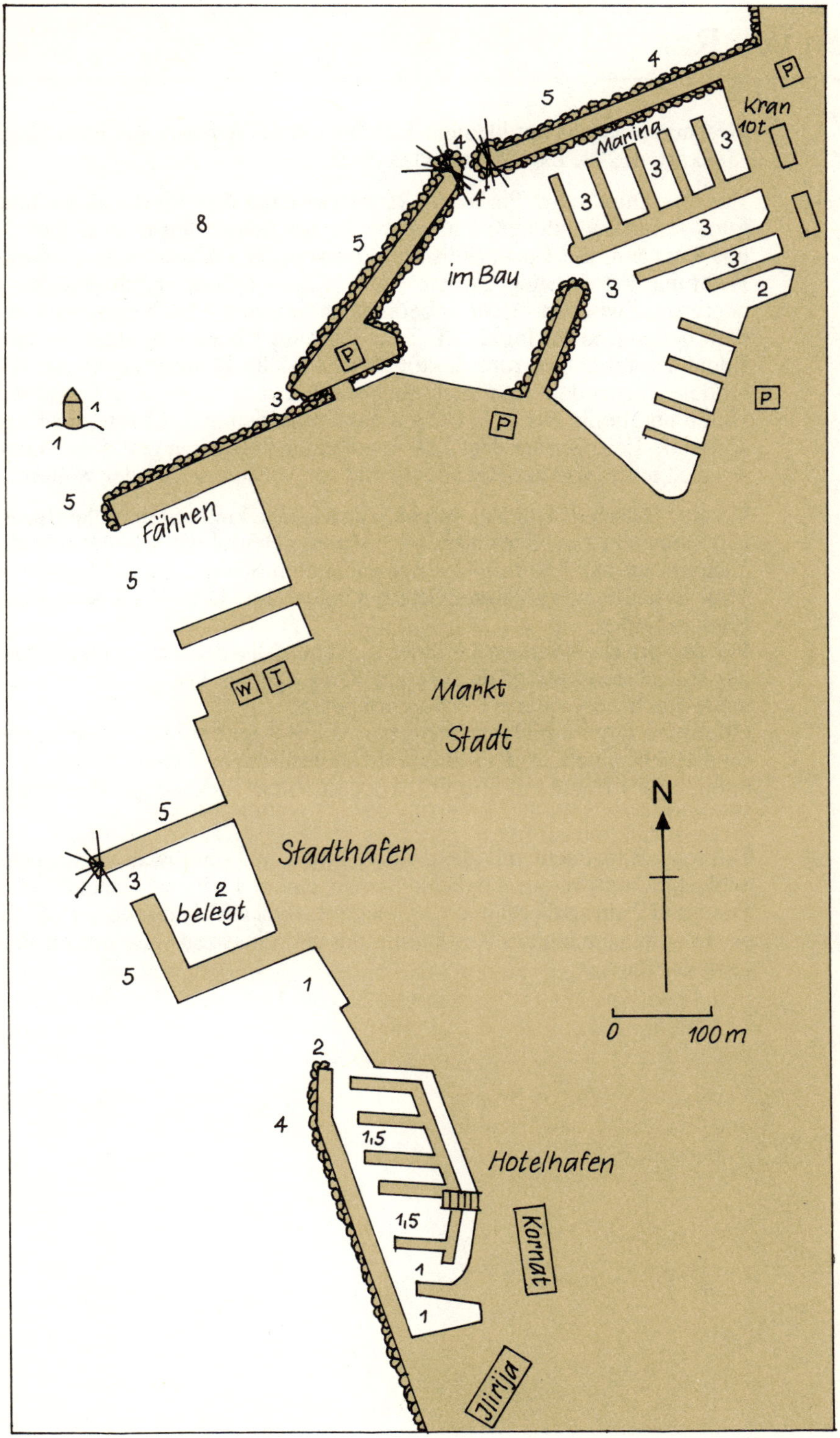

4
5
P
Kran
10t
Marina
3
3
3
3
3
3
2
4
4
8
5
im Bau
P
P
P
3
1
1
5
Fähren
5
W
T
Markt
Stadt
N
5
Stadthafen
3
2
belegt
5
1
0
100 m
2
4
1,5
Hotelhafen
1,5
Kornat
1
1
Jlirija

Hafen Veli Rat

Geschützte Bucht mit kleinem Hafen an der NW-Küste der Insel Dugi Otok (Seekarten: 204, 100–20 und Plan auf 532).

Einsteuerung

Aus der Durchfahrt Prolaz Maknare zwischen den Inseln Molat und Dugi Otok kommend, steuere man vorbei an der befeuerten Insel Golac (Blz. 3s) mit Kurs S in die Bucht Sološćica. Die vom Rt Oključić sich in südöstlicher Richtung erstreckende Untiefe wird an ihrer S-Seite durch eine Spitztonne begrenzt. Zwischen dieser unbedingt an Stb. liegen zu lassenden Tonne und dem befeuerten Rt Tanki (LF Zaliv Pantera, Blz.w/r. 3s) steuere man in die Bucht Pantera. Der rote Sektor des LF Zaliv Pantera deckt die Oključić-Untiefe ab, so daß man auch nachts einsteuern kann. Zur Einfahrt in den Hafen und in die Bucht Uv. Čuna halte man sich in der Mitte der Enge. Die minimale Tiefe beträgt dort 2,50 m auf einer Breite von gut 15 m. Nachts weisen die Lichter von Veli Rat an Stb. und von Verunić an Bb. den weiteren Weg.

Liegeplätze

Vor der Ortschaft Veli Rat befinden sich einige kurze Steinmolen für Fischer. Ein kleiner Hafen, der durch zwei Molen gebildet wird, bietet mittelgroßen Yachten auf ca. 1,50 m WT ausgezeichneten Schutz; die Außenseite der W-Mole ist häufig von kleineren Schiffen belegt. Im Hafen ist meistens kein freier Platz zu finden.

Vor der Ortschaft Verunić befinden sich ebenfalls mehrere kleinere Molen. An der südlichsten beträgt die WT am Kopf 1,50 bis 1,80 m; die Innenseite ist meist durch ein größeres Fischerboot belegt.

Oder man fahre am Dampferkai von Veli Rat vorbei in die allseitig geschlossene Bucht Čuna. Auf größtenteils bewachsenem Grund ankere man hier inmitten der Bucht auf 3 m WT. Hier ist Raum für eine größere Anzahl von Yachten.

Beschreibung

Hübsche Badebucht mit Sandstrand und von Föhrenwaldungen umgeben. Schlechte Versorgungsmöglichkeiten in einem kleinen Geschäft; Hummer, Fisch und Wein sind erhältlich. Wasser eventuell aus Zisternen. In Veli Rat gibt es außerdem ein kleines Restaurant, das allerdings zeitweise nur für Pensionsgäste geöffnet ist.

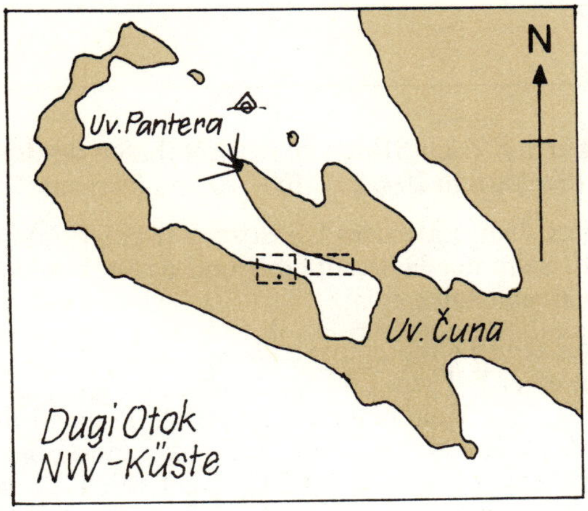
N
Uv. Pantera
Uv. Čuna
Dugi Otok
NW-Küste

N
B
1,5
0
10 m
Veli Rat

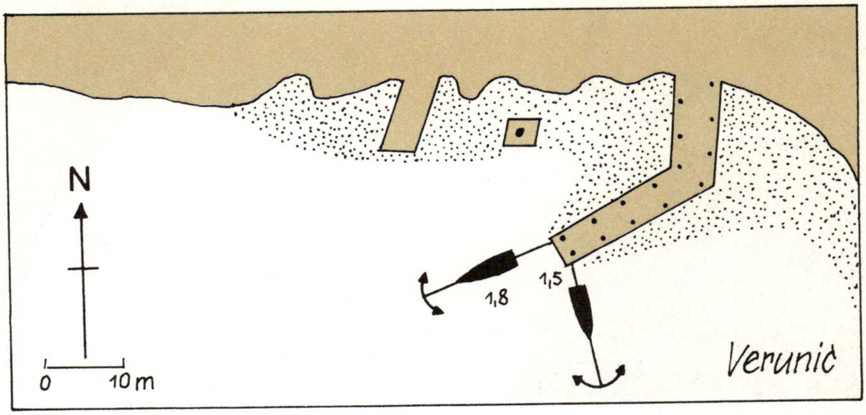
N
1,8
1,5
0
10 m
Verunić

Hafen Božava

Relativ gut geschützter, nach SE offener Fischerhafen an der NE-Seite der Insel Dugi Otok (Seekarten: 204, 205, 100–20 und Plan auf 532).

Einsteuerung Man halte sich nach Umrunden des LF Božava (Blz.gn. 3s) auf Rt Nedjelja mehr auf der Stb.-Seite der Hafeneinfahrt und passiere den für die Berufsschiffahrt vorbehaltenen Anlegeplatz.

Liegeplätze Unmittelbar hinter dem Dampferanlegeplatz kann man vor Heckanker vor der Kaimauer auf einer WT von 1,50 bis 2 m festmachen (Vorsicht, einzelne Steine!). A c h t u n g : Weiter innen nimmt die WT schnell ab; steinig! Eine andere Liegemöglichkeit bietet sich vor Heckanker hinter der kleinen Mole unmittelbar am Molenkopf, wo die WT 2 bis 3 m beträgt. Dieser Platz ist bei SE-Winden geschützter, man beengt jedoch die Einfahrt.
Bei geeigneten Windverhältnissen kann man auch an der Kaimauer (WT um 1,50 m, Ringe vorhanden) vor einem Hotel (und Restaurant) an der SW-Seite des Hafens festmachen.

Beschreibung Kleiner Fischerhafen und Touristenort. Kleiner Lebensmittelladen, Postamt, Arzt und mehrere Restaurants vorhanden. Außerdem gibt es noch zwei Hotels. Gute Bademöglichkeit außerhalb des Ortes bei Rt Nedjelja.
Bei starkem SE-Wind steht Schwell in den Hafen.

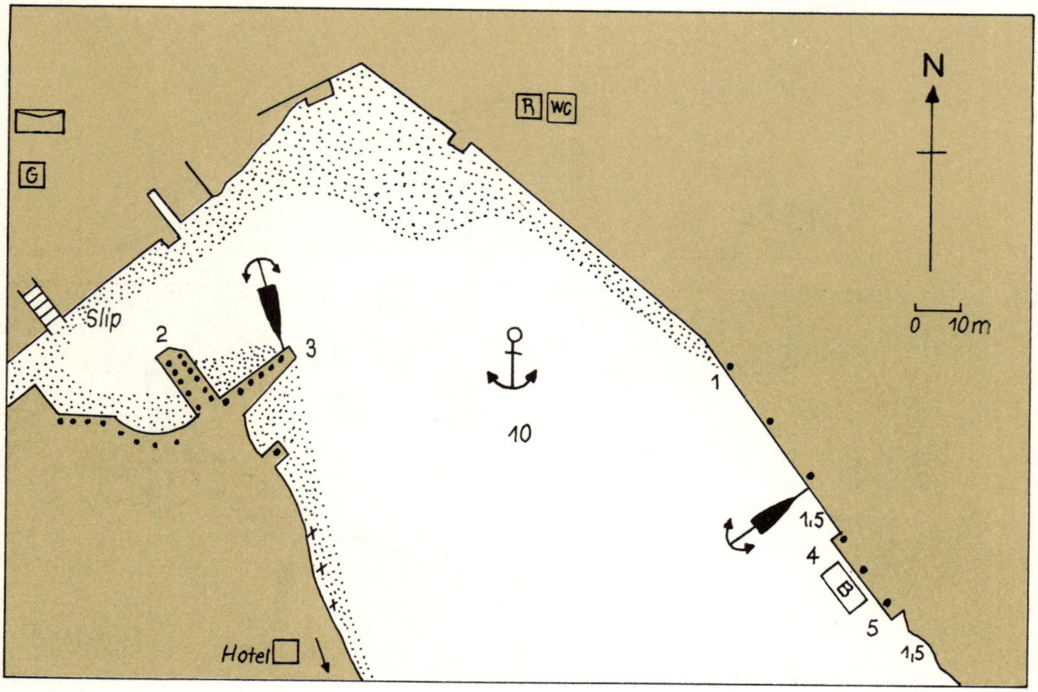

Hafen Luka

Insel Dugi Otok

Gut geschützter Hafen (außer gegen NW-Winde, die Schwell hervorrufen) an der E-Seite der Insel Dugi Otok (Seekarten: 205 und 100–20).

Einsteuerung Von NW her am Tage unproblematisch. Die Einsteuerung von E zwischen der Insel Luški und Rt Gubac ist möglich (WT 3 m), oft aber wegen starken Stromes nicht zu empfehlen. Eine Untiefe nördlich der Durchfahrt ist durch eine Bake bezeichnet. Ein nächtliches Einlaufen ist unter günstigen Wetter- und Sichtbedingungen mit Hilfe des Feuers auf der Insel Rava möglich. Luka selbst ist nicht befeuert.

Liegeplätze Im Anschluß an den Dampferanlegeplatz kann man sich an die Kaimauer legen (mit Bug- oder Heckanker). Innen und auf der S- und W-Seite wird die Bucht seicht.

Beschreibung Kleiner, noch ruhiger Hafen. Geschäft und Restaurant, Wasser.

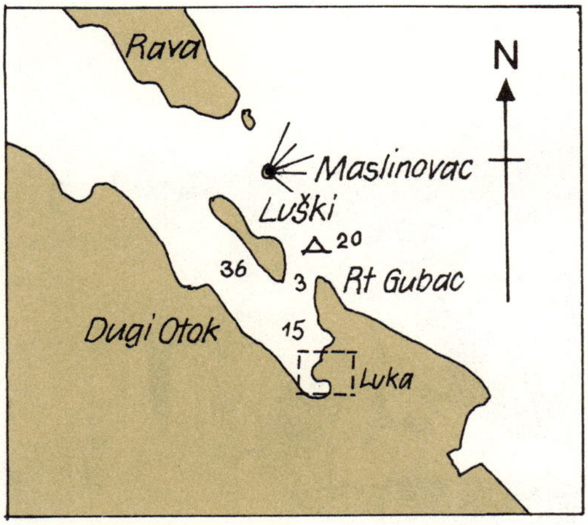

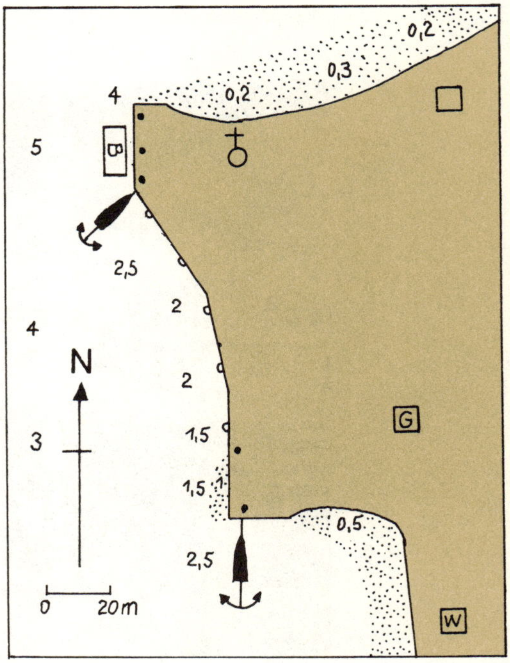

Hafen Sali

Sehr gut geschützter Fischereihafen im SE-Teil der Insel Dugi Otok (Seekarten: 205 und 100–20).

Einsteuerung

Die Einsteuerung bereitet keine Schwierigkeiten. Man halte genau auf das Molenfeuer (F.gn.) zu. Die WT beträgt hier in einem weiten Bereich mehr als 5 m.

Liegeplätze

Gut geschützte Liegeplätze befinden sich an der NW-Seite der Mole, wo man mit Heckanker festmacht. WT an der Mole 3 bis 4 m. Im zweiten Hafenbecken liegen meist sehr viele kleine Fischerboote, im äußeren Hafenbecken meist große Fischdampfer. Bei südlichen und östlichen Winden liegt man auch geschützt vor Anker vor den neuerbauten Hotels. Der Außenhafen ist Bora und Schirokko ausgesetzt. Bei südlichen Winden kann man in der Bucht Salšćica, unmittelbar nördlich von Sali, ankern.

Beschreibung

Sali ist ein kleiner Fischerort mit Fischindustrie. Alle Einkaufsmöglichkeiten, Hafenkapitän, Post und Restaurant. Treibstoff nicht erhältlich. Wasser bekommt man in Nähe der Fischfabrik. In der NW-Bucht auf der Rückseite der Halbinsel (zehn Minuten Fußweg) befindet sich ein schöner, teilweise befestigter Badestrand.
In der Saison kann der Hafen sehr voll sein und die Versorgung auf Schwierigkeiten stoßen.

Umgebung

Etwa 1 sm SE-lich von Sali liegt die gut geschützte **Dumboka-Bucht** mit Ankermöglichkeit auf 4 m WT.
3 sm NW-lich von Sali befindet sich der gut geschützte Hafen **Žmanšćica** mit WT von 2 bis 3 m an der äußeren Mole (Dampferkai). Geringe Versorgungsmöglichkeiten.

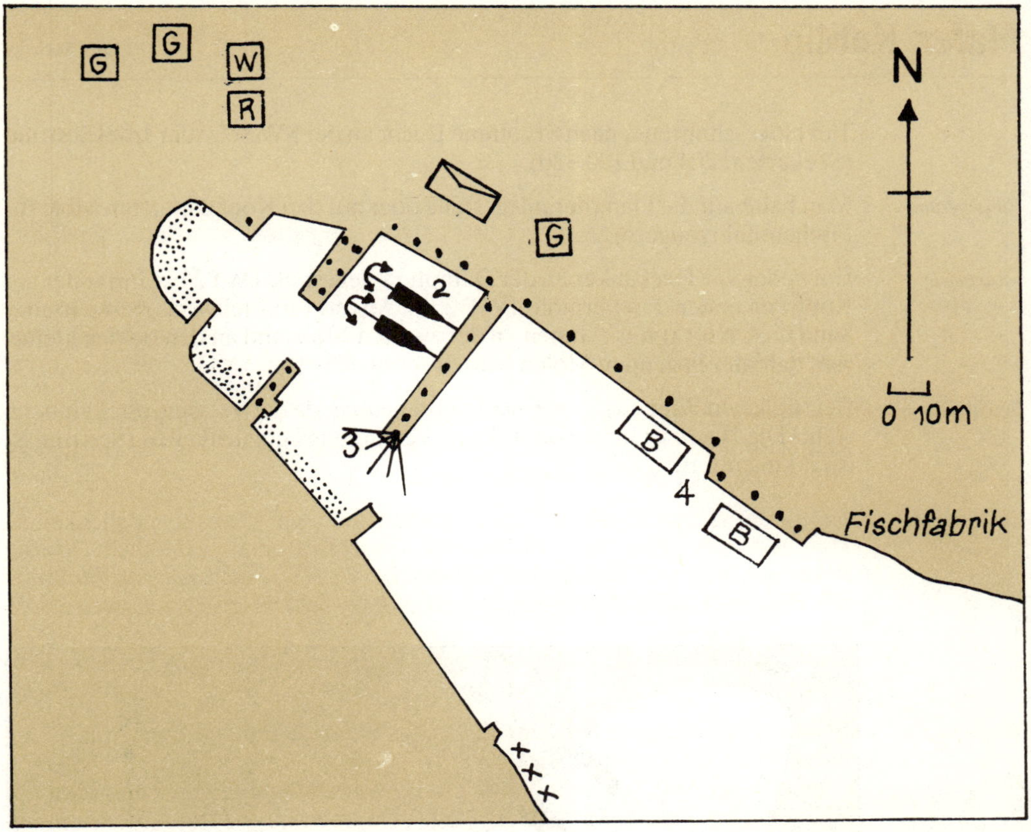
G
G
W
R
G
2
3
B
4
B
Fischfabrik
N
0 10m

Hafen Kablin

Tief eingeschnittene, nach SE offene Bucht an der SW-Seite der Insel Sestrunj (Seekarten: 204 und 100–20).

Einsteuerung Man halte auf die Dampferanlegestelle oder auf den Kopf der ersten Mole für Fischereifahrzeuge zu.

Liegeplätze Entweder vor Heckanker an der Dampferanlegestelle (WT 2 bis 3 m) oder am Kopf der ersten Fischermole (WT 2 m, Ankergrund teilweise bewachsener Sand). Achtung: Innen an der zweiten Mole und an den beiden kleineren, dahinter liegenden Molen wird es sehr flach!

Beschreibung Bei südlichen Winden ist die Bucht unbrauchbar, da der Seegang direkt hineinsteht. Die Bucht ist unbewohnt, keine Versorgungsmöglichkeiten (Sestrunj ist ca. 2 km entfernt).

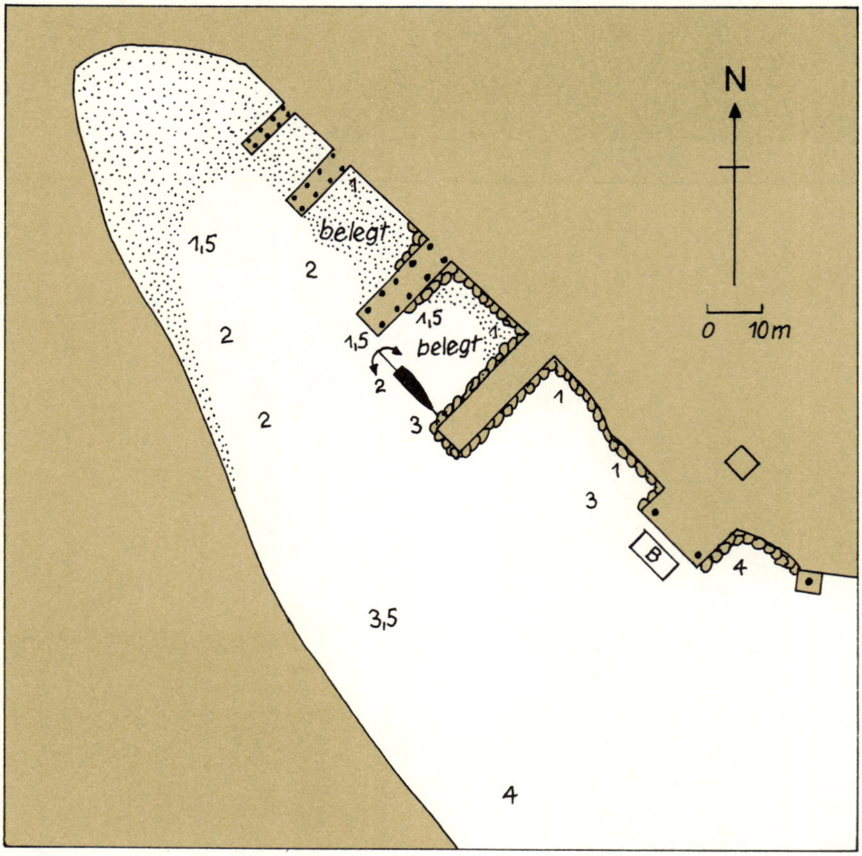

Hafen und Marina Iž Veli

Geschützter, aber flacher Hafen des Hauptortes der Insel Iž (Seekarten: 205 und 100–20).

Einsteuerung Schon von weitem sichtbar ist eine Hotelanlage, die sich an der NE-Seite der Insel befindet. Vor der Hafeneinfahrt liegt die kleine Insel Rutnjak. A c h - t u n g : Südlich davon 3-m-Stelle, die durch eine unbeleuchtete Steinpyramide bezeichnet ist! Auf der Bb.-Seite der Hafeneinfahrt, dem LF (Blz.r. 2s) direkt vorgelagert, liegt ein Riff, das knapp an Bb. zu lassen ist. Man halte sich mehr auf der Bb.-Seite der Einfahrt, da nur hier die WT mehr als 5 m beträgt. An der Stb.-Seite befindet sich eine flache Landzunge; die daran anschließende Badebucht ist sehr seicht. Man halte nun auf die am Südufer gelegene Marina zu.

Liegeplätze Geschützte Liegeplätze in der mit Muringleinen versehenen Marina Iž Veli, einer Zweigstelle der Marina Zadar. Der Liegeplatz wird angewiesen.

Beschreibung In der Marina Strom und Zisternenwasser in kleinen Mengen am Liegeplatz; Mini-Sanitärblock, 20-t-Slipbühne und Werkstatt. Überwinterung im Wasser und an Land. Lärm und Staub durch Werftbetrieb. Im Ort Geschäfte, Bäckerei, Restaurant und Post.
Kleine Bäder mit Sandstrand locken in der Hauptreisezeit sehr viele Touristen in den kleinen Fischerort.

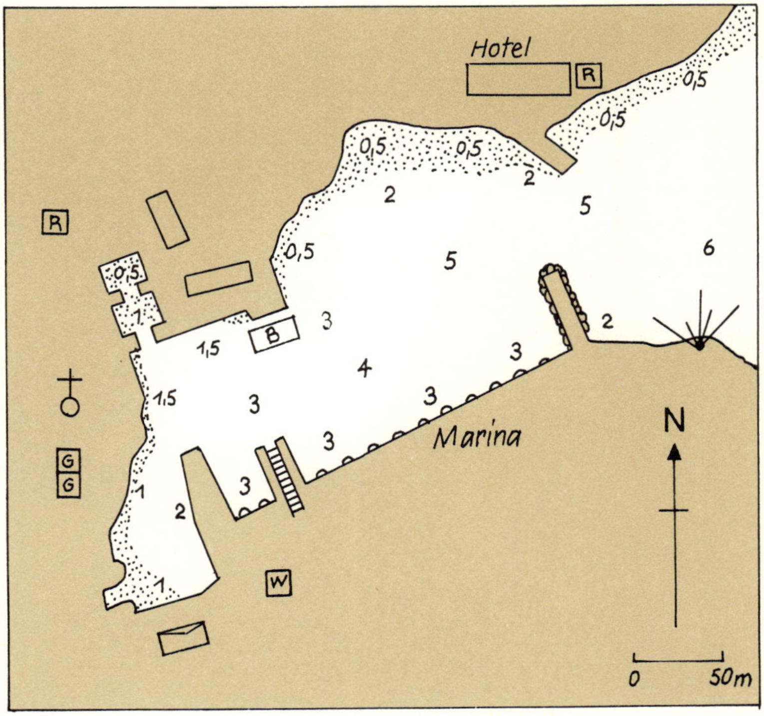

Durchfahrt Proversa Vela

Zwischen den Inseln Kornat und Katina besteht eine Durchfahrt, die eine Verbindung des Srednij-Kanals mit der offenen Adria herstellt (Seekarten: 205 und 100–20).

Beschreibung

Es gibt zwei Durchfahrten, von denen die nördliche, Prolaz Proversa Mala zwischen den Inseln Dugi Otok und Katina, nicht empfehlenswert ist, da die WT nur ca. 1 m beträgt. Diese geringste WT ist in der Seekarte nicht vermerkt. Die südliche Durchfahrt, Prolaz Proversa Vela zwischen den Inseln Katina und Kornat, hat an der flachsten Stelle 2 m WT. Diese Durchfahrt ist durch zwei auf der Insel Kornat aufgestellte Paare von vertikal schwarz-weiß gestreiften Steinpyramiden (Baken) gut markiert.
Diese vier Steinpyramiden markieren eine gerade Peillinie, auf der man sich zwischen den beiden roten, sehr verblaßten Farbmarkierungen auf O. Katina unter allen Umständen zu halten hat! In der W-Öffnung hält man sich in der Mitte des Fahrwassers.
Die Durchfahrt ist nicht befeuert und kann deshalb nur am Tage passiert werden. A c h t u n g : Meist setzt in der Durchfahrt starker, der Windrichtung entgegengesetzter Strom (maximal 3 bis 4 kn)! Eine Untiefe (WT ca. 1 m) östlich der Insel Katina ist durch eine Tonne markiert.

Liegeplätze

Einen geschützten Liegeplatz an einer kleinen Mole (WT 1,50 m am Kopf) findet man in der Bucht an der N-Seite der Durchfahrt auf O. Katina. Das kleine Restaurant wird in der Saison viel von Touristenbooten angelaufen. Außerhalb der Saison ist es geschlossen.

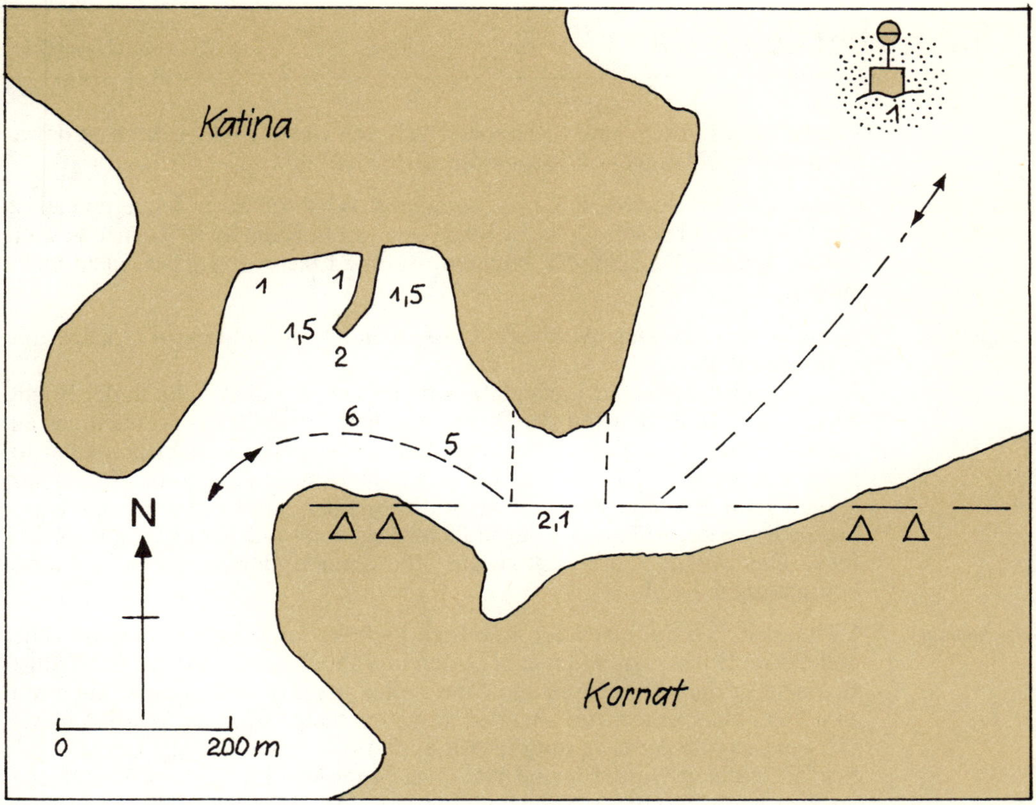
Katina
1
1
1,5
1,5
2
6
5
2,1
1
N
0
200 m
Kornat

Ankerbucht Telašćica

Große, sehr hübsche und geschützte Bucht mit vielen Badebuchten an der S-Seite der Insel Dugi Otok (Seekarten: 205 (Plan) und 100–20).

Einsteuerung

Entweder von S, aus dem Kornat kommend, oder von E. Im letzteren Fall ist die Durchfahrt Proversa Vela zwischen den Inseln Katina und Kornat zu wählen (s. S. 162). Da keine LF brennen, ist eine Einsteuerung bei Nacht nicht möglich.

Liegeplätze

Je nach herrschenden Windverhältnissen findet man gute Ankerplätze mit genügend WT.
Ein besonders hübscher Liegeplatz befindet sich an der W-Seite in der Bucht M i r, dem südlichen Teil der Bucht Tripuljak. Etwa 200 m nördlich des an Land stehenden Gasthauses liegt eine Festmachetonne aus, an der man nicht festmachen darf. Mehr als 1 m tief gehende Yachten liegen vor Heckanker (gegebenenfalls einige Meter entfernt, Steine) vor dem kleinen Kai am Gasthaus oder an der Außenseite der südlich gelegenen Mole des kleinen Bootshafens. Der Ankergrund besteht aus mit Steinen durchsetztem, teilweise bewachsenem Sand.

Beschreibung

Es handelt sich um eines der schönsten Gebiete im Kornat überhaupt. Die malerische Bucht eignet sich zum Baden und Tauchen. Ein kleiner Pfad führt zu einem salzigen Binnensee und dann weiter an die hohe Steilküste mit ihren zum Meer hin senkrecht abfallenden, fast 50 m hohen Wänden. Von hier bietet sich eine schöne Aussicht auf die Adria, den Binnensee und die Bucht Telašćica. Im kleinen Gasthaus sind von etwa Mitte Mai bis September einfache Speisen erhältlich. In der Nähe befindet sich eine Art Feriendorf.
Das Dieselaggregat für Gasthaus und Feriendorf läuft bis ca. 24.00 Uhr!

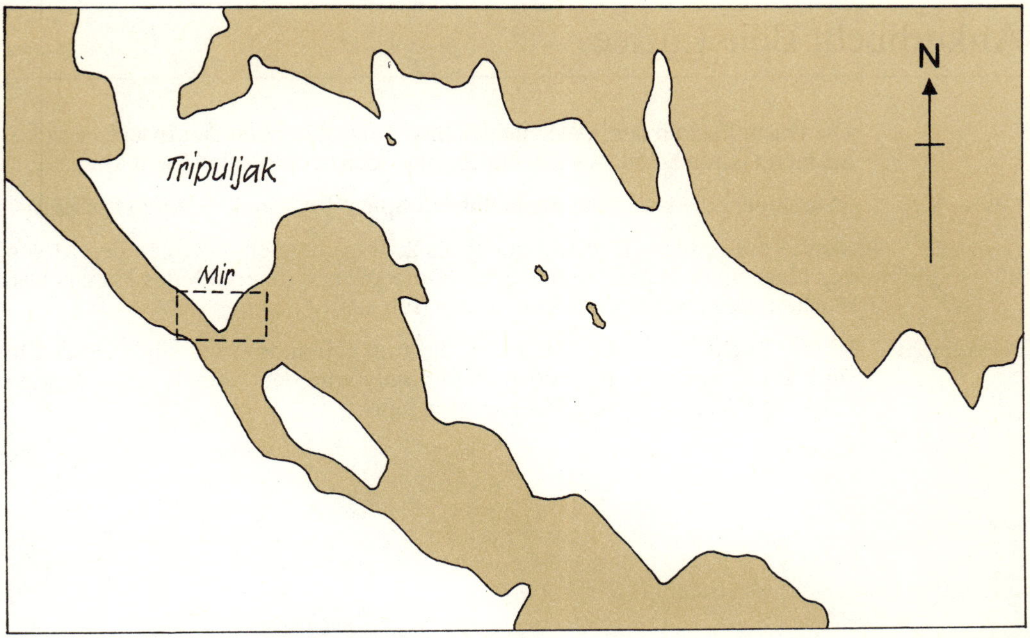
Tripuljak
Mir
N

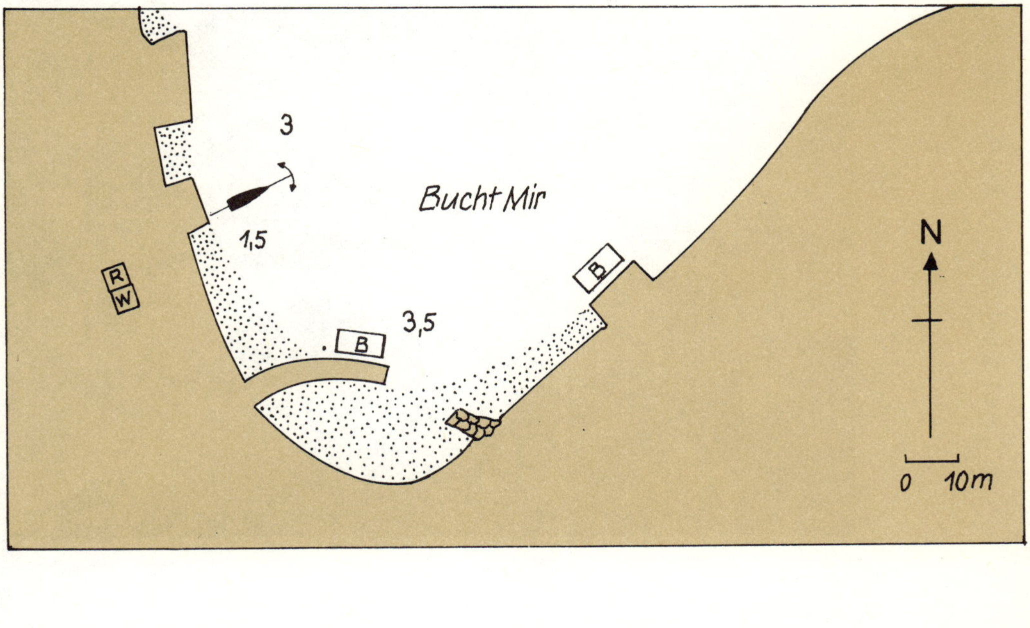
3
Bucht Mir
1,5
R
W
B
3,5
B
N
0 10m

Ankerbucht Bele Lučice

Die Bucht liegt an der NW-Seite der Insel Kornat in Höhe der Insel Levrnaka. Sie bietet guten Schutz nach N und E, ist jedoch nach W offen (Seekarte: 512).

Einsteuerung Man steuere die Bucht auf der Peillinie S-Spitze Tovarnjak – Hafen Lučice an.

Liegeplätze Schiffe mit großem Tiefgang (mehr als 2,50 m) müssen außen an den Molen vor Heckanker liegen. Kleine Sportboote können innerhalb des Hafens festmachen. Die Fischerboote laufen sehr früh aus!

Beschreibung Kleine Bucht mit einigen Häusern, die zum Teil unbewohnt sind. Geschäfte sind keine vorhanden, jedoch kann man von den abends einlaufenden Fischern Fische, Krebse und Langusten kaufen.

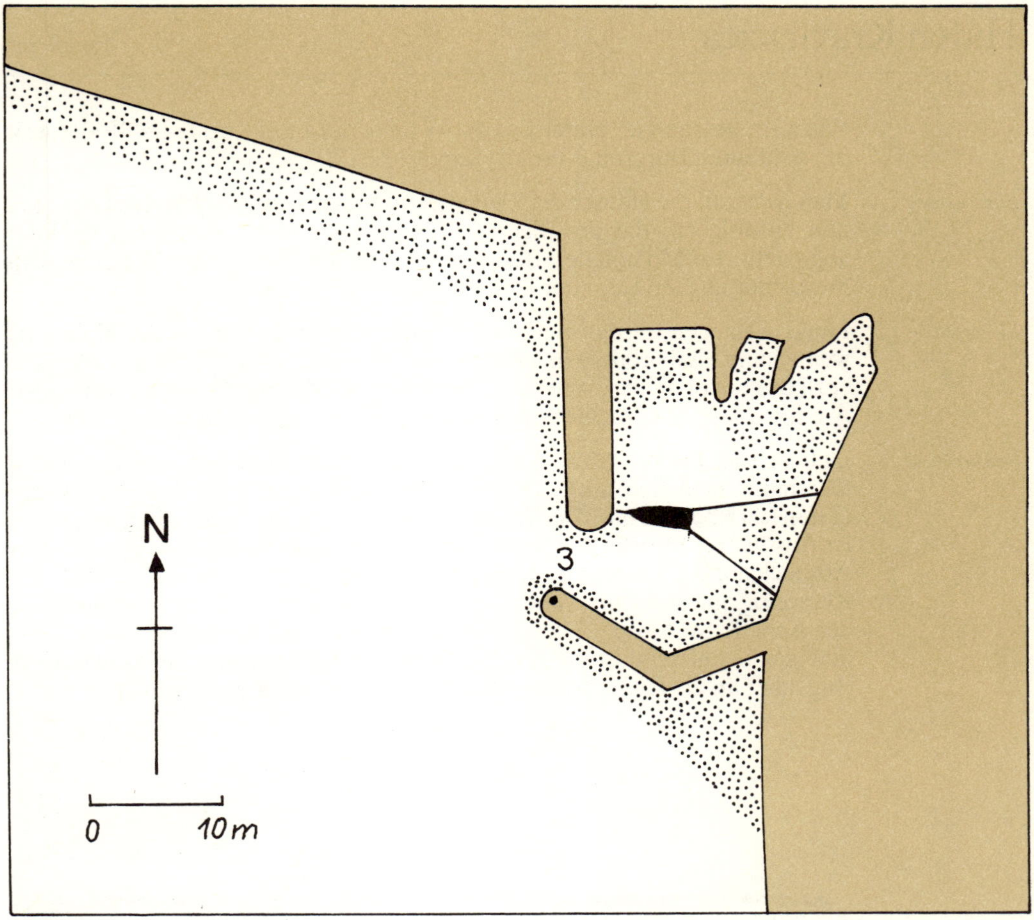
N
3
0
10m

Hafen Kravljačica

Winziger, geschützter Hafen auf der W-Seite der Insel Kornat im SE der weithin sichtbaren Burgruine Turanj (Seekarte: 512).

Einsteuerung

Man halte auf die Häuser der kleinen Ansiedlung bzw. auf den Kopf der braunen N-Mole zu, die den flachen, für Yachten nicht geeigneten N-Hafen abgrenzt; kein Molenfeuer. Bei Einfahrt in den S-Hafen von SW her beachte Steinschüttung am Kopf der Hauptmole.

Liegeplätze

Längsseitsliegen an der Innenseite der Hauptmole oder an der Kaimauer, wenn keine Fischerboote im Hafen sind. WT etwa 2 m, TH 0,50 m. Liegeplatz vor Heckanker an der Außenseite der Mole bei SW-Wind nicht zu empfehlen. Achtung: Steinschüttungen an den Molen und im Hafen!

Beschreibung

Unberührter Fischerhafen. Wasser nur bedingt aus Zisternen verfügbar, keine Geschäfte, kein Treibstoff. Baden möglich. Zur Hauptferienzeit ist der kleine Hafen stark belebt, nach der Weinlese aber meist völlig verlassen. Sehr reizvoller Ausflug zur Kapelle Sv. Gospa und zur Burgruine Turanj, die einen schönen Ausblick auf die Kornat-Inselgruppe bietet.
Kurzzeitig anlegen kann man unmittelbar unterhalb der Burgruine Turanj bei der Kapelle Sv. Gospa. Dieser Liegeplatz bietet nur bei nördlichen Winden mäßigen Schutz und ist sonst völlig offen. Kleinere Sportboote legen sich vor Buganker an die felsige Küste. Achtung: Felsen unter Wasser!

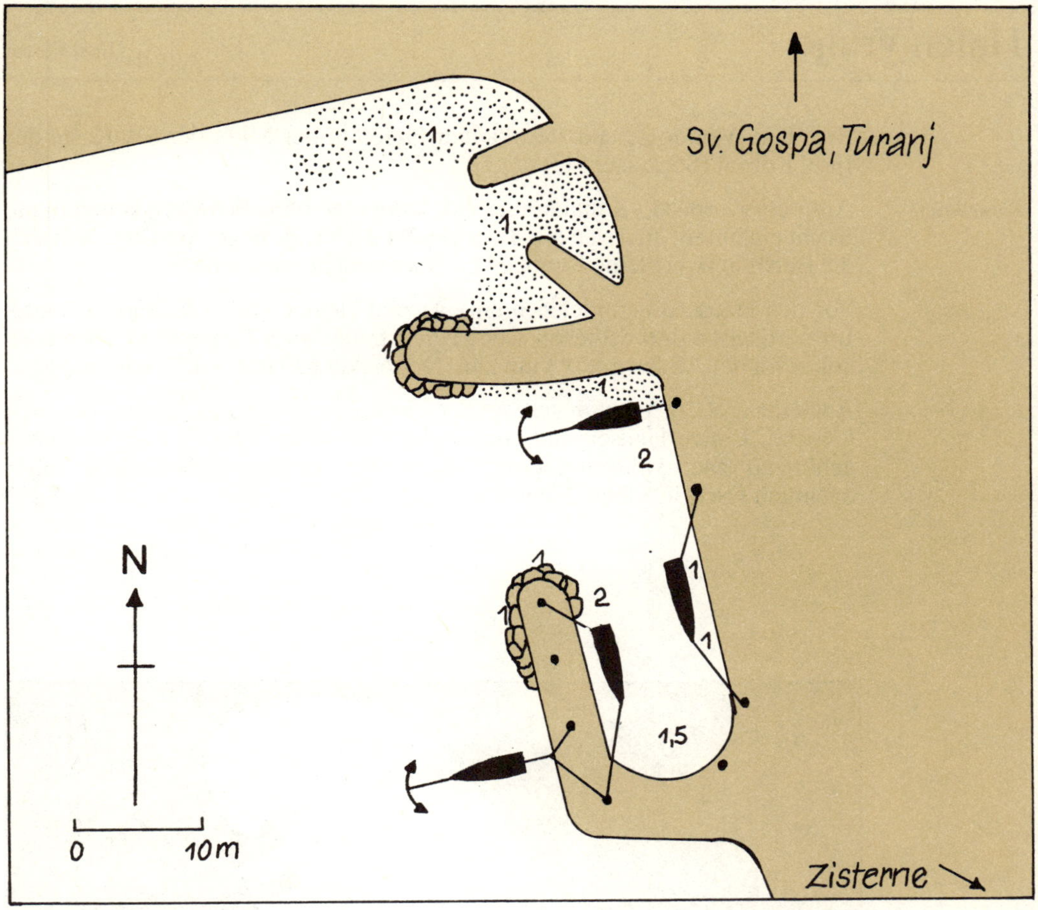
Sv. Gospa, Turanj
1
1
1
1
2
1
1
2
1
1
1,5
N
0
10m
Zisterne

Hafen Vrulje

Bei allen Winden geschützter, kleiner Hafen in der Mitte der SW-Küste der Insel Kornat (Seekarte: 512).

Einsteuerung Aus dem Kornatski-Kanal kommend, kann man ohne Schwierigkeiten in die Bucht einlaufen, an deren NE-Ecke der Weiler Vrulje liegt. Am Ende teilt sich die Bucht in zwei kleine Bootshäfen. Nachts nicht anzusteuern.

Liegeplätze Vor den Häusern befindet sich eine Anzahl kleiner Molen für Fischerboote. Im nördlichen und östlichen Bootshafen findet man Liegeplätze über Buganker vor den Molen mit WT um 2 m. Der Anker hält auf dem Sandgrund gut.

Beschreibung Auch für größere Yachten geschützter Liegeplatz in einer nahezu verlassenen Gegend. Einige Häuser sind von Fischern bewohnt. Die Pier am Nordufer gehört zu einer Militärunterkunft. Keine Versorgungsmöglichkeiten, außer eventuell Fisch, Trauben, Feigen.

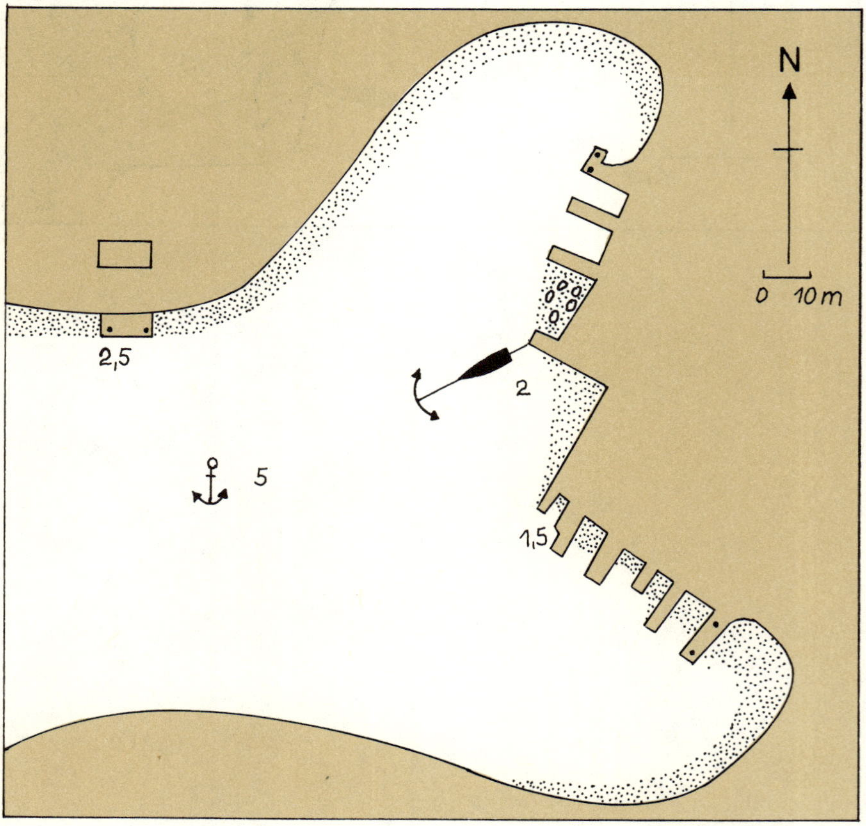

Marina Piškera

Nach Südosten offene Marina (Seekarten: 100–20, 205, 512).

Einsteuerung Zwischen den Inseln Piškera und Panitula Velika in nordwestlicher Richtung. LF sind nicht vorhanden.

Liegeplätze Die Marina verfügt nur über Saisonliegeplätze an den Stegen. Die Liegeplätze werden zugewiesen.

Beschreibung Sanitärblock, Restaurant, Zollfreiladen, Surfbrettvermietung. Strom nur dann, wenn für das Restaurant Strom benötigt wird. Wasser vom Wasserschiff. Schwell bei südöstlichen Winden.

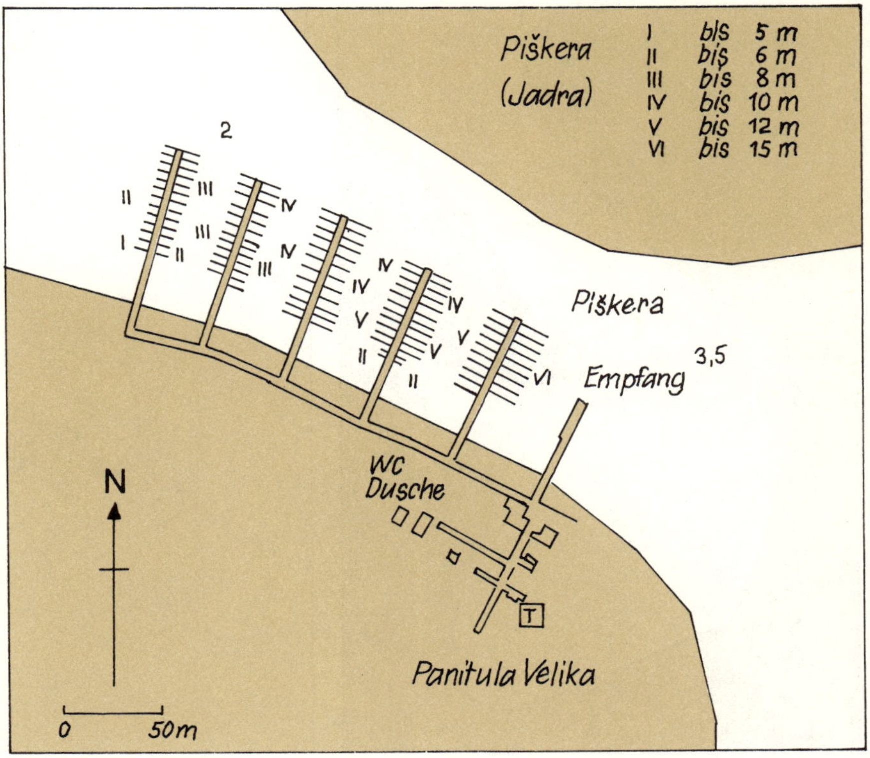

Hafen Lavsa

Außer gegen Bora geschützte, auf der Insel Lavsa im südlichen Teil des Kornat gelegene Ankerbucht, Außenstelle der ACY-Marina Piškera (Seekarte: 512).

Einsteuerung Aus dem Kornatski-Kanal kommend, steuere man in die Mitte der leicht zu findenden, langgestreckten Bucht im N der Insel Lavsa. Nachts ist eine Einsteuerung wegen fehlender LF nicht empfehlenswert.

Liegeplätze Vor den Häusern in der SE-Ecke der Bucht befinden sich einige kleine Molen für Fischerboote. Am Kopf der nördlichsten größten Mole kann man vor Buganker, das Heck am Poller festgemacht, auf einer WT von 1,50 bis 1,90 m liegen. Achtung: Unter Wasser vor dem Molenkopf liegt eine Menge Abfall; dadurch entstehen „Untiefen"! Vor den kleineren Molen können Fischreusen ausliegen. Der dichtbewachsene Sand- und Kiesgrund hält den Anker teilweise nicht gut. Es liegen mehrere Festmachetonnen aus.
Diesen Molen gegenüber auf der W-Seite der Bucht befindet sich eine zum Teil unter Wasser verlaufende Mauer. Inmitten der Bucht kann man auch auf etwa 2,90 m WT ankern. Bei Bora stehen Wind und Seegang voll in die Bucht. Deshalb sollte man sie bei den ersten Anzeichen unverzüglich verlassen.

Beschreibung Sehr schöne Bade- und Ankerbucht, die von Motor- und Segelyachten gerne aufgesucht wird. Fisch bei den Fischern, sonst keine Versorgungsmöglichkeiten.

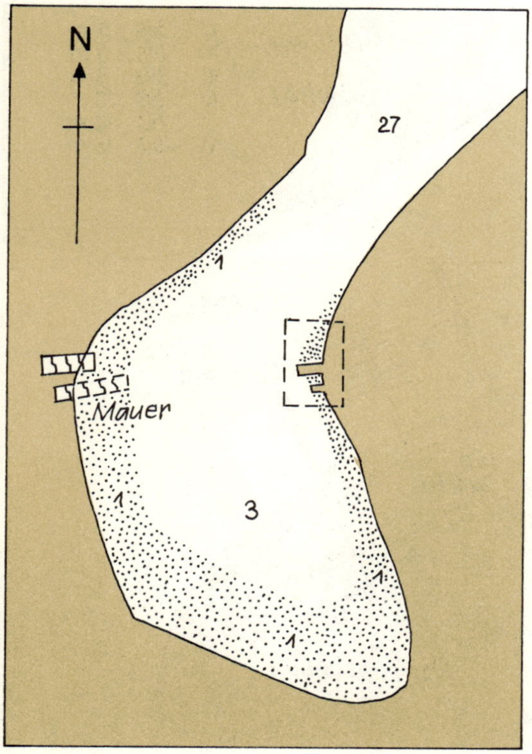

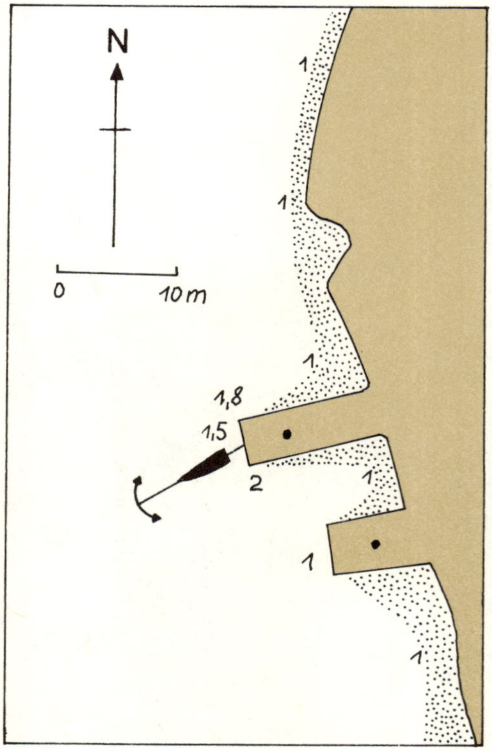

Ankerbucht Ravni-Žakan Süd

Insel Ravni-Žakan
Kornaten

Kleine, gegen nördliche Winde gut geschützte, gegen S jedoch offene Ankerbucht auf der S-Seite der Insel Ravni-Žakan im SW-Kornat; Nebenstelle der ACY-Marina Piškera (Seekarte: 512).

Einsteuerung Von allen Seiten möglich, bei der Einsteuerung von N zwischen den Inseln Ravni-Žakan und Lunga im W beträgt die geringste WT 5,90 m. Beim Einlaufen in die Bucht halte man sich zunächst in der Mitte und dann auf die vor einem Haus gelegene Mole zu.

Liegeplätze Die Mole bietet Platz zum Festmachen über Bug, außen auf 2 bis 3 m WT, innen auf 1 bis 2 m (A c h t u n g : Steinschüttungen!). Tagsüber muß die Mole meist für die Touristenboote freigehalten werden, die Gäste zum Restaurant bringen.

Beschreibung Das am Ufer liegende Restaurant wird in der Saison von vielen Touristen besucht. Wasser ist in kleinen Mengen erhältlich.

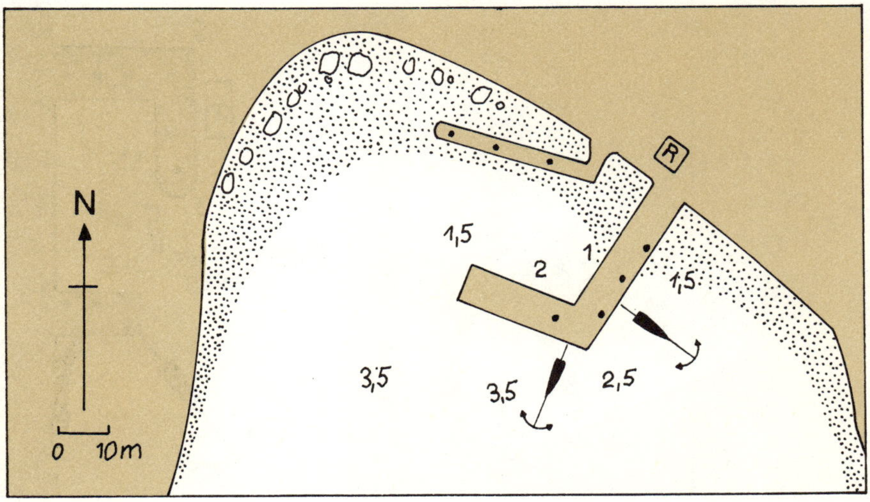

Ankerbucht Ravni-Žakan West

Kleine, gegen NW offene Ankerbucht auf der W-Seite der Insel Ravni-Žakan im SW-Kornat (Seekarte: 512).

Einsteuerung Aus dem Kornatski-Kanal kommend, halte man auf die im Inneren der nach NW offenen Bucht gelegenen Häuser zu, vor denen ein kleiner Hafen liegt.

Liegeplätze An der Außenseite der nördlichen Mole längsseits auf ca. 1,50 m WT. Hier legt jedoch ein Touristenboot an. Am Kopf der südlichen Mole, wo die WT etwa 2 m beträgt, kann man vor Buganker liegen. Im Hafen beträgt die WT 1,50 bis 2,50 m; hier liegt man auch gegen NW-Winde geschützt. Achtung: In der winzigen Hafeneinfahrt liegt ein Steinbrocken unter Wasser! Bei der Einsteuerung muß man sich zwischen diesem Stein und der südlichen Mole halten.

Beschreibung Keine Versorgungsmöglichkeiten. Die Badebucht wird von Touristenbooten als Tagesausflugsziel angelaufen. Am Hafen stehen einige verfallene Schilfhütten.

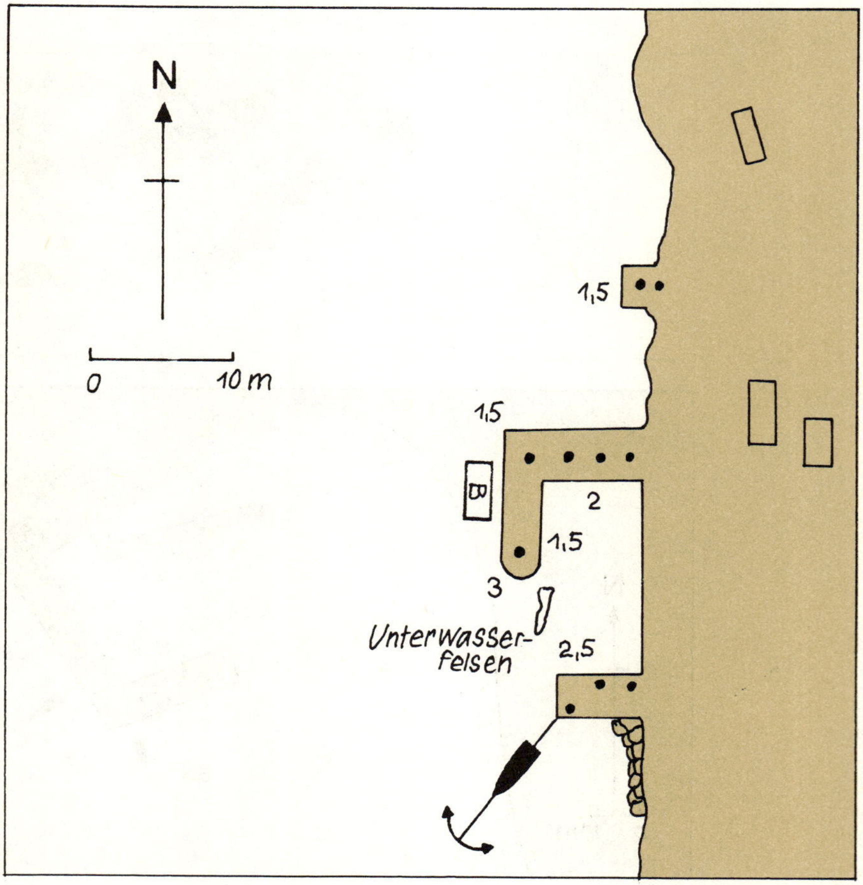

Ankerbucht Opat

Insel Kornat

Vor allem bei Bora geschützte, nach SE offene Ankerbucht an der S-Spitze der Insel Kornat (Seekarte: 512).

Einsteuerung Aus dem Kornatski-Kanal kommend, steuere man in die unmittelbar westlich vom Rt Opat gelegene Bucht ein. Eine 2,30-m-Stelle liegt südlich vor der W-Huk der Einfahrt. Einlaufen bei Nacht ist nicht möglich.

Liegeplätze In der NE-Ecke der Bucht befindet sich etwa 50 m südlich einer Hausruine eine kurze, etwa 10 m lange Steinpier mit einer Steinschüttung unter Wasser. Unmittelbar vor der Pier beträgt die WT 1,50 m, danach fällt der Grund rasch auf 3 bis 4 m ab. Hier kann man vor Buganker liegen, das Heck am Poller am Kopf der Pier festgemacht.

Beschreibung Hübsche Badebucht ohne Versorgungsmöglichkeiten. Mülldeponie! Am Ufer befindet sich eine Informationsstation der Kornati-Polizei mit Funkverbindung.

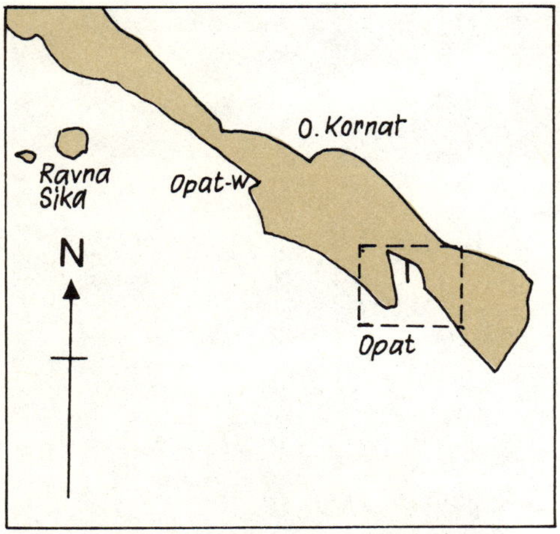

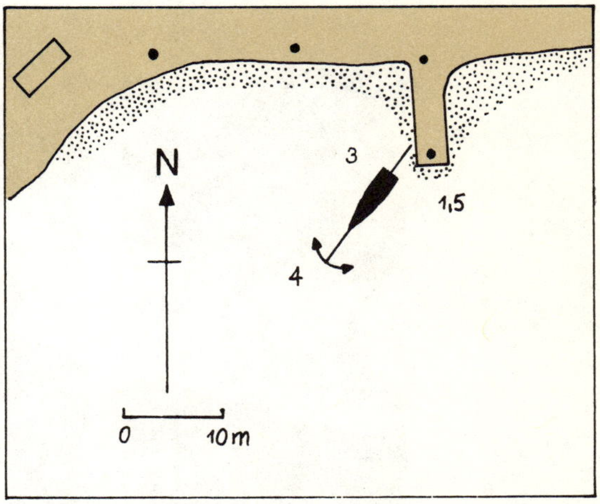

Hafen Smokvica Vela

Lojena-Bucht
Insel Smokvica Vela/Kornaten

Geschützte Bucht im S des Kornats auf der S-Seite der Insel Smokvica Vela (Seekarte: 512).

Einsteuerung Von S kommend, halte man auf die kleine Mole am Ende der Bucht zu. Das Wasser ist zunächst bis nahe an die Ufer genügend tief, erst gegen die Mole verringert sich die WT allmählich: 10 m vor der Mole ca. 3 m, direkt an der Mole 1 m.

Liegeplätze An der Außenseite der Mole kurz vor dem Molenkopf vor Heckanker. Ankergrund sehr hart: Sand und Steine. An der N-Seite der Mole (innen) beträgt die WT nicht viel mehr als 1 m. An der weiter innen folgenden Mole ist es sehr flach.

Beschreibung Die Bucht ist nach S offen und bietet daher bei Schirokko keinen Schutz. Einige der ärmlichen Häuser sind bewohnt, man kann hier eventuell Fische und Trauben sowie etwas Zisternenwasser erhalten.

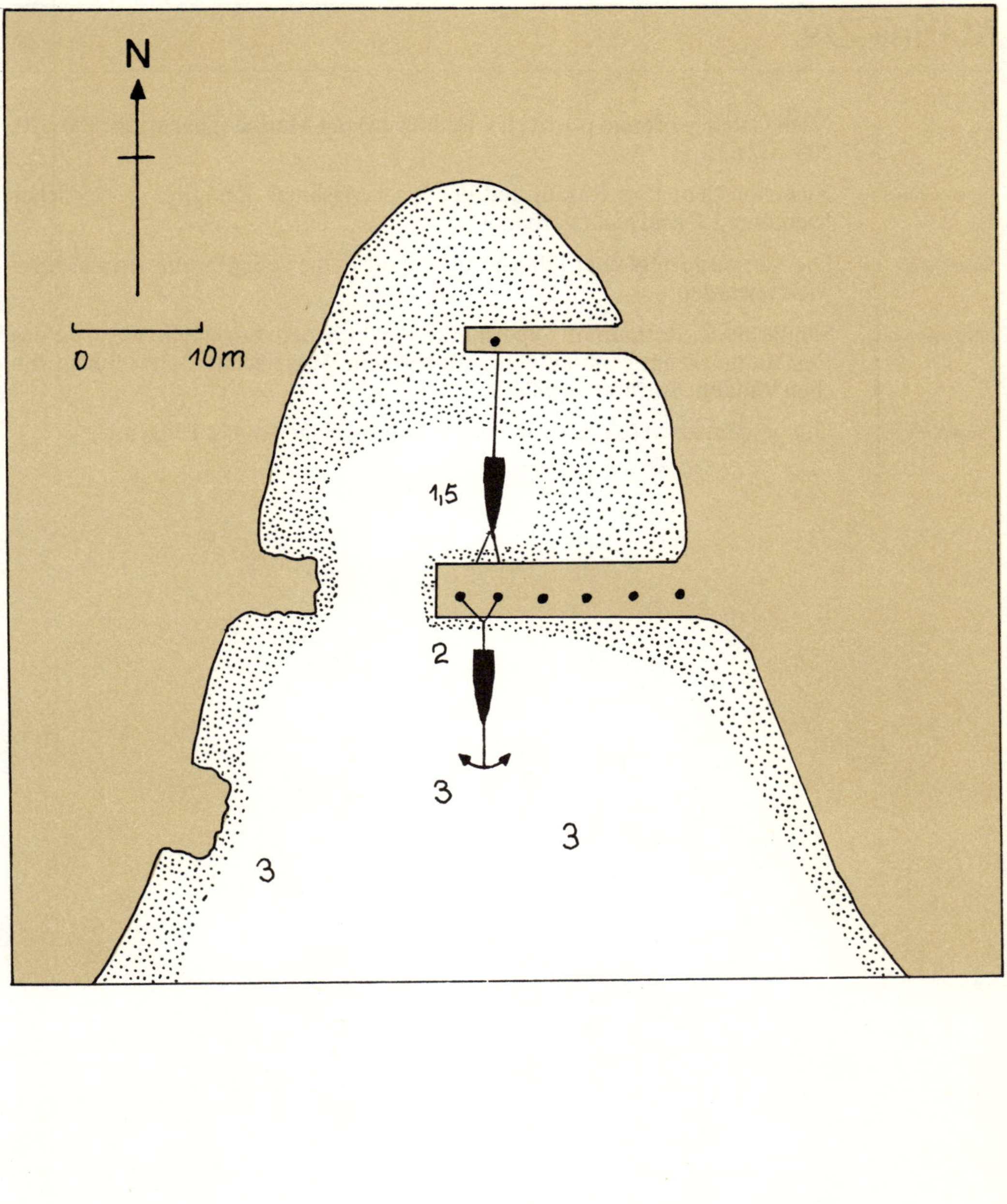
N
0
10m
1,5
2
3
3
3

Marina Žut

Nach Osten geöffnete Bucht (Uv. Podražanj) mit Marina (Seekarten: 100–20, 205, 512).

Einsteuerung Zwischen dem Kap Ražanj und der Insel Maslinjak hindurch in westlicher Richtung. LF sind nicht vorhanden.

Liegeplätze Die Marina verfügt über 120 Saisonliegeplätze, die vom Marinapersonal zugewiesen werden.

Beschreibung Sanitärblock, Restaurant, Supermarkt, Zollfreiladen. Strom nur, wenn für das Restaurant Strom benötigt wird. Wasser vom Wasserschiff. Schwell bei östlichen Winden. Surfbrettvermietung.

Umgebung Gut geschützter Ankerplatz in der südöstlich gelegenen **Uv. Hiljača.**

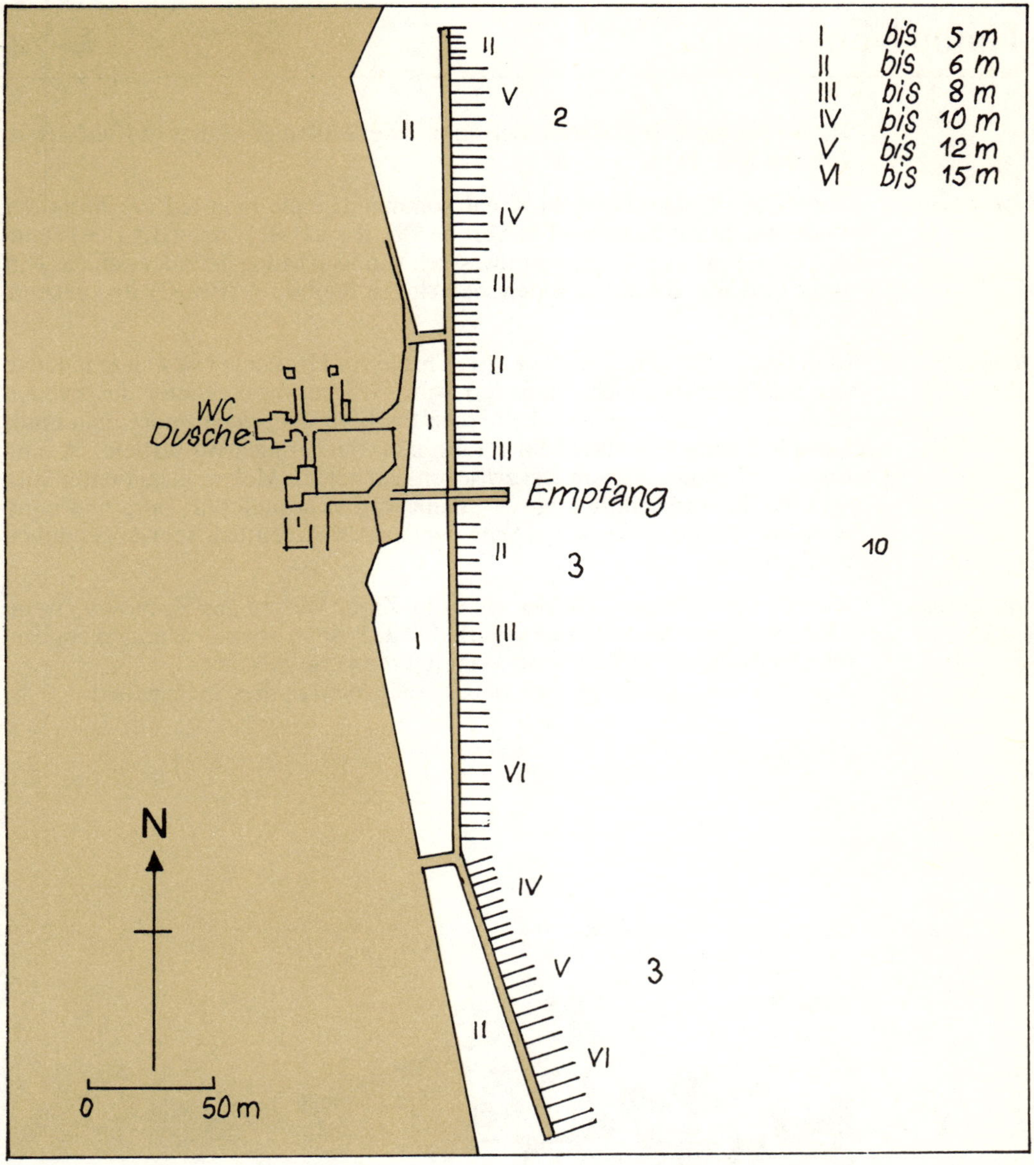
I bis 5 m
II bis 6 m
III bis 8 m
IV bis 10 m
V bis 12 m
VI bis 15 m
2
II
V
IV
III
II
I
III
WC
Dusche
Empfang
II
3
10
I
III
VI
IV
V
3
II
VI
N
0
50 m

Hafen Muna

Nach NW geöffneter Hafen, der durch zwei Molen geschützt ist (Seekarten: 206 und 100–21).

Einsteuerung

Von N durch den Žirjanski-Kanal kommend, halte man auf die Mitte der Bucht Muna zu, an deren Einfahrt an Bb. das LF Rt Muna (Blz.r. 3s) steht. A c h t u n g : Etwa 1 sm nordwestlich von Kap Muna befindet sich das Riff Brak Praščića, das durch einen viereckigen Steinturm (Blz.(2) 10s) gekennzeichnet ist.

Liegeplätze

Man liegt am besten hinter der ersten Mole vor Heckanker so weit innen, daß der Schiffsverkehr nicht behindert wird (WT ca. 8 m). Hinter der zweiten Mole liegen vorwiegend einheimische Fischerboote, doch findet man unter Umständen am Molenkopf einen Liegeplatz mit geringer Wassertiefe. A c h t u n g : Unmittelbar am Kai zwischen den beiden Molen springt unter Wasser eine Steinanschüttung hervor; dann wird es schnell tief. Bora und nordwestliche Winde verursachen Schwell, der den Aufenthalt sehr ungemütlich machen kann.

Beschreibung

Kleiner Fischerhafen; Hafenkapitän in Žirje. Wasser aus Zisternen, Wein, Fisch und Obst bei den Fischern erhältlich. Post im etwa 20 Minuten entfernten Ort Žirje. Ein kleines Restaurant hat zeitweise geöffnet.
A c h t u n g : Die Insel Žirje ist zeitweilig militärisches Sperrgebiet!

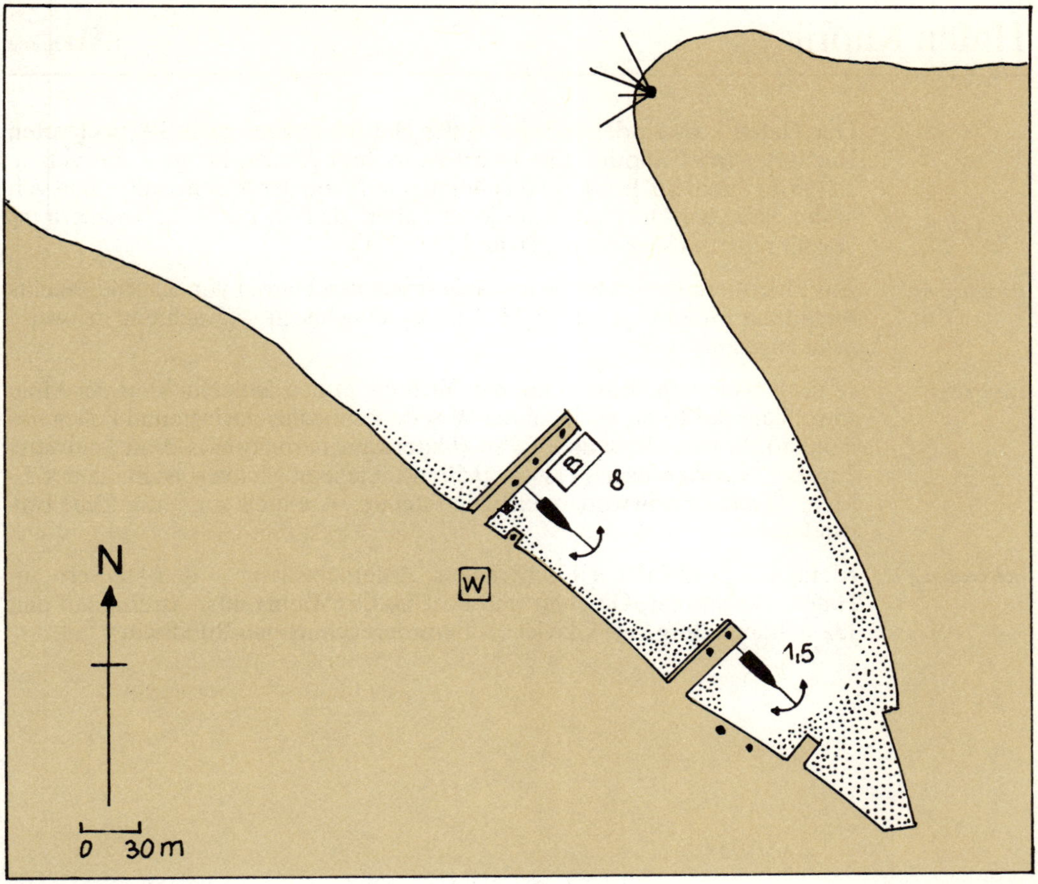
B
8
W
1,5
N
0 30m

Hafen Kaprije

Der Hafen liegt an der N-Seite in der gleichnamigen, nach SW geöffneten Bucht der Insel Kaprije. Die Bucht ist in ihrer ganzen Länge – bis auf ca. 100 m an ihrem SE-Ende – von Untiefen frei. Von der N-Seite sollte man sich in der Nähe der Ortschaft Kaprije freihalten, da dort kurze Steinmauern ins Wasser reichen (Seekarten: 206 und 100–21).

Einsteuerung Zur Orientierung dienen die hell angestrichenen Häuser von Kaprije. Nachts brennt am Molenkopf ein LF (F.). Es ist jedoch sehr schwach und zeitweise nicht angezündet.

Liegeplätze Je nach Windverhältnissen können Yachten an den äußeren 30 m der Mole sowohl auf der E- als auch auf der W-Seite festmachen (Ringe und Poller vorhanden). WT am Molenkopf 3 m (Unterwasservorsprung), 30 m landwärts 2 m bei Niedrigwasser (TH ca. 0,50 m). Liegemöglichkeit auch an der E-Mole. Östlich davon wird es seicht und steinig. Achtung: nördliche Fallwinde!

Beschreibung Kleiner, abgeschiedener Fischerhafen. Zisternenwasser in den Häusern am Hafen; Restaurant, Geschäft und Post im Ort. Lohnender Ausflug auf den 132 m hohen Berg Vela Glavica (außerordentlich schöne Rundsicht).

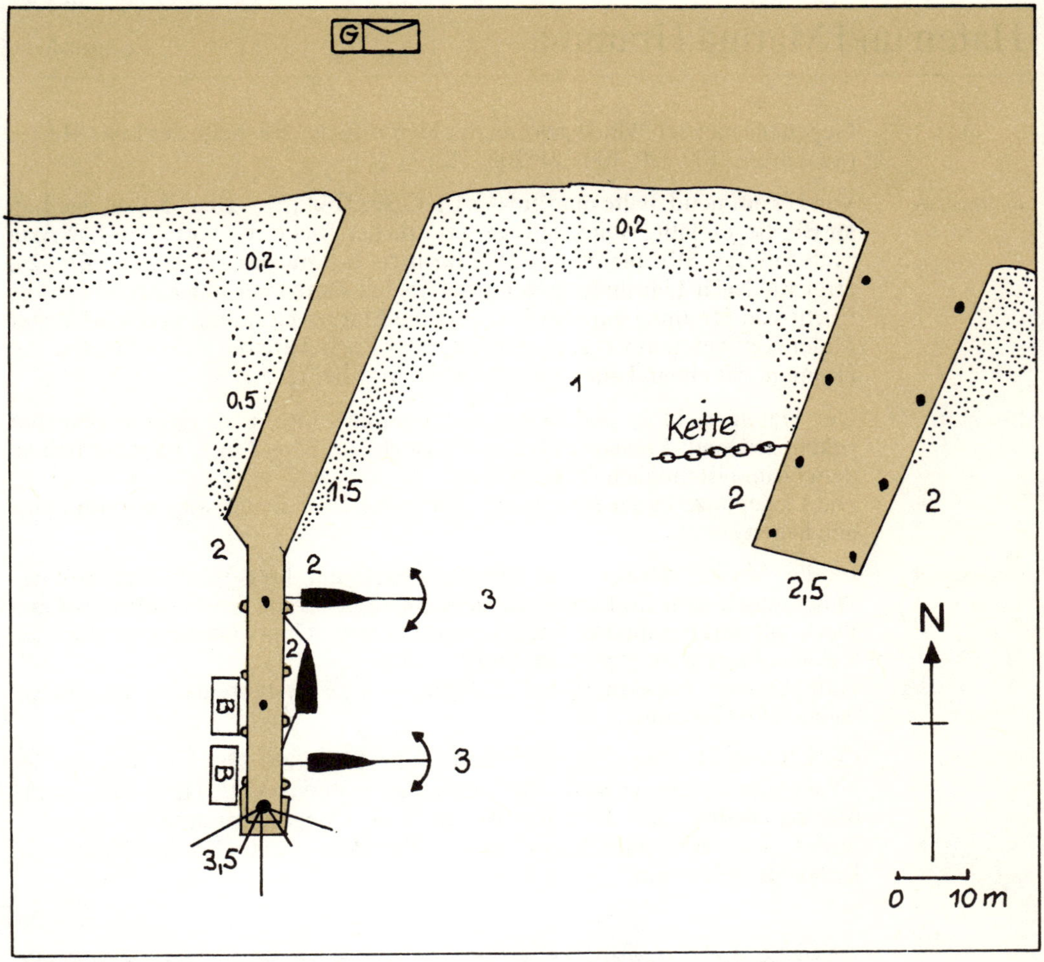
G
0,2
0,2
0,5
1
Kette
1,5
2
2
2
2
2
2,5
3
2
B
B
3
3,5
N
0
10 m

Hafen und Marina Hramina

Gegen die meisten Winde geschützter Hafen an der NE-Seite der Insel Murter (Seekarten: 100–20, 100–21, 206, 512).

Einsteuerung

Von N kommend, halte man auf das LF Kušija (Fkl.(6) + Blk. 15s) zu, das man an Bb. liegen läßt. Weiterfahrt in südöstlicher Richtung, vorbei an Plič Arta Malo, die an Stb. bleibt, bis man nach ca. 1,5 sm das LF Tegina (Blz. 2s) erreicht. Nach Umrundung der Insel Tegina fährt man mit Kurs SW in die Bucht von Hramina ein. An Bb. liegt die Marina Hramina, deren äußerster Molenkopf befeuert ist (F.r.). Am Ende der Bucht befindet sich der Hafen von Hramina mit einem Feuer auf dem Wellenbrecher (Blz.r. 3s).

Liegeplätze

Der Hafen ist klein und belegt und überdies mit einem Festmacheverbot gekennzeichnet. Freies Ankern in der Bucht auf 3 bis 7 m WT auf gut haltendem Grund ist möglich (Ankerlicht!).
Die Liegeplätze in der Marina werden vom Personal angewiesen. Muringleinen liegen aus.

Beschreibung

In der Marina Wasser- und Stromanschluß am Liegeplatz; Sanitärblock, Waschmaschinen, Zollfreiladen, elegantes Restaurant, Bar, Café; 15-t-Kran, Werkstatt und Parkplätze; Sportbootvermietung, Überwinterungsmöglichkeiten. Die Marina ist eingezäunt und bewacht.
Hafenkapitän, Supermärkte, Geschäfte, weitere Restaurants etc. im nahegelegenen Ort Hramina.

Umgebung

Östlich von Hramina, nach Umfahren der Halbinsel Gradina, liegt in der Uvala Ždraće im eingezäunten und bewachten Werftgelände die kleine **Marina Betina** mit 35 Liegeplätzen und Überwinterungsmöglichkeiten. Strom- und Wasseranschlüsse sind vorhanden. Einkaufsmöglichkeiten in Betina und Hramina.

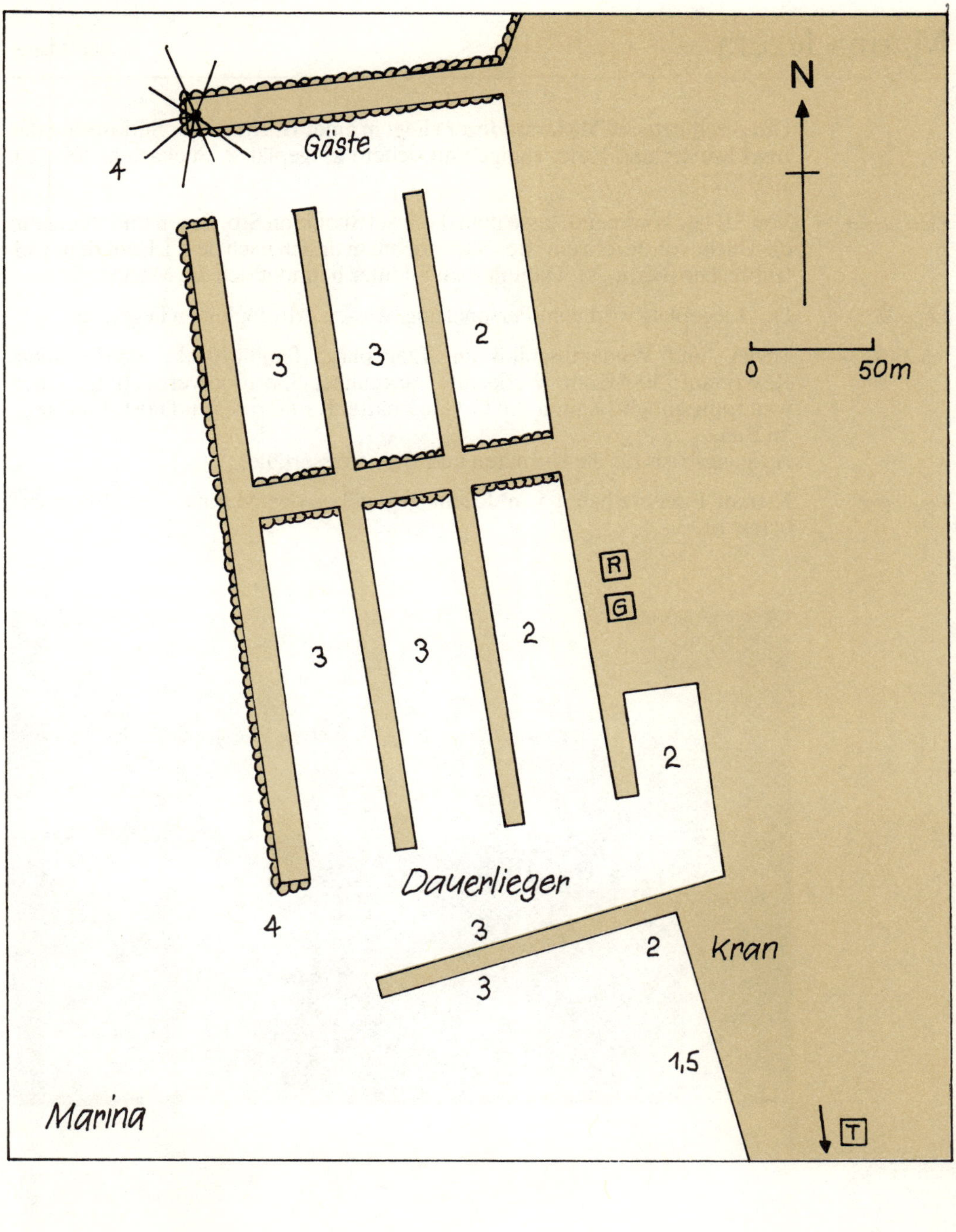

N
0
50m
Gäste
4
3
3
2
3
3
2
R
G
2
Dauerlieger
4
3
2
Kran
3
1,5
T
Marina

Marina Jezera

Die geschützte ACY-Marina Jezera liegt in einer Bucht an der Südostseite der Insel Murter und bietet ruhige und sichere Liegeplätze (Seekarten: 100–20, 206, 512).

Einsteuerung Von SE her kommend, lasse man die Insel Školjić an Stb. liegen und steuere in die Bucht von Jezera ein. Bei Nacht richte man sich nach dem LF auf dem Wellenbrecher (Blz.r. 5s). Dahinter am Südufer befindet sich die Marina.

Liegeplätze Der Liegeplatz wird vom Personal angewiesen. Muringleinen liegen aus.

Beschreibung Strom- und Wasseranschluß am Liegeplatz; Sanitärblock, Zollfreiladen, Restaurant; 10-t-Kran, Werkstatt, Parkplätze; Sportbootvermietung. Überwinterungsmöglichkeiten. Im Ort Geschäfte, Restaurants und Post. Tankstelle im Bau.
Ausgangsbasis für die Kornaten und Krka-Wasserfälle.

Umgebung Kleiner Fischereihafen von Jezera gegenüber der Marina, der aber meist belegt ist.

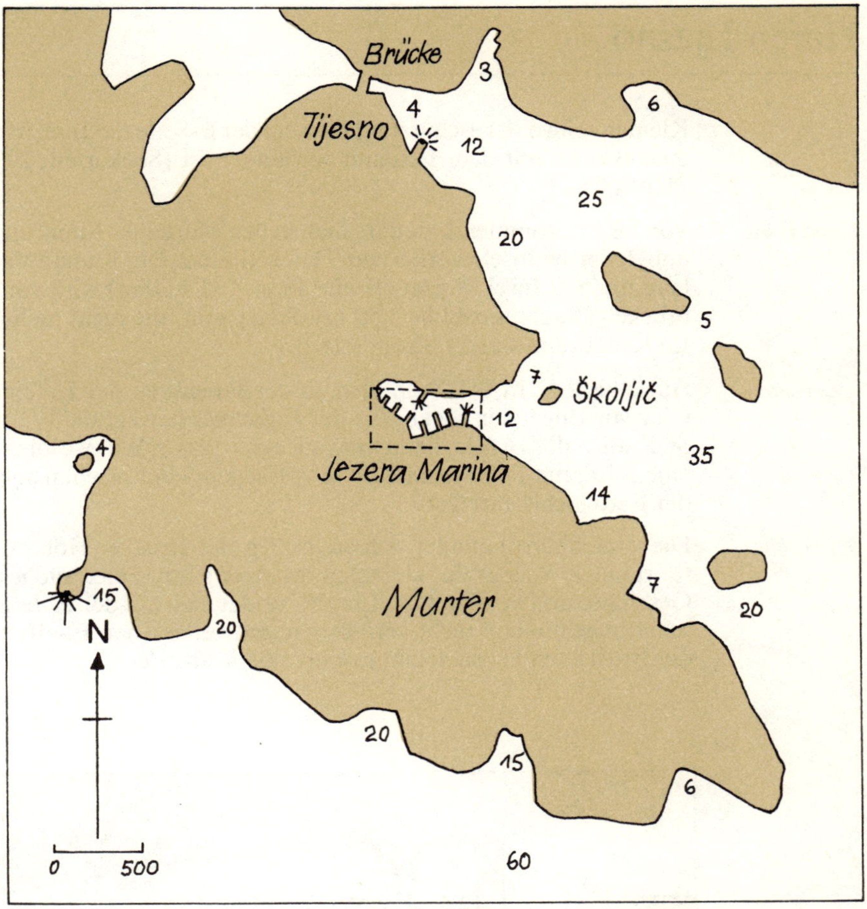
Brücke
Tijesno
Školjič
Jezera Marina
Murter
N
0 500

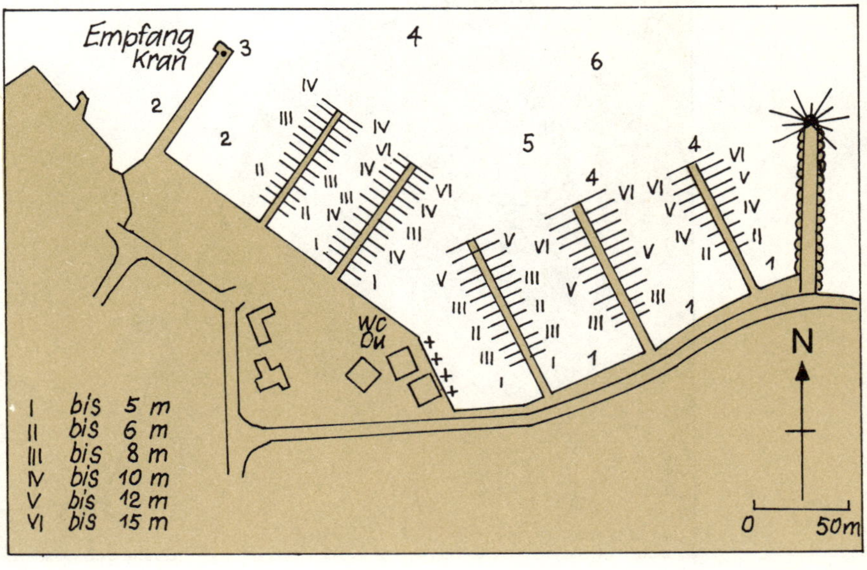
Empfang
Kran
WC
Du
I bis 5 m
II bis 6 m
III bis 8 m
IV bis 10 m
V bis 12 m
VI bis 15 m
N
0 50m

Hafen Tijesno

Kleiner, teilweise geschützter Hafen an der E-Seite der Insel Murter, die durch eine Brücke mit dem Festland verbunden ist (Seekarten: 206, 100–21 und Plan auf 512).

Einsteuerung Von SE her kommend, steuere man in den Murterski-Kanal und an mehreren, unbefeuerten Inseln vorbei zum Hafen Tijesno. Der Kanal zwischen dem Festland und der Insel Murter (Breite 10 m, WT 1,80 m) wird von einer Straßenbrücke (Durchfahrtshöhe 1,50 m) überspannt, die nicht mehr geöffnet wird. Im Kanal kann starker Strom setzen.

Liegeplätze Auf 2 bis 2,50 m WT kann man an der Innenseite der Hafenmole längsseits oder vor Buganker liegen. An der Kaimauer beträgt die WT nur ca. 1,50 m. Südöstlich der Brücke kann man auf etwa 1,80 m WT, westlich der Brücke an einem Kai mit Pollern auf 2,50 m WT liegen. Hier machen auch öfters Boote der Berufsschiffahrt fest.

Beschreibung Das Hafenbüro befindet sich südöstlich der Brücke. Hotel und Restaurant (dort auch Wasser in kleineren Mengen) am Platz südlich der Brücke, Geschäfte und Post im Ort. Ein WC findet man auf der Hafenmole. Die Ortschaft macht einen recht verfallenen und verlassenen Eindruck. Nordöstlich der Brücke am Festland gibt es einige Badestrände.

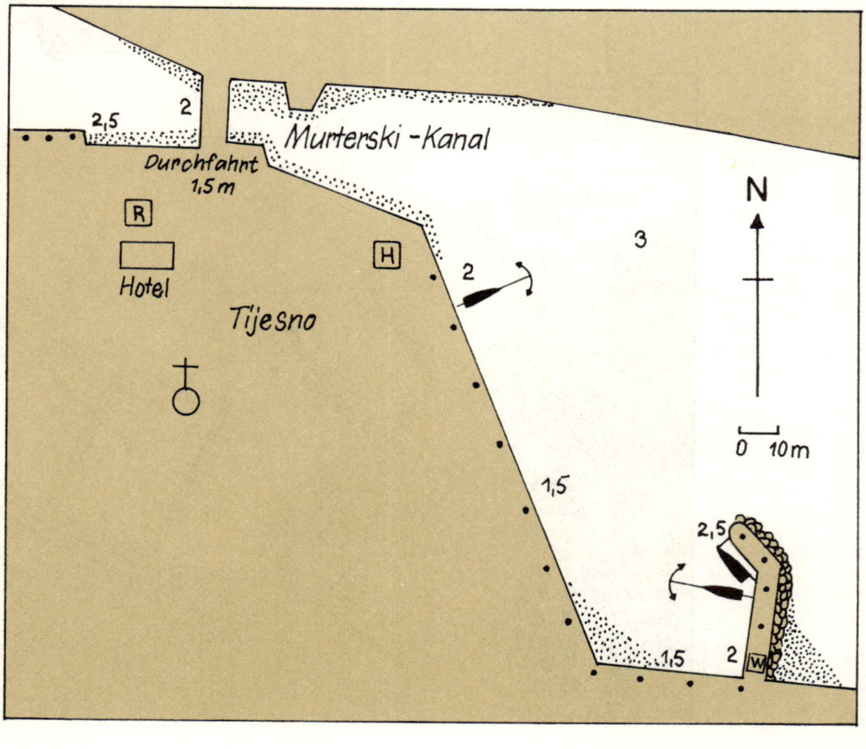

Hafen und Marina Vodice

Geschützter Hafen am Festland nördlich von Šibenik (Seekarten: 206, 100–21 und Plan auf 533).

Einsteuerung Man halte auf den roten Leuchtturm (F.r.) auf der Spitze der Hafenmole zu. Ein rot-weißes Seezeichen (Bake mit Balltoppzeichen), das sich 250 m östlich des LT auf der Untiefe Plič Vodice im dunklen Sektor des LF befindet, ist gut an Stb. zu lassen.

Liegeplätze Pflichtliegeplatz in der ACY-Marina Vodice. Muringleinen liegen aus. Der Liegeplatz wird vom Personal angewiesen.

Beschreibung In der Marina Strom- und Wasseranschluß am Liegeplatz; Sanitärblock, Supermarkt, Zollfreiladen, Restaurant; 10-t-Kran, Werkstatt, Parkplätze, Überwinterungsmöglichkeiten. Sportbootvermietung. Hafenbüro an der NE-Ecke des Stadthafens.
Netter Fremdenverkehrsort mit guten Einkaufsmöglichkeiten und Restaurants. Tankstelle. Post, Apotheke und Ambulanz.

Umgebung 1 sm W-lich von Vodice kann man am Kai vor der Ortschaft **Tribunj** festmachen. WT direkt am Kai 1,80 m, rasch zunehmend. In der Mitte des Kais steht ein schwaches LF (F.gn.).

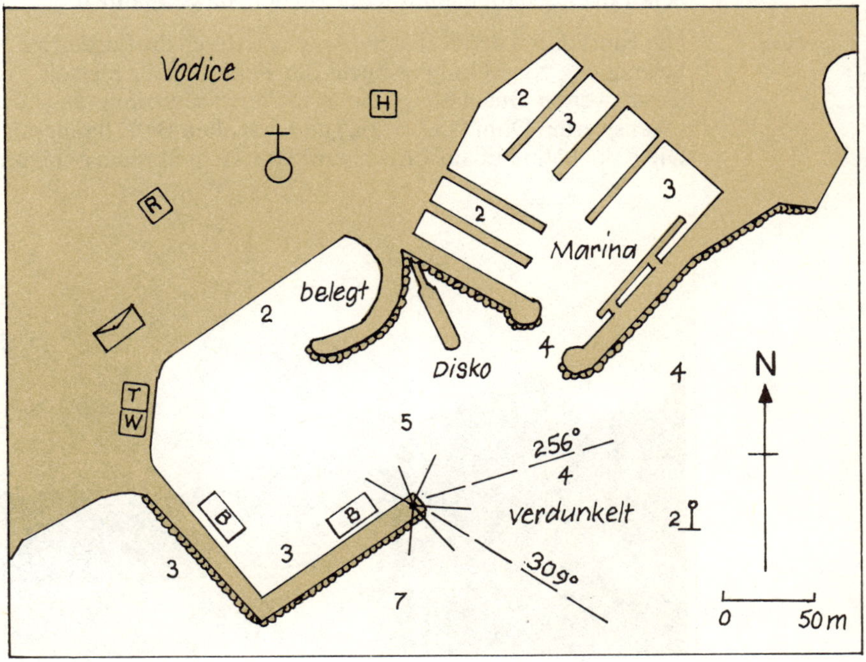

Großer Passagier- und Industriehafen (Seekarten: 206, 100–21, 533).

Einsteuerung

Durch den Kanal Sv. Ante nach Seekarte 533. Man beachte die Durchfahrtssignale, die auf der W-Seite vom Fort Sv. Nikola und auf der E-Seite vom Fort Sv. Ana gezeigt werden: Zwei schwarze Bälle übereinander (nachts zwei grüne Lichter übereinander) bedeuten, daß der Kanal frei von größeren Schiffen ist; ein roter Kegel mit Spitze nach oben (nachts zwei rote Lichter übereinander) bedeutet, daß der Kanal gesperrt ist.

A c h t u n g : Wegen des Flottenstützpunktes ist das Anlanden an der S-Seite des Kanals verboten!

Strom kann im Sommer bis zu 0,5 kn in westlicher Richtung setzen. Vor der Stadt liegen unbeleuchtete Festmachetonnen! Bei Bora und Schirokko liegt man wegen Schwells sehr unruhig.

Liegeplätze

Sportboote liegen am besten an der Hafenpromenade in der Nähe des Hotels „Jadran" längsseits oder vor Buganker auf etwa 3,50 m WT. A c h t u n g : Man schütze das Boot gut gegen den gelegentlich sehr heftigen Wellenschlag, der durch die mit hoher Fahrt vorbeilaufenden Schiffe entsteht! Die Bucht südlich von Šibenik von Kap Kulina bis zum Kap Ravna ist **Sperrgebiet!**

Beschreibung

Šibenik ist ganzjährig geöffneter Einklarierungshafen. Das Hafenamt befindet sich hinter dem Brunnen an der Promenade. Wasserhydrant auf dem Dampferkai, Tankstelle (auch Wasser) südlich an einer Pier, wo die WT etwa 4 m beträgt. Sehr gute Einkaufsmöglichkeiten in der Stadt. Am nördlichen Ende des Kais Yachtclub mit kleinem Kran. Die Firma „Brodoservis" (etwa 500 m vom Yachtclub) führt Reparaturen aus. In beschränktem Umfang ist Schiffszubehör in Geschäften am Kai oder in der Nähe erhältlich.

Umgebung

Die Fahrt durch den Kanal Sv. Ante und durch die fjordartige, stark befestigte Verbindung zur Mündungsbucht der Krka ist sehr reizvoll. An der NE-Seite dieser weiten Bucht steigt die Stadt terrassenförmig an, überragt von dem sehenswerten Dom (15./16. Jh.) und den alten Befestigungsanlagen.

Die Krka kann flußaufwärts bis zur Brücke in Skradin befahren werden.

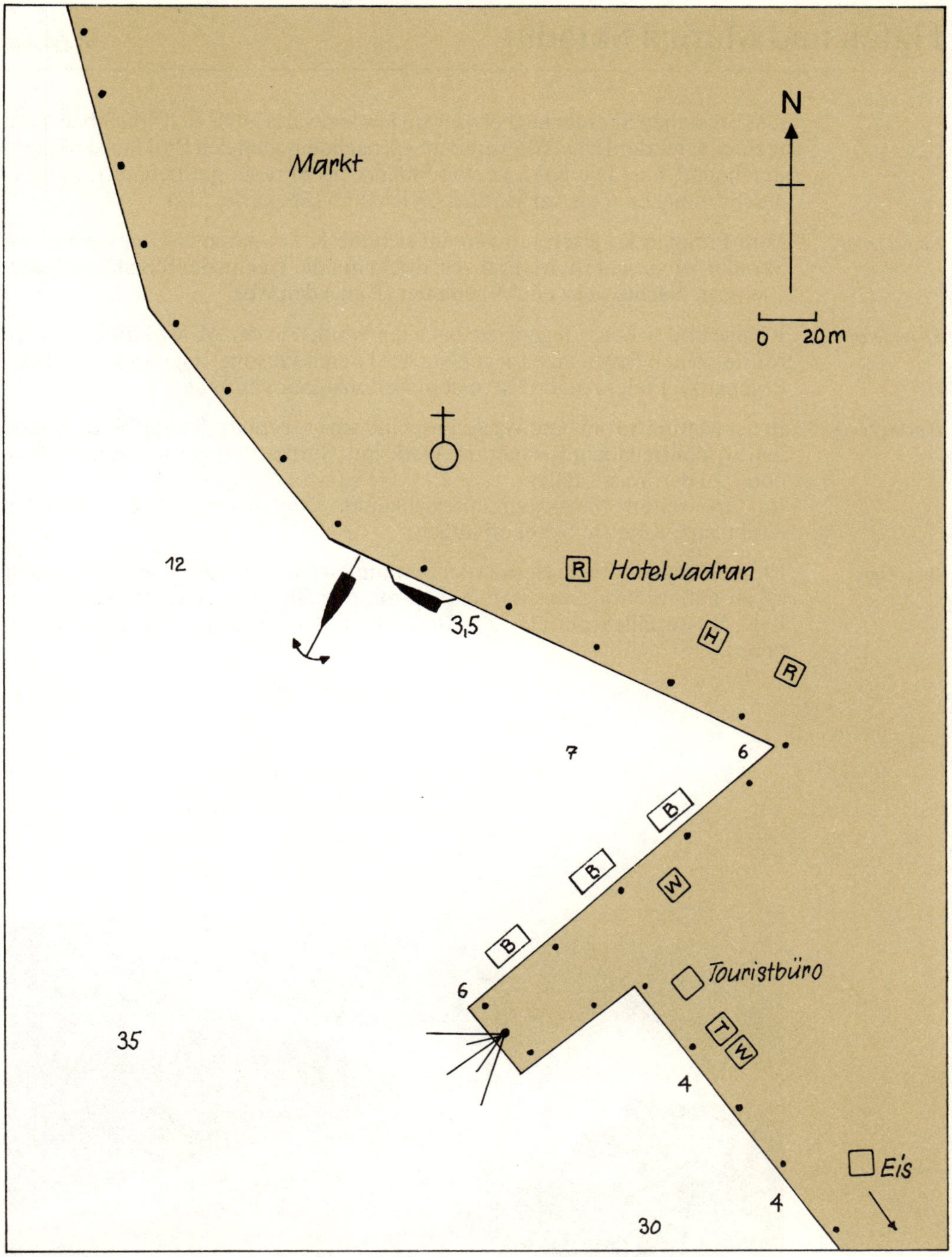
N
0 20m
Markt
12
R Hotel Jadran
3,5
H
R
7
6
B
B
W
B
Touristbüro
6
T
W
35
4
Eis
4
30

Hafen und Marina Skradin

Das Städtchen Skradin liegt etwa 9 sm landeinwärts NNE-lich von Šibenik am rechten Ufer der Krka. Man erreicht es, nachdem man den Prokljansko jezero durchquert hat. Die Krka ist von Šibenik bis Skradin gut befeuert; Höchstgeschwindigkeit 6 kn, im Marinabereich 2 kn (Seekarte: 518).

Einsteuerung Vom Prokljansko jezero an verengt sich die Krka, deren N-Ufer im SE von Skradin sehr seicht ist. Man steuert direkt auf die Pier an der S-Seite des Städtchens zu. Nachts weist ein Molenfeuer (F.gn.) den Weg.

Liegeplätze Ruhige und sichere Liegeplätze bei allen Winden in der ACY-Marina Skradin. Muringleinen liegen aus. Liegeplatz wird durch Personal angewiesen (Pflichtliegeplatz). Freies Ankern ist in dem Nationalpark verboten.

Beschreibung In der Marina Strom- und Wasseranschluß am Liegeplatz; Sanitärblock, Supermarkt, Zollfreiladen, Restaurant; Werkstatt; Surfbrett- und Kanuverleih. Taxiboote zu den Wasserfällen.
Im Ort weitere Versorgungsmöglichkeiten, Restaurants, Post, Apotheke, Ambulanz. Kein Treibstoff erhältlich.

Umgebung Empfehlenswert ist ein Besuch der berühmten Krka-Wasserfälle. Man erreicht sie zu Fuß in etwa einer Stunde oder mit dem Taxiboot. Die Zufahrt zu den Krka-Wasserfällen mit eigenem Boot ist ab der Straßenbrücke Skradin verboten.

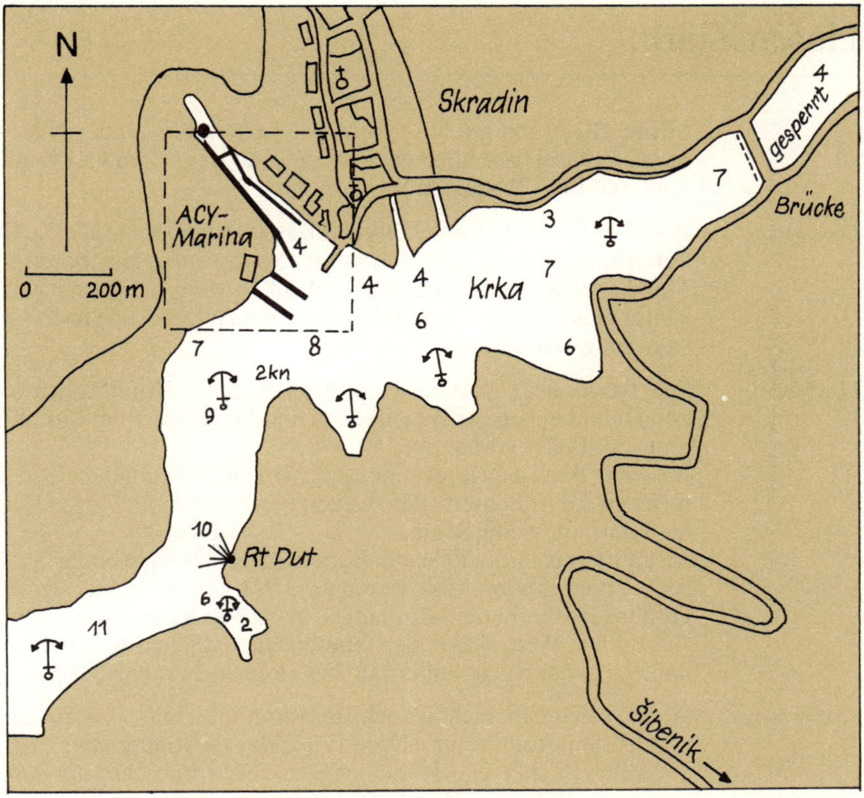
N
0 200 m
Skradin
ACY-Marina
Krka
gesperrt
Brücke
2kn
Rt Dut
Šibenik

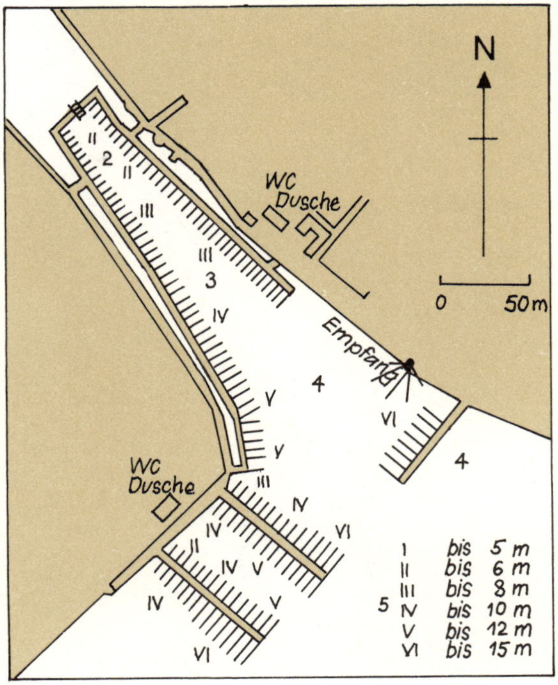
N
0 50 m
WC
Dusche
Empfang
WC
Dusche
I bis 5 m
II bis 6 m
III bis 8 m
IV bis 10 m
V bis 12 m
VI bis 15 m

Hafen Zlarin

Große Bucht mit gut ausgebautem Fischerhafen an der NW-Seite der gleichnamigen Insel, geschützt gegen Winde aus dem 2. und 3. Quadranten (Seekarten: 206, 100–21 und 533).

Einsteuerung

Aus dem Šibenska Vrata kommend, steuert man mitten in die Bucht hinein, an deren Ende sich der Ort Zlarin mit seiner weithin sichtbaren Kirche befindet. Man halte auf den befeuerten Kopf der N-Mole zu (Blz.r. 3s) und steuere dann weiter in den südlich der Mole gelegenen Hafen. Auch nachts bereitet die Einsteuerung keine Schwierigkeiten.

Liegeplätze

Sportboote liegen am besten und geschützt in dem nördlichsten der drei kleinen Hafenbecken vor Buganker an den Molen oder am Kai. WT zwischen 1,50 und 3 m; Poller vorhanden.
Die erste Pier ist an ihrer Innenseite von Fischerbooten belegt, so daß man sich meist an die Außenseite der zweiten Pier legen muß. Gegen Winde aus NW hat man dort nur wenig Schutz.
Im mittleren und südlichen Becken liegen Fischerboote an Bojen. An der befeuerten, großen Mole beträgt die WT 4 bis 6 m; hier liegen Dampfer und größere Fischerboote. Am langen W-Kai ist es an einigen Stellen sehr flach. Bei ruhiger Wetterlage oder Winden aus südlichen Richtungen ist auch freies Ankern in der Bucht außerhalb des Hafens gut möglich.

Beschreibung

Wasser erhältlich, nicht jedoch Treibstoff. Geschäft, Restaurant, Arzt und Post im Ort, Supermarkt am Hafen. Viele der Bewohner sind englischsprechende Seeleute, Fischer und Korallenfischer. Sehr hübsche, allmählich verfallende Ortschaft. Bekannte Korallenschleiferei.

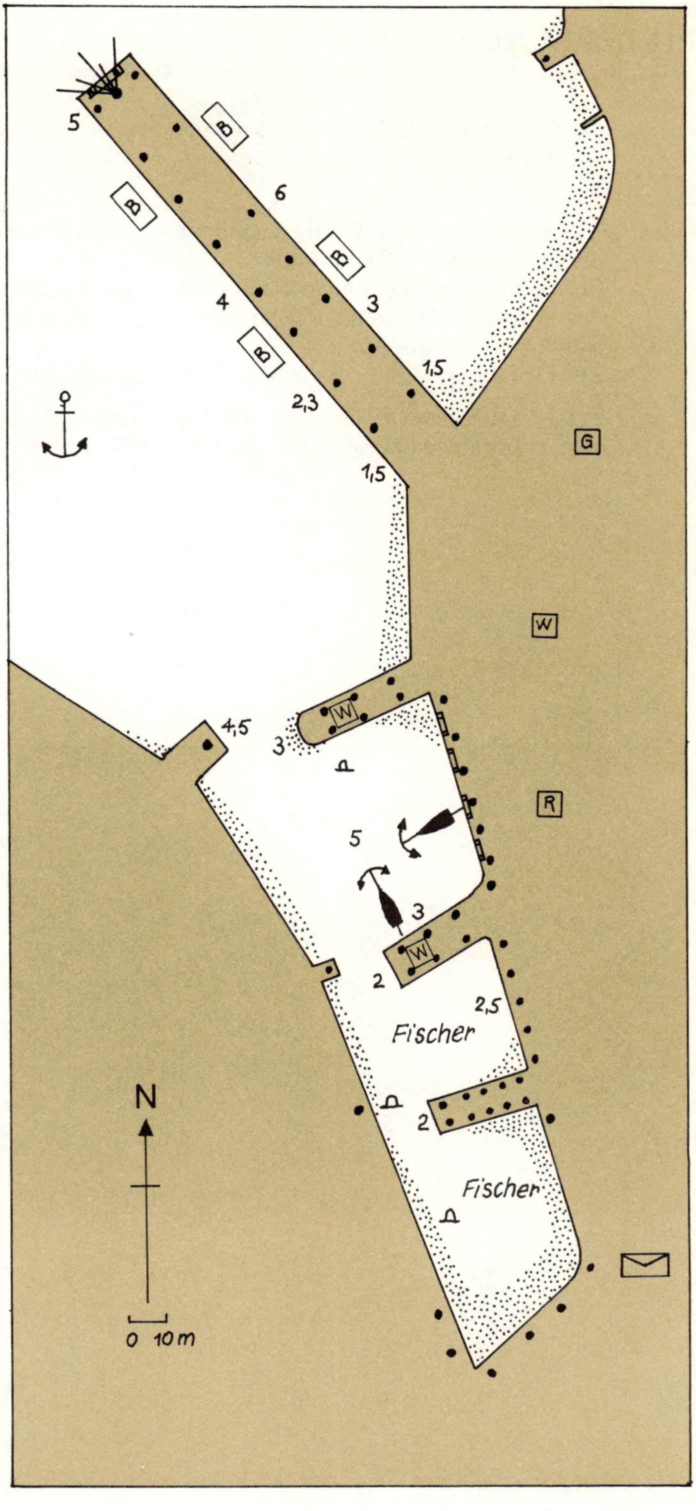
5
B
6
B
B
3
4
B
1,5
2,3
G
1,5
W
4,5
W
3
R
5
3
W
2
2,5
Fischer
N
2
Fischer
0 10m

Ankerbucht Grebaštica

Große, gegen südliche Winde geschützte Bucht 5 sm südlich von Šibenik (Seekarte: 100–21).

Einsteuerung und Liegeplätze

Die Bucht wird im S durch das Kap Bilo und im N durch das Kap Oštrica (Blz.gn. 2s) begrenzt. Westlich vor dem Kap Bilo liegt die Klippe Krbelica, von der man sich gut freihalten sollte.
In einer kleinen Nebenbucht an der S-Seite der Bucht Grebaštica liegt man vor Anker geschützt gegen südliche und westliche Winde. WT ca. 5 m, teilweise bewachsener Sandgrund.
Zwei Einschnitte im N der Bucht bieten Schutz gegen nördliche Winde.

Umgebung

Etwa 2 sm N-lich von Grebaštica befindet sich die Insel **Krapanj** mit gleichnamigem Hafen an der SE-Ecke, der bedingt Schutz bietet.

Rt Oštrica
5
Bonavici
N
0
350 m
O Krbelica
5
Rt Bilo
5

Hafen Primošten

Teilweise geschützter, ziemlich belegter und belebter Hafen. Bei starkem Jugo aus S bis SE steht trotz der vorgelagerten Insel Maslinovik im Hafen erheblicher Schwell (Seekarten: 206, 100–21).

Einsteuerung

Von W kommend, sieht man schon von weitem die Kirche auf einem Hügel, den man südlich umfährt. Das LF auf der S-Huk Rt Kremik (Blz. 3s) ermöglicht das Einlaufen bei Nacht. Auf dem Kopf der alten Hauptmole brennt ein LF (F.r.), auf das man zuhalten kann, wenn man in den alten Hafen möchte. Eine Steinpier etwa 0,2 sm östlich des alten Hafens wird ebenfalls durch ein LF bezeichnet (Blz.r. 3s).

Liegeplätze

Im alten Hafen vor Buganker an der nordwestlichen Kaimauer. Die WT direkt an diesem Kai beträgt 1,20 m, etwa 2 m seewärts 2,20 m. In der Nähe des Kopfes der Mole legen Dampfer an. Weiter innen an der kleinen Treppe kann man vor Buganker auf etwa 2,80 m WT liegen. (Zweigstelle der Marina Kremik; Gebühr!)

Hinter der neuerbauten Pier befindet sich ein kleines, geschütztes Becken. Hier liegen Sportboote am besten vor Buganker auf 4 bis 6 m WT; Ringe vorhanden (Gebühr!). Der Südteil der Pier neben dem LF ist wegen der Höhe nur für größere Boote geeignet (Zollmole).

Beschreibung

Reizvolles Städtchen, dessen alter Kern auf einem vorgelagerten Hügel nur durch eine schmale Landzunge mit dem Festland verbunden ist. In der Hauptsaison gibt es hier viele Touristen. Hafenkapitän im Pavillon an der neuerbauten Pier. Geschäfte, Post, gute Restaurants, Ambulanz, Apotheke, Wasser in kleinen Mengen in den Restaurants. Treibstoff von einer Tankstelle an der Hauptstraße Šibenik–Split. Nördlich des Hügels, auf dem Primošten liegt, springt eine zweite Landzunge ins Meer vor, auf der sich ein riesiger Hotelkomplex befindet, zu dem auf der N-Seite der Landzunge ein Badestrand mit Süßwasserduschen gehört. Von dem vor der Kirche gelegenen Friedhof aus hat man einen bezaubernden Blick aufs Meer.

Während der Sommermonate ist Primošten Einklarierungshafen.

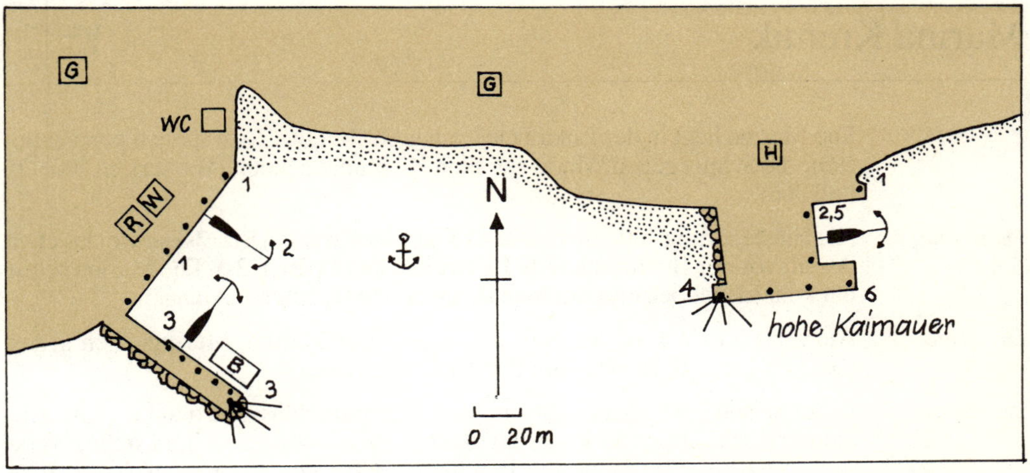
G
G
WC
H
R
W
N
1
2
1
3
B
3
0 20m
1
2,5
4
6
hohe Kaimauer

Marina Kremik

Luka Peleš
Dalmatien

Die Marina liegt in der Luka Peleš, einer Bucht etwa 2 sm südlich von Primošten, die Schutz gegen Winde aus allen Richtungen bietet (Seekarten: 100–21 und 206).

Einsteuerung Als Einsteuerungshilfe dienen das LF auf Rt Kremik (Blz. 3s) sowie das etwa 0,5 sm vor der Bucht stehende LF bei Plič Peleš (Blz.r. 2s). Die Marina selbst hat kein LF, jedoch erkennt man sie an den beleuchteten Anlagen.

Liegeplätze Auf 2 bis 3 m WT an den Kais und Stegen der Marina; Muringleinen liegen aus. Der Liegeplatz wird vom Personal zugewiesen.

Beschreibung In der Saison Port of Entry. Strom- und Wasseranschlüsse an den Liegeplätzen; Sanitärblock, Supermarkt, Zollfreiläden, Restaurant, Bar; Tankstelle, Werkstatt, 5-t-Kran, 30-t-Hebeslip, Parkplätze, Überwinterungsmöglichkeit. Taxi- und Busverbindung mit Primošten. Die Marina hat Anschluß an die knapp nördlich verlaufende Adria-Magistrale. Weitere gute Versorgungsmöglichkeiten in Primošten.

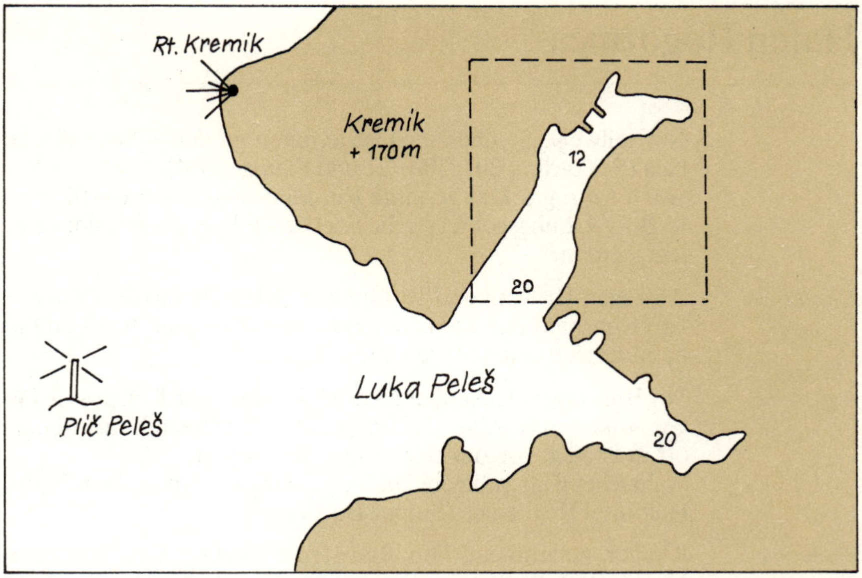
Rt. Kremik
Kremik
+ 170m
12
20
Luka Peleš
Plič Peleš
20

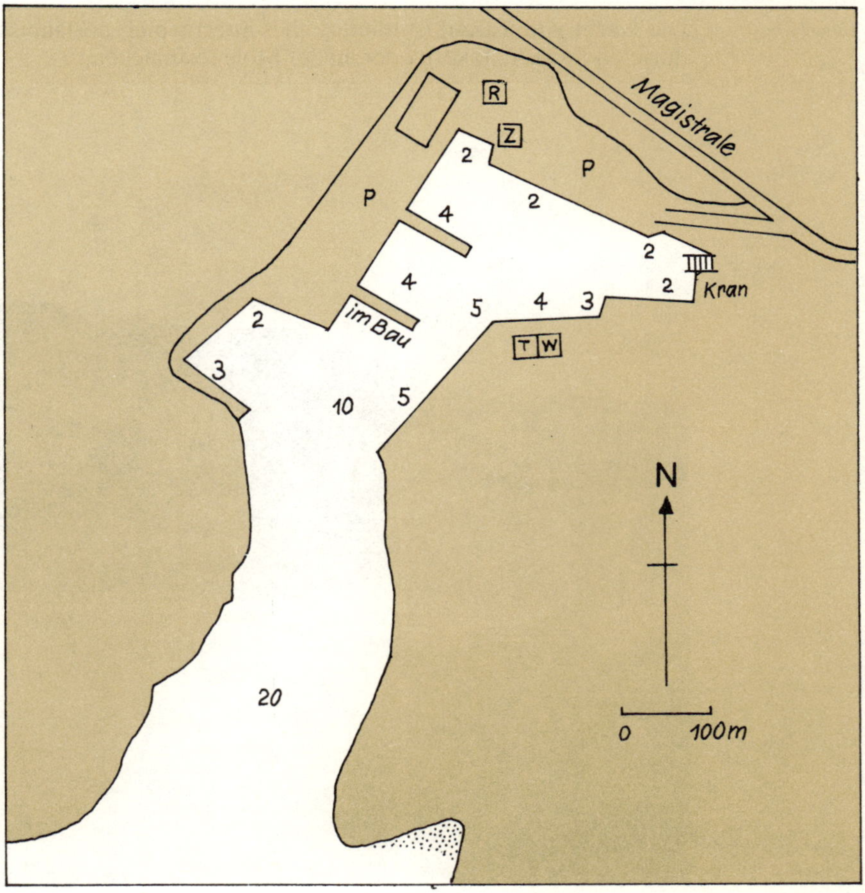
R
Z
Magistrale
P
2
P
2
4
2
4
2
Kran
5
4
3
2
im Bau
T W
3
10
5
N
20
0
100m

Hafen Rogoznica

Halbinsel Rogoznica
Dalmatien

Nur teilweise geschützter Fischerhafen an der W-Seite der Halbinsel Rogoznica (Seekarten: 207, 100–21 und Plan auf 534).
A c h t u n g : Das gesamte Einsteuerungsgebiet westlich von Rogoznica ist U-Boot-Übungsgebiet (siehe Seekarte). Hier darf weder geankert noch angelegt werden.

Einsteuerung Zwischen Rt Konj und Rt Gradina (Blz.r. 5s) hindurch und von dort auf das LF (F.gn.) auf der Kaimauer zuhalten. Zwischen Rt Gradina und Rogoznica befindet sich eine unbeleuchtete Tonne.

Liegeplätze Vor Bug- oder Heckanker an der Kaimauer nördlich des LF (WT ca. 3 m) oder vor Anker im Nordteil der Bucht. Der Platz beim Leuchtfeuer ist freizuhalten; oft ist er auch von der Berufsschiffahrt belegt.
Wahrscheinlich ruhigere und geschütztere Ankerplätze auf der E-Seite der Halbinsel Rogoznica (Stupin-Bucht).

Beschreibung Kleiner, zunehmend von Touristen besuchter Ort. Restaurants, Geschäfte, Markt, Post, Wasser.

Umgebung Die Bucht von **Ražanj** ist militärisches Sperrgebiet; ausländische Sportboote dürfen dort nicht ankern oder an der Mole festmachen.

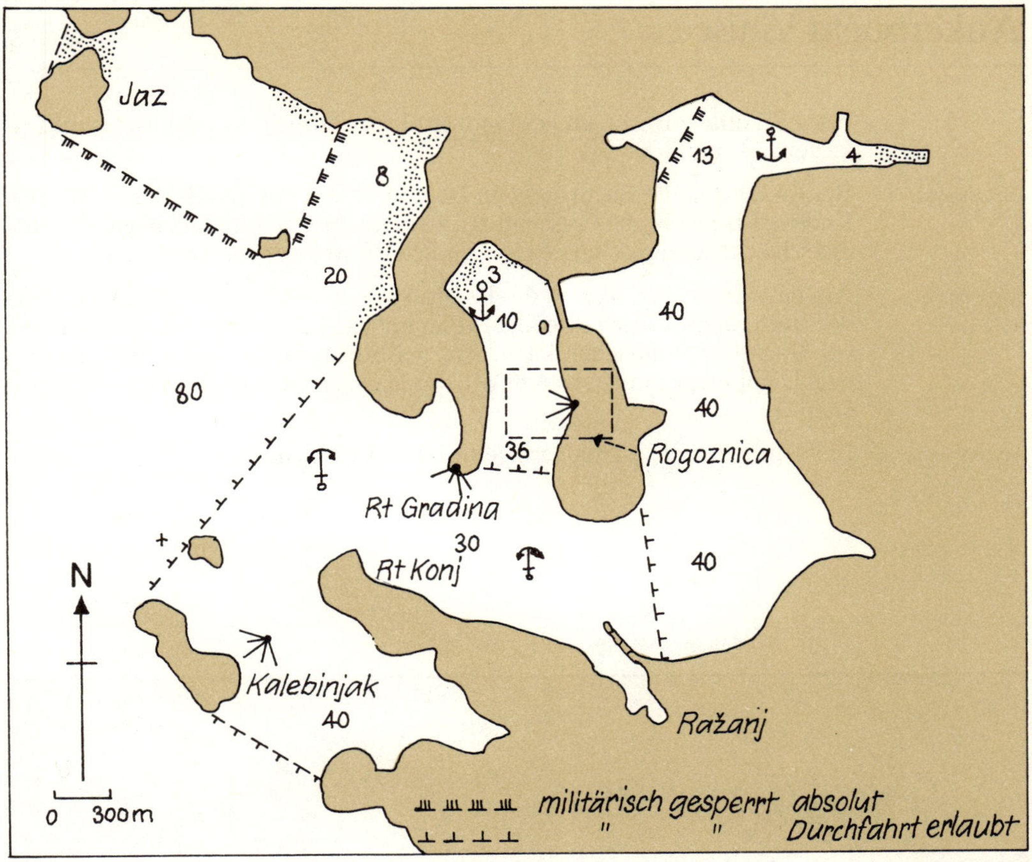
Jaz
8
20
80
3
10
0
13
4
40
40
36
Rogoznica
Rt Gradina
30
Rt Konj
40
N
Kalebinjak
40
Ražanj
0 300m
militärisch gesperrt absolut
" " Durchfahrt erlaubt

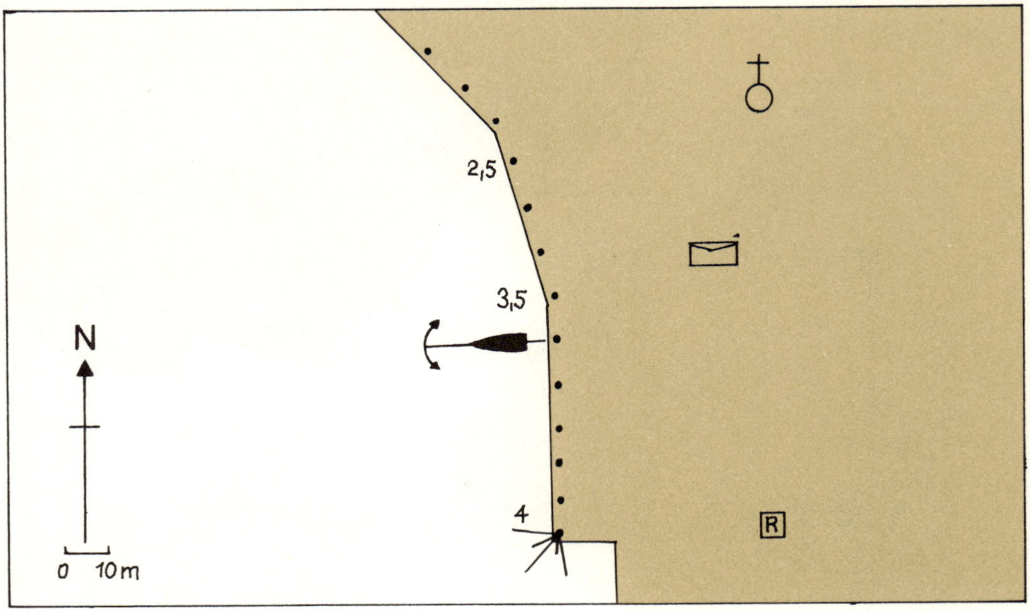
2,5
3,5
N
4
0 10m
R

Ankerbucht Vinišće

Nach SE offene Bucht am Festland, ca. 3 sm nördlich der Insel Drvenik (Seekarten: 207 und 100–21).

Einsteuerung Bei Einfahrt in die Bucht steht an Bb. auf Rt Artatur ein LF (Blz.r. 3s). Am Ende der Bucht ist die Ortschaft mit zwei Kirchtürmen zu erkennen. Beachte das schlecht auszumachende Hrid Vinišće Bb. vor der Einfahrt!

Liegeplätze Am besten vor Buganker in der Bucht. Vor einem Kriegerdenkmal am Ende der Bucht befindet sich eine kleine Pier mit ca. 1,20 m WT, wo man eventuell vor Buganker festmachen kann. Auf der Stb.-Seite der Bucht befindet sich eine Dampferpier mit etwa 4 m WT, wo man gegebenenfalls kurzzeitig liegen kann.

Beschreibung Einfaches Fischerdorf mit geringen Einkaufsmöglichkeiten.

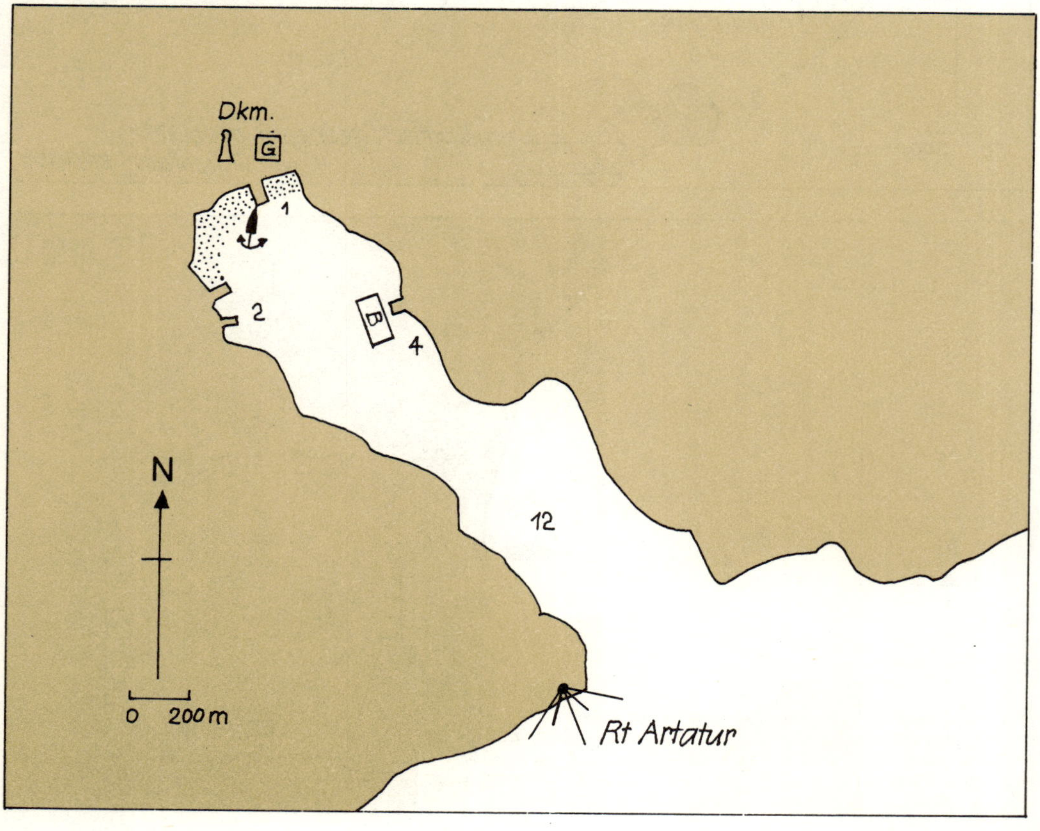

Hafen Drvenik Veli

Insel Drvenik Veli

Der Hafen liegt an der W-Seite der gleichnamigen Insel in einer tiefen, nach W offenen Bucht. An der S-Seite der Bucht besteht bis zu den kleinen, nach SW laufenden Wasserarmen Ankerverbot wegen eines Unterwasserkabels (Seekarten: 207, 100–21 und 534, Plan Luka Drvenik).

Einsteuerung Von W kommend, erkennt man tagsüber schon von weitem die Kirche über dunklen Bäumen, auf die man zuhalten sollte. Die Ansteuerung bei Nacht ist schwierig, da das Hafenfeuer (F.r.) sehr schwach ist und durch die dahinter stehenden beleuchteten Häuser überdeckt wird.

Liegeplätze Am Kai neben der Dampferanlegestelle (Dampfer liegt zeitweise über Nacht) ist eventuell noch Platz zum Liegen mit Heckanker. Die WT direkt am Kai beträgt 2m und fällt sehr schnell auf 5m ab. Weiterhin findet man einen Liegeplatz vor Buganker im SW-Teil der Bucht, WT 2 bis 5m. Der TH beträgt ca. 0,50m.

Beschreibung Netter kleiner Fischerort mit Ferienhäusern und Einkaufsmöglichkeiten. Wasser nur aus Zisternen. Das Restaurant ist nur in der Ferienzeit geöffnet, Post daneben. In Hafennähe ist eine Bäckerei.

Umgebung Auf der 2 sm W-lich gelegenen Insel **Drvenik Mali** gibt es an der E-Seite vor dem Ort Borak einen Anleger (Blz.w/r. 3s), der nur gegen NE-liche Winde ungeschützt ist (WT 3 bis 5 m). Einsteuerung nach Seekarte 534 tags und nachts leicht möglich.

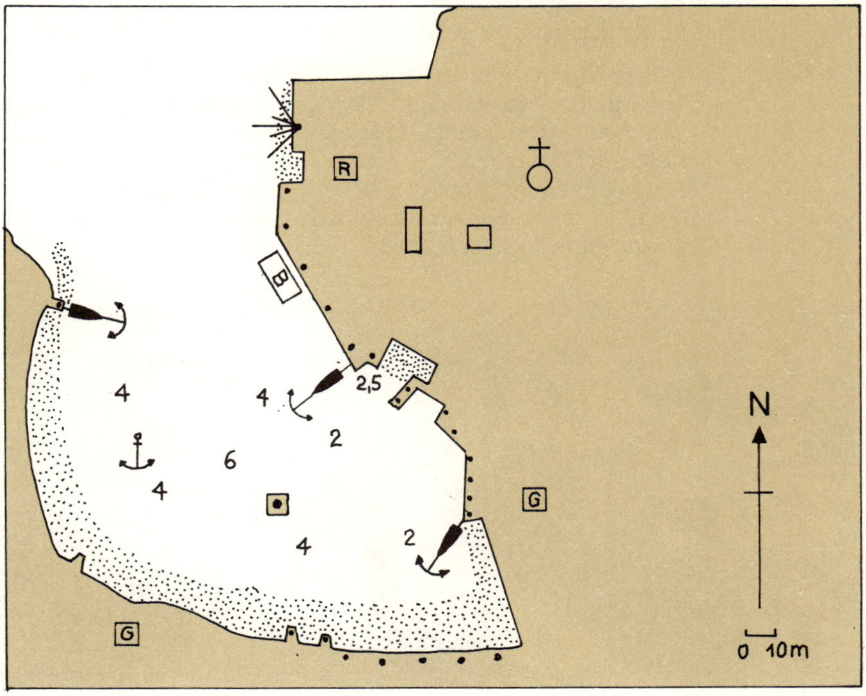

Hafen und Marina Trogir

Trogirski-Kanal
Dalmatien

Hübscher, bedeutsamer Ort mit mehreren Liegeplatzmöglichkeiten: in der ACY-Marina wie auch im Trogirski-Kanal zwischen Festland und der Insel Čiovo. Die Klappbrücke zwischen Trogir und Čiovo wird nicht mehr geöffnet, weshalb Schiffe über 4 m Gesamthöhe nicht passieren können (Seekarten: 207, 322, 100–21, 534, 536).

Einsteuerung

Sowohl von E als auch von W her ist die Einfahrtsrinne durch Seezeichen markiert. Bei der Einsteuerung von E her ist ein Sperrgebiet zu beachten, an dessen S-Seite man jedoch genügend Platz hat. An der NE-Seite des Kanals liegt eine Leuchttonne (Blz.gn. 3s).

Liegeplätze

Von E her kommend, gibt es zwei Möglichkeiten:
Bei nördlichen Winden kann man etwa 20 m Stb. vor der Klappbrücke sicher liegen (Achtung: Unterwasserkabel und Ankerverbot in unmittelbarer Nähe der Brücke!). WT 1 bis 2 m (Sand- und fester Schlickboden); Poller vorhanden, günstig zur Stadt.
Bei südlichen Winden liegt man sicherer an der Kaimauer des Stadtteils Čiovo auf der Bb.-Seite ca. 30 m vor der Brücke; Poller vorhanden. Unschöner Liegeplatz.
Von W her kommend: Auf der Stadtseite (Trogir) an der langen, niedrigen Kaimauer (mindestens 4 m WT) zwischen Kastell und etwa 20 m vor der Klappbrücke; Poller vorhanden. Hier liegt man wegen des möglicherweise starken Stromes und Schiffsverkehrs besser längsseits. Sehr günstig zur Stadt, TH 0,40 m beachten. Teile der Kaimauer sind für die Berufsschiffahrt reserviert. Liegegebühr.
Hauptliegeplatz ist auf der Čiovo-Seite in der ACY-Marina.

Beschreibung

In der Marina gibt es Wasser- und Stromanschlüsse, Sanitäreinrichtungen, Supermarkt, Restaurant, 10-t-Kran, Slip, Werkstatt und Zollfreiladen. Geschäfte, Restaurants, Post etc. in der Stadt; Markt, Kaufhaus und Tankstelle am Festland.
Hafenkapitän befindet sich an der Uferstraße gegenüber der Kirche.
Äußerst reizvolle, kunsthistorisch interessante Altstadt. Berühmtes Domportal, Aufstieg zum Kastell.

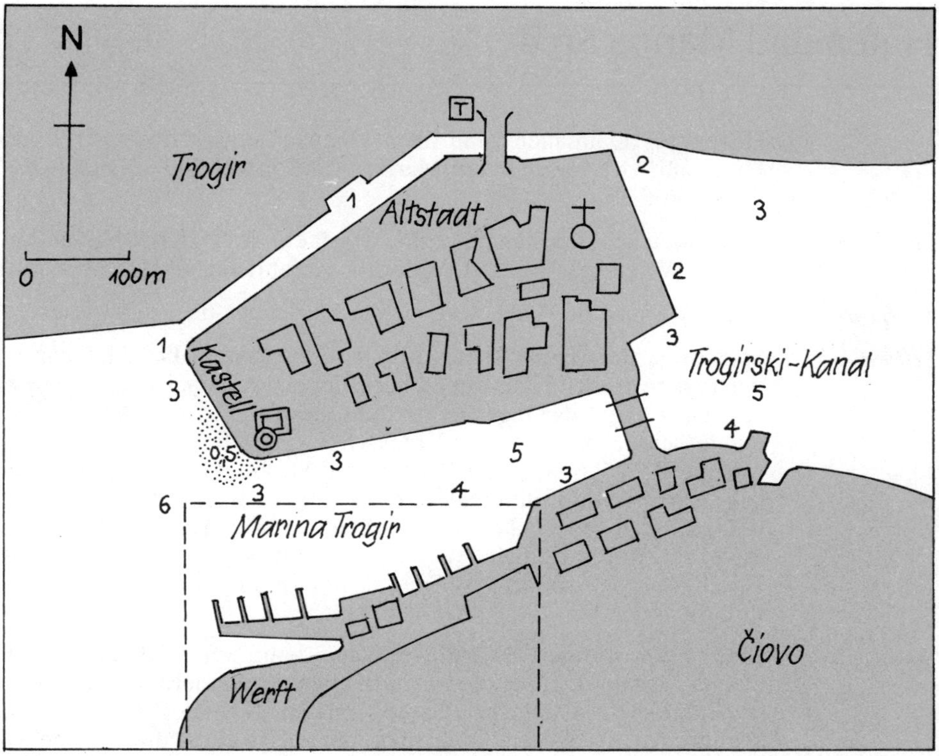
N
0 100m
Trogir
Altstadt
Kastell
Trogirski-Kanal
Marina Trogir
Werft
Čiovo
0,5
1
2
3
4
5
6

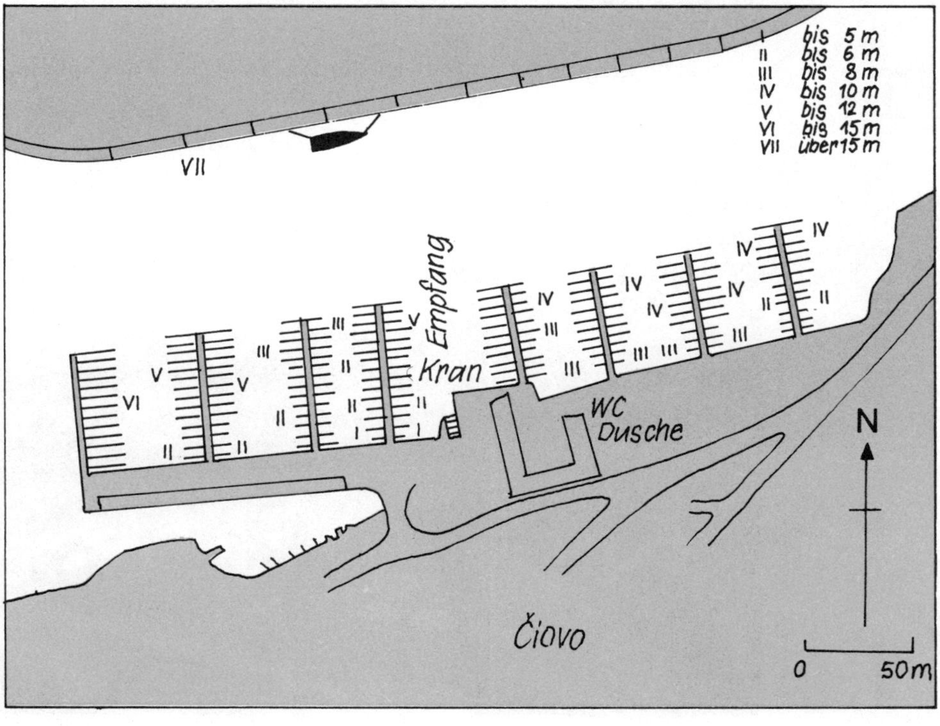
I bis 5 m
II bis 6 m
III bis 8 m
IV bis 10 m
V bis 12 m
VI bis 15 m
VII über 15 m
Empfang
Kran
WC
Dusche
Čiovo
N
0 50m

Hafen und Marina Split

Hauptstadt Dalmatiens, mit allen Vorzügen einer Großstadt. Bedeutender Hafen mit zwei geschützten Marinas (Seekarten: 100–21, 100–26, 322 mit Plan, 536).

Einsteuerung Von Süden her zwischen den Einfahrtsfeuern des Hafens Split hindurch in die auf der W-Seite gelegene ACY-Marina. Zufahrt Tag und Nacht problemlos.

Liegeplätze In der Marina; die Plätze werden vom Marinapersonal zugewiesen.

Beschreibung Split ist ganzjährig geöffneter Einklarierungshafen. Das Hafenamt befindet sich in dem großen Haus mit grüner Kuppel. Es ist meist nur vormittags geöffnet. Dort hängt der tägliche Seewetterbericht aus; jugoslawische Seekarten und Drucksachen werden im Erdgeschoß verkauft.
In der ACY-Marina gibt es Wasser- und Stromanschlüsse, Sanitäreinrichtungen, Supermarkt, Zollfreiladen, 10-t-Kran und Werkstatt.
Gute Einkaufsmöglichkeiten in der Stadt; größter Markt Dalmatiens, Restaurants, Post, Krankenhaus etc. Treibstoff gibt es an der Tankstelle vor dem Hotel „Marjan" an der NW-Seite des Hafens (WT am Anlegekai der Tankstelle etwa 3 m).

Sehenswert Riesiger Diokletian-Palast (306 n. Chr. erbaut, um 615 durch Flüchtlinge aus Salona besiedelt). Häusergewirr innerhalb der Mauern des Palastes. Im Peristyl Sphinx vom Grabe des Pharao Tutmosis III. In der Nähe das Mausoleum (Peripteros) des Kaisers Diokletian, die jetzige Kathedrale mit sehenswerter Kanzel aus dem 17. Jh. Weiterhin Rathaus im venezianischen Stil. Museen mit Ausgrabungen von Salona.

Umgebung Geschützte Liegeplätze auch in der Marina des Yacht-Clubs Split im Ortsteil **Spinut** (s. S. 210).

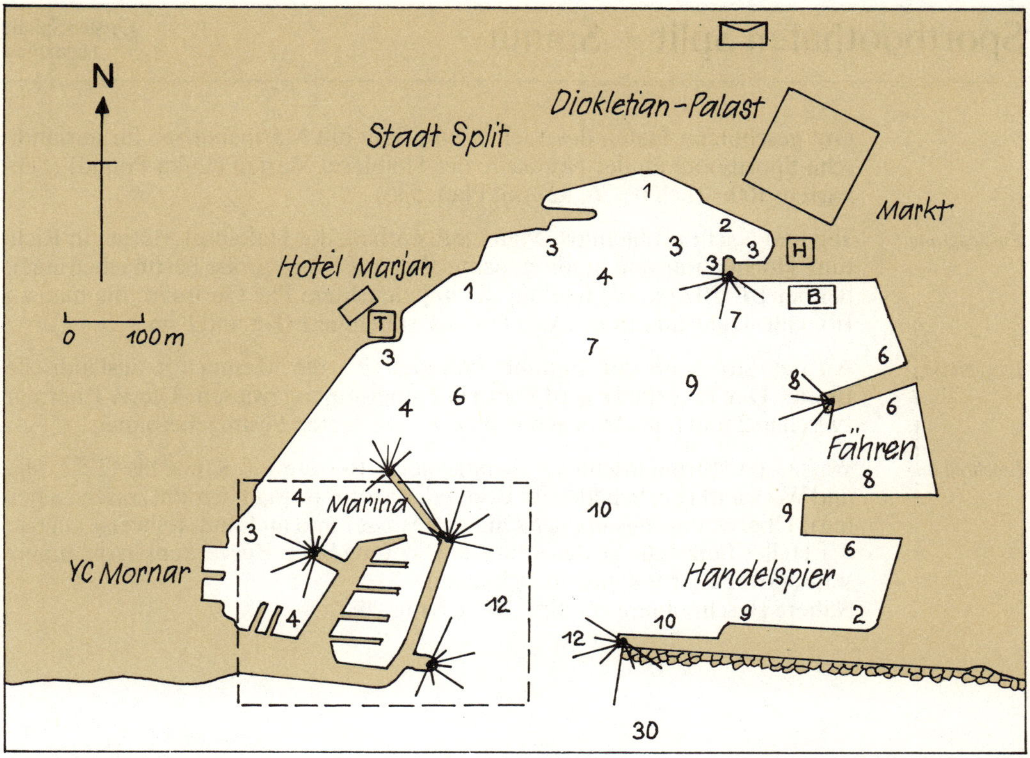
N
0 100m
Diokletian-Palast
Stadt Split
Markt
Hotel Marjan
H
B
T
Fähren
Marina
YC Mornar
Handelspier
1
2
3
4
6
7
8
9
10
12
30

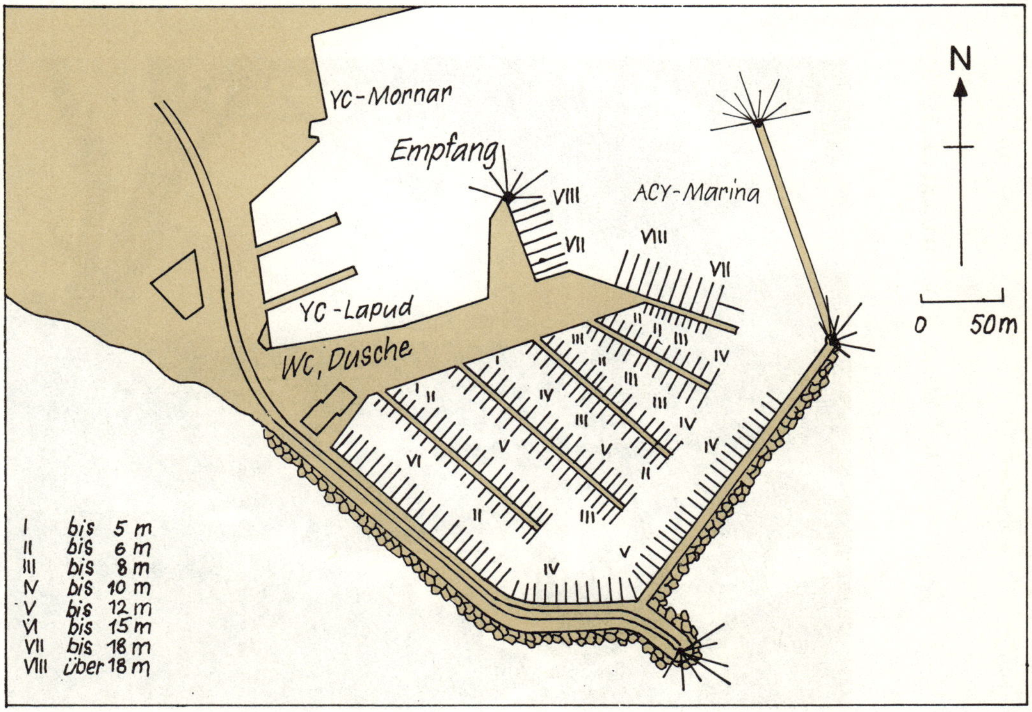
N
0 50m
YC-Mornar
Empfang
ACY-Marina
YC-Lapud
WC, Dusche
I bis 5 m
II bis 6 m
III bis 8 m
IV bis 10 m
V bis 12 m
VI bis 15 m
VII bis 18 m
VIII über 18 m

Sportboothafen Split – Spinut

Ortsteil Spinut
Dalmatien

Gut geschützter Hafen des Yacht-Clubs Split mit Marinabetrieb für ausländische Sportboote an der Nordseite der Halbinsel Marjan (Luka Poljud) (Seekarten: 100–21, 100–26, 322 mit Plan, 536).

Einsteuerung Tag und Nacht problemlos. Man fahre entlang der Halbinsel Marjan in Richtung Hochhäuser und Stadion, achte aber auf einige große Festmachetonnen bei der LT (Blz.gn. 2s) und auf die unbeleuchtete Plič Garifulin, die man an Bb. läßt. Die Einfahrt des Yachthafens ist befeuert (F.r. und F.gn.).

Liegeplätze An der Stb.-Seite der Einfahrt befindet sich die Marina für ausländische Boote. Der Liegeplatz wird vom Hafenmeister zugewiesen. Die WT beträgt zwischen 2 und 6 m. Man achte auf die ausgelegten Festmachetonnen.

Beschreibung Wasser- und Stromanschlüsse; Sanitärblock, Restaurant, Kräne bis 12,5 t, Slip und Werkstatt (bei Schäden an Boot oder Motor ist man bemüht, rasch zu helfen). Überwinterungsmöglichkeiten im Wasser und an Land, teilweise auch in der Halle. Tankstelle an der Straße in Richtung Split. Busverkehr in die Innenstadt, dort gute Einkaufsmöglichkeiten.
Nähere Beschreibung von Split siehe Seite 208.

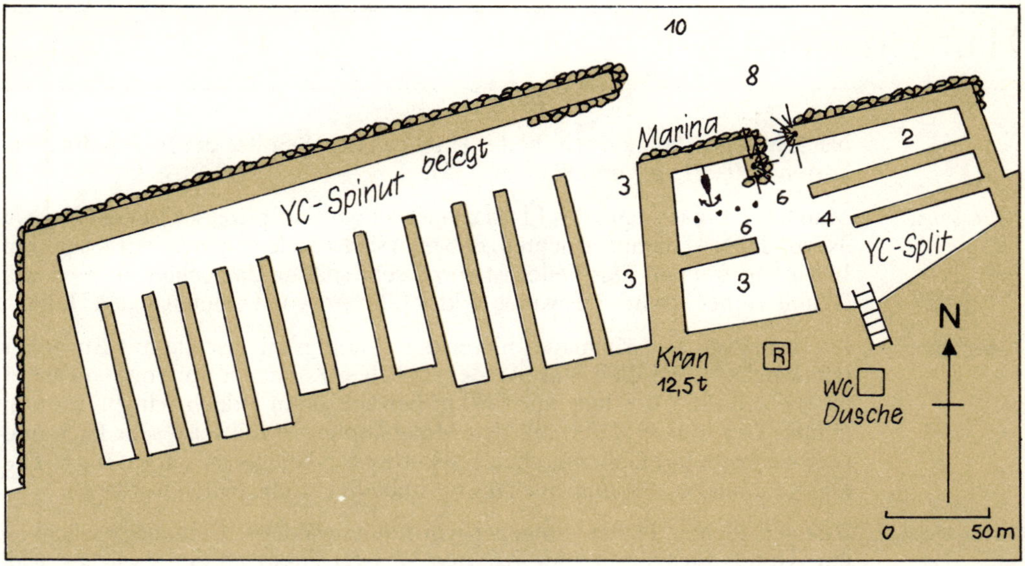
10
8
Marina
YC-Spinut belegt
3
6
6
2
4
3
3
YC-Split
N
Kran
12,5 t
R
WC
Dusche
0
50 m

Hafen Maslinica

Nach W ungeschützter, sehr netter Hafen an der W-Spitze der Insel Šolta (Seekarten: 100–21, 207 und Plan auf 535).

Einsteuerung Man halte zunächst auf das LF Maslinica an der Südspitze der Bucht (Blz.w/r. 3s) zu; dabei ist darauf zu achten, daß man sich von den flachen, vorgelagerten Inseln gut freihält. Das Feuer ist von S sehr spät auszumachen, da es durch Bäume verdeckt wird. Der weiße Sektor führt frei von Untiefen in den Hafen.

Liegeplätze An der nördlichen Kaimauer hinter der Dampferanlegestelle mit Buganker (stark belegt), WT 2 bis 3 m. An der südlichen Kaimauer nur vor Heckanker möglich, da die WT hier nur 0,80 m beträgt, dann jedoch schnell auf 6 m abfällt. Der innere Hafen mit den Molenköpfen ist teilweise sehr flach und üblicherweise mit einheimischen Fischerbooten belegt. A c h t u n g : Die Dampferanlegestelle muß auch nachts unbedingt freigehalten werden!

Beschreibung Ruhiger, kleiner Hafen, umgeben von Pinienwäldern. Einkaufsmöglichkeiten, Hotel, Restaurant (mit WC und Wasser) direkt an der südlichen Kaimauer. Gute Bademöglichkeiten.

Umgebung Die nächste Bucht S-lich von Maslinica ist **Šešula** auf Šolta. Sie ist etwa 0,5 sm lang und bietet in ihrem innersten Teil auf 10 m WT guten Ankergrund. Wenig Schutz gegen SW-Wind. Einsteuerung bei Tage nach Plan auf Seekarte 535 leicht möglich. Keine Versorgungsmöglichkeiten.

Ankerbucht Nečujam

Insel Šolta

Die große, vielverzweigte, bei allen Winden geschützte Bucht liegt an der N-Küste der Insel Šolta (Seekarten: 207 und 100–21).

Einsteuerung und Liegeplätze

Alle Nebenbuchten sind durchwegs etwa 6 m, vor dem Ufer noch etwa 3 m tief; kaum Felsen. Bis auf eine kleine Mole in der Nebenbucht Supetar gibt es keine Anlegemöglichkeit; ansonsten kann man überall gut vor Buganker liegen. Die Ufer sind teils felsig, teils steinig. An der N-Seite der mittleren der drei westlichen Nebenbuchten stehen einige Fischerhütten und Ferienhäuser. Sehr geschützt liegt man auch in der südlichsten der drei westlichen Nebenbuchten. Kein Wasser und keine Versorgungsmöglichkeiten. Der Bau einer ACY-Marina ist geplant.

Umgebung

Die nächste Bucht, **Rogač,** 1 sm weiter W-lich, bietet in dem innersten W-lichen Nebenarm ebenso hinreichenden Schutz. Dort gibt es auch einen kleinen Anleger und geringe Versorgungsmöglichkeiten. Einsteuerung nach Seekarte 100–21 leicht möglich. LF (Blz.r. 3s) auf Rt Bad.

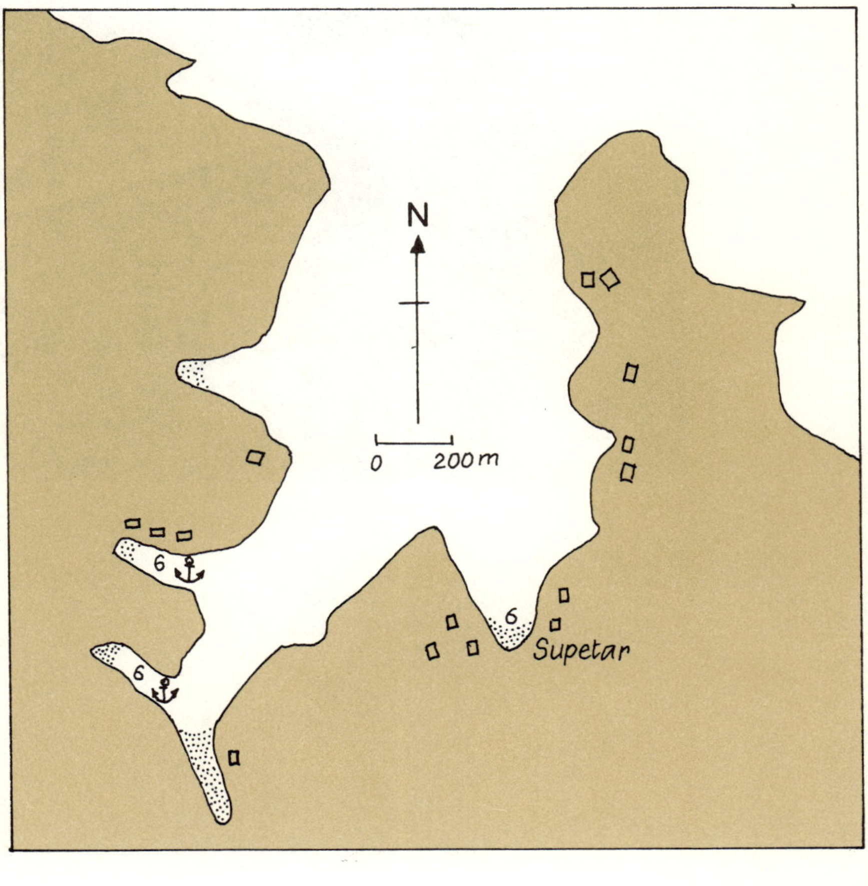

Hafen Stomorska

Nach N offene, gut geschützte Bucht (Seekarten: 207 und 100–21).

Einsteuerung Von N kommend, befindet sich am Anfang der Bucht ein Einfahrtsfeuer (Blz.(2)r. 5s). Bei der Einfahrt in die Bucht halte man sich an Bb., da dort die größte WT ist.

Liegeplätze Man liegt vor Bug- oder Heckanker an der Kaimauer an Bb. auf 2 bis 4 m WT (Sandgrund). Am N-Ende legt die Fähre an. Bei N-lichen Winden steht Schwell in den Hafen.

Beschreibung Netter kleiner Ort mit guten Bademöglichkeiten. Trinkwasser hinter dem Denkmal am Ende der Bucht; Post und Restaurant im Ort.

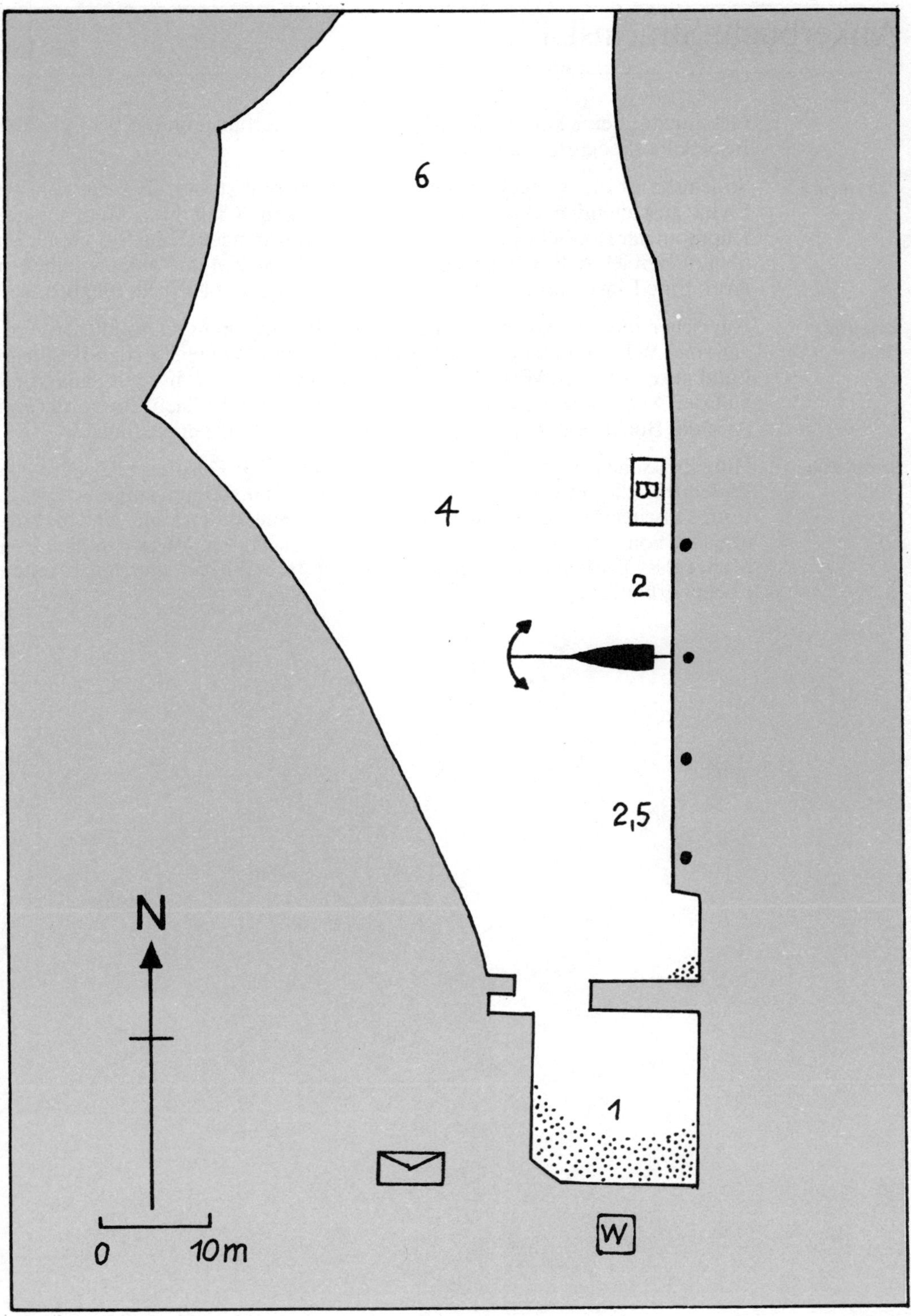
6
4
B
2
2,5
1
N
0
10m
W

Ankerbucht Stračinska

Geschützte, bei Schirokko jedoch unruhige Ankerbucht an der SE-Ecke der Insel Šolta (Seekarten: 207 und 100–21).

Einsteuerung

Stračinska ist die westlichste und sicherste der drei an der SE-Ecke vom Rt Livka ausgehenden Buchten mit fjordähnlichem Charakter. Wegen einer Klippe an der Bb.-Seite der Einfahrt halte man sich mehr an der Stb.-Seite. Im oberen Bereich teilt sich die Bucht in einen nördlichen und einen westlichen Arm. Eine Einsteuerung bei Nacht ist wegen fehlender LF nicht möglich.

Liegeplätze

Am sichersten und gegen alle Winde geschützt liegt man im westlichen Arm auf einer WT von mehr als 4 m vor Buganker und mit einer zu den Felsen an Land ausgebrachten Warpleine. Auf dem teilweise bewachsenen Sandgrund hält der Anker gut. Unmittelbar am Ufer wird es sehr flach! Im nördlichen Arm der Bucht liegt man einsam, jedoch gegen S-Winde ungeschützt.

Beschreibung

Hübsche, sehr ruhige, wegen ihrer steil abfallenden Felsufer eindrucksvolle Badebucht, die gerne von aus Split kommenden Sportbooten aufgesucht wird. Einige Fischer, von denen man Fisch und Hummer kaufen kann, sind hier stationiert. Sonst gibt es keine Versorgungsmöglichkeiten, Wasser in kleinsten Mengen ist eventuell aus der Zisterne der freundlichen und hilfsbereiten Fischer erhältlich.

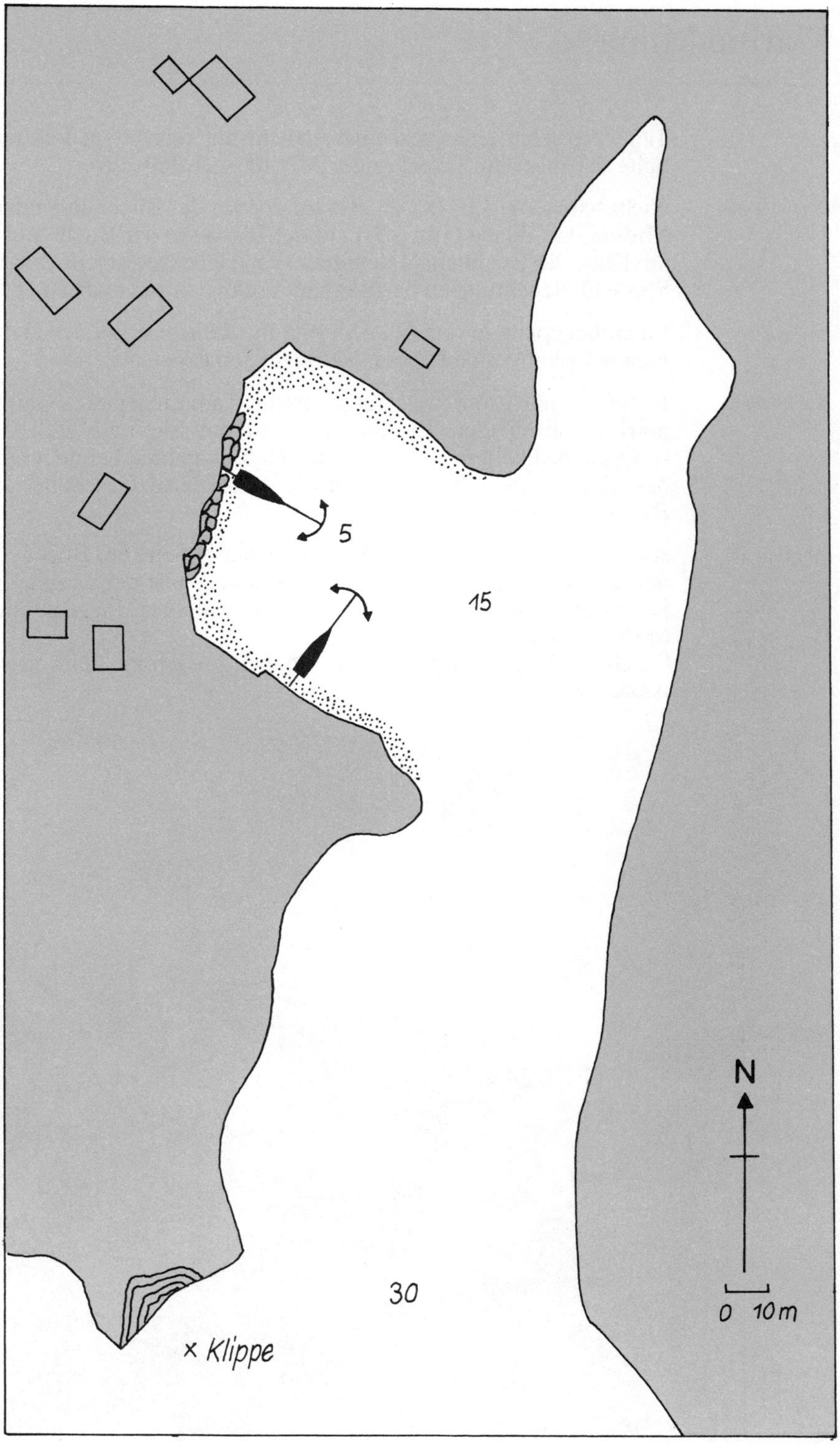
5
15
30
× Klippe
N
0 10m

Marina Milna

Insel Brač

Tief eingeschnittene, geschützte Bucht mit reizvollem Fischerort an der W-Seite der Insel Brač (Seekarten: 207, 100–21, 100–26).

Einsteuerung Nicht schwierig: LF (Blz.gn. 3s) auf der vor der Bucht liegenden kleinen Insel Mrduja, LF Bijaka (Blz.r. 3s) auf der Bb.-Seite der Bucht, auf der Kaimauer am Ende der Bucht ein Hafenfeuer (F.r.); letzteres ist jedoch wegen der hellen Straßenbeleuchtung an der Kaimauer schwer auszumachen.

Liegeplätze Pflichtliegeplatz in der ACY-Marina im südlichen Teil des Hafens. Hier liegt man bei allen Winden sicher. Muringleinen liegen aus.

Beschreibung In der Marina Strom- und Wasseranschluß am Liegeplatz; Sanitärblock, Supermarkt, Zollfreiladen, Restaurant; 10-t-Kran, Slip und Werkstatt. Überwinterungsmöglichkeiten. Das Büro des Hafenkapitäns befindet sich in der Nähe des Hafenfeuers. Im Ort mehrere gutsortierte Geschäfte, kleiner Markt, Restaurants und Post.

Umgebung Kurz nach dem LF Bijaka (Blz.r. 3s) an der N-Seite der Bucht von Milna befindet sich in einer kleinen Bucht eine Außenstelle der Marina Milna. Kleiner Sanitärblock vorhanden. Muringleinen liegen aus. Liegegebühren wie in der Marina Milna.
E-lich von **Kap Ražanj** befinden sich mehrere schöne, teilweise gut geschützte Ankerbuchten.

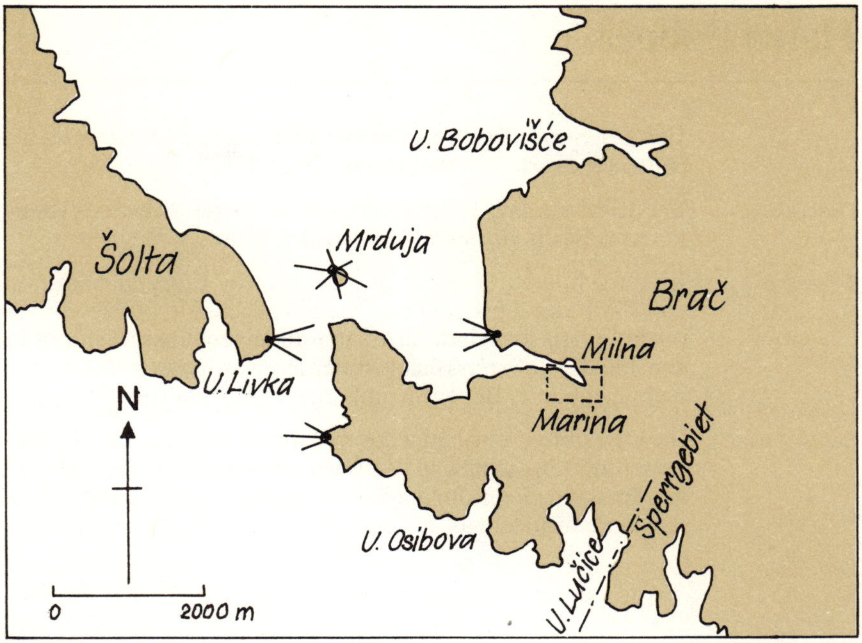
U. Bobovišće
Šolta
Mrduja
Brač
Milna
U. Livka
N
Marina
Sperrgebiet
U. Osibova
U. Lučice
0
2000 m

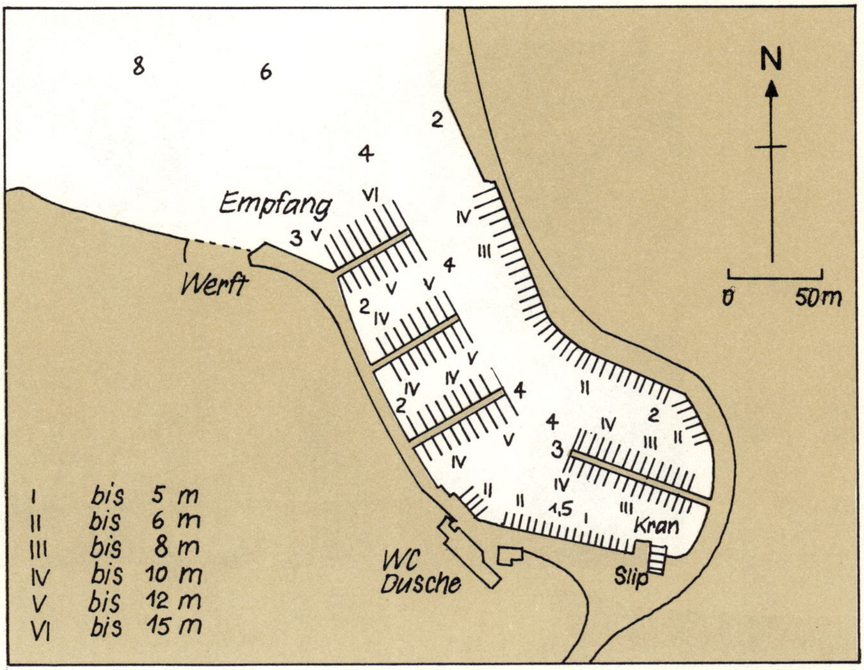
N
0
50m
Empfang
Werft
WC
Dusche
Kran
Slip
I bis 5 m
II bis 6 m
III bis 8 m
IV bis 10 m
V bis 12 m
VI bis 15 m

Hafen Bobovišće

Gut geschützte Bucht an der W-Küste der Insel Brač, etwa 4 sm nördlich von Milna (Seekarten: 100–21, 100–26 und 207).

Einsteuerung Die Einsteuerung bereitet am Tage keinerlei Schwierigkeiten. Nachts ist sie kaum möglich, da keine LF vorhanden sind.

Liegeplätze Im ausgebauten Hafen liegt man gut vor Buganker am nördlichen Kai auf einer WT von 2 bis 2,50 m. Obwohl gegen alle Winde gut geschützt, können starke westliche Winde im Hafen unangenehmen Schwell entstehen lassen. Ein Teil der äußeren Bucht ist der Bora ausgesetzt. Kleinere Yachten können dann dicht unter der Küste ankern, wo sie genügend geschützt sind.

Beschreibung Im Ort gibt es ein einfaches Gasthaus, das nur in der Saison geöffnet ist. Lebensmittelgeschäft, in dem man morgens auch Brot erhält. Wasser im Gasthaus und bei einem Jugendlagerplatz in der SE-Ecke des Hafens.
An den Ufern der ganzen Bucht herrscht rege Bautätigkeit.

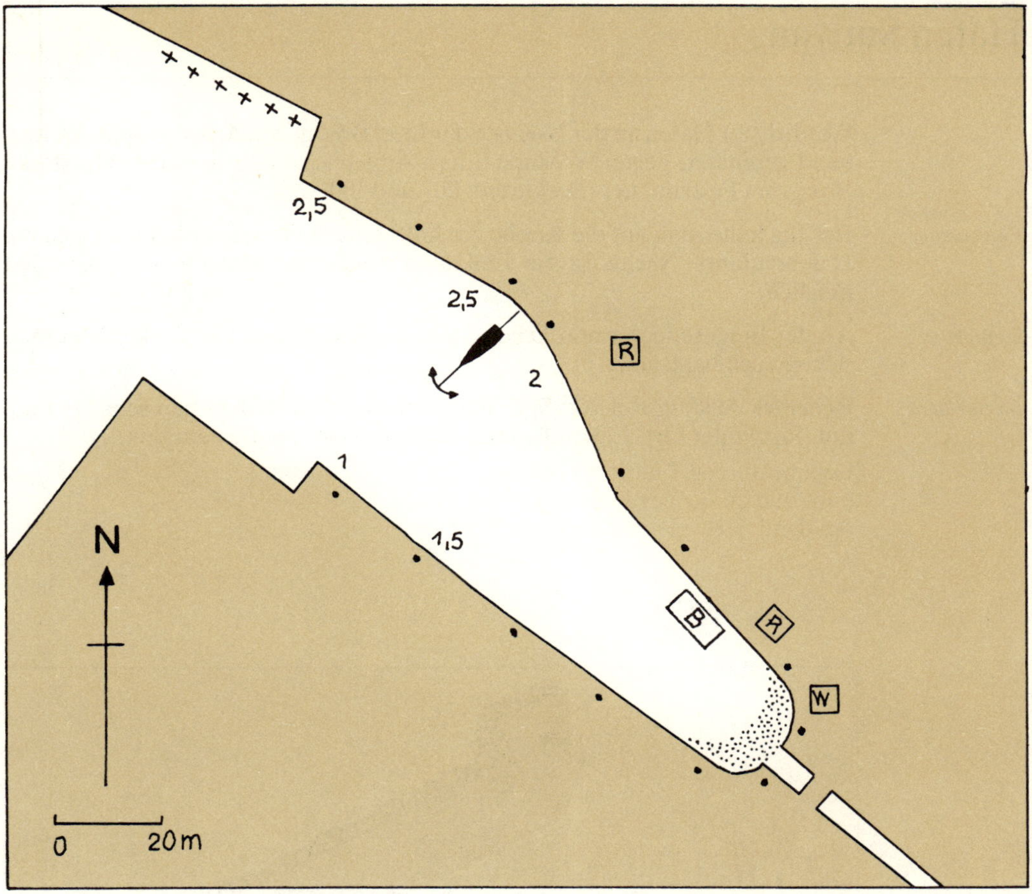
2,5
2,5
2
R
1
1,5
N
B
R
W
0
20m

Hafen Sutivan

Westlichster Hafen an der N-Küste der Insel Brač gegenüber von Split. Weitgehend geschützt, gegen W-Winde offen. Angeblich weht hier eine sehr starke Bora vom Festland her (Seekarten: 207 und 100–26).

Einsteuerung Bei Tag halte man auf die Kirche zu; links unterhalb von ihr befindet sich die Hafeneinfahrt. Nachts ist ein Einlaufen wegen des Molenfeuers (Blz.r. 3s) möglich.

Liegeplätze An der Innenseite der nördlichen Mole auf 3m WT vor Heckanker liegt man sicher, auch bei Bora.

Beschreibung Beliebtes Ausflugsziel von Split und zeitweise von Badegästen sehr überlaufen. Reizvoller Ort. Einkaufsmöglichkeiten, Post und Restaurants.

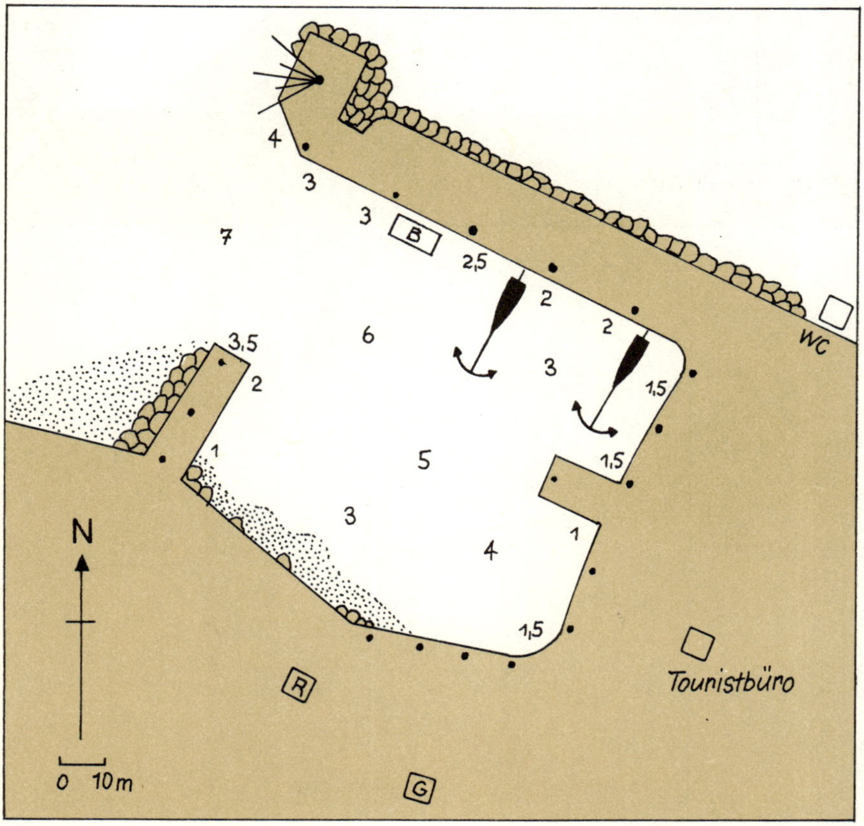

Hafen Pučišće

Geschützter, an der N-Seite der Insel Brač gelegener Industriehafen (Seekarten: 208 und 100–26).

Einsteuerung Die breite und nach S langgestreckte Bucht ist deutlich an dem an Bb. gelegenen großen Steinbruch und der Kapelle Sv. Nikola mit LF (Blz. 5s) an Stb. erkennbar. Man steuere in der Bucht nach S und halte später in den westlichen Arm, an dem die Ortschaft liegt.

Liegeplätze Sportboote liegen an der N-Seite des Hafens längsseits oder vor Buganker, je nach den Platzverhältnissen entweder direkt an der Kaimauer oder an einer der kleinen Molen auf 2,50 bis 3 m WT. Der Teil der Kaimauer vor der ersten Mole ist für die Berufsschiffahrt reserviert.

Beschreibung Pučišća ist die größte Ortschaft der Insel Brač und zugleich Mittelpunkt einer bedeutenden Steinmetz-Industrie mit großen Steinbrüchen in der Umgebung. Geschäfte und Post findet man direkt am N-Kai. Im südlichen Teil, in Nähe des Fischerhafens, einige Restaurants, dort auch WC. Wasser ist erhältlich, eine Tankstelle gibt es nicht. Die einheimische Bevölkerung ist sehr freundlich, wenig Touristen. Der Badeplatz liegt östlich des Fischerhafens.

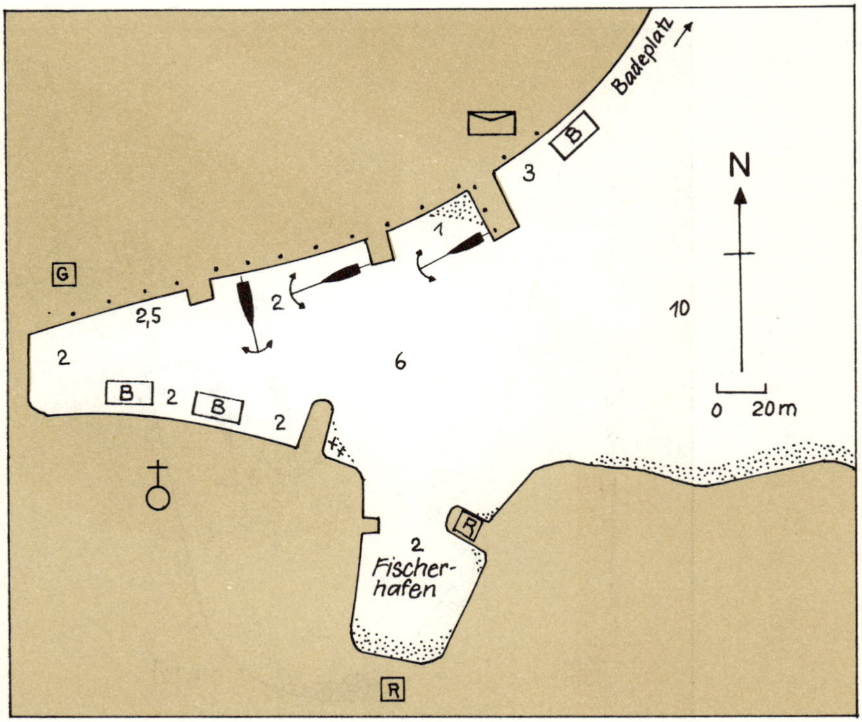

Hafen Povlja

Kleiner, gut geschützter Hafen an der NE-Seite der Insel Brač (Seekarten: 208 (Plan) und 100–26).

Einsteuerung Man halte auf die östlichste der vielen Buchten zu und lasse dabei das LF (Blz.(2) 6s) 200 m an Bb. liegen. Danach steuere man die senkrecht zum Kai liegende Mole vor der Ortschaft Povlja an.

Liegeplätze Vor Heckanker dicht am Kopf der Innenmole liegt man auf 3 bis 5 m WT gut gegen alle Winde geschützt. Da dieser Platz häufig von Fischerbooten belegt ist, legen sich Sportboote auch nördlich der Dampferanlegestelle an die Ostseite.

Beschreibung Aufstrebender Ort, der dem Touristik-Verkehr aufgeschlossen ist. Gute Versorgungsmöglichkeiten, Restaurant, Post. Kein Treibstoff erhältlich.

Umgebung Den (auch vor Bora) am besten geschützten Ankerplatz in dieser Gegend findet man im westlichen oder nordwestlichen Teil der Westbucht (Luka) auf 5m WT. Es ist von Vorteil, wenn man zusätzlich eine Leine an Land ausbringt.

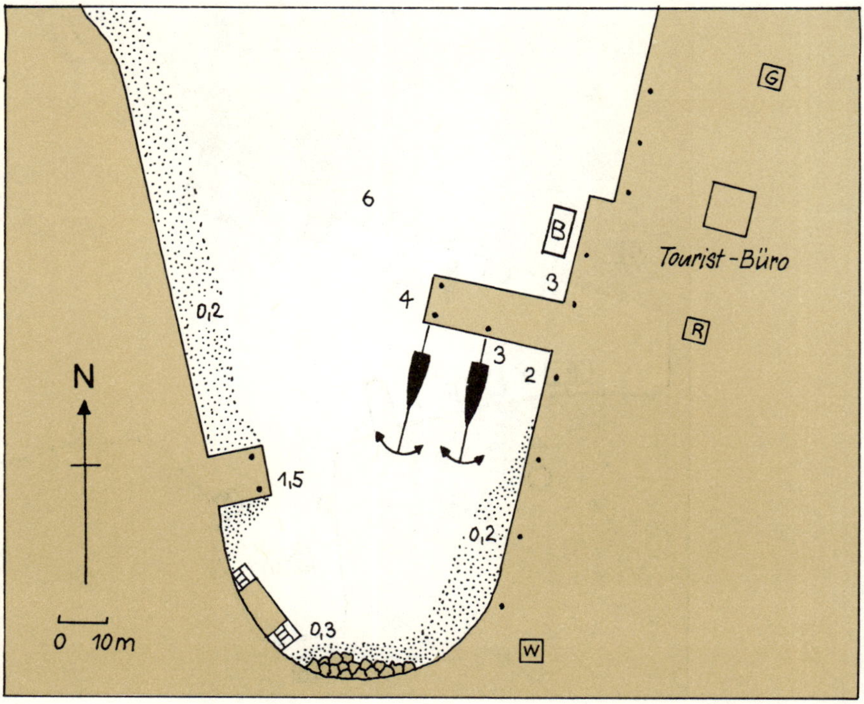

Hafen Sumartin

Teilweise nach S offener Werfthafen an der SE-Küste der Insel Brač (Seekarten: 208 und 100–26).

Einsteuerung Etwa 2,5 sm südwestlich von Rt Laščatna an der E-Küste der Insel Brač liegt eine große Bucht, in deren NE-Ecke sich der Hafen Sumartin befindet. Vorbei am befeuerten Rt Sumartin (Blz. 3 s), halte man auf den Kopf der befeuerten S-Mole (F.r.) zu. Die Einsteuerung bei Nacht bereitet keine Schwierigkeiten.

Liegeplätze Kleine Sportboote liegen, gegen S-Winde geschützt, am besten an der Kaimauer hinter der zweiten Mole vor Buganker. Die WT direkt an der Kaimauer beträgt 1,50 bis 2 m. Poller und Ringe vorhanden. An der S-Mole legt die Fähre an, die Berufsschiffe am Kai zwischen der ersten und zweiten Mole.

Beschreibung Der Hafen ist stark mit Fischer- und einheimischen Booten belegt. Geschäfte, Restaurants und Post direkt am Kai, WC im Restaurant in der NW-Ecke des Hafens. Auf der E-Seite befindet sich eine große Werft. In der Nähe des Hafens liegen einige nette Badebuchten mit Sand- und Kiesstrand. Regelmäßige Fährverbindung mit Split und anderen Häfen auf der Insel Brač.

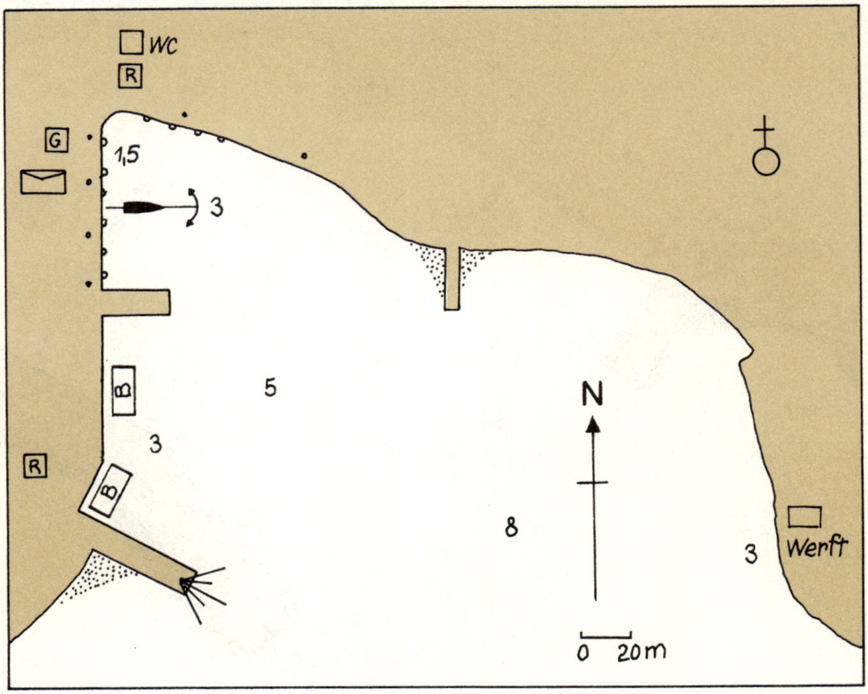

Hafen Bol

Insel Brač

Nach S offener Hafen an steilem Berghang der S-Küste der Insel Brač (Seekarten: 208 und 100–26).

Einsteuerung Man hält sich an die Befeuerung der Durchfahrt zwischen Brač und Hvar, bis man das Molenfeuer am Kopf der Ostmole (Blz.gn. 3s) sichtet. Das Molenfeuer ist jedoch vor der Beleuchtung der Stadt erst sehr spät auszumachen. Achtung: Etwa 1 sm westlich von Bol springt eine Landzunge (Dugi Rat) nach S vor, so daß es nicht möglich ist, nach Passieren von Rt Kabal auf Bol direkt zuzusteuern. Man passiere das Molenfeuer dicht an Stb., um in den Hafen einzulaufen.

Liegeplätze Die Innenseite der befeuerten Mole ist für die Berufsschiffahrt reserviert. Ungestört liegt man an der Kaimauer gegenüber vor Heckanker auf einer WT von 1,50 bis 2,50 m (Poller vorhanden).

Beschreibung Bei SW-Winden bietet der Hafen keinen Schutz. Wegen der in der Nähe gelegenen herrlichen Badestrände herrscht reger Touristenverkehr. Selbstbedienungsläden, Restaurants, Wasser im Hotel, Post, Tankstelle.

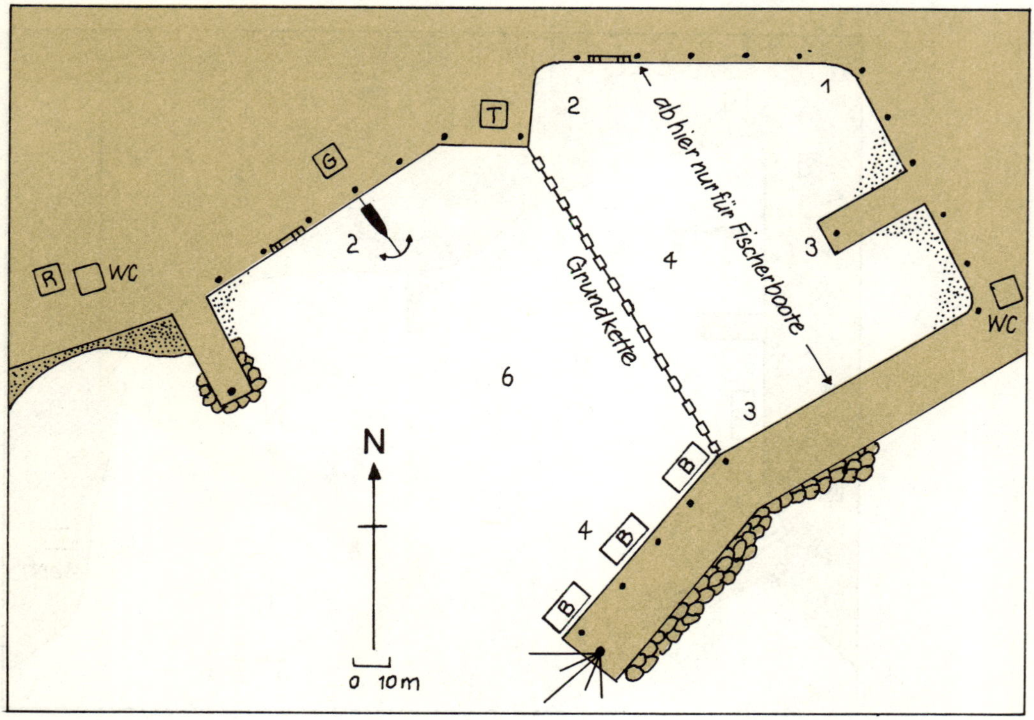

Hafen Omiš

Brački-Kanal
Dalmatien

Mittelgroßer, vor allem bei Bora geschützter Fischereihafen am Brački-Kanal auf der südlichen Seite der Cetina-Mündung (Seekarten: 208 und 100–26).

Einsteuerung Von See her gesehen, erscheint Omiš in einer Talsenke, umgeben von verkarsteten Felsen, vor der Mündung einer Schlucht. Zwei rote Bojen begrenzen die flache Flußmündung auf ihrer E-Seite. Bei der Einsteuerung lasse man diese an Bb. liegen und halte danach auf den befeuerten Molenkopf (Blz.w/gn. 2s) zu. Nachts ermöglicht der grüne Sektor dieses Hafenfeuers (334°–38°) ein gefahrloses Einsteuern. Etwa 1,5 kbl SE-lich der Mole befindet sich ein LF (F.r.), dessen sichtbarer Sektor von den N-lich gelegenen Sandbänken freihält.

Liegeplätze Sportboote liegen entsprechend den Windverhältnissen entweder auf 3 m WT hinter der befeuerten S-Mole längsseits oder bei nördlichen Winden auch vor Buganker im N-Teil des nach SW offenen Hafenbeckens, wo die WT mindestens 2 bis 3,50 m beträgt. Achtung: Unterwasserstufe an den Kaimauern!

Beschreibung Alle Versorgungsmöglichkeiten (Geschäfte, Markt, Supermarkt, Post) im hübschen, an der Cetina gelegenen Städtchen. Leider hüllt eine im Ort Ravnice gelegene Zementfabrik die ganze Bucht vor Omiš oft in Rauch. Hübscher Sand-Badestrand an der SE-Seite der Stadt-Halbinsel mit schattigen Pinienhainen und Süßwasserdusche. Tankstelle an der Straße nach Split.
Auf der anderen Seite der Halbinsel kann man ein Süßwasserbad in der Cetina nehmen. Flußaufwärts an der Straßenbrücke liegen Sportboote, die WT beträgt dort 1,50 bis 3 m.

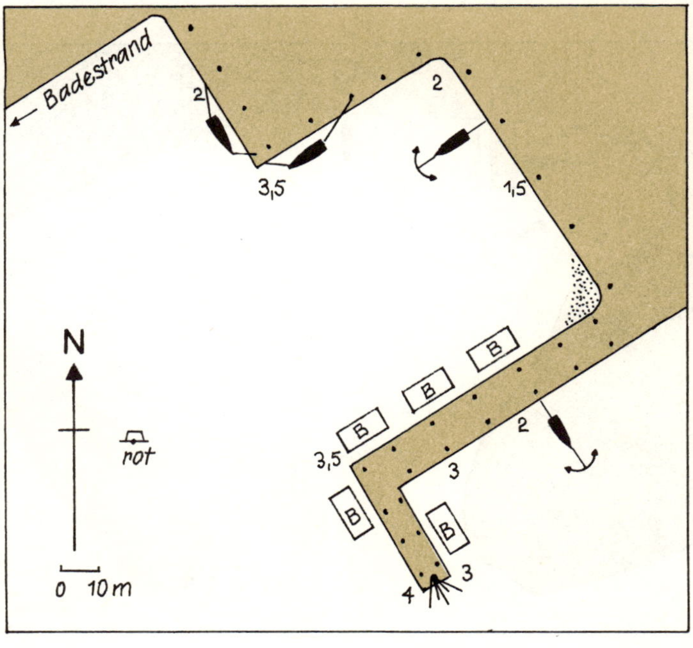

Hafen Makarska

Teilweise geschützter Hafen in einer weiten Bucht, die im SE vom Rt Osejava und im NE von der Halbinsel Sv. Petar umschlossen ist. Dahinter erheben sich die über 1700 m hohen Berge des Biokovo. Bei südlichen Winden steht Schwell in den Hafen (Seekarten: 208, Plan auf 100–26).

Einsteuerung Die LF auf dem Kap Sv. Petar (Blz. 5s) und auf dem Kopf der Hafenmole (F.r.) ermöglichen eine Einsteuerung auch nachts. Man halte auf diese Mole bzw. auf die nördliche Kaimauer an der Stadtseite zu.

Liegeplätze Falls nicht von der Berufsschiffahrt belegt, findet man einen Liegeplatz an der befeuerten Hauptmole. Anderenfalls lege man sich nördlich davon an die Kaimauer (vor Buganker), wo die WT etwa 4 m beträgt. An der nördlichen, kleinen Mole beträgt die WT etwa 2 m, hier liegt jedoch auf der E-Seite die Fähre. In der Bucht vor dem Hotel „Beograd" kann man auf etwa 2,50 m WT vor Anker gehen, oder man versucht, einen Liegeplatz vor dem etwas verfallenen Yachtclub Bura zu bekommen (Ankerbojen liegen aus).

Beschreibung Hafenamt direkt gegenüber der Hauptmole. Wasser aus Hydranten auf der Mole. Geschäfte, Supermarkt („Merces"), Hotel, Restaurants und Post an der Straße am Hafen. In der Nähe der Kirche findet man den täglichen Obst- und Gemüsemarkt. Eis ist in einem Geschäft ebenfalls in Nähe der Kirche erhältlich, Treibstoff an der kleinen Pier beim Yachtclub. Vor dem Hotel „Beograd" findet man einen Slip, wo trailerbare Boote zu Wasser gelassen werden können; vor dem Yachtclub Bura können Trailer abgestellt werden. Hier befindet sich auch ein kleiner Kran. Gegenüber dem Stadtpark an der Bucht Donja Luka liegt ein hübscher, von Pinien beschatteter Badestrand. Sehr interessant ist der alte Stadtkern mit Pfarrkirche und Franziskaner-Kloster.

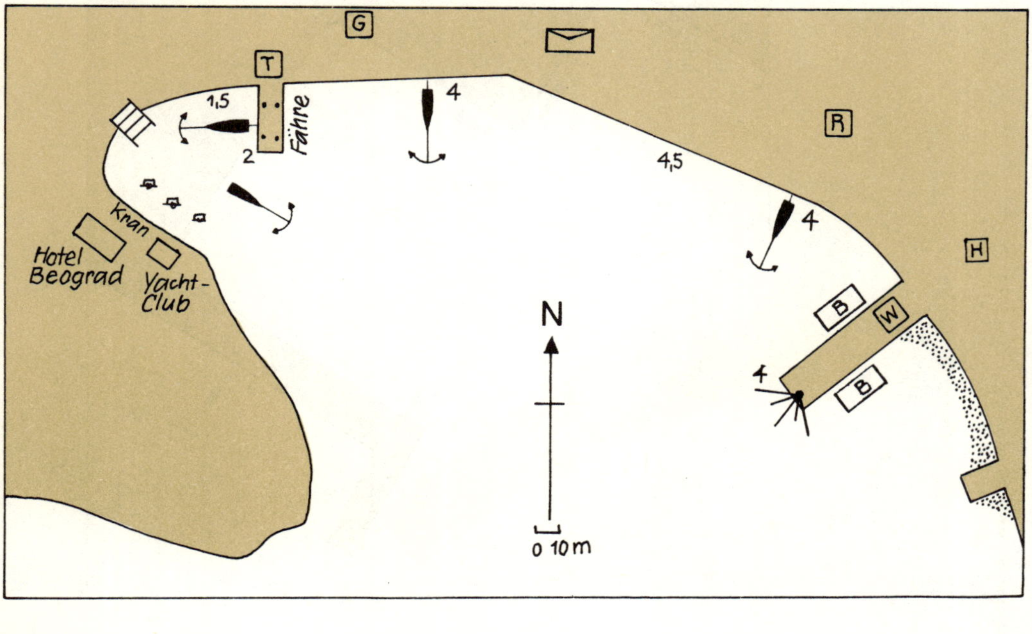

Hafen Igrane

Kleiner Hafen im NW-Teil der nach S offenen Bucht von Igrane etwa 8 sm südöstlich von Makarska (Seekarte: 100–26).

Einsteuerung Bei Tage dient der spitze Kirchturm am steilen Berg oberhalb der Ortschaft, der schon von weitem sichtbar ist, als Ansteuerungspunkt. Nachts ist die Ansteuerung schwierig, da weder die Bucht noch der Hafen befeuert ist.

Liegeplätze Yachten liegen am besten vor Heckanker am Kai nordöstlich der Einfahrt zum kleinen Innenhafen, der von Fischerbooten voll belegt ist (WT knapp 2 m). Die Innenseite der nach SE gerichteten Mole (WT im äußeren Teil 2 bis 3 m) ist meist von größeren Fischerbooten belegt. Während der Hafen Schutz vor N- und W-Wind bietet, ist er gegen E und S ungeschützt.

Beschreibung Igrane ist ein kleiner Touristenort mit zwei Badestränden, an denen es Süßwasserduschen gibt. Postamt, beschränkte Einkaufsmöglichkeiten und einige Restaurants, Trinkwasser in kleinen Mengen. In der Bucht herrscht starker Motorbootverkehr.

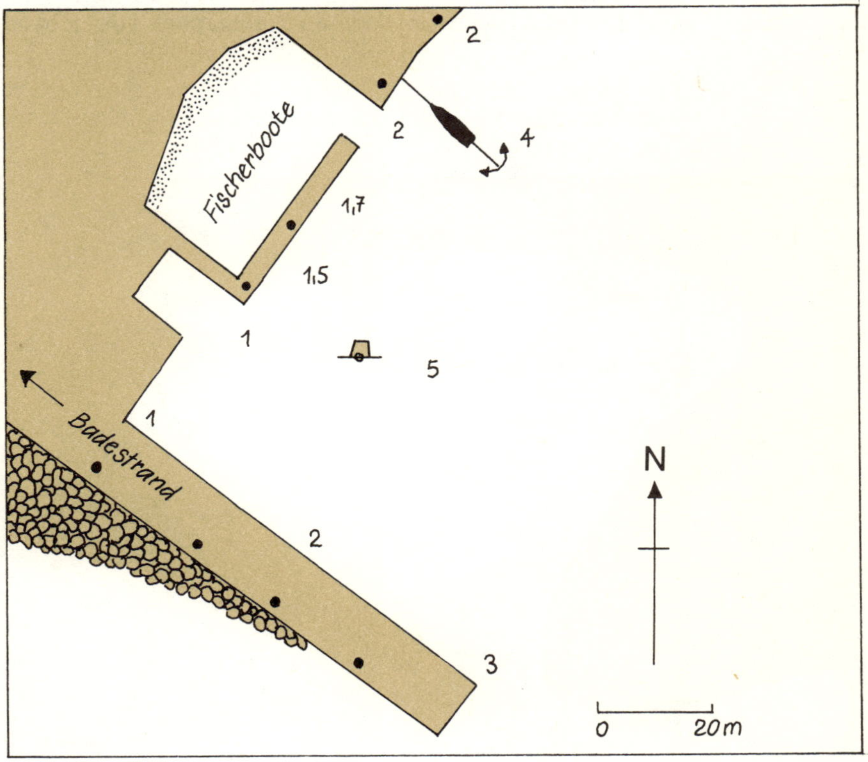

Hafen Jelsa

Mittelgroßer Hafen auf der N-Seite der Insel Hvar, der guten Schutz bietet, wenn auch Bora starken Schwell verursachen kann (Seekarten: 208, 211, 100–25, 100–26, Plan auf 535).

Einsteuerung Bei Tag und Nacht ohne Probleme. Tags sind die Gebäude und der Kirchturm des Ortes gut auszumachen. Nachts hat man zur Ansteuerung das LF auf der Insel Zečevo (Blz. 5s; nicht verwechseln mit dem LF Rt Križ vor Vrboska: Blz. 2s) und das LF auf einer Mole an der E-Seite der Einfahrt (Blz.r. 3s). Der Kopf des Wellenbrechers auf der N-Seite des Hafens ist mit einem LF (Blz.gn. 3s) auf einem Steinturm bezeichnet.

Liegeplätze Vor Buganker am nördlichen Wellenbrecher oder an der anschließenden Pier (WT 1,50 bis 2 m). W- und S-Teil des Hafens sind durch einheimische Boote, Fähren und Ausflugsboote belegt. Der rege Schiffsverkehr kann das Liegen unruhig machen. Obwohl der innere Hafen gut geschützt ist, können nördliche Winde (Bora!) starken Schwell hervorrufen. Der Ankerplatz vor dem Hafen ist nördlichen Winden ausgesetzt.

Beschreibung Landschaftlich schön gelegenes Städtchen mit viel Tourismus. Hafenamt (nahe der Kirche auf der S-Seite des Hafens), Post, Ambulanz, Apotheke, Einkaufsmöglichkeiten, mehrere Restaurants. Wasser. Treibstoff an einer Straßentankstelle 300 m westlich des Hafens (dort auch Wasser).
Am letzten Wochenende im August findet alljährlich ein großes Weinfest statt mit Musik und Eselreiten. Wein wird größtenteils kostenlos ausgeschenkt.

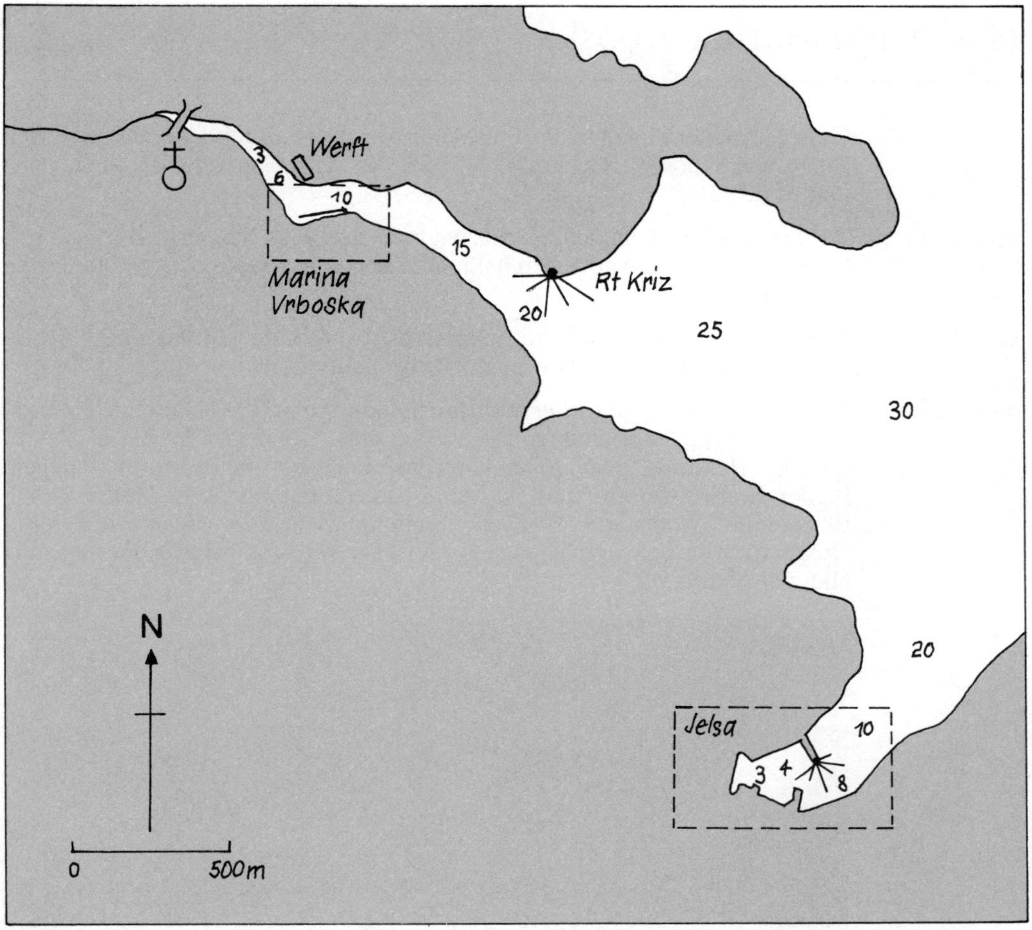
Werft
3
6
10
15
Marina
Vrboska
Rt Kriz
20
25
30
20
N
Jelsa
10
3
4
8
0
500m

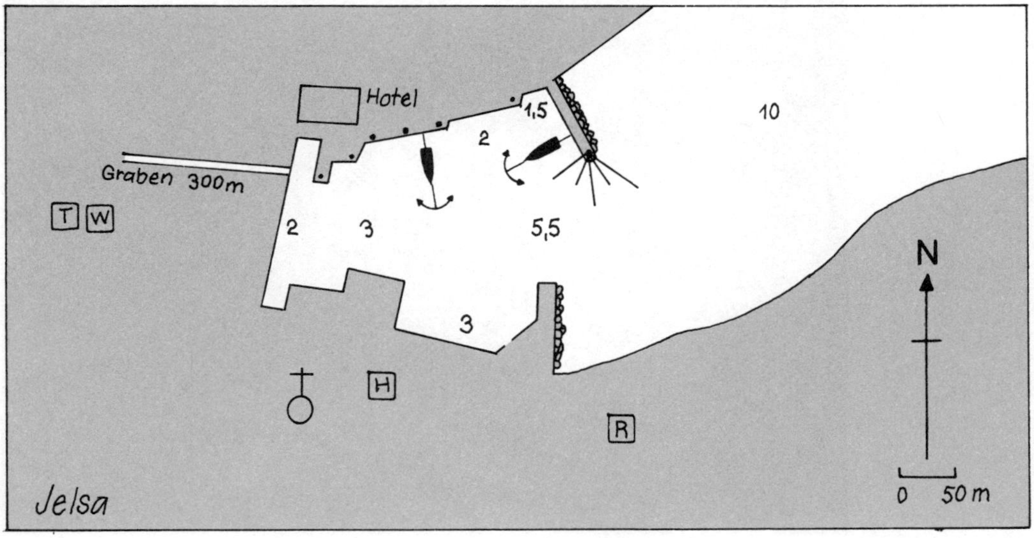
Hotel
1,5
10
2
Graben 300m
T
W
2
3
5,5
N
3
H
R
0
50 m
Jelsa

Hafen und Marina Vrboska

Gut geschützter Hafen in der 1,5 sm nordwestlich von Jelsa (Hvar) gelegenen Bucht von Vrboska (Seekarten: 100–26, 208, 211, Plan auf 535). Siehe auch Plan Seite 231.

Einsteuerung Bei Tag und Nacht einfach. Nachts hat man das LF Rt Križ (Blz. 2 s) an der N-Seite der Einfahrt. Am besten halte man sich in der Mitte des fjordähnlichen Einschnittes.

Liegeplätze In der ACY-Marina (Pflichtliegeplatz) an der SW-Seite im Inneren der Bucht. Nicht im Hafen ankern, da Wendeplatz für Fähren.

Beschreibung Netter Ort mit frühzeitlicher Wehrkirche; Supermarkt, Bäckerei, Metzgerei, kleiner Markt, Post und einige Restaurants. Treibstoff in Jelsa. A c h t u n g : Bei starkem Schirokko kann das Wasser bis 2 m über normal steigen. In der Marina Strom- und Wasseranschluß am Liegeplatz, Zollfreiladen, Restaurant, Werkstatt, 5-t-Kran, Sanitäreinrichtungen (1987 nur kalte Duschen). Muringleinen liegen aus. Der Platz wird angewiesen. Werft gegenüber der Marina.

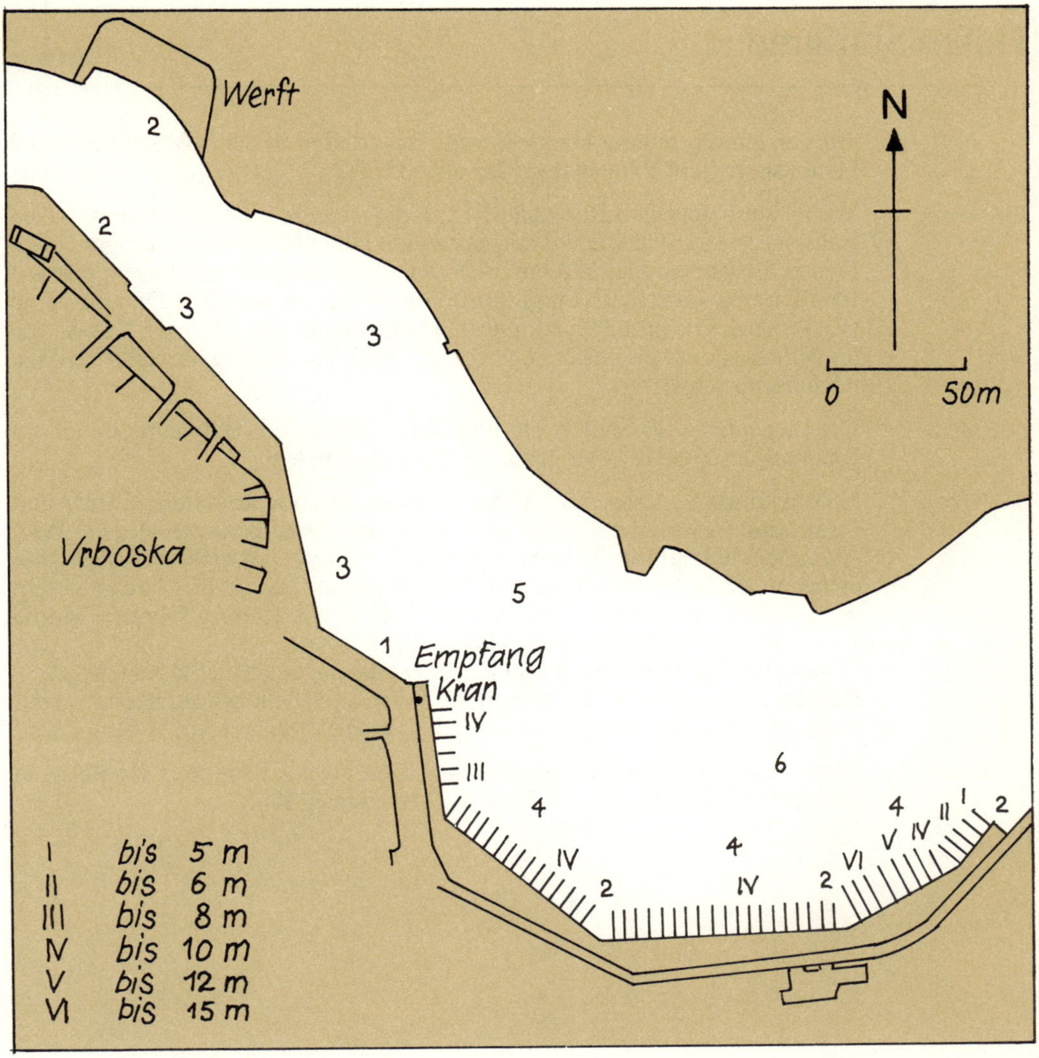
Werft
N
0 50m
Vrboska
Empfang
Kran
I bis 5 m
II bis 6 m
III bis 8 m
IV bis 10 m
V bis 12 m
VI bis 15 m

Hafen Starigrad

Großer, gut geschützter Handels- und Fischerhafen an der NW-Seite der Insel Hvar (Seekarten: 100–26 und Plan auf 535).

Einsteuerung

Vorbei am befeuerten Rt Kabal (Blz.(2) 5s), steuere man in den Starigradski Zaliv, in dessen SE-Ecke das langgestreckte Hafenbecken von Starigrad liegt. Den neu erbauten Fährhafen mit LF (F.gn.) läßt man an Stb. liegen, passiert LF Rt Fortin (Blz.gn. 2s) und fährt dann weiter an der alten Dampfermole (F.r.) vorbei. Die grüne Spitztonne läßt man an Stb. Das LF (F.gn.) etwas weiter östlich ist zeitweise nicht angezündet. Die Einsteuerung ist weder bei Tage noch nachts schwierig.

Liegeplätze

Die Liegeplätze für Sportboote befinden sich vor dem Hafenamt an der am Kai markierten Stelle. Der übrige Hafen ist voll belegt.

Beschreibung

Hafenkapitän in Nähe des LF. Alle Versorgungsmöglichkeiten, Wasser und Strom am Liegeplatz; Restaurants, Bars, mehrere moderne Hotels, Post, Arzt, Apotheke, Reisebüro, Wechselstube. Treibstoff ist nicht erhältlich. Am östlichen Ende des Hafens mündet eine Abwasserleitung! Im Hafen herrscht reger Schiffs- und Fährverkehr, starker Verkehr von Touristenbooten (Motorboote, Wasserskifahrer) vor der Hafeneinfahrt.
Ständige Fährverbindung mit Split, Linienbusse nach Jelsa, Stadt Hvar etc.
Beliebter und belebter Touristenort mit vielen alten Sehenswürdigkeiten in der Stadt. Badestrände am NW-Ausgang des Hafens (Steg mit 3 m WT).

Umgebung

Gute Ankermöglichkeiten in der **Luka Tiha** etwa 1,5 sm nach Rt Kabal in Richtung Starigrad auf der N-Seite des Starigradski Zaliv.

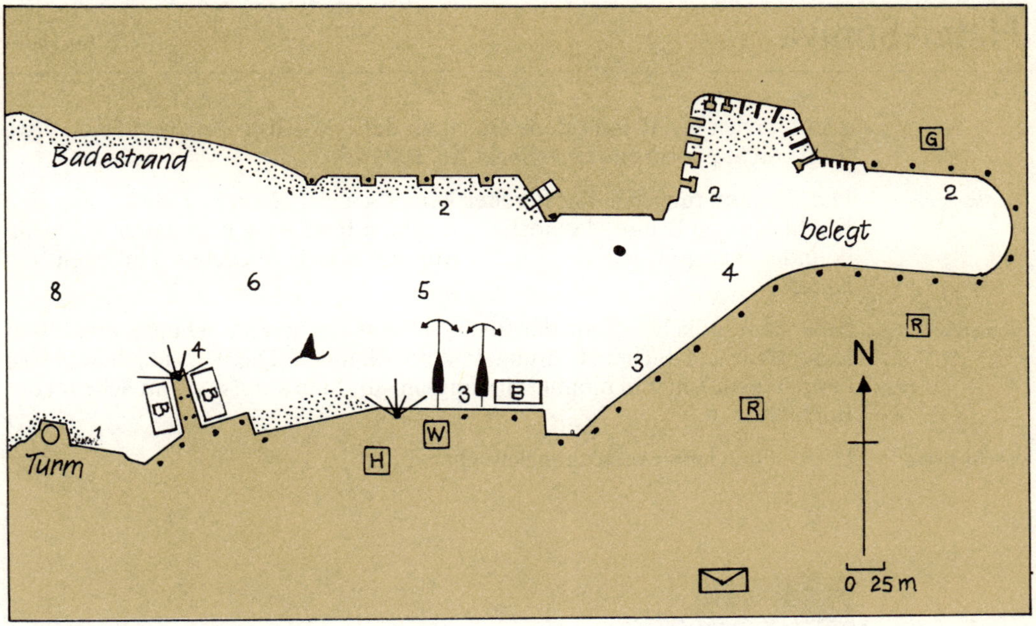

Badestrand
2
2
2
belegt
G
8
6
5
4
4
3
3
B
B
B
1
Turm
W
H
R
R
N
0 25 m

Hafen Stiniva

Kleine, nach NNW hin offene Bucht an der NW-Küste der Insel Hvar, etwa 6 sm von Starigrad entfernt (Seekarte: 100–26).

Einsteuerung

Die Einsteuerung bei Tag bereitet keine Schwierigkeiten. Sobald man den Kirchturm von Brusje, das hoch oben auf der Insel Hvar liegt, unter 135° peilt, befindet man sich vor der Bucht. Auf der östlich gelegenen Huk steht ein Kreuz.

Liegeplätze

Nahe dem südlichen Ende der Bucht verläuft eine massiv gebaute, etwa 40 m lange Mole in östlicher Richtung. Poller vorhanden. Die WT südlich der Mole beträgt etwa 7 m und nimmt sehr langsam ab. Man kann auch im Scheitel der Bucht ankern.

Beschreibung

Es bestehen keine Versorgungsmöglichkeiten.

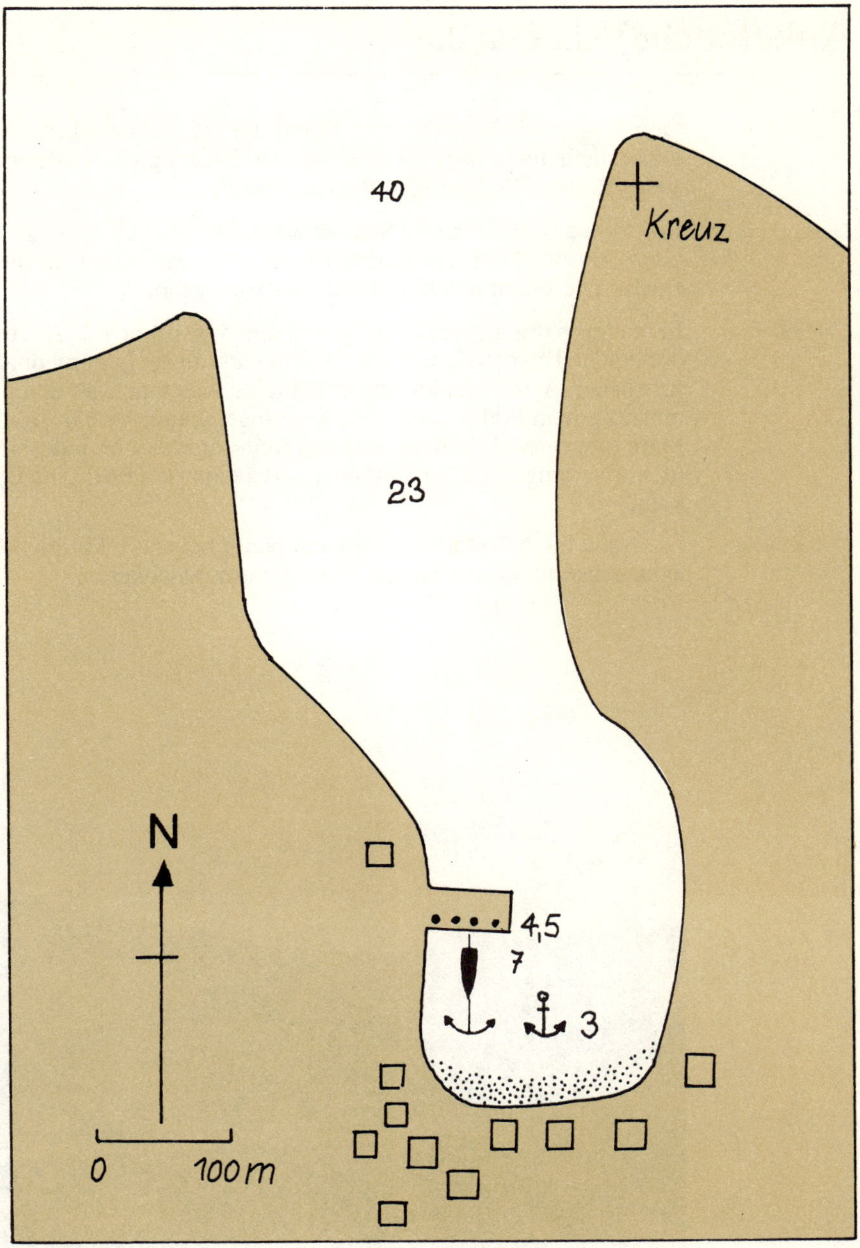
40
Kreuz
23
N
4,5
7
3
0
100m

Ankerbucht Vela Garška

Gegen alle Winde geschützte Bucht 1,5 sm nordwestlich des Hafens Hvar, etwa auf halbem Weg zwischen Luka Hvar und Kap Pelegrin (Seekarten: 100–22, 100–26, 536, Plan Pakleni-Kanal).

Einsteuerung Ein rot-weiß gestrichener Sendemast steht etwa 0,7 sm östlich der Bucht auf einer Anhöhe. Bei der Einfahrt halte man sich näher an die Stb.-Seite der Bucht. Die Bucht teilt sich danach in zwei Arme.

Liegeplätze In beiden Armen guter Ankergrund und 5 bis 10 m WT. Außer an den Enden der beiden Buchten beträgt die WT bis nahe an die Ufer mehr als 5 m. Im nordwestlichen Arm befindet sich eine kleine Kaimauer, an deren vorderer Ecke man zu einem Poller eine Leine ausbringen kann. A c h t u n g : WT an der Mauer weniger als 1 m, Steine! Ein weiterer Poller befindet sich auf dem Felsufer in Verlängerung der Einfahrt, zu dem man bei Bora eine Leine ausbringen kann.

Beschreibung Die hübsche, bewaldete Badebucht bietet bei allen Windrichtungen besseren Schutz als Luka Hvar. Keine Versorgungsmöglichkeiten.

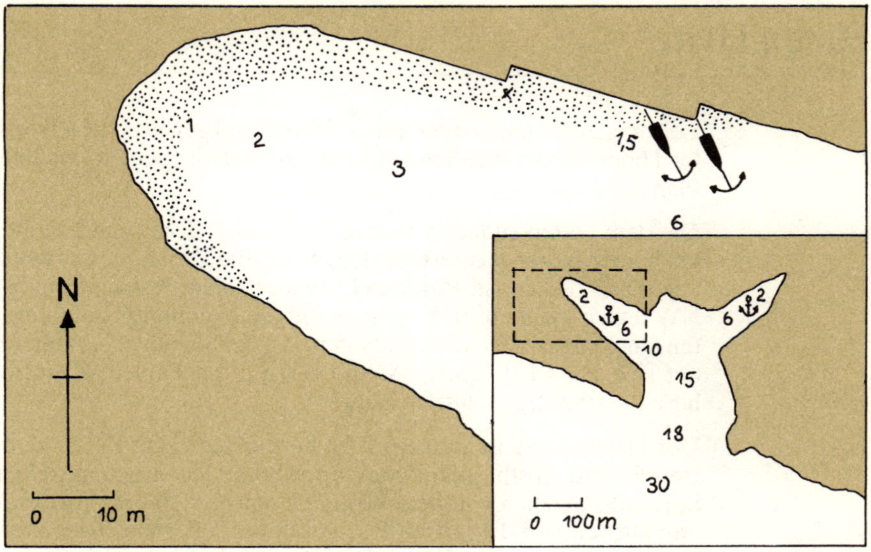
1
2
3
1,5
6
N
0 10 m
2
6
10
6
2
15
18
30
0 100m

Hafen Hvar

Leicht anzusteuernder, ziemlich offener und gegen S-liche Winde ungeschützter Hafen an der NE-Seite des Pakleni-Kanals (Seekarten: 100–25, 100–26, Plan auf 211).

Einsteuerung

Die dem Hafen südlich vorgelagerte Insel Gališnik mit LF (Blz.gn. 3s) kann auf beiden Seiten passiert werden, wobei die Durchfahrt an der östlichen Seite enger und flacher ist. Bei Jugo kann im Pakleni-Kanal Strom bis zu 1 kn nach NW setzen. Schließlich halte man auf die Hafenmitte zu. Ohne Schwierigkeiten kann man auch nachts einlaufen. An der SE-Seite des Hafenbeckens befindet sich ein LF (F.gn.). A c h t u n g : Im Pakleni-Kanal und im Hafen herrscht lebhafter Schiffsverkehr!

Liegeplätze

Der Hafen ist meist stark von Fischern belegt. Am Kai an der E-Seite legen Berufs- und Ausflugsschiffe an. Sportboote legen sich mit Heckanker an die Stirnseite westlich von dem kleinen Bootsbecken oder an den W-Kai südlich anschließend an die letzten Fischerboote. Poller und Ringe am Kai (Grund: Sand und Kraut). Am W-Kai 1 m WT, in 2 m Abstand 2 m, dann zunehmend auf 3 bis 4 m. A c h t u n g : Unter Wasser liegen Steine vor dem Kai! Es empfiehlt sich, das Schiff so festzumachen wie die Fischer, da es sonst schlecht liegt. Am E-Kai können Yachten nördlich der für die Berufsschiffahrt reservierten Plätze anlegen (Buganker). Der Platz ist jedoch häufig belegt. Man kann auch mitten im Hafen ankern (starker Bootsverkehr, Ankerlicht!). Im NW-Teil soll auf 7 m WT ein alter Anker mit Kette liegen. Wegen des Schiffsverkehrs herrscht ziemlicher Schwell im Hafen. Auch bei nördlichen Winden ist Hvar ungeschützt.

Der Hafen ist ständig überbelegt; Ausweichmöglichkeit in der ACY-Marina Palmežana (s. S. 242).

Beschreibung

Hvar ist während der Sommermonate Einklarierungshafen. Das Hafenamt befindet sich an der W-Seite. Wasser ist aus einem Hydranten am östlichen Kai von 7–10 und 18–19 Uhr erhältlich. Treibstoff und Wasser in größeren Mengen kann man in Križna Luka im SE der Stadt (0,5 sm) bunkern, wo sich ein Anlegesteg mit knapp 2 m WT befindet. In Hvar gute Einkaufsmöglichkeiten (Supermärkte, Markt), Post, Touristbüro, Arzt und Apotheke. WC beim Arsenal. In der Badeanstalt, westlich vor dem Hafen und über die Promenade zu erreichen, findet man Süßwasserduschen und WC. Hinter der Kapelle im Park (beim Freilichttheater) steht eine meteorologische Station, die gegen 19 Uhr besetzt ist.

Sehenswert

Hvar ist stark vom Tourismus geprägt (Promenade am Strand). Seit 4 v. Chr. griechische Kolonie. Dom in heutiger Gestalt aus dem 16. und 17. Jh. Das Arsenal mit seinem großen Gewölbe ist der monumentalste Bau weltlicher Architektur (aus dem 16. Jh.) und beherbergt das erste Theater von Hvar. Der Hauptplatz erinnert an den Markusplatz in Venedig; Turm der Markus-Kirche aus dem 14. Jh.; ummauerte Altstadt mit zwei Kastellen. Lohnender Ausblick von der Festung Fortica (Spanjol) auf Hvar und die Pakleni Otoci.

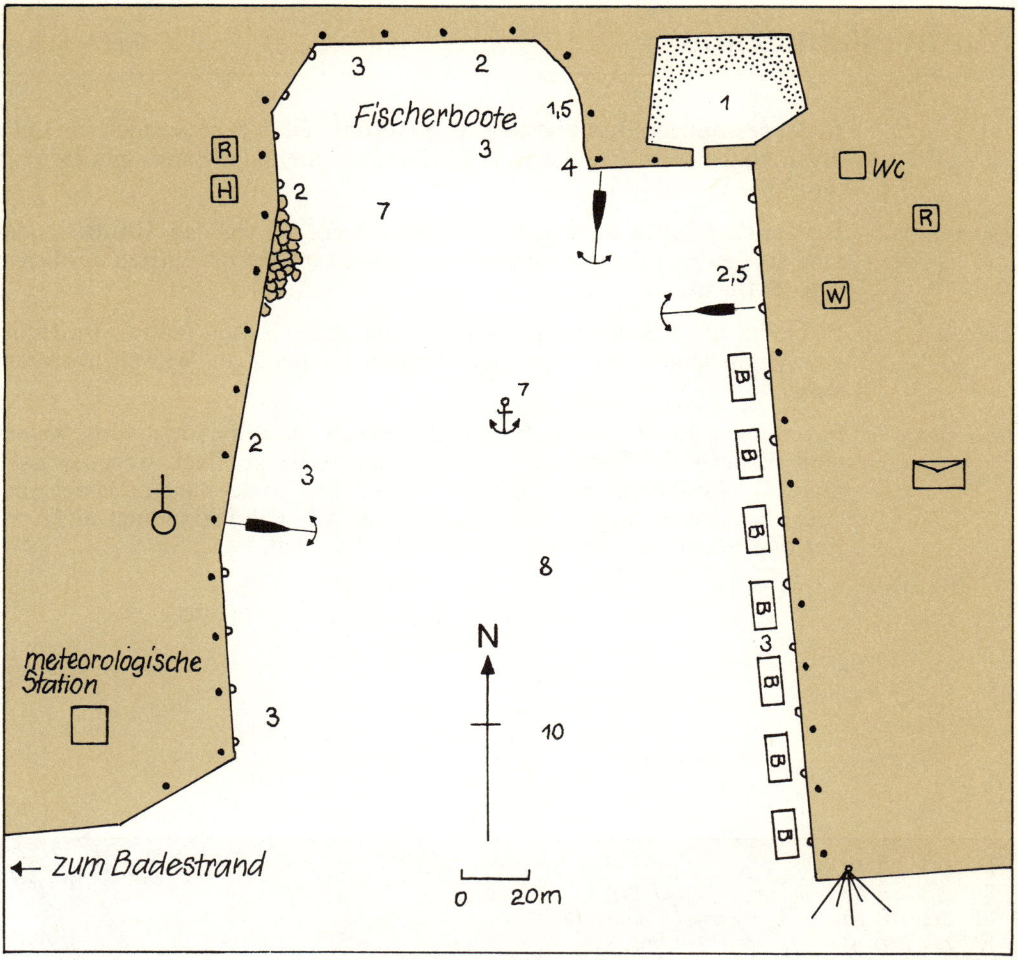
3
2
Fischerboote
1,5
1
3
4
R
H
2
7
WC
R
2,5
W
7
B
B
2
3
B
8
B
N
3
meteorologische Station
B
3
10
B
B
← zum Badestrand
0 20m

Marina Palmežana

In der geschützten Bucht besteht Ankerverbot, seit es 2 sm westlich von Luka Hvar auf der Nordseite der Insel Sv. Klement eine ACY-Marina gibt (Seekarten: 100–25, 100–26, 536).

Einsteuerung

Bei der Einfahrt in die Bucht halte man sich gut frei von dem Riff Baba, das man auf beiden Seiten passieren kann. Danach steuere man in den westlichen Teil der Bucht.

Liegeplätze

Pflichtliegeplatz in der ACY-Marina, die nur in der Saison geöffnet ist. Es liegen Muringleinen aus. Unruhiges Liegen, da ständiger Schwell, trotzdem sicher.

Beschreibung

Strom nur zeitweise, wenn für das Restaurant Strom benötigt wird. Wasser vom Wasserschiff. Sanitärblock (nur stundenweise geöffnet, wegen Wassermangels), Restaurant, Supermarkt, Zollfreiladen. In der näheren Umgebung einige Pensionen und gute, aber teure Restaurants. Fährverbindung mit Hvar. Für 1988 ist eine Wasserleitung zum Festland geplant.

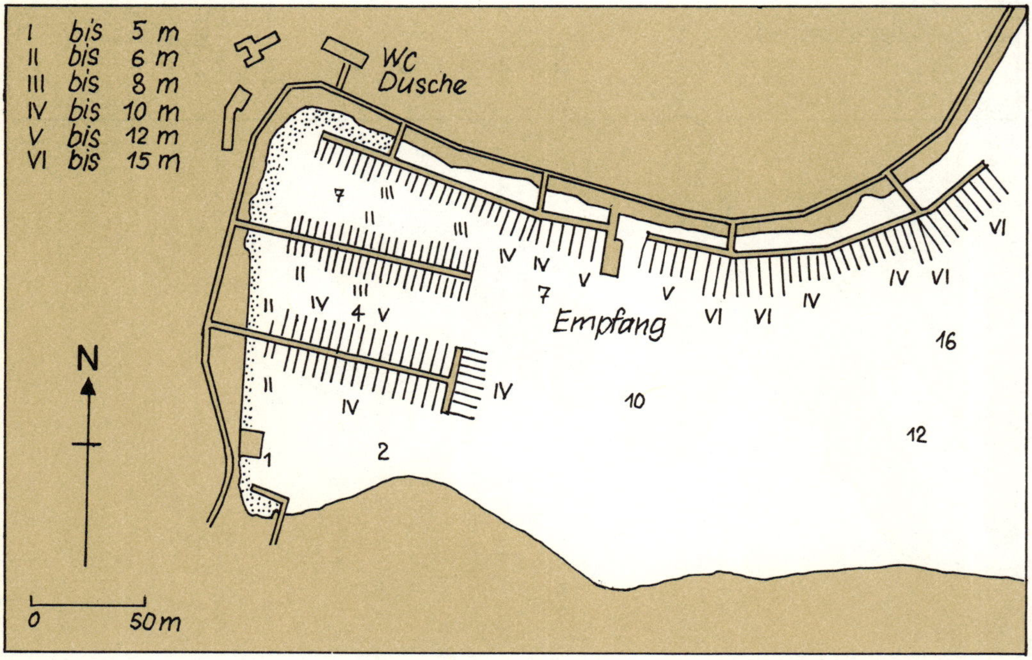

Ankerplatz Ždrilca

Im Ostteil der Klementi-Inseln befindet sich die Uv. Ždrilca. Es handelt sich dabei um verzweigte Durchfahrten zwischen den Inseln Sv. Klement und Borovac, Planikovac und Marinkovac. Hier findet man gegen alle Windrichtungen gut geschützte Ankerplätze (Seekarten: 100–22, 100–25, 100–26, 536).

Einsteuerung Von N oder S problemlos.

Liegeplätze Je nach Windrichtung in einer der Buchten auf gut haltendem Sandgrund auf 3 bis 6 m WT.

Beschreibung Auf der Insel Marinkovac gibt es zwei Restaurants. Keine weiteren Versorgungsmöglichkeiten. Tagsüber viel Verkehr durch Taxiboote von und nach Hvar.

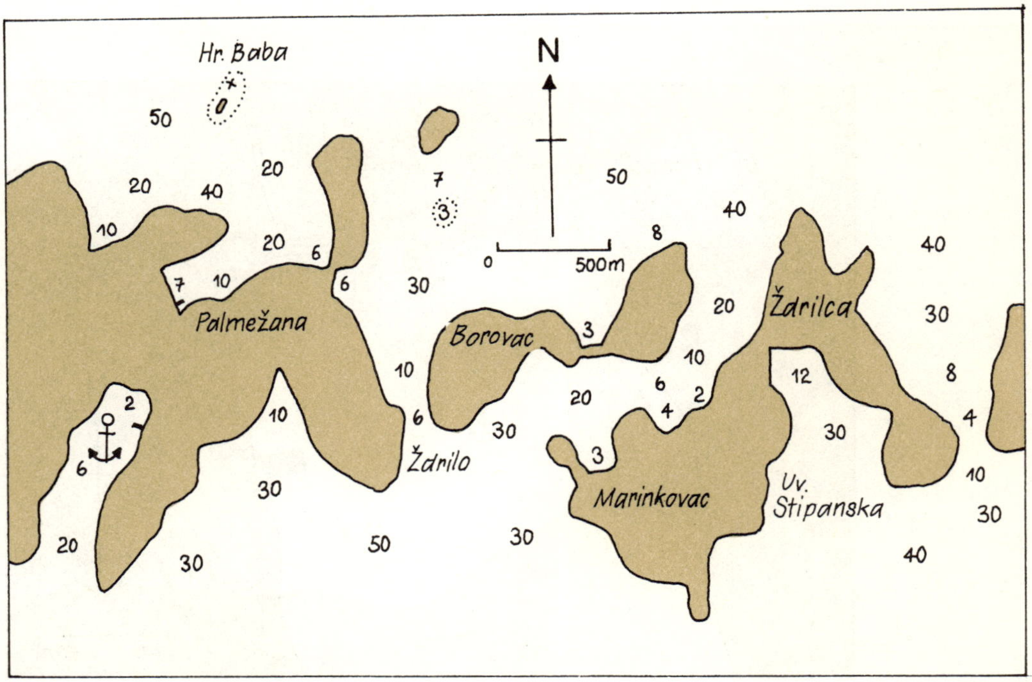

Ankerbucht Vinogradišće

Gegen Winde aus dem nördlichen Sektor geschützte Anker- und Badebucht an der S-Seite der Insel Sv. Klement bei der Ortschaft Palmežana (Seekarte: 536).

Einsteuerung Die beiden Einfahrtshuken Rt Vinogradišće an Bb. und Rt Ražanj an Stb. (nicht zu verwechseln mit dem gleichnamigen Kap an der SW-Spitze der Insel Sv. Klement!) sind von Untiefen frei. Man halte sich jedoch frei von den Klippen Hridi Pločice, die sich etwa 3 kbl südlich der Bucht unmittelbar östlich der markanten Insel Stambedar befinden. Die langgestreckte Bucht ist in ihrer Mitte tief.

Liegeplätze Im N-Teil der Bucht finden auch größere Sportboote auf etwa 3 m WT geeignete Ankerplätze. Flachgehende Boote können an einer der kurzen Molen vor Heckanker festmachen; WT knapp 1 m, jedoch rasch zunehmend. Hafengebühr.

Beschreibung Außer einigen kleinen Restaurants gibt es keine Versorgungsmöglichkeiten.

Die Inseln Lastovo, Prezba, Vis, Biševo, Palagruza, Jabuka und Svetac sind militärisches Sperrgebiet und dürfen von ausländischen Sportbooten nicht angelaufen werden.

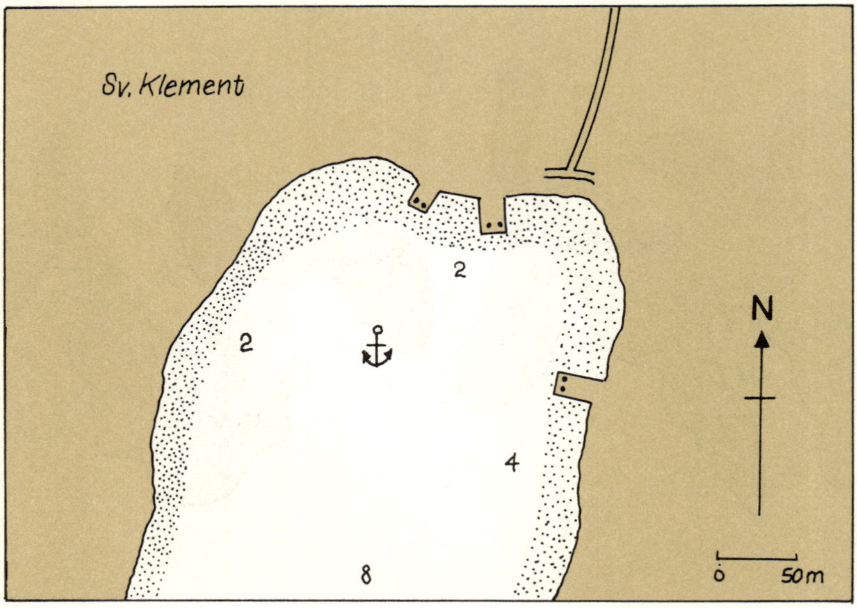

Ankerbucht Lovišće

Nach N offene, teilweise geschützte Bucht auf der N-Seite der Insel Šćedro, südlich der Insel Hvar (Seekarten: 211, 100–25, 100–26).

Einsteuerung Vom Šćedrovski-Kanal kommend, halte man zunächst auf das LF (Blz.r. 3s) auf der Bb.-Seite der Einfahrt zu. Danach Einfahrt in die Mitte der sich teilenden Bucht.

Liegeplätze Vor Buganker auf 5m WT. Es besteht die Möglichkeit, Leinen zu Pollern oder Steinen am Ufer auszubringen.

Beschreibung Einsame Insel ohne Versorgungsmöglichkeiten. Bei Bora steht Schwell in die Bucht.

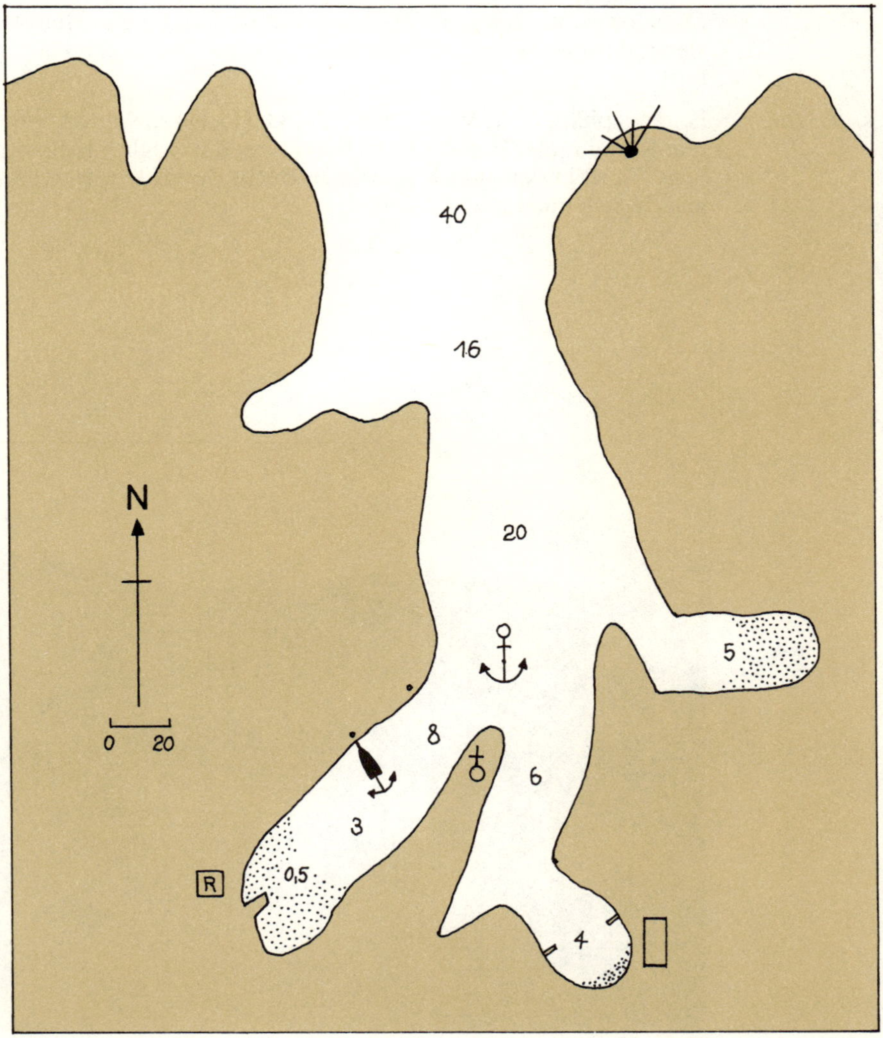

Hafen Vela Luka

Großer, wenig reizvoller, aber gut geschützter Hafen an der W-Seite der Insel Korčula (Seekarten: 211, 100–25 und Plan auf 535).

Einsteuerung

Von W her kommend, steuere man zwischen Rt Projzd (Blz. 3s, sichtbar 290–229°) im N und Rt Velo dance (Blz.(3) 10s) im S hindurch auf das LF Kamenjak (Blz.(2)r. 6s, sichtbar 233–163°) zu und passiere es an Bb. oder Stb. Vorbei an der Insel Ošjak, halte man auf das LF Rt Vranac (Blz.r. 2s) zu; von da aus steuere man das Molenfeuer (Blz.gn. 3s) von Vela Luka an.

Liegeplätze

Am Kai (Unterwasservorsprung) östlich des Hafenfeuers (Blz.gn. 3s) vor Bug- oder Heckanker an der für Sportboote markierten Stelle (WT direkt am Kai über 2 m). Der Hafen ist meist stark belegt, der Hafenkapitän weist aber nach Möglichkeit einen Platz zu (Gebühr). Der hintere Teil des Hafens ist belegt. Die südwestlich gelegene Pier (F.gn.) ist für Fähren und Handelsschiffe reserviert; zeitweise liegen hier Schiffe der Marine. Die Ufer an der Stadtseite sind flach.

Beschreibung

Hafenkapitän, Post, Markt, Supermarkt, Bäckerei, Arzt, Apotheke und mehrere Restaurants. Treibstoff und Wasser am Kai. Täglich Fährverbindung nach Split. Werft in der südlich gelegenen Bucht Bobovišće. Busverbindung mehrmals täglich mit der Stadt Korčula.

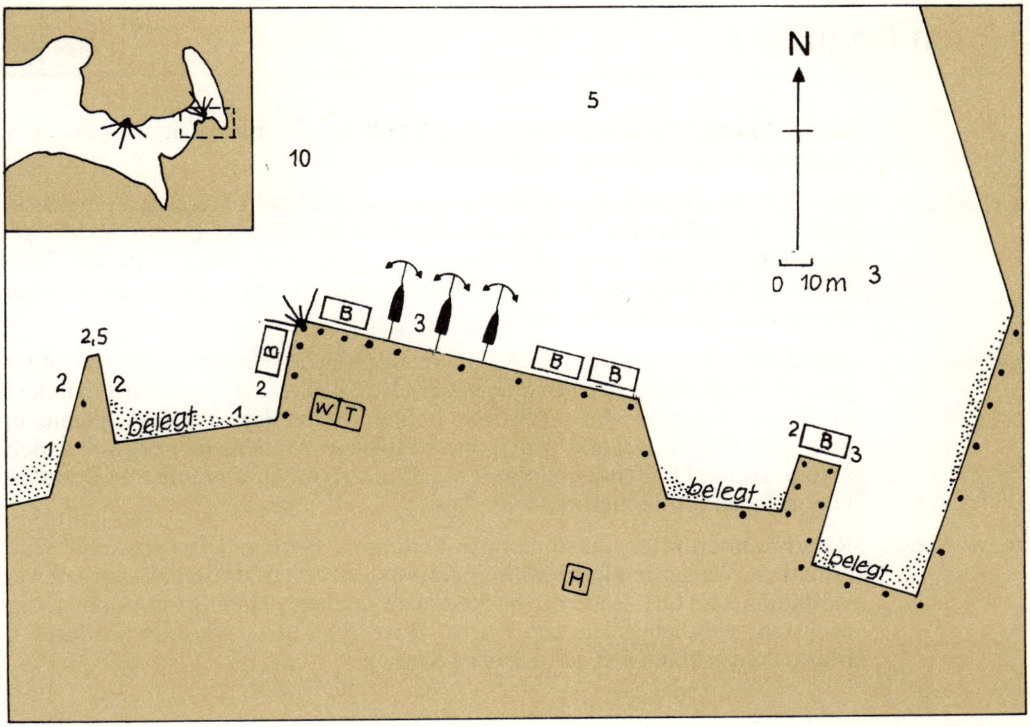
N
5
10
0 10m
3
2,5
2
2
1
beleat
1
2
B
W
T
B
3
B
B
2
B
3
beleat
belegt
H

Hafen Prigradica

Kleiner, nach NE ungeschützter, an der N-Küste der Insel Korčula gelegener Fischerhafen (Seekarten: 211 und 100–25).

Einsteuerung Aus dem Korčulanski-Kanal kommend, liegt die Bucht Prigradica etwa 9 sm östlich der W-Huk Rt Proizd. Bei der Ansteuerung von E Achtung: Etwa 0,6 sm östlich vor der Einfahrt liegen die Eilande Hridi Naplovici. Man halte auf den Kopf des befeuerten Wellenbrechers (Blz.r. 3s) zu und steuere weiter in das innere Hafenbecken.

Liegeplätze Sportboote finden auf ca. 2 m WT im inneren Teil des Hafens an der Kaimauer gute Liegemöglichkeiten vor Buganker. Der östliche Teil des Hafens ist belegt mit Küstenfrachtern. An der N-Seite befinden sich einige kurze Molen und in Ufernähe Felsen. Bei nördlichen und westlichen Winden steht Schwell in den Hafen. Auf gut haltendem, etwa 4 bis 10 m tiefem, aber unreinem Grund im Hafen liegen oft Fischerboote vor Anker.

Beschreibung Relativ unberührter, aufstrebender Ferienort. Brot und Lebensmittel sind erhältlich, Wasser in kleineren Mengen aus Zisternen bei den Fischern. Zwei Restaurants im Ort. Bademöglichkeiten im sauberen Hafenwasser oder in der nächsten, westlich gelegenen Bucht. Busverbindung zum 4 km entfernten Blato, dem größten Ort auf der Insel Korčula.

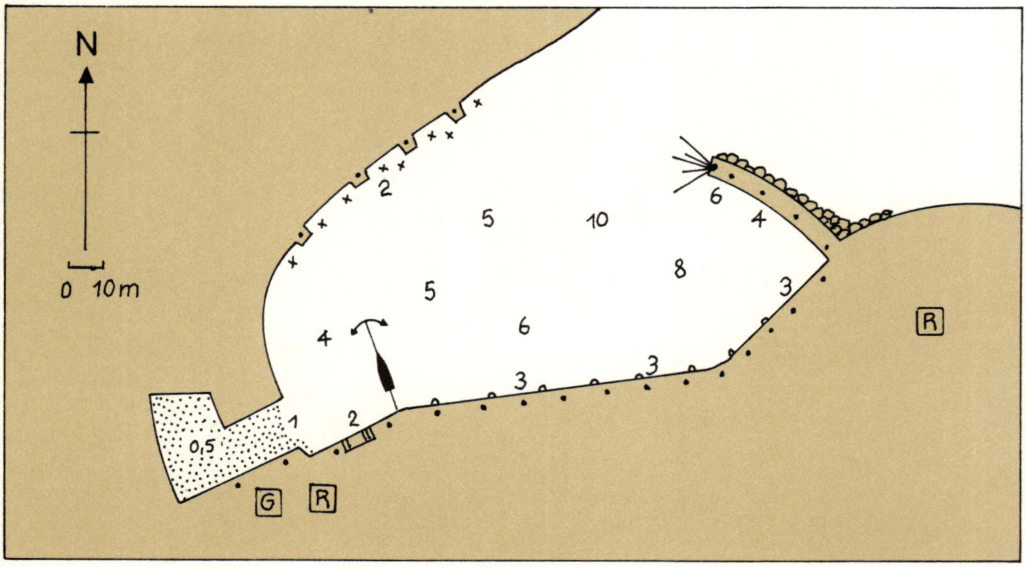

Geschützte, teilweise nach W offene Ankerbucht an der W-Seite der Halbinsel Pelješac (Seekarten: 211, 100–25, 100–26, 100–27).

Einsteuerung Nach Umrunden von Rt Lovišće im N (Blz.(3) 10s) oder von Rt Osičac im S (Blz. 3s) halte man auf die Mitte der großen Bucht zu. Nach Passieren einer engen Durchfahrt, die nördlich durch das LF auf Rt Ključ (Blz.r. 3s) bezeichnet wird, teilt sich die Bucht in drei Arme. Die Einsteuerung bereitet auch bei Nacht keine Schwierigkeiten.

Liegeplätze Direkt vor der Ortschaft Lovište befindet sich ein etwa 30 m langer Anleger mit WT zwischen 1,50 und 3,50 m, der meistens von der Berufsschiffahrt beansprucht wird. A c h t u n g : Am Fuße dieser Mole wird es sehr flach! Bei W-Windlage ist dieser Liegeplatz ungeschützt; in diesem Fall liegt man sicherer im NW- oder NE-Arm der Bucht vor Anker auf 3 bis 3,50 m WT. Im NE-Arm vor dem Weiler Mirce kann man auch an einem kleinen Kai mit WT von ca. 1,50 m vor Buganker liegen.

Beschreibung Hübsche, oft von Sportbooten aufgesuchte Bucht am Ende eines fruchtbaren Karsttales, umgeben von mehreren Anhöhen. Im Ort Lovište (zunehmender, vor allem einheimischer Fremdenverkehr) gibt es einen Laden, Brot in einem Kiosk, mehrere Restaurants sowie ein Postamt. Treibstoff nicht erhältlich.

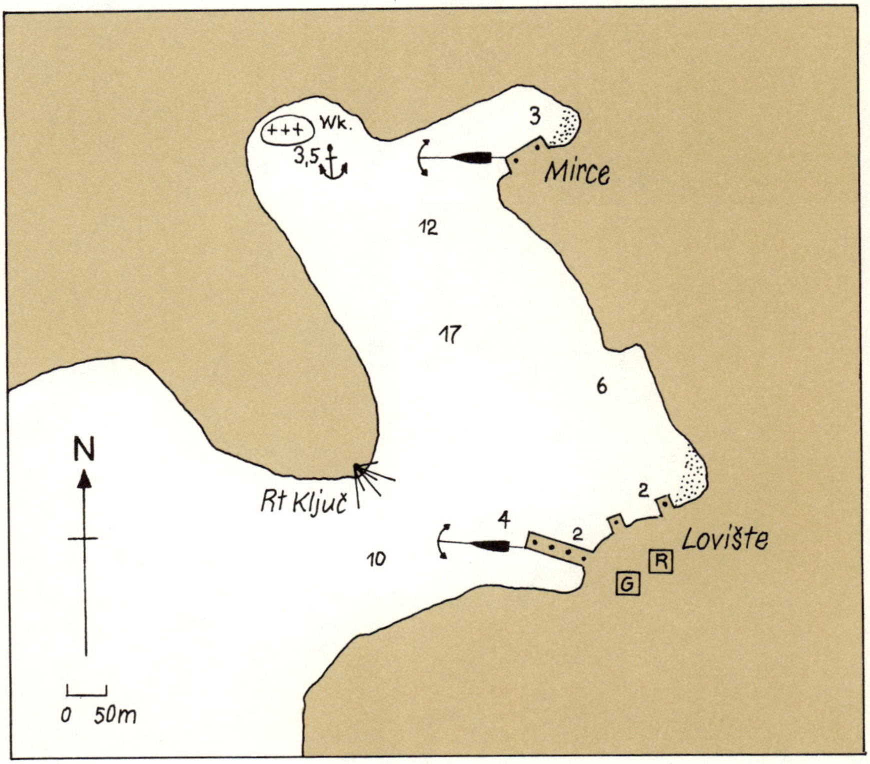

Hafen Račišće

Insel Korčula

Kleiner, an der N-Küste der Insel Korčula, am Ausgang des Pelješki-Kanals gelegener, nach N durch eine Mole geschützter Hafen (Seekarten: 211 und 100–25).

Einsteuerung

Aus dem Pelješki-Kanal kommend, findet man die kleine Bucht ohne Schwierigkeiten. Man halte auf den Kopf der Quermole zu und steuere dann, diesen an Stb. lassend, in den Hafen. Da das Molenfeuer nicht mehr brennt, ist das Einlaufen bei Nacht nicht ratsam.

Liegeplätze

Sportboote liegen am besten an der Innenseite der Mole auf WT um 3 m. Hier machen auch kleinere Schiffe wie das Versorgungsboot und das Wasserschiff fest. In der SW-Ecke des Hafens beträgt die WT direkt am Ufer weniger als 1 m, einige Meter seewärts 1,50 bis 3 m. Kleinere Sportboote können hier vor Buganker liegen.

Beschreibung

Geschützter Hafen, den man jedoch bei starker Bora schwer verlassen kann. Geringe Wassermengen sind bei der Post oder aus einer Zisterne bei der Kirche erhältlich; dort gibt es auch ein Geschäft. Brot bekommt man nur frühmorgens. In der Nähe des Kiosks findet man ein Restaurant. Ein Bus stellt die Verbindung zum etwa 12 km entfernten Korčula her. In den Buchten Vaja und Samograd westlich des Hafens Bademöglichkeiten.

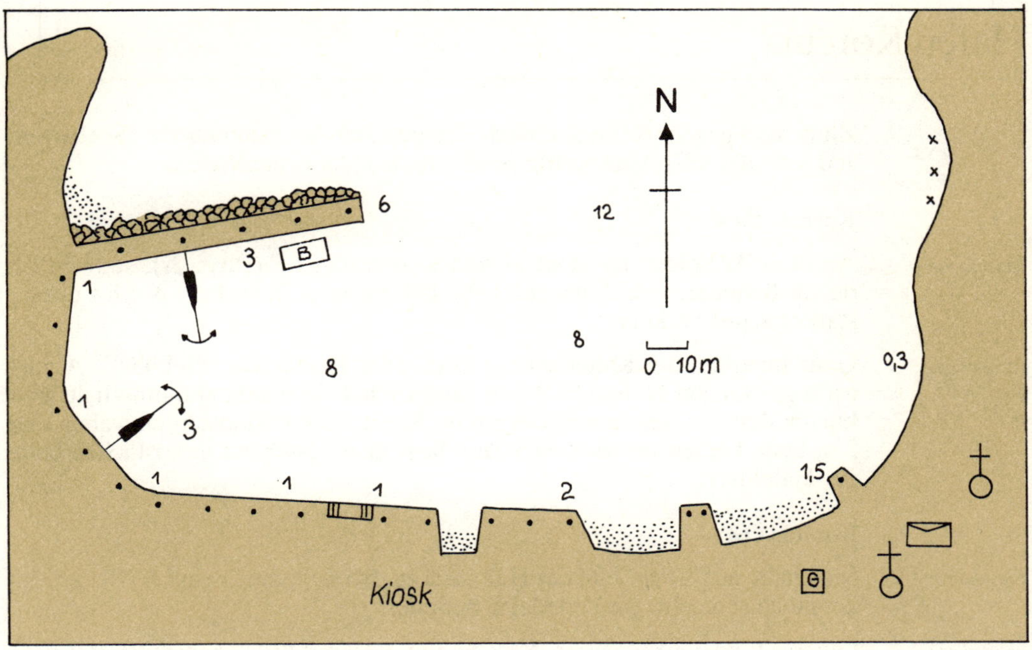

N
0 10m
6
12
3
B
1
8
8
0,3
1
3
1
1
1
2
1,5
Kiosk

Zum Teil gegen N ungeschützte Liegeplätze an Kaimauern (Seekarten: 100–25, 100–27). Ganzjährig geöffneter Einklarierungshafen.

Korčula West

Einsteuerung An der NW-Spitze der Stadt-Halbinsel steht ein LF (Blz.r. 2s); südwestlich davon befinden sich Anlegekais für Fähren und Dampfer. Achtung: starker Schiffsverkehr!

Liegeplätze Ganz innen an der Kaimauer vor Bug- oder Heckanker (Gebühr). Achtung: Gegen N- und W-Winde ungeschützt! N-Wind kann innerhalb sehr kurzer Zeit von den hohen Bergen im N mit 7 bis 8 Windstärken wehen und 2 m hohe Wellen verursachen; dann liegt man besser auf der östlichen Seite der Halbinsel.

Korčula Ost

Einsteuerung Man halte auf die E-Seite der Halbinsel zu, wo sich, durch ein LF (Blz.gn. 3s) kenntlich gemacht, ein Verladekai befindet.

Liegeplätze Längsseits an der Kaimauer, WT 2 bis 3 m, oder mit Buganker (tief!). Bei westlichen Winden ist dieser Liegeplatz geschützt, aber ständig stark belegt, da Dampfer und Autofähre hier anlegen (Gebühr). Tankstelle am Kai.
Fortsetzung Seite 254.

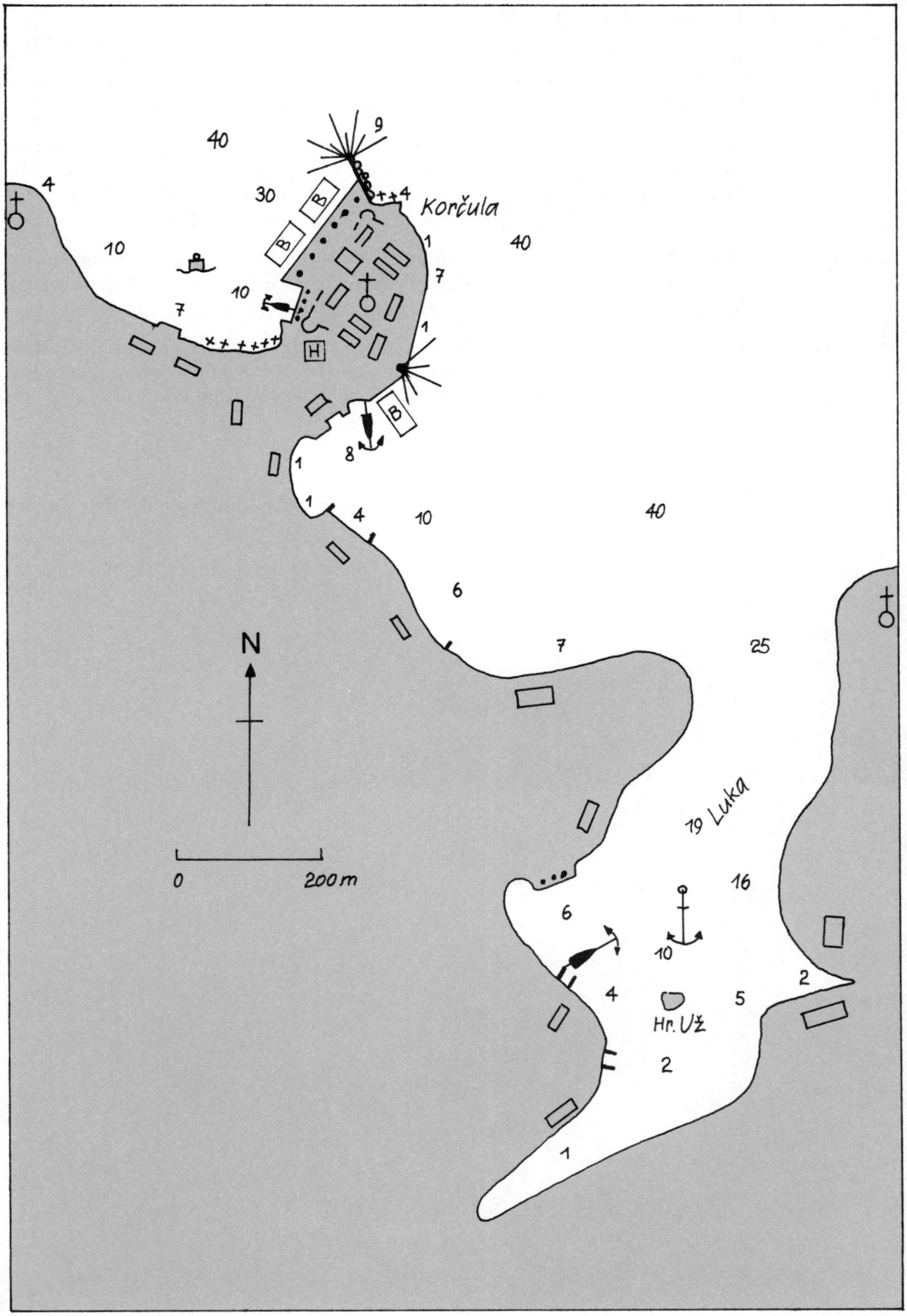

40
9
4
30
Korčula
10
40
1
7
10
7
1
8
1
1
4
10
40
6
N
7
25
19 Luka
0
200 m
16
6
10
2
4
5
Hr. Už
2
1

U. Luka (Skizze s. S. 253)

Im SSE der Stadt liegt die Bucht Luka, die bei allen Winden geschützt ist. Bei Bora liegt man unruhig. Man ankert in dieser Bucht (A c h t u n g : kleine Felsinsel Hr. Už!). Die Kais sind mit einheimischen Booten belegt.

Beschreibung

Hafenbüro und Zollamt an der Uferpromenade an der W-Seite der Stadt (auf die genaue Einhaltung der Vorschriften wird streng geachtet). Wasserhahn dicht dahinter an der Stadtmauer, WC. Gute Einkaufsmöglichkeiten, Post, Arzt, Apotheke, Zollfreiladen, mehrere Restaurants, Touristbüro.

Sehenswert

Mittelalterliches Städtchen; Kathedrale aus dem 15. Jh., hübsche enge Gassen, Geburtshaus des Marco Polo, Wehranlagen. Bezaubernder Rundblick auf Korčula und den Pelješki-Kanal von der Anhöhe Sv. Antuna Glavici aus.

Umgebung

Gegenüber von Korčula liegt am Festland auf der Halbinsel Pelješac die Mole von **Orebič** mit Anlegemöglichkeit an der W-Seite der befeuerten Mole (Blz. gn. 3s). WT 3 m. Wenig Schutz gegen N-liche und W-liche Winde.

Ankerbucht Pavja

Kleine, gegen N-Winde geschützte, nach S offene Ankerbucht an der S-Küste der Insel Korčula (Seekarten: 100–25, 100–27).

Einsteuerung Die Bade- und Ankerbucht Pavja mit ihrer kaum 200 m breiten Einfahrt befindet sich etwa 4,5 sm westlich von Rt Ražnjic. Man halte mitten in die Bucht und dann in den nordwestlichen Arm.

Liegeplätze Man bringe seinen Buganker vor den Häusern auf einer WT von 4 bis 6 m aus und mache mit Warpleine an Land fest. Der Anker hält auf dem Sandgrund mit groben Steinen gut.

Beschreibung Geschützter Ankerplatz; nachts können jedoch starke Fallböen von den hinter der Bucht aufsteigenden Bergen wehen. Von den Fischern sind Langusten und Wein erhältlich, sonst gibt es keine Versorgungsmöglichkeiten.

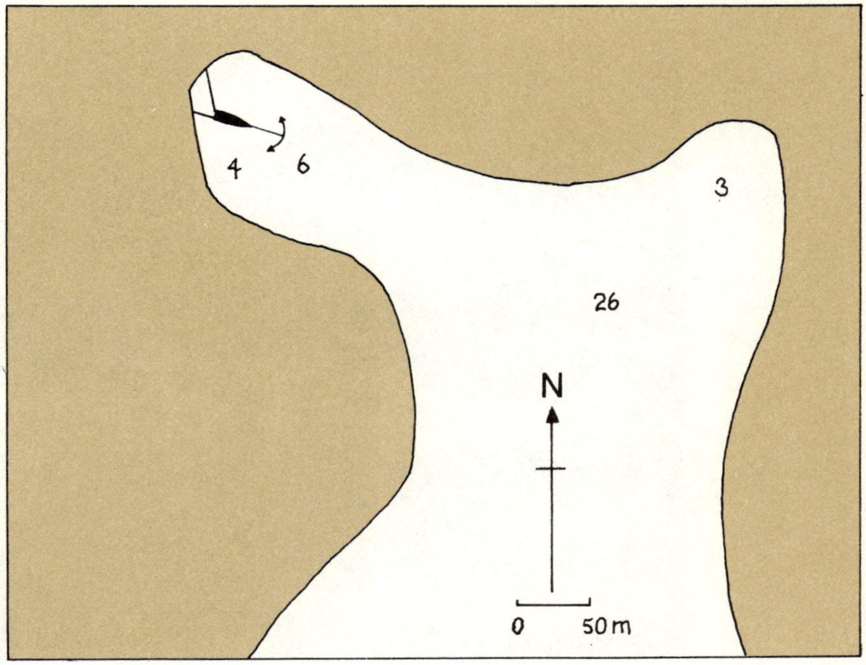

Hafen Brna

Geschützte, hübsche Bucht in der Mitte der S-Seite der Insel Korčula (Seekarten: 100–25 und Plan auf 535).

Einsteuerung Leicht, auch nachts möglich. Am E-Ausgang der Bucht befindet sich auf dem Kap Veli Zaglav ein LF (Blz. 3s). Wenn man es passiert hat, halte man auf die Brücke im N der Bucht zu. Die westliche Bucht soll verschlammt und ungeeignet sein.

Liegeplätze Der Kai an der W-Seite dient der Berufsschiffahrt. Yachten liegen am besten an der kleinen Brücke (Heckanker), Poller vorhanden. WT 1,50 bis 2 m, dann rasch abfallend auf 6 bis 8 m. A c h t u n g : Mauervorsprung, auch können Netze ausliegen! Man kann auch gut östlich der Mole vor Buganker in der Bucht liegen.

Beschreibung Wasser, Lebensmittelgeschäft, Restaurant in Brna. Wunderbar zum Baden und für Landausflüge. Im Ort Smokvica (etwa 5 km entfernt) Verproviantierung möglich. Besonders empfehlenswert: Pošip (herber Weißwein) und Dalmatiner Schinken.

Umgebung Etwa 5 sm E-lich von Brna liegt gleich W-lich der Landzunge Dugi Rat der kleine Hafen **Zavalatica.** Schutz gegen alle Winde.

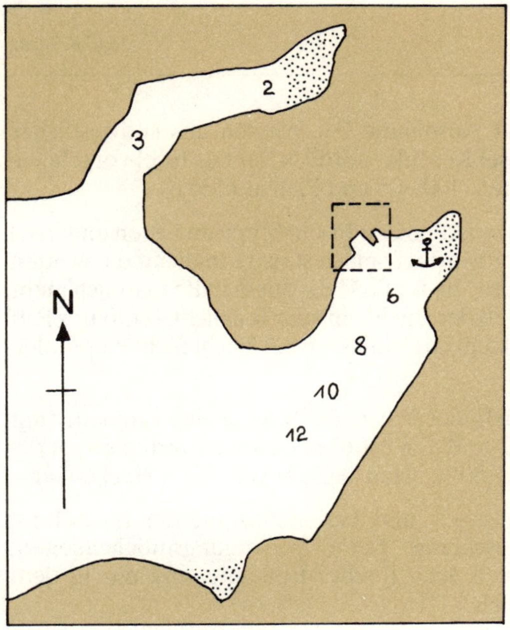
2
3
N
6
8
10
12

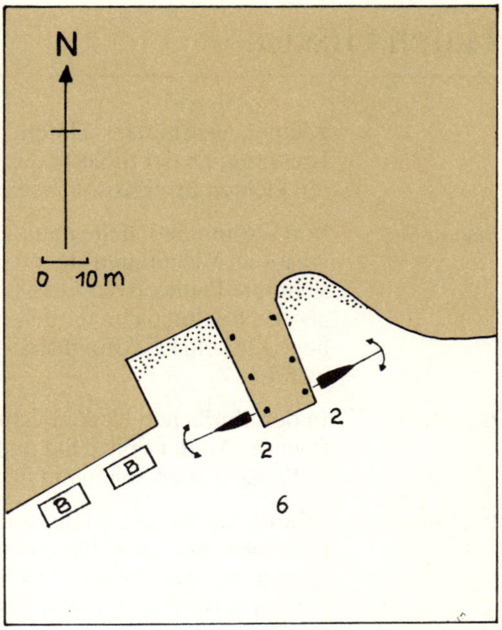
N
0 10 m
2
2
B
B
6

Hafen Gršćica

Kleiner, geschützter Hafen, mit Ausnahme bei Winden aus südwestlicher Richtung, an der S-Küste der Insel Korčula, nördlich der der Insel vorgelagerten kleinen Insel Kosor (Seekarten: 100–25 und Plan auf 535).

Einsteuerung

Von S kommend, halte man sich zwischen den Inseln Stupa im Osten und Insel Kosor im Westen und steuere nordwärts. Danach steuere man auf die weithin sichtbare Palme in der Ortschaft zu. In der Gršćica-Bucht halte man sich mehr an die N-Seite, da im mittleren Teil der Bucht ein zum Teil nicht sichtbares Riff liegt. Da kein LF vorhanden ist, kann das Einlaufen bei Nacht nicht empfohlen werden.

Liegeplätze

In der nördlichen Nebenbucht befindet sich an der S-Seite eine Kaimauer mit Pollern. An der Spitze hat man 2 m WT, 8 bis 10 m davon entfernt beträgt die WT nach beiden Seiten nur noch 1,50 m. Man liegt vor Bug- oder Heckanker.

Beschreibung

Schöne Bucht mit mehreren Fischer- und Ferienhäusern; die Einwohner betreiben fast ausschließlich Fischfang. Keine Versorgungsmöglichkeiten, Wasser in den Häusern, eventuell auch Fische. Einkäufe sind nur in dem 4,5 km entfernten Ort Blato möglich.

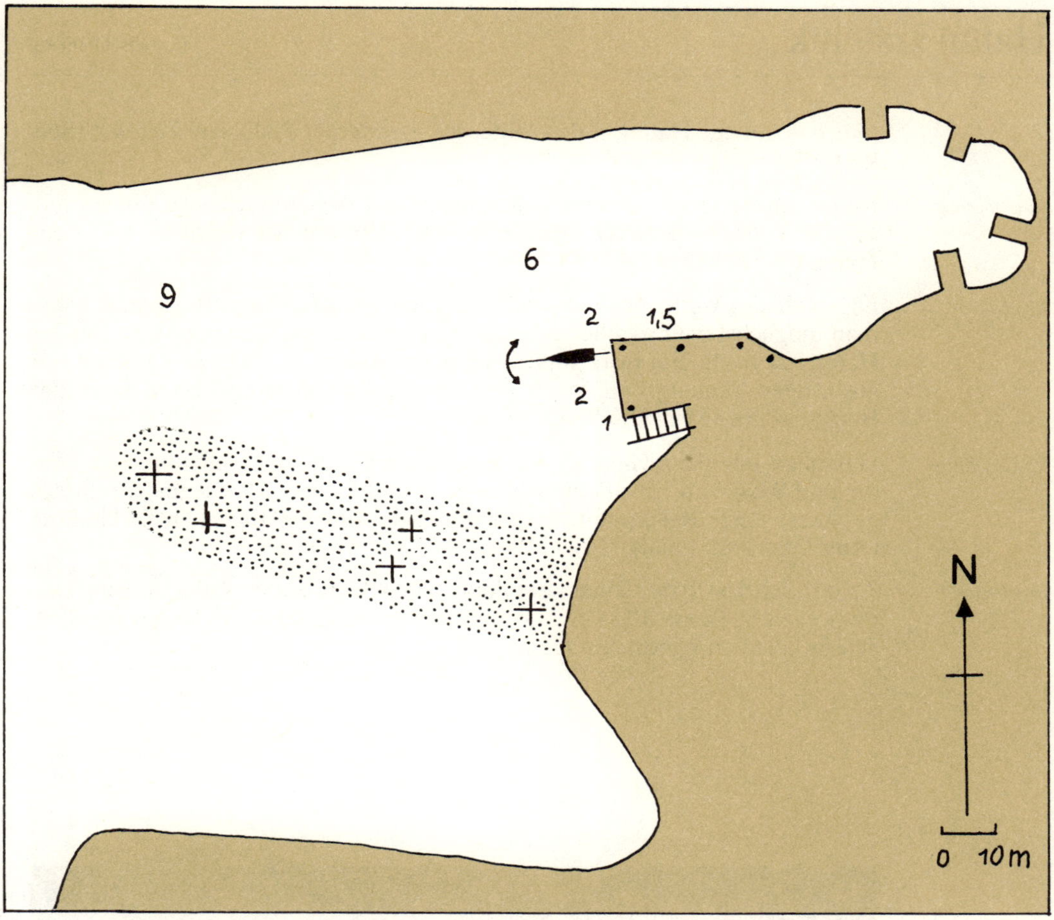
6
9
2
1,5
2
1
N
0 10m

Hafen Trstenik

Gut geschützter Hafen in der Mitte der S-Seite der Halbinsel Pelješac (Seekarte: 100–27).

Einsteuerung Keine Schwierigkeit. Langer, hoher, hellgrauer Wellenbrecher an Bb. erkennbar (F.r.). Nach Passieren des Feuers nach Bb. auf das westliche Ende der Hafenmole zuhalten.

Liegeplätze Die Mole des Wellenbrechers wird von Linienschiffen benutzt, deshalb sollte man möglichst weit westlich oder am Kai festmachen. Der nördliche Teil des Hafens ist flach. Bei Bora sollte man einen Anker ca. 30 m in Richtung NE ausbringen. Ankergrund weich. WT an der Kaimauer 1,50 bis 2 m, in der Bucht auf über 12 m abfallend.

Beschreibung Hafenamt im ersten Haus an der W-Seite des Hafens am Wellenbrecher. Wasser und Wein von Privatleuten. Geschäft und kleiner Markt nur vormittags geöffnet; Post, Restaurant. Baden möglich. Regelmäßige Fährverbindung (Autofähre) mit Polače (Insel Mljet).

Umgebung 3 sm E-lich von Trstenik liegt der ähnlich angelegte Hafen **Žuljana.** Einsteuerung nach Seekarte 100–27 tags und nachts ohne Schwierigkeiten möglich. Schutz bei allen Windrichtungen.

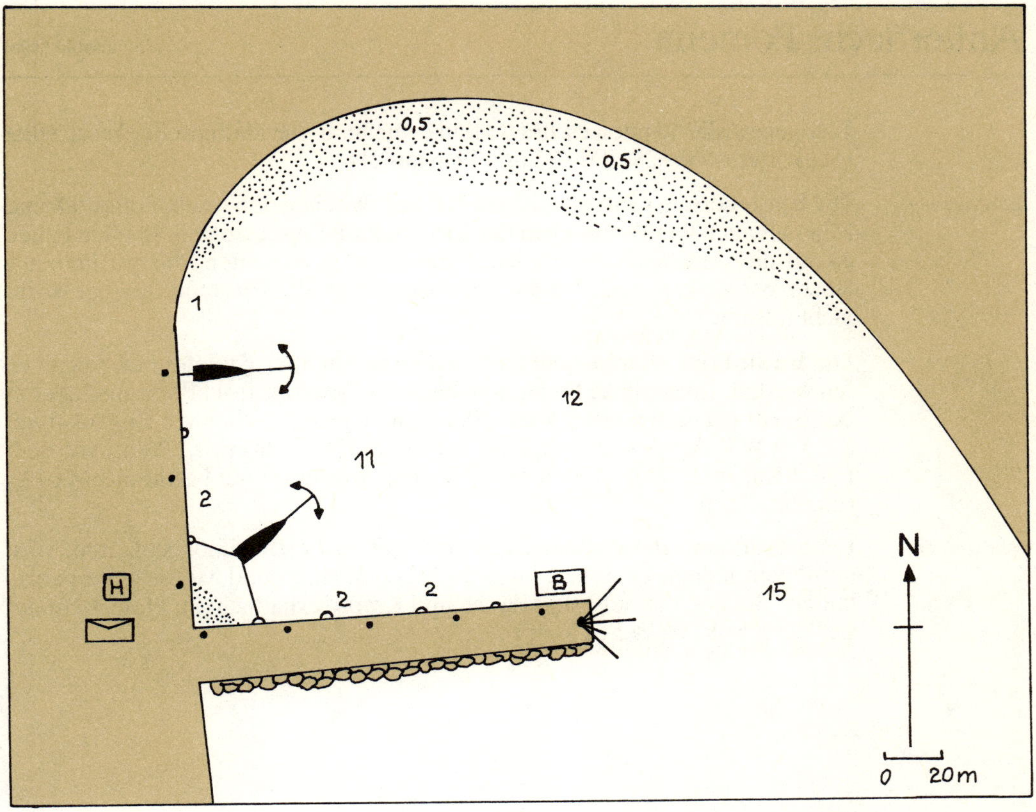

0,5
0,5
1
12
11
2
H
B
2
2
15
N
0
20m

Ankerbucht Pomena

Fast gegen alle Winde geschützte Ankerbucht an der W-Seite der Insel Mljet (Seekarten: 100–25, 100–27 und Plan auf 214).

Einsteuerung

Die Einsteuerung kann sowohl von NE her zwischen den Inseln Pomeštak und Mljet als auch von W vorbei an der Crna-Seka-Klippe erfolgen. In allen Fällen ist auf die verschiedenen Untiefen und Klippen zu achten, die der Pomena-Bucht vorgelagert sind. Wegen fehlender LF ist die Einsteuerung bei Nacht nicht ratsam.

Liegeplätze

Die Bucht Lokva darf wegen eines militärischen Sperrgebietes nicht angelaufen werden. Liegeplätze findet man an der S-Seite der Insel Pomeštak oder in der Bucht vor dem kleinen Weiler Pomena, in beiden Fällen vor Buganker auf ca. 5 m WT. An den kleinen Kais beträgt die WT nur etwa 1,20 m, vor dem Hotel-Kai ca. 2,50 m. Letzterer ist für die Ausflugsboote bestimmt, Markierung beachten.

Beschreibung

Landschaftlich sehr schöner Liegeplatz mit guten Bademöglichkeiten; wird gerne von italienischen und jugoslawischen Yachten und Motorbooten angelaufen. Bei den Fischern sind Fische und Krebse erhältlich, im Hotel befindet sich ein Kiosk, Wasser ist knapp.

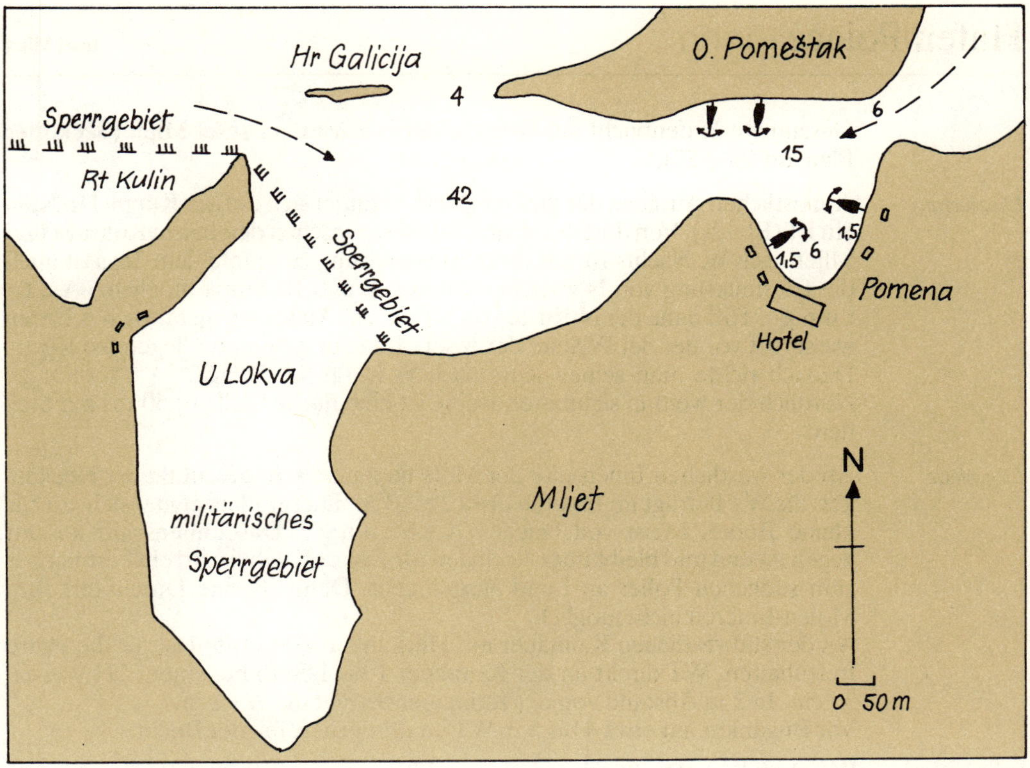
Hr Galicija
O. Pomeštak
4
6
15
42
Sperrgebiet
Rt Kulin
Sperrgebiet
1,5
6
1,5
Pomena
Hotel
U Lokva
Mljet
militärisches
Sperrgebiet
N
0 50 m

Hafen Polače

Insel Mljet

Geschützte Hafenbucht am W-Ende der N-Küste der Insel Mljet (Seekarte: Plan auf 100–27).

Einsteuerung

Am östlichen Ausgang der großen Bucht befindet sich auf der Klippe Hr. Kula ein LT (Blz. 2s). Von dort durch tiefes Wasser zwischen den Inseln Kobrava und Mljet nach W. Nachts ist nur diese Einsteuerung zu empfehlen. Tags ist auch die Einsteuerung von N zwischen Moračnik und Rt Stupa möglich. Achtung: Riff nahe der N-Küste von Moračnik. Außerdem gefährliches Unterwasserriff vor der der W-Seite der Insel Moračnik gegenüberliegenden Küste. Danach richte man seinen Kurs nach W in die U. Polače. Achtung: Nördlich der weithin sichtbaren Ruine ist eine flache Stelle (0,50 m) mit Steinen!

Liegeplätze

An der westlichen Innenseite der Mole liegt man sehr geschützt vor Heckanker, die WT beträgt im Inneren etwa 2 bis 3 m. Dieser Platz eignet sich nur für kleine Boote. Meist voll belegt. Achtung: Das Linienschiff kommt gegen Abend und bleibt über Nacht am Molenkopf; dabei wird ein Festmacher zum südlichen Poller an Land ausgebracht. Dann ist eine Durchfahrt zum Molen-Inneren nicht möglich.
An der südwestlichen Kaimauer mit Heckanker. Der Ostteil ist für die Fähre freizuhalten. WT direkt an der Kaimauer 1 bis 1,50 m bei einem TH von ca. 30 cm. In 2 m Abstand von der Kaimauer beträgt die WT 2 m.
Vor Buganker auf etwa 4 bis 5 m WT im nördlichen Teil der Bucht.

Beschreibung

Wunderschöne Bucht mit nur einigen Häusern; herrlich zum Baden. Kleiner Laden, Zisternenwasser gegenüber der Kaimauer; eventuell Fische, Wein und Trauben von den Einwohnern erhältlich. Restaurant östlich der Mole. Im Ort Govedari (ca. 1,5 km) Laden und Post.
Die Insel Mljet ist Nationalpark, ihr Betreten ist gebührenpflichtig.

Sehenswert

Antike Ruinen bilden Reste eines Palastes des Agesilaos aus dem 4. oder 3. Jh. v. Chr. Empfehlenswerter Ausflug zum Salzwasser-See V. Jezero auf der südlichen Seite der Insel (dort auf einer Insel als Hotel umgebautes Kloster).

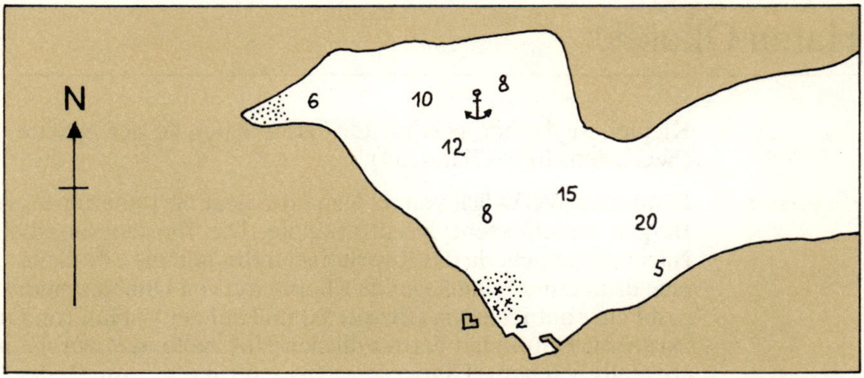
N
6
10
8
12
15
8
20
5
2

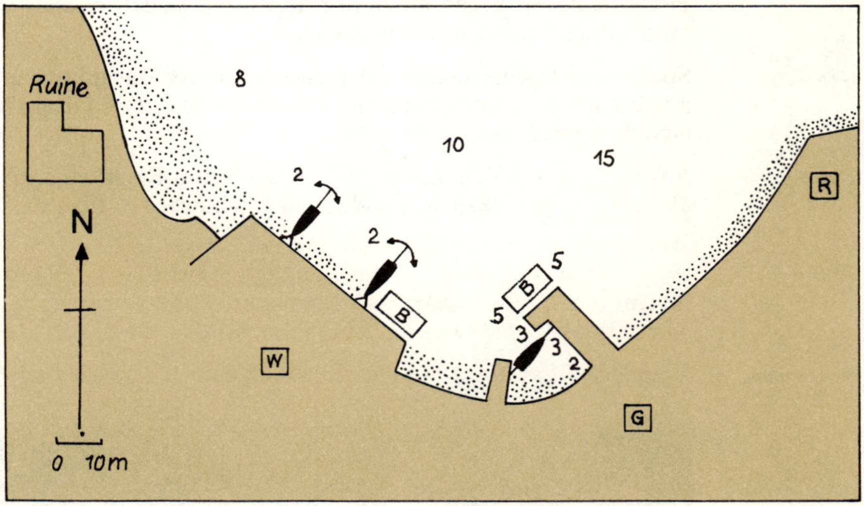
Ruine
8
10
15
N
2
2
B
5
B
5
3
3
2
R
W
G
0 10m

Hafen Okuklje

Kleiner, idyllischer, geschützter Fischerhafen an der N-Seite der Insel Mljet (Seekarten: 100–27 und 214).

Einsteuerung

Etwa 4 sm WNW-lich vom E-Kap Grui liegt die unberührte, von bewaldeten Bergen umschlossene Bucht Okuklje. Die Einsteuerung bei Tage und bei Nacht ist einfach, da das Kap Stoba an Bb. und die Stb.-Seite (ausgenommen eine dicht unter Land liegende Klippe) frei von Untiefen sind. Bei Nacht brennen Feuer auf Rt Stoba (Blz.(2) 5s) und auf der W-Huk von Okuklje (Blz.gn. 2s). Nach Umrunden der nördlichen Huk halte man auf die im N gelegene, ebenfalls befeuerte Fährmole zu. A c h t u n g : Im SE der Bucht, vor den Fischerhäusern, liegen mehrere Klippen im flachen Wasser; die erste ist mit einem Radarreflektor gekennzeichnet.

Liegeplätze

Sportboote machen östlich des Fähranlegers vor Buganker und mit zum Land ausgebrachten Leinen auf 2 bis 3,50 m WT fest. Der Grund hält den Anker nicht besonders gut.

Umgebung

NW-lich von Okuklje findet man in der **Sobra-Bucht** einen Ankerplatz, der allerdings gegen NE-liche Winde nicht geschützt ist (s. Plan auf Seekarte 214).

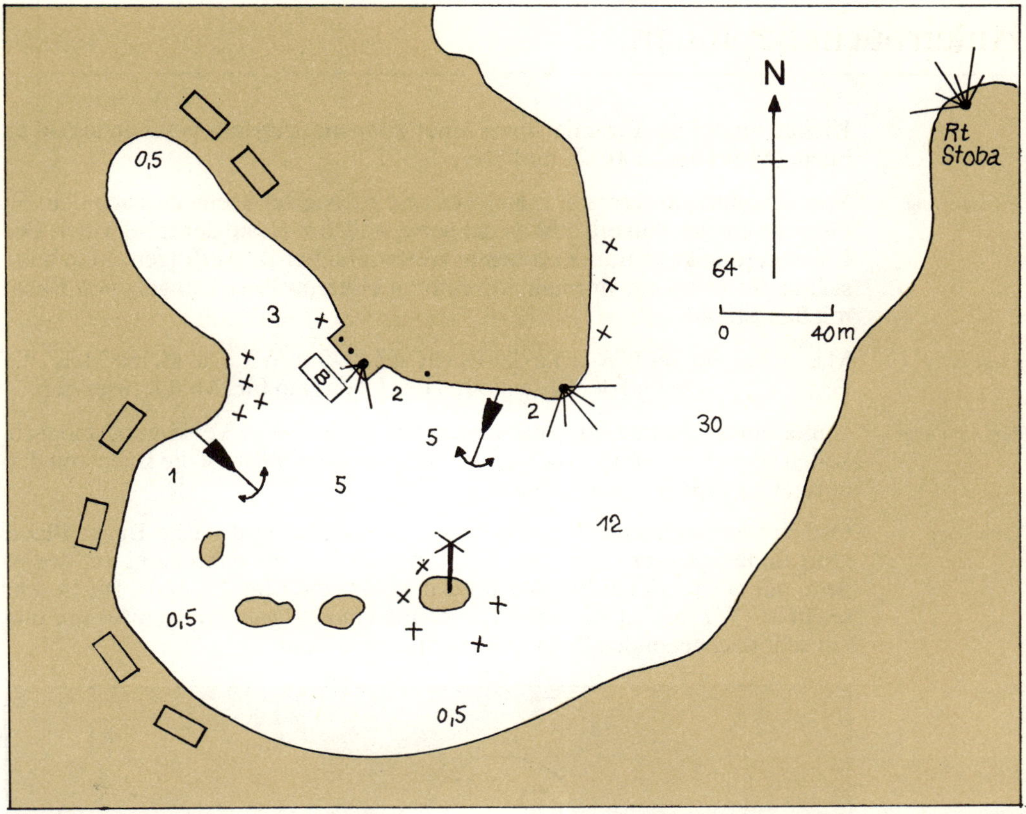
N
Rt
Stoba
64
0
40m
0,5
3
B
2
2
5
5
30
1
12
0,5
0,5

Ankerbucht Saplunara

Kleine, an der SE-Ecke der Insel Mljet gelegene, gegen N geschützte Ankerbucht (Seekarten: 100–27 und 214).

Einsteuerung Von E kommend, erreicht man etwa eine dreiviertel Seemeile nach dem Rt Gruj die einzige Ankerbucht an der sonst steilen S-Küste der Insel Mljet. Die Einsteuerung kann nur bei ruhigem Wetter und bei Tage erfolgen. Man halte sich in der Mitte der ringsum von dichten Föhrenwäldern umgebenen Bucht mit Sandstrand.

Liegeplätze Man ankere in der NW-Ecke der Bucht auf ca. 5 m WT. Die kleine Mole, die Festmachetonne und der SE-liche Teil des Ufers sind fürs Militär reserviert.

Beschreibung Außer einer Zisterne für Trinkwasser gibt es hier keine Versorgungsmöglichkeiten. Durch die Straße, die am Dorf Korita vorbeiführt, ist die Bucht mit den übrigen Inselsiedlungen verbunden.

Umgebung Östlich von Saplunara liegt die malerische, kleine und flache Bucht **Blaca.** Dort findet man im E-Teil eine WT von etwa 2,50 m, während es auf der W-Seite nur etwa 1 m tief ist. A c h t u n g : Da die Einfahrt in die Bucht sehr seicht ist (WT unter 1 m, Steine), kann man nur bei ganz ruhigem Wetter und mit sehr flachgehenden Booten vorsichtig einlaufen!

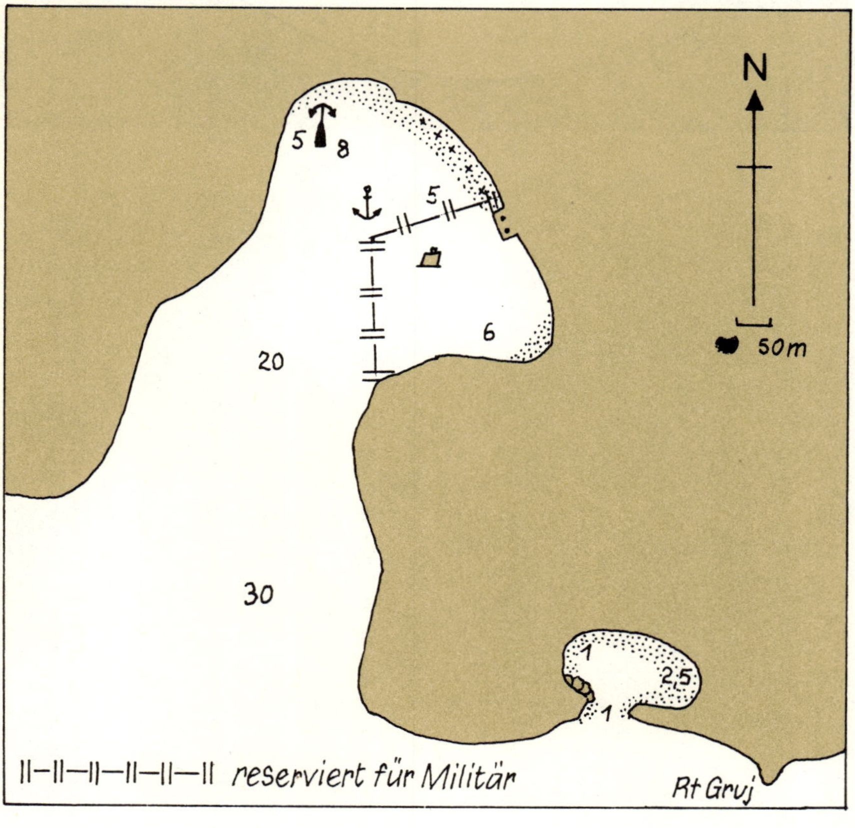

Hafen Slano

Koločepski-Kanal
Dalmatien

Gut geschützte, vor allem bei Bora sichere Bucht im NW-Teil des Koločepski-Kanals, nordwestlich von Dubrovnik (Seekarte: Plan auf 100–27).

Einsteuerung Man steuere am LF Rt Donji (Blz.r. 3s) vorbei in die Bucht. Auffallend ist der hohe Berg hinter Slano (960 m): zwei fast gleich hohe Gipfel mit einer kleinen Einsattelung. In nordöstlicher Richtung auf Ort Slano zuhalten.

Liegeplätze Kaimauer zwischen dem sehr schwachen Hafenfeuer (F.gn.) und dem auffallenden Hotel. Mit Heckanker am S-lichen Ende der Kaimauer festmachen. A c h t u n g : Dampferanlegeplatz (ist markiert)! WT an der Kaimauer 2 bis 4 m (guter Ankergrund).

Beschreibung Hafenamt, Postamt, Restaurant, Geschäft, Wasser.

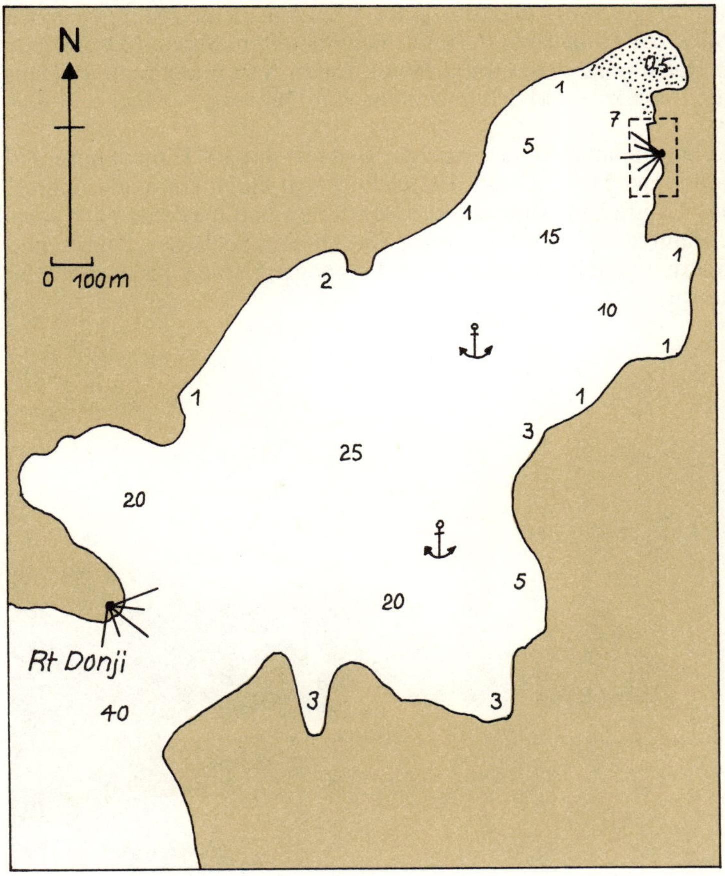

Hafen Lopud

Insel Lopud

An der W-Seite der gleichnamigen, mit Büschen und Bäumen begrünten Insel gelegener Hafen, etwa 7 sm von Dubrovnik entfernt (Seekarte: 100–27).

Einsteuerung

Aus dem Koločepski-Kanal oder dem Lopudska vrata kommend, ist die große, nach W geöffnete Bucht nicht zu verfehlen. An der N-Seite, in unmittelbarer Nähe des Klosters mit seinem auffälligen Kirchturm, liegt ein kleiner, durch zwei Molen geschützter Hafen. Man halte in den Hafen oder, bei günstiger Wetterlage, auf die verschiedenen kleinen Molenköpfe im S der Bucht zu.

Liegeplätze

An der Innenseite der größeren Hafenmole finden Sportboote in Nähe der vielen kleinen einheimischen Fahrzeuge einen Liegeplatz vor Buganker auf 3 bis 5 m WT. Die Außenseite und die kürzere E-Mole müssen für Dampfer und Ausflugsboote freigehalten werden. Sofern die Nachmittagsbrise nicht zu stark weht, kann man sich auch vor Buganker an den Kopf der kürzeren Molen im S-Teil der Bucht legen. Bei Bora sollte man diesen Platz jedoch rasch verlassen. Der Ankergrund besteht aus hartem Sand.
Achtung: In der Saison kann der Hafen wegen Überfüllung für ausländische Sportboote gesperrt sein.

Beschreibung

Zwei Lebensmittelgeschäfte und Metzgerei. Wasser in kleinen Mengen in den Hotels. In Nähe des Hafens ein Postamt. Hafenkapitän. Slip mit Drehwinde im S-Teil der Bucht nahe dem Grand-Hotel. Einen Arzt findet man im Haus Nr. 65. Reger Touristen- und Schiffsverkehr von Dubrovnik, Mljet und Korčula.
Lopud ist ein angenehmer, stark besuchter Badeort mit 400 Einwohnern und 1500 Touristen in der Hauptsaison. Es zeichnet sich durch ein mildes Klima, wunderschöne Landschaft, subtropische Vegetation und herrliche Sandbadestrände aus. Zahlreiche kulturhistorische Denkmäler, Schlösser, Paläste und Kirchen erinnern an die Bedeutung in der Vergangenheit, die bis in römische Zeit zurückreicht.

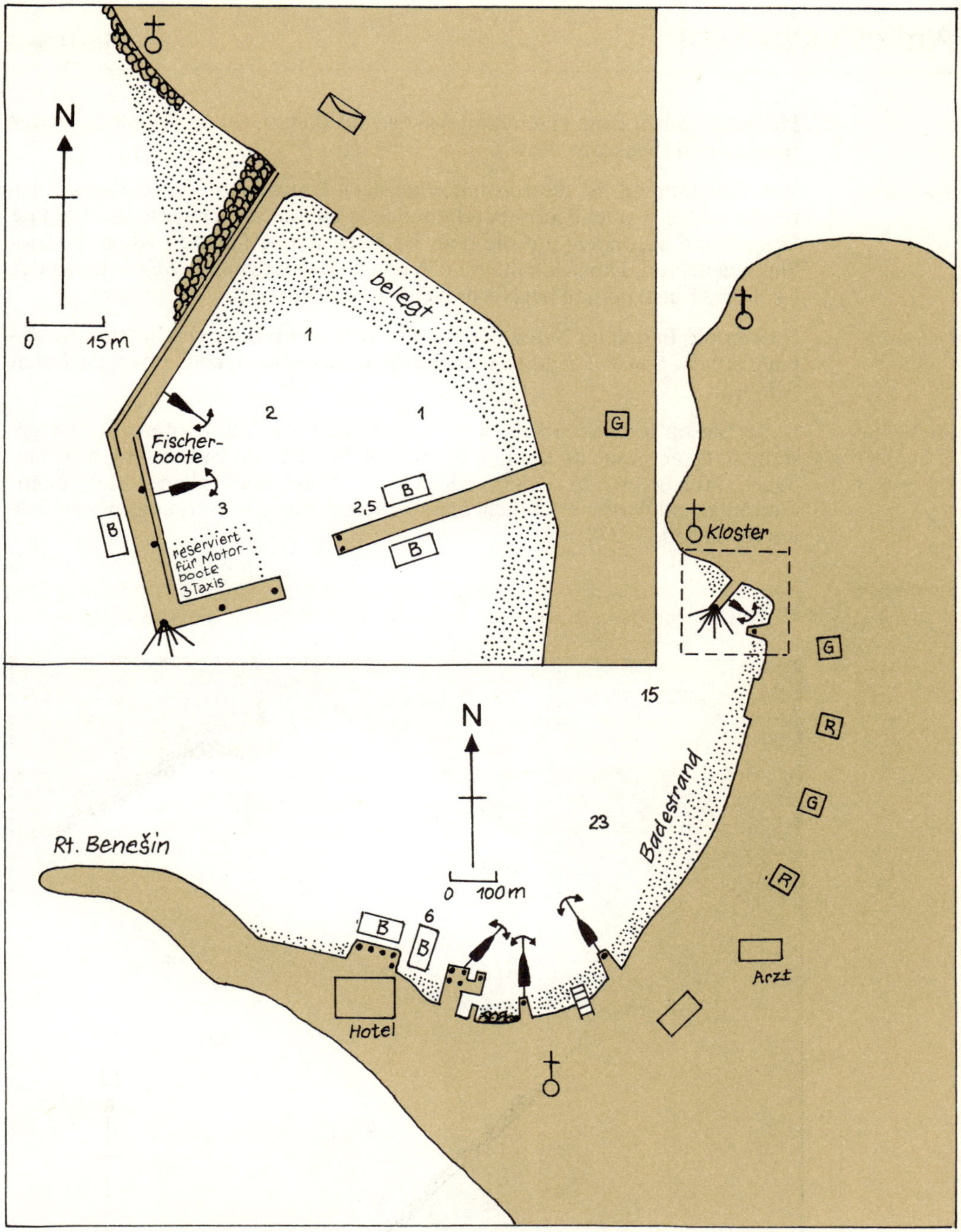
N
0 15m
belegt
1
2
1
Fischer-
boote
3
2,5
B
B
B
reserviert
für Motor-
boote
3 Taxis
G
Kloster
G
R
G
R
15
N
23
Badestrand
Rt. Benešin
0 100m
6
B
B
Hotel
Arzt

Ankerbucht Šunj

Hübsche, gegen Bora geschützte Anker- und Badebucht an der SE-Seite der Insel Lopud (Seekarte: 100–27).

Einsteuerung Von N kommend, ist die Einsteuerung nach Umrunden von Rt Paluge problemlos. Von W oder S kommend, muß man auf die vorgelagerte Inselgruppe Skupio und besonders auf die dem Rt Mrčica vorgelagerten Klippen Hridi Skupieli achten. Danach halte man in den N-Teil der Bucht. Wegen fehlender LF ist die Einsteuerung bei Nacht nicht empfehlenswert.

Liegeplätze Sportboote finden im N-Teil der Bucht einen gegen Bora geschützten Ankerplatz auf ca. 6 m WT. Südöstliche Winde verursachen jedoch unangenehmen Schwell.

Beschreibung In der Saison von vielen Touristen und kleineren Ausflugsbooten mit Badegästen häufig aufgesuchte Bucht mit schönem Sandstrand an von Pinien bestandenen Abhängen. In einem Kiosk am Strand sind kleine Mahlzeiten, Getränke und Wasser erhältlich. Sonst bestehen keine Versorgungsmöglichkeiten (s. Lopud, S. 270).

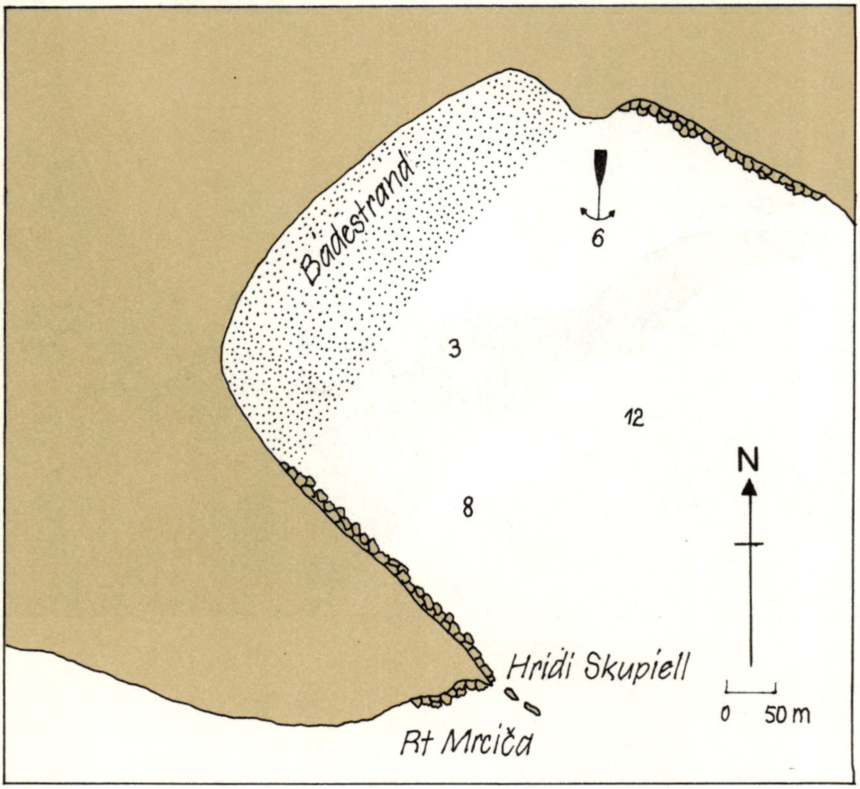

Hafen Koločep

An der NW-Seite der Insel Koločep, etwa 4 sm von Gruž/Dubrovnik entfernt, befindet sich die große, vor allem gegen S-Winde geschützte Bucht Donje Čelo mit einigen kleinen Anlegern (Seekarte: 100–27).

Einsteuerung Aus dem Koločepski-Kanal kommend, runde man Rt Ratac und halte in die Bucht Donje Čelo und danach auf den Kopf der östlich gelegenen Anlegebrücke zu. Bei Einsteuerung aus dem Koločepska vrata achte man auf die Untiefe Plič Čavalika mit nur 2 m WT. A c h t u n g : Vor Rt Ratac und Rt Mačus liegen einige Klippen!

Liegeplätze Sportboote finden an der N-Seite der unbefeuerten Brücke einen Liegeplatz auf 3 bis 5 m WT. An den südlich gelegenen kleinen Molen kann man vor Buganker liegen; die WT unmittelbar an den Molenköpfen beträgt etwa 2 m. Sind alle Plätze belegt, kann man auch in der Bucht ankern (WT 3 bis 6 m, guter Ankergrund).

Beschreibung Kleiner, zum Teil ungeschützter Hafen mit nur geringen Versorgungsmöglichkeiten. Post und Restaurant im Ort. Trinkwasser ist knapp. Kein Treibstoff.

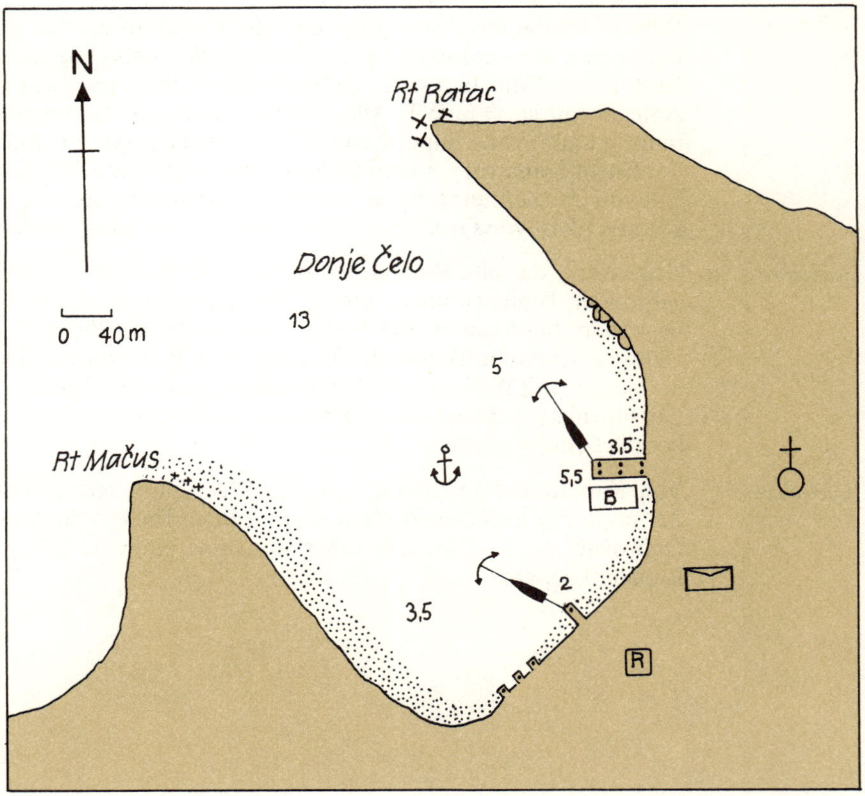

Hafen Gruž

Dubrovnik
Dalmatien

Sportboot-Marina und kleiner Yachthafen im W-Teil des Großschiffahrtshafens Luka Gruž (Seekarten: 100–28, 215 und Plan auf 333).

Einsteuerung

Man halte auf die nachts befeuerte Insel Daksa (Blz. 6s) zu, die an beiden Seiten passiert werden kann. Von S kommend, achte man auf Hridi Grebeni vor dem Kap Petka. Danach steuere man das nachts ebenfalls befeuerte Kap Kantafig (Blz.r/gn. 2s) an. Sportboote gehen entweder in den auf der W-Seite liegenden Yachthafen „Orsan" oder in die Marina, die sich südlich des Industriehafens im Anschluß an die große, befeuerte Petka-Mole (F.r.) befindet.

Liegeplätze

Marina: Sportboote liegen hier vor Buganker an der hohen Kaimauer; vom Marinapersonal wird ein Liegeplatz auf 3 bis 4 m WT zugewiesen.
Yachthafen Orsan: Der Clubwart weist freie Liegeplätze an der Mole auf etwa 2 m WT zu (Festmachetonnen).
Für beide Liegeplätze sind Gebühren zu entrichten, wobei die Dienstleistungen der Marina sehr teuer bezahlt werden müssen.

Beschreibung

Gruž ist ganzjährig geöffneter Einklarierungshafen. Das Hafenamt befindet sich gegenüber den großen Kais nahe der Kirche Sv. Križ. Hier werden auch jugoslawische Seekarten verkauft. Das Marinabüro in einem kleinen Kiosk am Kai besorgt alle Dienstleistungen. Wasser- und Stromanschluß am Kai, Treibstoff, zollfreie Waren, Geldwechsel, Gas, Reparaturen und Sliparbeiten, Batterie-Aufladung, Motorinspektionen, Wäscherei etc. Im Yachthafen Orsan findet man Wasseranschlüsse an der Mole, WC und Dusche sowie ein kleines Restaurant. Eine Tankstelle befindet sich südlich des Yachthafens an einem Anleger mit ca. 3 m WT. Alle Versorgungsmöglichkeiten, Post und Restaurants in Dubrovnik. Supermarkt, Obst-, Gemüse- und Fischmarkt in Gruž. In der Bucht Sumartin vor dem Ortsteil Lapad, nur etwa zehn Minuten mit dem Bus von Gruž entfernt, findet man gute Bademöglichkeiten.
Dubrovnik ist von Gruž mit einem Bus in ca. 15 Minuten erreichbar.

Sehenswert

Dubrovnik, das alte Ragusa, wurde im 7. Jh. von griechischen Flüchtlingen gegründet. Blütezeit im 14. und 15. Jh.; gewaltige, vollständig erhaltene und begehbare Stadtmauer und Türme aus dem 13. bis 15. Jh. Viele Bauten der venezianischen Gotik und der Renaissance: Rektorpalast, Dom, Dominikanerkloster (mit Werken von Tizian) und Franziskanerkloster.
Der alte historische Hafen in Dubrovnik darf nur von einheimischen Ausflugsbooten benutzt werden.

Umgebung

Von Kap Kantafig erstreckt sich der Meeresarm Rijeka Dubrovačka etwa 2,5 sm in nordöstlicher Richtung. An seinem Ende befindet sich die **Marina Dubrovnik** (s. S. 276). Die Inbetriebnahme einer ACY-Marina im Ortsteil Lapad ist geplant.

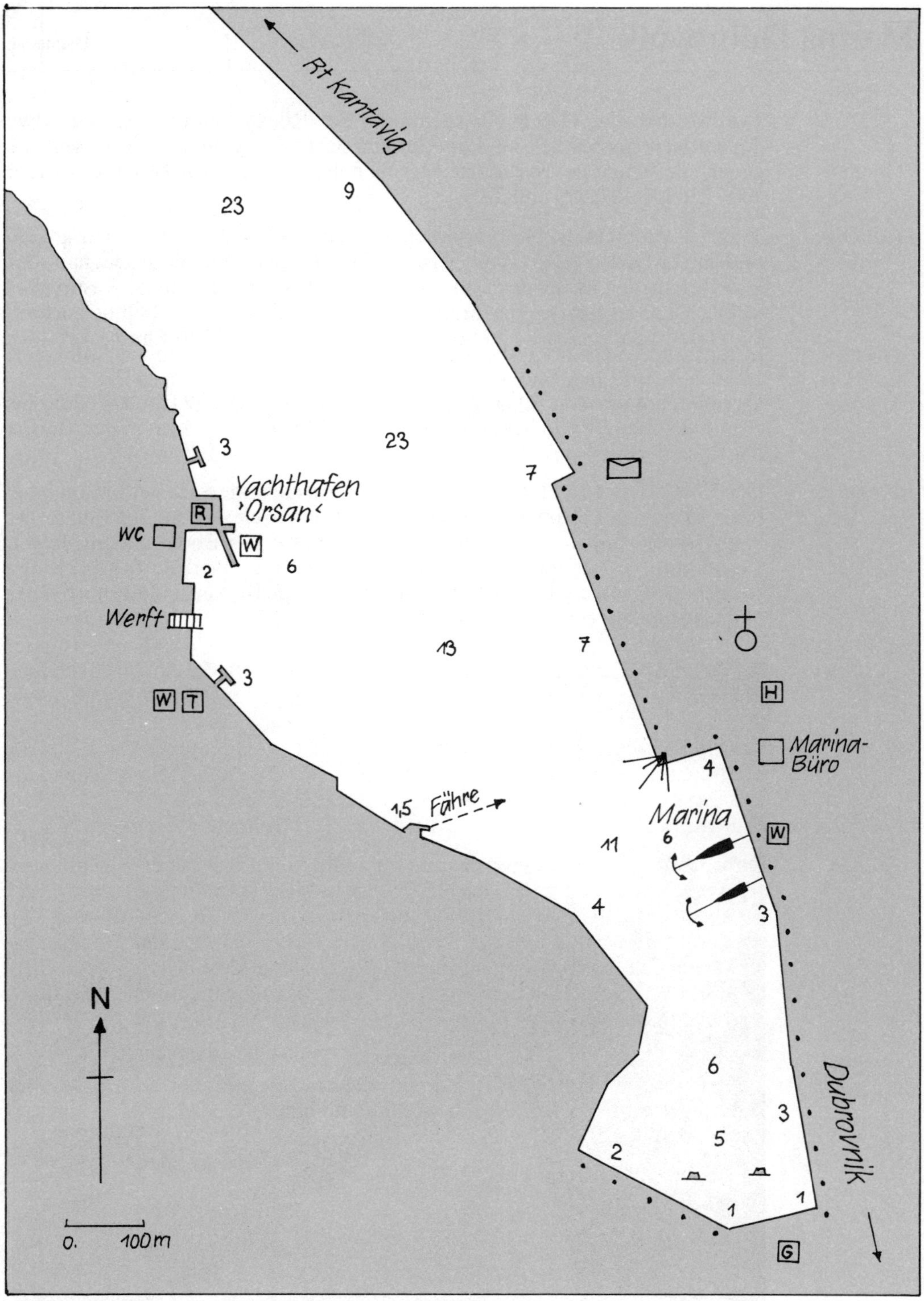
Rt Kantavig
9
23
3
23
7
Yachthafen
'Orsan'
R
WC
W
2
6
Werft
13
7
3
W
T
H
Marina-
Büro
4
1,5
Fähre
Marina
6
11
W
4
3
6
3
5
2
1
1
G
Dubrovnik
N
0.
100m

Marina Dubrovnik

Nordwestlich des Hafens Gruž mündet der Rijeka Dubrovačka, der etwa 2,5 sm weit nordöstlich ins Land hineinreicht. An seinem E-Ende liegt die gegen alle Winde gut geschützte Marina nahe dem Ort Komolac (Seekarten: 100–27, 100–28, 215 und 333).

Einsteuerung Tagsüber problemlos. Nachts weisen die Feuer auf Rt Kantafig (Blz.r/gn. 2s) und Rijeka Dubrovačka (Blz.r. 3s) den Weg. Man achte auf die große, nahe der Einfahrt in der Mitte des Fahrwassers liegende unbeleuchtete Festmachetonne. Die Steganlagen der Marina sind während der Nacht hell beleuchtet. Im Hafen ist die Geschwindigkeit auf 3 kn, auf dem Fluß Ombla auf 4 kn begrenzt.

Liegeplätze Der Hafenmeister weist Liegeplätze zu (Gebühr!). Die WT beträgt 2,50 bis 5 m. Durch ein plötzliches Anschwellen des Flusses kann auch in der Marina das Wasser schnell steigen.

Beschreibung Das Einklarieren im Hafenamt auf dem Marinagelände ist in der Saison möglich. Wasser- und Stromanschluß an den Stegen. Treibstoff an der Tankstelle. Sanitärblock, Supermarkt, Zollfreiladen, Verkauf von Bootszubehör, Hotel, Restaurant, 28-t-Travellift, 10-t-Kran, Slip im Bau, Werkstatt. Überwinterungsmöglichkeit am Land und im Wasser. Ständige Busverbindung nach Gruž und ins Stadtzentrum von Dubrovnik.

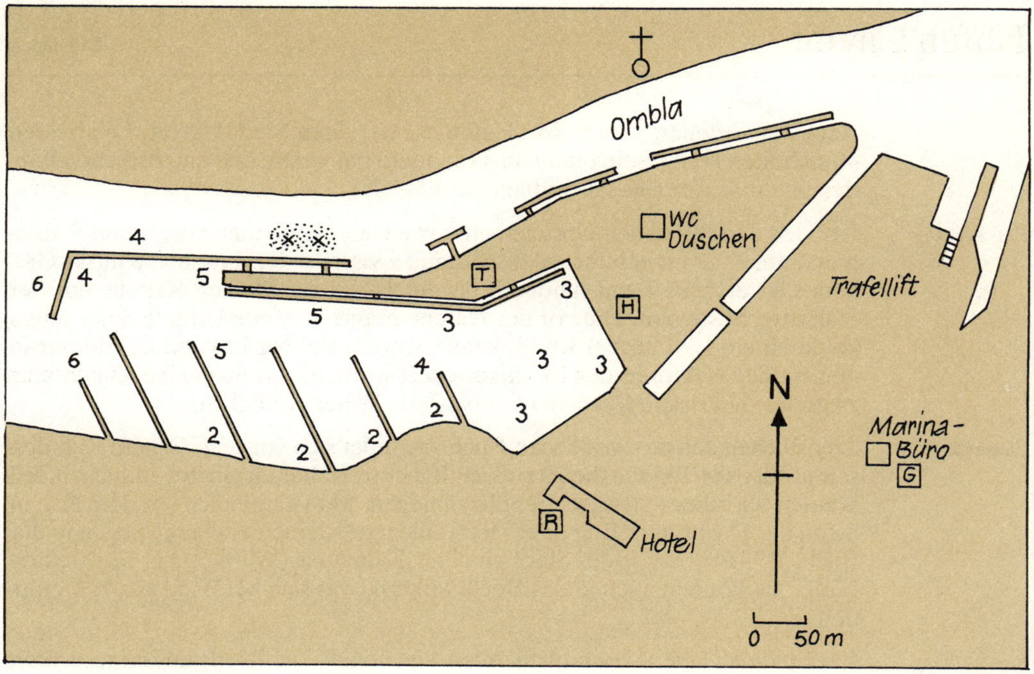
Ombla
4
6
4
5
5
3
5
6
3
4
3
3
2
3
2
2
2
Wc
Duschen
T
H
Trafellift
N
Marina-
Büro
G
R
Hotel
0 50 m

Hafen Cavtat

Nach NW offener, natürlicher Hafen bei der alten Stadt Cavtat. Die beiden 40 m hohen Halbinseln bieten insbesondere bei westlichen und östlichen Winden guten Schutz (Seekarte: Plan auf 100–28).

Einsteuerung

Um den verschiedenen Untiefen auszuweichen, laufe man von N und S kommend am Tage im gebührenden Abstand zwischen den Inseln Cavtatski Grebeni und dem Festland hindurch bis auf Höhe der kleinen Kapelle auf der Halbinsel Sustjepan. Die vor der Hafeneinfahrt liegende Untiefe Seka velika ist durch ein LF (Blz.(2) 10s) gekennzeichnet. Bei Nacht kann Cavtat nur in den weißen Sektoren des LF angesteuert werden, das auch eine Durchfahrt zwischen den Inseln Cavtatski Grebeni von W her ermöglicht.

Liegeplätze

Im östlichen Teil der westlichen Bucht befindet sich vor dem Ort ein Kai, dessen nördlicher Teil für die Berufsschiffahrt freizuhalten ist. Im südlichen Teil können Sportboote (gegen Gebühr) anlegen. Man kann auch vor dem Kai im S-Teil der Bucht über Bug oder Heck anlegen. Kleine Fahrzeuge liegen in der Bucht U. Tiha östlich der Stadt an einer Kaimauer (WT 0,50 bis 1 m) relativ ruhig. Sie können auch in der Bucht ankern (was sich bei Wind aus NW empfiehlt).

Beschreibung

Cavtat bietet alle Annehmlichkeiten eines viel von Touristen aufgesuchten Ortes. So gibt es vor jedem Hotel Süßwasserduschen. Trinkwasser und Lebensmittel, Markt, Apotheke und Post. Den Hafenkapitän findet man in der Nähe der Dampferanlegestelle. Auf den Inseln Cavtatski Grebeni befindet sich ein FKK-Strand.

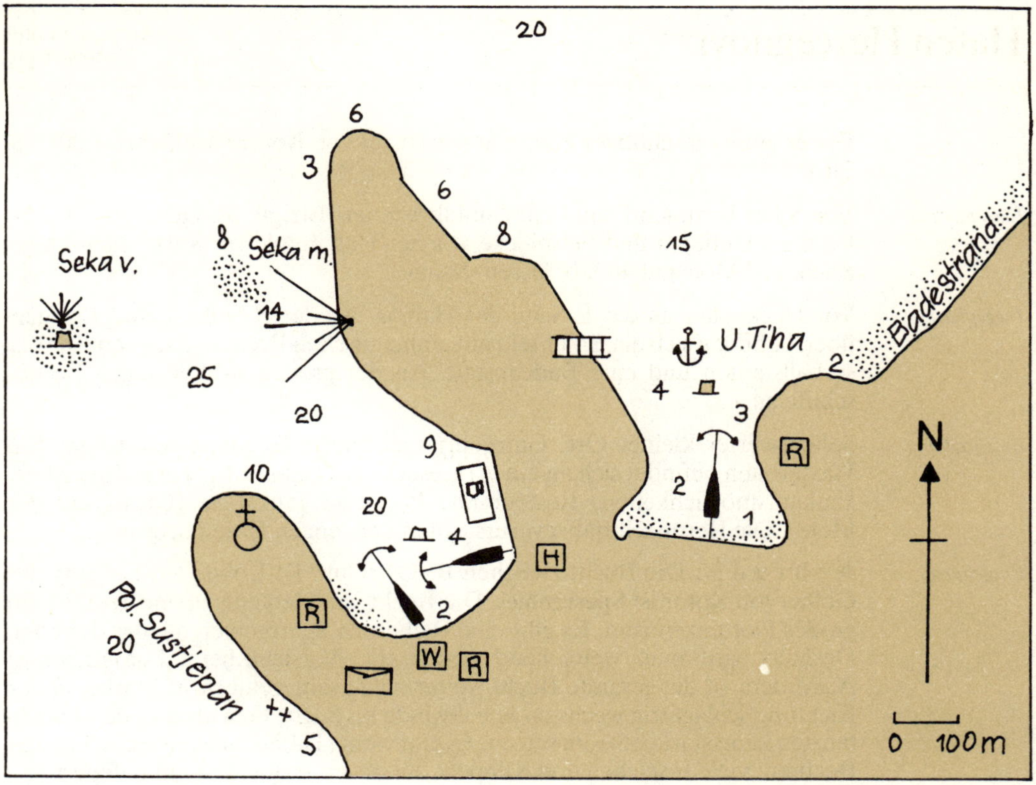

20
6
3
6
8
8
Seka m.
Seka v.
15
14
U.Tiha
Badestrand
25
2
20
4
3
9
R
N
10
20
2
4
1
H
R
Pol. Sustjepan
2
20
W
R
++
5
0 100m

Hafen Hercegnovi

Bucht von Kotor
Montenegro

Erster guter, geschützter Hafen in der Bucht von Kotor (Seekarten: 100–28, 216).

Einsteuerung Von S her kommend, auf Hafeneinfahrtsfeuer (Blz.gn. 5s) zuhalten. Achtung: Untiefen und Felsblöcke vor der Hafenmole (in Karte nicht eingezeichnet)! Mole gut an Stb. lassen (Steine).

Liegeplätze Vor Heckanker an der E-Seite des Hafens. An der N-Seite, dem LF gegenüber, befinden sich ein Bojenfeld mit einheimischen Booten, daneben ein Wasserballstadion und eine Badeanstalt. An der großen S-Mole legen Berufsschiffe an.

Beschreibung Sehenswerter kleiner Ort. Ganzjährig geöffneter Einklarierungshafen. Ein Wasserhahn befindet sich an einer Hausecke am Bahnhof sowie auf der Mole. Einkaufsmöglichkeiten, Restaurants, Post und Tankstelle (Diesel auf der Mole). Die Berufsschiffahrt verursacht in dem engen Hafen Schwell.

Umgebung Achtung: Die Bucht zwischen Rt Oštri und Rt Kobila am Eingang des Golfes von Kotor ist **Sperrgebiet.** Die Bucht von Hercegnovi und Tivat ist ein großes Flottenzentrum. Es gibt eine Reihe von Sperrgebieten längs der Ufer. Deshalb wird man weitgehend überwacht. Vorsicht beim Fotografieren! Außerdem ist die gesamte Bucht wettermäßig sehr gefährlich! Starke, in der Richtung schlagartig wechselnde Fallwinde bis 8 Bft; Gewitter; in den Durchfahrten kann starker Strom setzen. Es gibt wenig Häfen und keine geschützten Buchten; viele Inselchen und Klippen; die gesamte Bucht ist gut befeuert.
Fallböen können am ehesten Schwierigkeiten machen in den Durchfahrten Tjesnac Verige und Tjesnac. Vor **Tjesnac** besteht an Stb. die Möglichkeit, an der Kaimauer von Donja Lastva festzumachen (WT 4 m). Bei S-lichen und W-lichen Winden findet man dort keinen Schutz.
In der NE-Ecke der Kotor-Bucht liegt der kleine Hafen **Risan** mit sicheren Liegeplätzen an Mole und Kai.

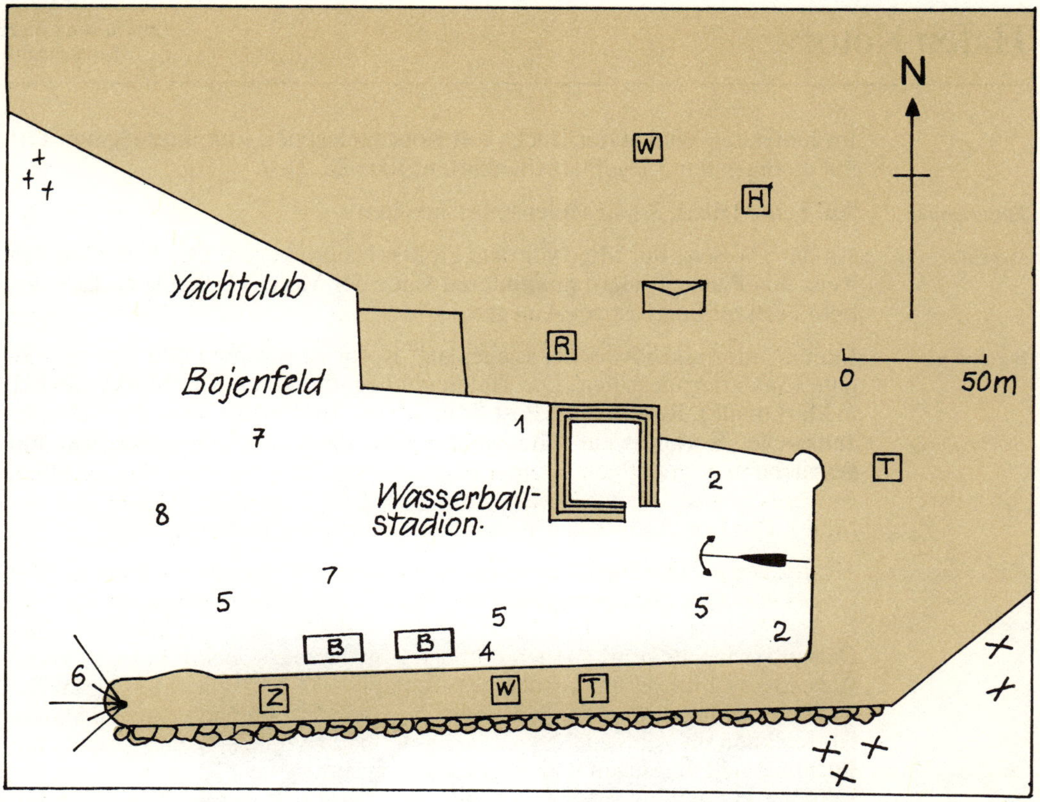
N
0
50m
W
H
R
T
Yachtclub
Bojenfeld
Wasserball-
stadion
1
2
7
8
7
5
5
5
2
B
B
4
6
Z
W
T

Hafen Kotor

Bucht von Kotor
Montenegro

Im hintersten Winkel der Bucht von Kotor gelegener, sehr interessanter Ort mit mäßig gutem Liegeplatz (Seekarten: 100–28, 216).

Einsteuerung Auf Feuer (Blz.r. 3s) an Molenspitze zuhalten.

Liegeplätze An der SW-Seite der Mole vor dem großen Haus anlegen. Der Hafenkapitän weist den Platz zu, meist am hinteren Ende der Mole (Heckanker). Liegegebühr auch für kurzfristiges Anlegen.

Beschreibung Interessanter und idyllischer Liegeplatz. Kotor ist während der Sommermonate Einklarierungshafen. Das Hafenamt liegt direkt am Kai. Markt (Wasser in Markthalle), Restaurants, Post, Touristbüro, Treibstoff; Gas in der Nähe der Tankstelle. Kotor ist ein sehenswerter Ort, direkt an eine steile Felswand gedrückt.

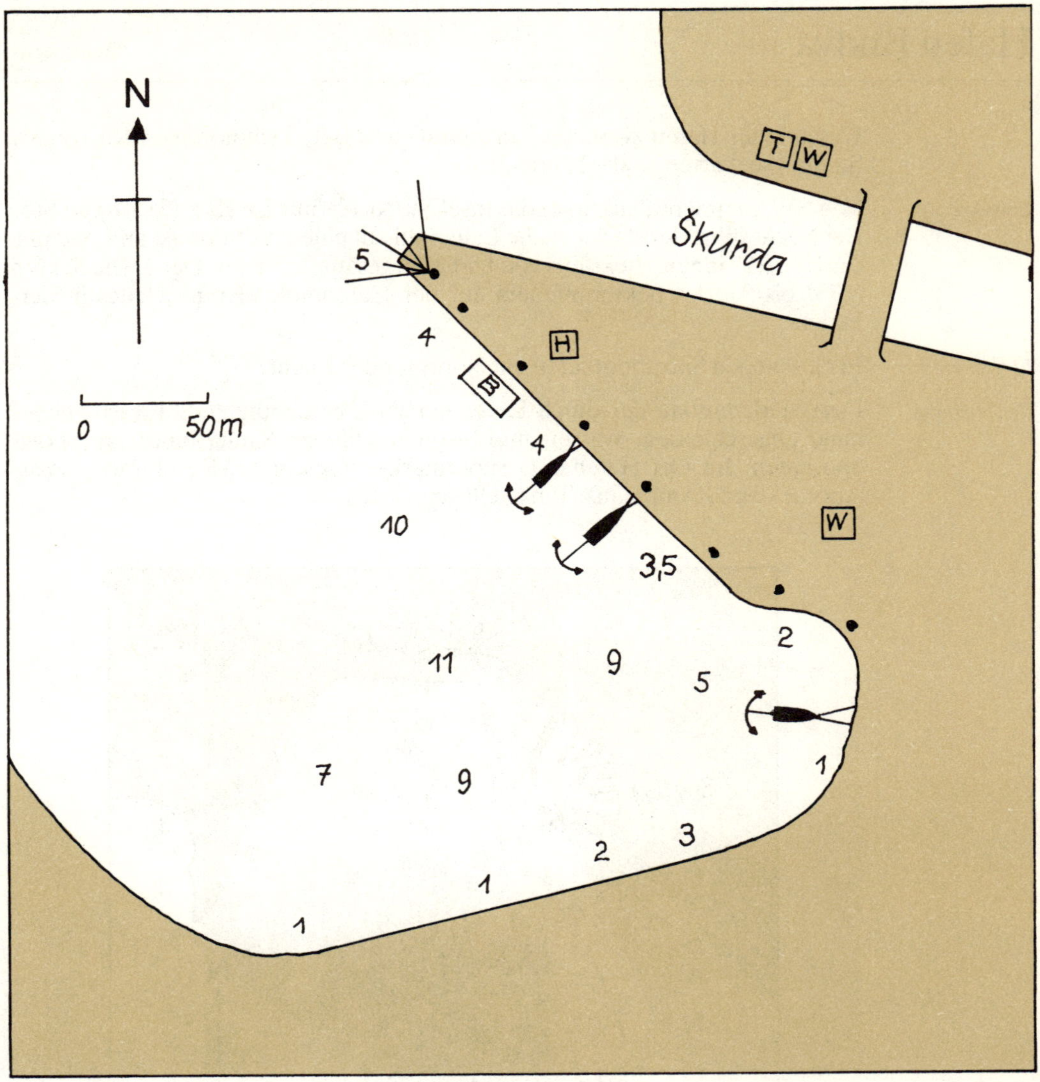
N
0
50m
T
W
Škurda
5
4
H
B
4
10
W
3,5
2
11
9
5
7
9
1
3
2
1
1

Hafen Budva

Montenegro

Geschützter Hafen zwischen Hercegnovi und Bar, 3 sm nordwestlich von Sv. Stefan (Seekarten: 100–28 und 216).

Einsteuerung Von SW kommend, läßt man die Insel Sv. Nicola mit LF (Blz.(3) 10s) an Stb. Bei Nacht führt der starke weiße Leitstrahl auf einem Gittermast an Land mit ca. 11° in die innere, beidseits von Untiefen gesäumte Bucht. Der grüne Sektor (273° bis 9°) des Sektorenfeuers auf der Hafenmole (F.r/gn.) leitet in den Hafen.

Liegeplätze In dem neuen Sportboothafen am Nordufer der Bucht.

Beschreibung Der Wiederaufbau der durch Erdbeben stark beschädigten Stadt ist weitgehend abgeschlossen. Wasser- und Stromanschlüsse, Sanitärblock am Sportboothafen. Im Ort Hafenamt, Supermärkte, Geschäfte, Restaurants, Post, Apotheke und Ambulanz. Tankstelle am Hafen.

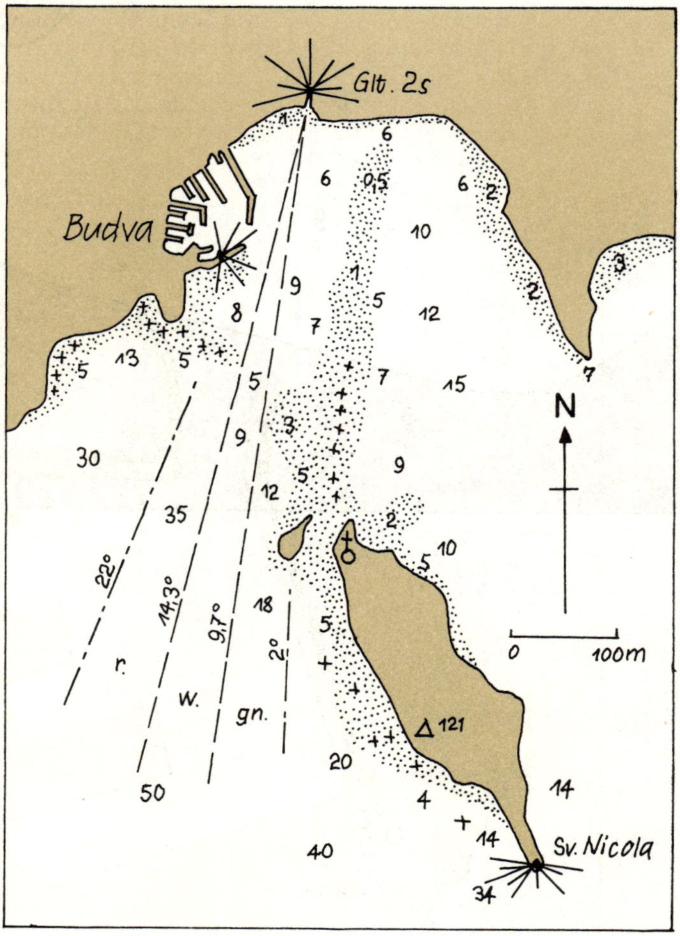

Hafen Bar

Geschützter, großer Industriehafen (Seekarten: 100–29 und Plan auf 530).

Einsteuerung Von N kommend, halte man auf die durch zwei große Wellenbrecher gebildete Hafeneinfahrt zu. Die Wellenbrecher heben sich nur schwer von dem dahinter liegenden Rt Volujica (Blz. 4s) und dem dort befindlichen Öllager ab. Auf dem bei der Einfahrt an Stb. liegenden Kopf des Wellenbrechers steht ein LF (Blz.gn. 3s); der an Bb. wird ebenfalls durch ein LF (Blz.(2)r. 5s) markiert. Nach Passieren der Einfahrt halte man nach Bb. in die NE-Ecke des Hafens, auf den befeuerten Kopf (Blz.r. 4s) der S-Mole zu.

Liegeplätze Längsseits an der großen Kaimauer hinter dem Molenkopf (WT zwischen 3 und 5 m). Achtung: Ganz in der NE-Ecke ist die WT sehr gering! Die Mole selbst ist oft durch große Fahrzeuge der Berufsschiffahrt belegt. Unterwasserstufe an der Kaimauer!

Beschreibung Unschöner Großschiffahrtshafen mit einer erst im Entstehen begriffenen Ortschaft. Im Hafenamt können ganzjährig Ein- und Ausklarierungsformalitäten erledigt werden. Zollfreie Waren in beschränkter Auswahl und in Mindestmengen sind für ausreisende Sportboote bei der Firma „Brodokomerc" erhältlich. In einem Supermarkt in der Stadt kann man Proviant ergänzen. Wasseranschluß auf der Kaimauer, Tankstelle an der Hauptstraße. Kleine Werft und Kräne am Hafen. Nördlich des Hafens ein Badestrand.

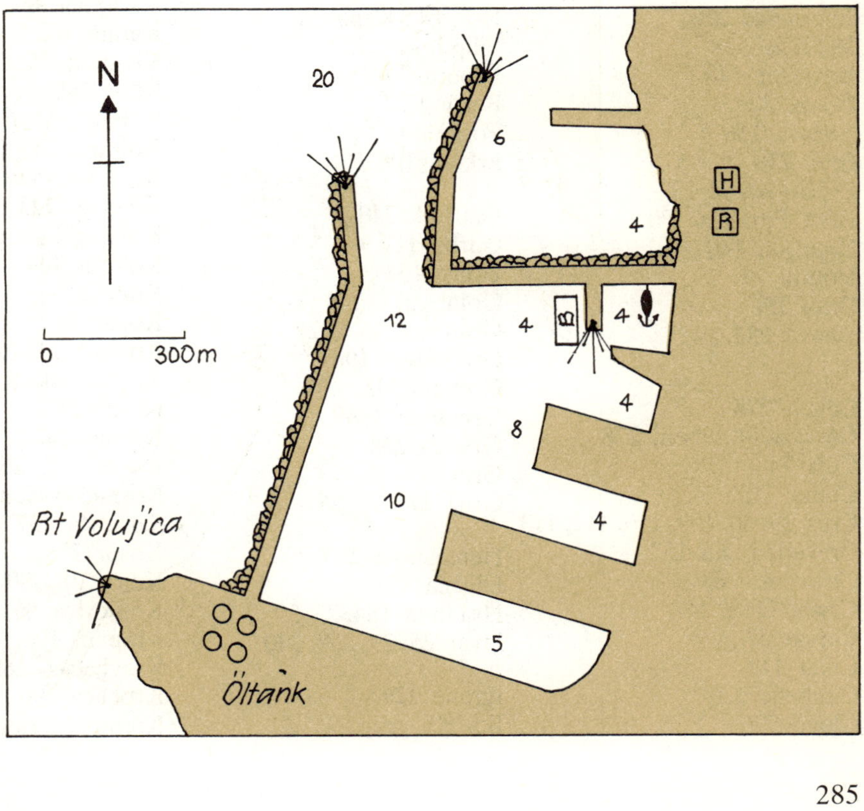

Register